Vieweg · Röthel

Fälle zum Sachenrecht
Ein Casebook

Fälle zum Sachenrecht

Ein Casebook

Von

Prof. Dr. Klaus Vieweg

und

Prof. Dr. Anne Röthel

4., aktualisierte Auflage 2017

Verlag Franz Vahlen

Zitiervorschlag: *Vieweg/Röthel* Fälle SachenR

www.vahlen.de

ISBN 978 3 8006 5495 6

Wilhelmstraße 9, 80801 München
Druck: Druckhaus Nomos
In den Lissen 12, 76547 Sinzheim

Satz: R. John + W. John GbR, Köln
Umschlaggestaltung: Martina Busch Grafikdesign, Homburg Saar

Gedruckt auf säurefreiem, alterungsbeständigem Papier
(hergestellt aus chlorfrei gebleichtem Zellstoff)

Vorwort zur vierten Auflage

Die große Nachfrage auf unsere »Fälle zum Sachenrecht« und das inzwischen in 7. Auflage erschienene »Sachenrecht« haben uns zusammen mit dem Verlag dazu bewogen, schon kurze Zeit nach dem Erscheinen der dritten Auflage eine Neuauflage auf den Weg zu bringen. Dies gab uns die willkommene Gelegenheit, einige der uns zwischenzeitlich erreichten Anregungen zu berücksichtigen. Die Nachweise auf Schrifttum und Rechtsprechung sind nun auf dem Stand von Juni 2017.

Erlangen und Hamburg, im Juni 2017 *Klaus Vieweg, Anne Röthel*

Aus dem Vorwort zur zweiten Auflage

Es ist nicht selbstverständlich, dass ein Fallbuch so lebhaft nachgefragt wird, wie wir es mit der ersten Auflage des »Casebook Sachenrecht« erleben durften. Das große Interesse und der vielfältige Zuspruch – nicht nur zum Casebook, sondern auch zum Gesamtkonzept der »Sachenrechtstrilogie« aus Lehrbuch, Examinatorium und Fällen – war uns Ansporn, es nicht bei einem aktualisierten Nachdruck bewenden zu lassen. Aus den ursprünglich 31 Fällen in der ersten Auflage sind nun 38 Fälle geworden. Dies wurde durch die Verlagerung des vorangestellten »Sachenrecht kompakt« in das Examinatorium Sachenrecht (Vieweg/Regenfus) möglich. An verschiedenen Stellen haben wir uns zu ausführlicheren Erläuterungen entschlossen und fallbezogene »Ergänzende Ausführungen« hinzugefügt. Auch haben wir zur Orientierung für die Leser den Schwierigkeitsgrad der Problemkreise durch Hinzufügung der bewährten Lehrbucheinstufungen (G = Grundlagen, V = Vertiefungswissen, E = Examenswissen, Z = Zusatzinhalt) gekennzeichnet. In vielerlei Hinsicht ist das Buch also weit mehr als eine zweite Auflage.

Erlangen und Hamburg, im Juli 2012 *Klaus Vieweg, Anne Röthel*

Aus dem Vorwort zur ersten Auflage

Das Lernen juristischer Inhalte ist eine persönliche Angelegenheit des Einzelnen. Es gibt kein allgemein gültiges Patentrezept. So erschließt sich dem einen auch das »juristische Neuland« Sachenrecht am besten, wenn er an exemplarischen Fällen in die spezifischen Probleme und Interessenkonstellationen eingeführt wird und ergänzend vertiefte Lehrbuchinformationen erhält (induktive Methode). Der andere mag den klassischen Weg bevorzugen und zunächst ein abstrakt-theoretisches Verständnis des Sachenrechts und der Funktion seiner Regelungen und Prinzipien anstreben, um anschließend das Erlernte an Fällen praktisch zu erproben (deduktive Methode). Ein Dritter mag – je nach Schwierigkeit der Materie und Zeitbudget – einmal so und einmal so lernen wollen. ...

Dieses Buch realisiert einen Teil des aus drei Büchern bestehenden Gesamtkonzepts, indem es mit 31 Fällen das Spektrum der wesentlichen sachenrechtlichen Probleme abdeckt und mit der vorangestellten Kurzzusammenfassung des Lehrbuchs (Vieweg/Werner) – quasi als »Sachenrecht kompakt« – eine begleitende Wiederholung und Auffrischung des Gelernten ermöglicht.

Bei den Fällen handelt es sich größtenteils um »klassische« Sachenrechtsfälle, die Aufnahme in die amtliche Sammlung des BGH gefunden haben. Bei ihrer Auswahl hat dankenswerter Weise Prof. Dr. Johannes Hager (München) mitgewirkt. Die Kenntnis dieser »Klassiker« kann von Examenskandidaten erwartet werden. Da erfahrungsgemäß dem noch nicht mit der richterlichen Arbeitsmethode vertrauten Studenten die gedankliche Umsetzung von Gerichtsurteilen in den für Klausuren verlangten Prüfungsaufbau Schwierigkeiten bereitet, haben wir die Urteile ohne Anspruch auf eine perfekte »Musterlösung« klausurmäßig aufbereitet. Demgemäß haben wir uns weitgehend an den Entscheidungsgründen der Urteile orientiert und – nur so weit sinnvoll – zusätzliche Anspruchsgrundlagen und Literaturauffassungen aufgenommen. ...

Erlangen, im Mai 2003 *Klaus Vieweg, Anne Röthel*

Inhaltsverzeichnis

Abkürzungsverzeichnis

aA	andere Ansicht
Abs.	Absatz
aE	am Ende
AGB	Allgemeine Geschäftsbedingungen
allg.	allgemein
allgM	allgemeine Meinung
Alt.	Alternative
aM	anderer Meinung
AnfG	Anfechtungsgesetz
Anm.	Anmerkung
arg.	argumentiert
Art.	Artikel
BGB	Bürgerliches Gesetzbuch
BGH	Bundesgerichtshof
BGHZ	Entscheidungen des Bundesgerichtshofs in Zivilsachen
BImSchG	Bundesimmissionsschutzgesetz
bspw	beispielweise
bzgl.	bezüglich
bzw.	beziehungsweise
dh	das heißt
EBV	Entgeltbescheinigungsverordnung
EGBGB	Einführungsgesetz zum Bürgerlichen Gesetzbuch
f., ff.	folgende, fortfolgende
GBO	Grundbuchordnung
GBR	Gesellschaft bürgerlichen Rechts
gem.	gemäß
ggf.	gegebenenfalls
GoA	Geschäftsführung ohne Auftrag
grds.	grundsätzlich
GVG	Gerichtsverfassungsgesetz
HGB	Handelsgesetzbuch
hL	herrschende Lehre
hM	herrschende Meinung
Hs.	Halbsatz
idR	in der Regel
iSd	im diesem Sinne
iHv	in Höhe von
InsO	Insolvenzordnung
iSd	im Sinne des
iSv	im Sinne von
iVm	in Verbindung mit
JA	Juristische Arbeitsblätter (Zeitschrift)
JURA	Juristische Ausbildung (Zeitschrift)
JuS	Juristische Schulung (Zeitschrift)

Kfz .... Kraftfahrzeug

Lkw .... Lastkraftwagen
Lit. .... Literatur

mAnm .... mit Anmerkung(en)
MaW .... mit anderen Worten

NJW .... Neue Juristische Wochenschrift (Zeitschrift)
Nr. .... Nummer

Pkw .... Personenkraftwagen

Rn. .... Randnummer

s............. siehe
S. .... Satz, Seite
sog. .... sogenannt
StGB .... Strafgesetzbuch
StVG .... Straßenverkehrsgesetz

UmweltHG .... Umwelthaftungsgesetz
uU .... unter Umständen

Var. .... Variante
vgl. .... vergleiche

WEG .... Wohnungseigentumsgesetz

zB .... zum Beispiel
ZPO .... Zivilprozessordnung

Literaturverzeichnis

Baur/Stürner, Sachenrecht, 18. Aufl. 2009 (zit.: *Baur/Stürner* SachenR)

Gursky, Klausurenkurs im Sachenrecht. Fälle und Lösungen, 12. Aufl. 2008 (zit.: *Gursky* Klausurenkurs SachenR)

Gursky, 20 Probleme aus dem Sachenrecht, 8. Aufl. 2014 (zit.: *Gursky* 20 Probleme SachenR)

Medicus/Petersen, Bürgerliches Recht, 25. Aufl. 2015 (zit.: *Medicus/Petersen* BürgerlR)

Müller/Gruber, Sachenrecht, 2016 (zit.: *Müller/Gruber* SachenR)

Westermann/Gursky/Eickmann, Sachenrecht, 8. Aufl. 2011 (zit.: *Westermann/Gursky/Eickmann* SachenR)

Wilhelm, Sachenrecht, 5. Aufl. 2016 (zit.: *Wilhelm* SachenR)

Vieweg/Werner, Sachenrecht, 7. Aufl. 2015 (zit.: *Vieweg/Werner* SachenR)

Fall 1 »Der verlorene 500-EUR-Schein«

Sachverhalt

Beim Einkauf in der Lebensmittelabteilung des Großmarkts »M. GmbH & Co. KG« (M) findet der Kunde K zwischen Warenregalen einen schon angestaubten 500-EUR-Schein. Der »ehrliche Finder« gibt den Schein dem Betriebsleiter, der den Fund im Fundbuch notiert und am nächsten Tag der zuständigen Behörde anzeigt. Als sich nach einem halben Jahr kein Berechtigter gemeldet hat, verlangt K von M den 500-EUR-Schein heraus, hilfsweise Zahlung eines Finderlohns iHv 25 EUR.

Besteht ein Anspruch des K?

Abwandlung:
Die Angestellte A findet beim Einräumen der Waren unter einem Regal ein goldenes Armband. Das Armband gehört der Kundin S, die es unbemerkt während des Einkaufs verloren hat. Nach der Betriebsordnung des Großmarkts M sind alle Mitarbeiter verpflichtet, Fundsachen bei der Geschäftsleitung abzugeben und in ein Fundbuch eintragen zu lassen. A hebt das Armband auf, um es ihrem Abteilungsleiter auszuhändigen. Auf dem Weg dorthin beschließt sie jedoch, sich das Armband selbst anzueignen. Sie geht zu ihrem Schließfach im Umkleideraum, steckt es in ihre Handtasche und nimmt es nach Geschäftsschluss mit nach Hause.

Wie stellt sich die Besitzlage bzgl. des Armbands dar?

Fundstellen/Vertiefungshinweise:
BGHZ 101, 186 = NJW 1987, 2812 = JuS 1988, 72 (*K. Schmidt*); *Müller/Gruber* SachenR Rn. 527 ff., 2019 ff.
Vieweg/Werner SachenR § 2 Rn. 17 ff., 24 ff.; § 6 Rn. 30 ff.

Problemkreise:
- Besitz an einem in einem Geschäft verlorenen Gegenstand (V)
- Besitz bei juristischen Personen und Personenhandelsgesellschaften (V)
- Analoge Anwendung des § 978 BGB (V)
- Besitzdiener (G)

Lösungsvorschlag

Interessenlage

Der Geschäftsinhaber ist daran interessiert, Besitzer der in seinem Geschäft verlorenen Sachen zu werden, um gegen denjenigen, der die verlorenen Sachen an sich genommen hat, besitzrechtliche Ansprüche, insbesondere auf Herausgabe, geltend machen zu können. Der Finder will sich gegen diese Ansprüche verteidigen, die gefundene Sache behalten oder wenigstens Finderlohn erhalten.

Lösung Ausgangsfall

I. Anspruch des K gegen M auf Herausgabe des 500-EUR-Scheins

1. Herausgabeanspruch aus einem Verwahrungsvertrag, § 695 BGB

K könnte jederzeit von M die Herausgabe des Geldscheins verlangen, wenn er ihn dem M aufgrund eines Verwahrungsvertrags übergeben hätte. K und M könnten sich konkludent über den Abschluss eines Verwahrungsvertrags geeinigt haben. An einem Interesse des M am Abschluss eines Verwahrungsvertrags würde es allerdings dann fehlen, wenn M bereits Besitzer des in seinen Geschäftsräumen verlorenen Geldscheines geworden wäre.

a) Besitz des M als GmbH & Co. KG

Fraglich ist, ob M als GmbH & Co. KG Besitz an dem Geldschein erworben haben kann. Bei der KG als Personenhandelsgesellschaft nimmt die überwiegende Ansicht Organbesitz der vertretungsberechtigten Gesellschafter für die Gesellschaft an. Die tatsächliche Sachherrschaft der Gesellschafter wird der KG zugerechnet. Vertretungsberechtigter Gesellschafter (sog. Komplementär) ist bei der GmbH & Co. KG die GmbH und damit eine juristische Person. Anerkannt ist, dass auch juristische Personen Besitz haben können. Die Organe der juristischen Person, dh bei der GmbH der Geschäftsführer (§ 35 GmbHG), üben den Besitz für diese aus (Organbesitz). Der Organbesitz des Geschäftsführers wird der GmbH zugerechnet. Der Organbesitz der GmbH als persönlich haftende Gesellschafterin der GmbH & Co. KG wird wiederum dieser zugerechnet. Damit kann M als GmbH & Co. KG selbst Besitzer sein.

b) Erwerb des unmittelbaren Besitzes durch M

M könnte bereits in dem Augenblick unmittelbaren Besitz an dem Geldschein erworben haben, in dem der Verlierer seinen unmittelbaren Besitz unfreiwillig, dh ohne seinen Willen, verloren hat (§ 856 I Alt. 2 BGB). Dazu müssten die Voraussetzungen des Besitzerwerbs gem. § 854 I BGB erfüllt sein:

aa) Erlangung der tatsächlichen Sachherrschaft

Die Entstehung oder der Erwerb unmittelbaren Besitzes gem. § 854 I BGB setzt die Erlangung der tatsächlichen Sachherrschaft durch M voraus. Nach der – für die Beurteilung relevanten – Verkehrsanschauung hat M die Sachherrschaft über die in den Verkaufsräumen und somit in seinem Herrschaftsbereich befindlichen Gegenstände.

Ausgenommen sind diejenigen, an denen anderweitiger Besitz, etwa der Kunden oder der Verkaufsangestellten, besteht. Dies spricht für eine originäre Besitzerlangung durch M an dem Geldschein. Allerdings befand sich jener – im Gegensatz zu den in den Verkaufsräumen gelagerten Waren und sonstigen Gegenständen – vor dem Auffinden durch den K ohne Kenntnis des M in einem für Publikumsverkehr geöffneten Verkaufsraum.

In einer solchen Konstellation ist umstritten, ob tatsächliche Sachherrschaft angenommen werden kann.

Ein Teil der Literatur lehnt die tatsächliche Sachherrschaft in einem solchen Fall ab. Denn es hinge vom Zufall ab, ob ein Kunde oder aber ein Verkaufsangestellter tatsächlichen Zugriff erlange. Tatsächlich sei ein Auffinden durch einen Kunden sogar wahrscheinlicher. Eine andere Bewertung würde somit zu geringe Anforderungen an die objektive Herrschaftsmöglichkeit stellen.

Nach Ansicht des BGH genügt für die Begründung der tatsächlichen Sachherrschaft bereits die Tatsache, dass sich der Geldschein im Herrschaftsbereich des M befand. Auf die Kenntnis des M von der Existenz oder der Lage des Geldscheins komme es bei der Beurteilung der tatsächlichen Sachherrschaft nicht an. Vielmehr widerspräche es der Verkehrsanschauung, Besitz nur in Bezug auf Sachen anzunehmen, deren Existenz und Lage dem Besitzer bekannt sind. Entscheidend sei die objektive Möglichkeit des Zugriffs auf Gegenstände im Herrschaftsbereich. Hier hatte M objektiv die Möglichkeit, auf den Geldschein jederzeit zuzugreifen, da sich dieser zwischen den Warenregalen an einer Stelle befand, die von den Angestellten des M regelmäßig in Augenschein genommen wird, um Waren nachzufüllen oder um die Verkehrsräume zu reinigen. Insofern ist nach der Rechtsprechung die tatsächliche Sachherrschaft des M zu bejahen.

Die Ansicht des BGH ist vorzugswürdig, da sie eher der Verkehrsauffassung entspricht. Zudem vermag die Literaturansicht keine klare Grenzziehung zu ermöglichen, wann die Zugriffserlangung durch Angestellte und wann durch Kunden wahrscheinlicher ist (aA vertretbar).

bb) Herrschaftsbeziehung von gewisser Dauer

Da der Geldschein bereits angestaubt war und somit schon eine gewisse Zeit unter dem Warenregal lag, handelte es sich nicht nur um eine Sachberührung, sondern um eine Herrschaftsbeziehung von gewisser Dauer.

cc) Besitzwille – Natürlicher Wille zur Sachherrschaft

Als weitere Voraussetzung für den Besitzerwerb nach § 854 I BGB verlangt die hM einen Besitzbegründungswillen des Erwerbers. Zur Begründung der unmittelbaren Sachherrschaft genügt ein genereller, nicht auf konkrete Sachen gerichteter, natürlicher Wille, der für interessierte und mit den Verhältnissen vertraute Personen erkennbar ist.

Hieran könnte es fehlen, solange der Geldschein weder vom Geschäftsführer noch von einem Angestellten des M entdeckt worden war, sie also durch seine Organe keinerlei Kenntnis von dessen Existenz und Lage hatten. Es entspricht aber dem Interesse des Geschäftsinhabers, dass die von Kunden verlorenen Sachen nicht dem Zugriff Dritter preisgegeben werden. Zur Sicherung ihrer Rechte erschiene es lebensfremd, wenn M nur an den abgegebenen Sachen Besitz begründen wollte. Daher sind auch unbewusst in den Machtbereich gelangte Gegenstände vom generellen Besitzwillen erfasst.

dd) Änderung des Ergebnisses wegen § 978 BGB

Ein anderes Ergebnis wäre aufgrund des § 978 BGB denkbar. Danach ist ein »Fund« auch in den Geschäftsräumen einer öffentlichen Behörde möglich (§ 978 I BGB). Der Begriff »öffentlich« stellt nach eA klar, dass die betreffende Räumlichkeit einer unbegrenzten Anzahl von Personen zugänglich sein muss (aA vertretbar). Aus diesem Begriffsverständnis könnte der Grundsatz abzuleiten sein, dass im Allgemeinen an Sachen, die in Räumen mit Publikumsverkehr verloren werden, kein Besitz besteht, da anderenfalls ein Fund nicht möglich wäre.

Nach allg. Auffassung sind die §§ 978 ff. BGB jedoch auch dann anwendbar, wenn aufgrund der tatsächlichen Gegebenheiten Besitz der Behörde oder der Verkehrsanstalt anzunehmen ist. Anders als bei § 965 BGB ist die Besitzlosigkeit der Sache somit keine Voraussetzung der §§ 978 ff. BGB. Daher lässt sich dem § 978 BGB kein allg. Rechtsgedanke entnehmen, dass an verlorenen Sachen in Räumen mit Publikumsverkehr kein Besitz des Inhabers möglich ist.

ee) Zwischenergebnis

In dem Zeitpunkt, in dem der Geldschein in den Räumen des M verloren wurde, ist M durch die räumliche Nähebeziehung zu dem Geldschein und kraft seines generellen Besitzwillens unmittelbarer Besitzer des Geldscheins geworden.

c) Zwischenzeitlicher Verlust des unmittelbaren Besitzes des M

K könnte aber dadurch, dass er den Geldschein an sich nahm Finder iSd § 965 BGB und damit unmittelbarer Alleinbesitzer geworden sein, sodass M seinen Besitz verloren hätte. Ein Fund iSd § 965 BGB setzt jedoch voraus, dass der Geldschein zum Zeitpunkt des Auffindens durch K besitzlos gewesen wäre. Hier hatte jedoch M unmittelbaren Besitz (s. oben I. 1. b)). Teilweise wird jedoch vertreten, dass die Voraussetzungen des Fundes schon dann vorliegen, wenn der Gegenstand für einen objektiven Betrachter lediglich besitzlos erscheint und der Finder im Bewusstsein der Besitzlosigkeit handelt. Folglich sei er dann als Finder iSd § 965 BGB und somit als Alleinbesitzer anzusehen.

Auch nach dieser – mit dem Gesetzeswortlaut, der allein auf das objektive Kriterium des Verlustes abstellt, nicht zu vereinbarenden und somit abzulehnenden – Auffassung, käme hier ein Alleinbesitz des K nicht in Betracht: Er wandte sich nach dem Fund des Geldscheins unmittelbar an den Betriebsleiter des Großmarktes. Damit erkannte er eine besitzrechtliche Stellung des M an. Folglich fehlte es am Bewusstsein der Besitzlosigkeit. K hätte daher allenfalls unmittelbaren Unterbesitz erwerben können, während M mittelbarer Oberbesitzer geworden wäre. Grundlage eines solchen Besitzmittlungsverhältnisses zum Zeitpunkt des »Fundes« könnte aber nur die Kundenbeziehung zwischen K und M sein. Regelmäßig will der Kunde neben dem möglichen Abschluss eines Kaufvertrags jedoch keine weiteren schuldrechtlichen Beziehungen eingehen.

Als K den Geldschein entdeckte und an sich nahm, hat M seinen unmittelbaren Besitz daher nicht verloren; K hat allenfalls Mitbesitz erworben.

d) Ergebnis

Da M bereits unmittelbarer Besitzer des Geldscheins war und seinen Besitz auch nicht im Zeitpunkt der Entdeckung des Geldscheins durch K wieder verloren hat, wurde zwischen M und K kein Verwahrungsvertrag geschlossen. Ein Herausgabeanspruch aus § 695 BGB scheidet damit aus.

2. Herausgabeanspruch des Eigentümers aus § 985 BGB

a) Eigentum des K

K müsste Eigentümer des Geldscheins geworden sein. Hier kommt nur ein Eigentumserwerb gem. § 973 BGB in Betracht. Dazu müsste ein Fund iSd § 965 BGB vorliegen. Dieser scheitert hier aber an der fehlenden Besitzlosigkeit, weil M als Geschäftsinhaber schon unmittelbaren Besitz an dem verlorenen Geldschein erworben hatte, als K ihn an sich nahm (s. oben I. 1. b)).

b) Ergebnis

K ist auch nicht nach Ablauf von sechs Monaten Eigentümer des Geldscheins geworden. Ihm steht daher kein Herausgabeanspruch aus § 985 BGB zu.

3. Herausgabeansprüche aus § 1007 I und II BGB

Auch aus § 1007 BGB kann K nicht Herausgabe des Geldscheins von M verlangen. Die Voraussetzungen des § 1007 I BGB liegen nicht vor, da K nicht vor M Besitz an dem Geldschein erlangt hat. Ein Anspruch ergibt sich auch nicht aus § 1007 II BGB, da diese Vorschrift auf Geld nicht anwendbar ist (§ 1007 II 2 BGB).

4. Possessorischer Herausgabeanspruch aus § 861 I BGB

Mangels verbotener Eigenmacht des M iSd § 858 BGB (s. hierzu Fall 3 Ausgangsfall II. 1. b)) besteht auch kein possessorischer Herausgabeanspruch.

5. Ergebnis zu I.

K kann von M nicht die Herausgabe des Geldscheins verlangen.

II. Anspruch des K gegen M auf Zahlung eines »Finderlohns« von 25 EUR

1. Gemäß § 971 I BGB

Der Anspruch auf Finderlohn gem. § 971 I BGB setzt voraus, dass der Anspruchsteller Finder einer besitzlosen Sache ist. Daran fehlt es hier aber, da M bereits Besitz an dem Geldschein erworben hat (s. oben I. 1. b)). Daher scheidet § 971 I BGB als Anspruchsgrundlage aus.

2. Analog § 978 II 1 iVm § 971 I 2 BGB

§ 978 II 1 BGB gewährt dem Finder von Sachen, die in den Geschäftsräumen öffentlicher Behörden oder in öffentlichen Beförderungsmitteln verloren wurden, Anspruch auf Finderlohn in Höhe der Hälfte des gesetzlichen Finderlohns nach § 971 I BGB, wenn der Gegenstand nicht weniger als 50 EUR wert ist.

a) Analoge Anwendung des § 978 BGB auf private Geschäftsräume

K kann sich nur dann einen Anspruch aus § 978 II 1 BGB herleiten, wenn die Vorschrift analog auf verlorene Gegenstände in allgemein zugänglichen privaten Geschäftsräumen anwendbar ist. Unabhängig davon, ob man eine analoge Anwendung des § 978 BGB zulässt (vgl. hierzu die Ergänzenden Bemerkungen), müsste sich dieser Anspruch gegen M richten.

b) M als Anspruchsgegner des Anspruchs aus § 978 BGB analog

Schuldner des Finderlohns und Gegner des Anspruchs auf den halben Finderlohn gem. §§ 971 I, 978 II BGB ist der Empfangsberechtigte der Sache, also idR derjenige, der die Sache verloren hat. Der Anspruch auf Finderlohn ist somit nicht gegen M gerichtet.

c) Zwischenergebnis

K hat keinen Anspruch gegen M auf Zahlung eines Finderlohns analog § 978 II 1 iVm § 971 I 2 BGB.

3. Ergebnis zu II.

K hat keinen Anspruch gegen M auf Zahlung eines Finderlohns.

Lösung Abwandlung

I. Besitzlage nach dem Verlust des Armbands durch S

1. Besitzverlust der S

Ursprünglich war S unmittelbare Besitzerin des Armbands. Sie könnte ihren Besitz jedoch nach § 856 I BGB verloren haben. Dies ist der Fall, wenn sie nicht mehr genau weiß, wo sie die Sache verloren hat, sodass ihr die Möglichkeit der Wiedererlangung – außer durch Zufall – abgeschnitten ist. S hat den Verlust nicht bemerkt und weiß somit nicht, wo sie ihr Armband verloren ist. Darin liegt ein Besitzverlust iSd § 856 I BGB.

2. Besitzerwerb des M

Wie im Ausgangsfall hat M in dem Augenblick unmittelbaren Besitz am Armband erlangt, in dem S ihren Besitz daran verloren hat.

II. Besitzlage nach Ergreifen des Armbands durch A

Die Besitzlage könnte sich mit der Ergreifung des Armbands dahingehend geändert haben, dass A nun die Sachherrschaft für sich selbst als unmittelbare Besitzerin oder für M als Besitzdienerin ausgeübt hat. Voraussetzung für eine Besitzdienereigenschaft der A ist nach § 855 BGB das Vorliegen eines sozialen Abhängigkeitsverhältnisses. Ein solches liegt vor, wenn der Inhaber der Sachherrschaft weisungsgebunden und in einen fremden Organisationsbereich eingegliedert ist. A befindet sich als weisungsgebundene Angestellte in einem sozialen Abhängigkeitsverhältnis und ist daher Besitzdienerin. M ist als Besitzherr weiterhin unmittelbarer Besitzer des Armbands (vgl. § 855 aE BGB).

III. Besitzlage nach Aneignungsentschluss der A

Allerdings könnte sich die Besitzlage mit dem Entschluss der A, sich das Armband anzueignen, geändert haben. Der Besitz des Besitzherrn endet mit Beendigung der Weisungsunterworfenheit; der Besitzdiener wird selbst zum Besitzer. Allein der Entschluss des Besitzdieners reicht aber nicht aus, um einen Besitzerwerb an dem Armband zu begründen. Vielmehr endet der Besitz des Besitzherrn erst dann, wenn der Besitzdiener die tatsächliche Gewalt nach außen erkennbar nicht mehr für ihn, sondern für sich ausübt.

Hier ist A, als sie beschloss, das Armband für sich zu behalten, daher noch nicht unmittelbare Besitzerin geworden. Dies wurde sie erst in dem Moment, als sie das Armband in ihre Handtasche gesteckt und damit nach außen erkennbar ihren Willen gezeigt hat, nicht mehr für den Besitzherrn M besitzen zu wollen.

IV. Ergebnis

A ist unmittelbare Besitzerin des Armbandes.

Ergänzende Bemerkungen

Zu Ausgangsfall II. 2. a):

Kann derjenige, der den Geldschein verloren hat und damit als Empfangsberechtigter der richtige Anspruchsgegner gem. § 971 I BGB ist, ausfindig gemacht werden, muss entschieden werden, ob eine analoge Anwendbarkeit des § 978 BGB denkbar ist. Hierfür wären eine planwidrige Regelungslücke und eine Vergleichbarkeit der Sachverhalte erforderlich:

Werden verlorene Gegenstände in allgemein zugänglichen privaten Räumen in Obhut genommen, so sind weder die Vorschriften des Verkehrsfundes in öffentlichen Behörden und Anstalten anwendbar noch greifen die sonstigen Vorschriften über den Fund ein, da die Sache nicht als besitzlos angesehen wird (vgl. Ausgangsfall I. 1. b)). Wer eine in allgemein zugänglichen privaten Räumen verlorene Sache in Obhut nimmt, hat daher de lege lata weder Anspruch auf Finderlohn noch kann er Eigentum an der Sache begründen. Diese Rechtlosstellung des »Finders« erscheint nicht gerechtfertigt und dürfte auch vom Gesetzgeber nicht gewollt sein. Somit besteht eine planwidrige Regelungslücke.

Der Sachverhalt des Verkehrsfundes in öffentlichen Behörden und Anstalten ist mit dem »Fund« verlorener Gegenstände in allgemein zugänglichen privaten Räumen vergleichbar. Es ist kein Grund ersichtlich, warum der »Finder« von Gegenständen in öffentlichen Behörden besser stehen soll als beim »Fund« in allgemein zugänglichen, privaten Räumen.

Eine analoge Anwendung des § 978 BGB erscheint auch mit Blick auf die Rechtsfolgen interessengerecht. Die sich aus § 978 I 1 BGB ebenfalls ergebende Pflicht zur unverzüglichen Ablieferung des gefundenen Gegenstands (zB beim Funddienst in einem Kaufhaus) nützt dem Verlierer, der idR zunächst dort nachfragt, wo er die Sache verloren zu haben glaubt. Der halbe Finderlohn (§ 978 II 2 iVm § 971 I BGB) belohnt die Mühe des »Finders« unter Berücksichtigung des geringeren Aufwands »innerhalb des Hauses«. Schließlich lässt sich die Versagung des endgültigen Eigentumserwerbs durch den »Finder« gem. § 978 I 2 BGB, der eine Anwendung des § 973 BGB ausschließt, damit begründen, dass diese »Prämie« nur dem Finder zustehen soll, der eine Sache außerhalb jeden Besitztums findet und die größere Anstrengung der Sicherung und Anzeige beim öffentlichen Fundamt auf sich nimmt.

Somit ist § 978 BGB auf den »Fund« verlorener Gegenstände in allgemein zugänglichen Privaträumen analog anwendbar.

Ein anderes Ergebnis ist mit der hM gut vertretbar. Diese führt insbesondere an, dass bei einer zu großen Ausdehnung des § 978 BGB das Regel-Ausnahme-Verhältnis von § 965 BGB zu § 978 BGB umgekehrt würde. Zudem sei die Einschränkung der Finderrechte durch § 978 BGB ohnehin kritisch zu sehen, da sie die Finderehrlichkeit herabsetze. Eine Ausdehnung des Anwendungsbereichs über den Wortlaut hinaus würde diesen Effekt noch verstärken.

Die Argumentation anhand der Finderehrlichkeit kann jedoch nur dann durchgreifen, wenn man mit der hM in der Lit. und entgegen der Rechtsprechung des BGH eine Besitzlosigkeit des Geldscheins bejaht, also einen Fund iSd § 965 BGB annimmt: In diesem Fall wäre ein Eigentumserwerb des Finders und ein Anspruch auf vollen Finderlohn grds. möglich. Folglich würde die Anwendung der §§ 978 ff. BGB den Finder tatsächlich schlechterstellen, also die Finderehrlichkeit herabsetzen. Bejaht man hingegen mit dem BGH den Besitz des M – und verneint somit einen Fund iSd § 965 BGB – stünde dem Finder ohne die analoge Anwendung der §§ 978 ff. BGB (die gerade keine Besitzlosigkeit voraussetzen) auf private Geschäftsräume, weder der volle noch der halbe Finderlohn zu. Aus diesem Grund würde die Nichtanwendung der §§ 978 ff. BGB den »Finder« schlechter stellen, also die Finderehrlichkeit herabsetzen.

Fall 2 »Abschleppen zulasten Dritter«

Sachverhalt

F fährt gegen 18 Uhr mit seinem Pkw in die Innenstadt. Als er nach einer halben Stunde noch keinen Parkplatz gefunden hat, stellt er seinen Wagen auf dem fast leeren Parkplatz des von M betriebenen Einkaufszentrums ab. Auf diesem von M gemieteten Parkplatz befindet sich ein großes, gut sichtbares Schild mit folgenden Hinweisen:

»Mo.–Sa. 6.00–21.00 Uhr

nur für Kunden und Mitarbeiter des Nahversorgungszentrums

Parken nur mit Parkuhr

Parkzeit 1,5 h

Parken nur innerhalb der gekennzeichneten Flächen!

Widerrechtlich abgestellte Fahrzeuge werden kostenpflichtig abgeschleppt.«

Zur Durchsetzung der Parkregeln hat M einen Vertrag mit dem Abschlepp- und Inkassounternehmen (A) geschlossen, in dem unter anderem Folgendes geregelt ist:

»2. Der Besitzer beauftragt A, unberechtigt parkende oder versperrend abgestellte Fahrzeuge von dem Grundstück abzuschleppen und zu entfernen.

3. Die Durchführung des Abschleppvorgangs setzt voraus, dass sich A zuvor darüber vergewissert, dass dieses Fahrzeug nicht über eine Parkberechtigung verfügt bzw. sich der Fahrzeugführer nicht in unmittelbarer Nähe zum Fahrzeug aufhält oder dieser der Aufforderung zum Entfernen bzw. ordnungsgemäßen Abparken des Fahrzeugs nicht sofort nachkommt.

4. A zieht die anfallenden Abschlepp- und Inkassokosten bei Abholung des Fahrzeugs für den Besitzer ein. Die eingenommenen Abschlepp- und Inkassokosten werden mit der Werklohnforderung des A verrechnet.«

Gegen 20.30 Uhr wird der Pkw des F von A abgeschleppt und auf das Grundstück des Abschleppunternehmens verbracht. Dort löst F das Fahrzeug am späten Abend gegen Zahlung einer der Höhe nach angemessenen Abschleppgebühr von 150 EUR sowie 15 EUR Inkassogebühr aus.

Frage 1: Durfte M den Pkw des F abschleppen lassen?

Frage 2: Kann F von M Zahlung von 165 EUR verlangen?

Fundstellen/Vertiefungshinweise:
BGH NJW 2016, 2407; BGH NJW 2014, 3727; BGH NJW 2012, 528; BGHZ 181, 233 = NJW 2009, 2530; *Müller/Gruber* SachenR Rn. 318, 414 ff.
Vieweg/Werner SachenR § 2 Rn. 52, 57, 70 f.

Problemkreise:

- Voraussetzungen der Entsetzung (§ 859 III BGB) (G)
- Aufwendungsersatzansprüche (G)
- § 858 II BGB als Schutzgesetz iSd § 823 II BGB (V)

Besondere Schwierigkeiten:

- Aufwendungsersatzansprüche auf der Grundlage des Bereicherungsrechts und der Geschäftsführung ohne Auftrag
- Ausschluss des Selbsthilferechts nach Treu und Glauben

Lösungsvorschlag

Interessenlage

M ist daran gelegen, widerrechtlich abgestellte Fahrzeuge abschleppen lassen zu dürfen, ohne mit den Abschleppkosten belastet zu werden.

F ist daran gelegen, die gezahlten 165 EUR zurückzubekommen.

Lösung des Falls

Frage 1: Berechtigung des M, das Kfz des F abschleppen zu lassen

I. Berechtigung aus berechtigter Geschäftsführung ohne Auftrag, §§ 683 S. 1, 677 BGB

M könnte aufgrund berechtigter Geschäftsführung ohne Auftrag (GoA) dazu berechtigt gewesen sein, das Kfz des F durch den von ihm beauftragten A abschleppen zu lassen. Damit läge keine unerlaubte Handlung iSv § 823 BGB vor, denn es wäre widersprüchlich, die berechtigte GoA einerseits in §§ 677 ff. BGB zu privilegieren, ein Handeln in ihrem Rahmen aber andererseits als unerlaubte Handlung iSd § 823 BGB zu ahnden. Voraussetzungen der berechtigten GoA sind die Übernahme eines fremden Geschäfts mit Fremdgeschäftsführungswillen im Interesse und entsprechend dem wirklichen oder mutmaßlichen Willen des Geschäftsherrn ohne Auftrag oder sonstige Berechtigung.

1. Führung eines fremden Geschäfts ohne Auftrag mit Fremdgeschäftsführungswillen

M hat das Kfz des F abschleppen lassen. Dies stellt eine Geschäftsbesorgung iSd § 677 BGB dar.

Das Entfernen des Fahrzeugs ist primär eine Aufgabe des Halters und Fahrers F, der gem. §§ 861 I bzw. 862 I, 823 I, 823 II iVm § 858 I BGB sowie analog § 1004 I iVm § 823 I BGB (quasi-negatorischer Anspruch) zur Beseitigung der durch das unbefugte Parken entstehenden Beeinträchtigung verpflichtet ist. Daneben lag das Abschleppen aber auch im Interesse des M selbst, der sich den Besitz an seiner Parkfläche wieder beschaffen wollte. Es liegt daher ein sog. auch-fremdes Geschäft vor, bei dem der Fremdgeschäftsführungswille (vgl. § 687 BGB) widerleglich vermutet wird. Eine Beauftragung des M durch den F oder eine sonstige Berechtigung diesem gegenüber ist nicht ersichtlich.

2. Geschäftsführung im Interesse und dem Willen des Geschäftsherrn entsprechend

Ein wirklicher Wille des F ist nicht ermittelbar, sodass auf den mutmaßlichen Willen abzustellen ist. Das ist derjenige Wille, den der Geschäftsherr bei objektiver Beurteilung aller Umstände im Zeitpunkt der Übernahme geäußert haben würde. Mangels anderer Anhaltspunkte ist als mutmaßlicher Wille der Wille anzusehen, der dem Interesse des Geschäftsherrn entspricht. Die Übernahme einer Geschäftsführung liegt dann im Interesse des Geschäftsherrn, wenn sie ihm objektiv vorteilhaft und nützlich ist. Hier wurde F durch das Abschleppen von seiner Verpflichtung zur Störungsbeseitigung befreit (siehe schon oben I.1. und noch unten II). Aus der Sicht eines verständigen, sich rechtstreu verhaltenden Fahrzeughalters entsprach das Abschleppen deshalb dem objektiven Interesse des F, weil nur auf diese Weise der Beseitigungsanspruch zu der geschuldeten Zeit erfüllt werden konnte. Dass F dafür im Gegenzug Ersatz der hierfür erforderlichen Aufwendungen schuldet, ändert daran nichts (aA vertretbar).

Ein etwaig entgegenstehender wirklicher Wille des F wäre iÜ gem. § 679 Alt. 1 BGB unbeachtlich, wenn es sich bei der Pflicht des F, sein unbefugt parkendes Kfz zu entfernen, um eine Pflicht handelt, an deren Erfüllung ein öffentliches Interesse besteht. Hier parkte F unbefugt auf dem fast leeren Parkplatz eines Einkaufszentrums. Dadurch wurden lediglich die Interessen des M beeinträchtigt, das sofortige Abschleppen war aber nicht zur Vermeidung der Gefährdung dringender öffentlicher Interessen nötig. Ein etwaig entgegenstehender Wille des F wäre somit beachtlich gewesen (aA vertretbar).

3. Zwischenergebnis

M war als echter, berechtigter Geschäftsführer ohne Auftrag zum Abschleppen berechtigt (aA vertretbar).

II. Berechtigung aus § 859 BGB

Eine Berechtigung könnte aus § 859 BGB folgen. Wird der berechtigte Besitzer mittels verbotener Eigenmacht in seinem Besitz gestört oder wird dem berechtigten Besitzer der Besitz durch verbotene Eigenmacht entzogen, so ist der Besitzer nach dieser Vorschrift berechtigt, dem Störer den Besitz im Wege der Selbsthilfe zu entziehen.

1. Besitz des M am Stellplatz

M müsste zu dem Zeitpunkt, als F mit seinem Pkw auf den Parkplatz fuhr, Besitz an dem Parkplatz gehabt haben (§ 854 BGB).

Besitz ist die von einem entsprechenden Willen getragene tatsächliche Herrschaft einer Person über eine Sache, deren Reichweite sich nach der Verkehrsanschauung bestimmt. Nach dieser Verkehrsanschauung war M auch während seiner Abwesenheit als unmittelbarer Besitzer des Parkplatzes anzusehen.

2. Besitzentziehung bzw. -störung durch verbotene Eigenmacht des F

Verbotene Eigenmacht ist jede Besitzentziehung oder Besitzstörung ohne den Willen des (unmittelbaren) Besitzers, die nicht durch das Gesetz gestattet ist (§ 858 I BGB). Das Abstellen des Pkw auf dem Parkplatz war hinsichtlich des konkret genutzten Parkplatzes als nicht gestattete Besitzentziehung anzusehen. Daneben lag in Bezug auf die gesamte Grundstücksfläche auch noch eine Besitzstörung vor.

3. Selbsthilferecht des M

Nachdem das Abstellen des Pkw sowohl eine Besitzentziehung als auch eine Besitzstörung darstellte, ist zu prüfen, welche Folgen dies für das Selbsthilferecht des M hat. Bei einer Besitzentziehung unbeweglicher Sachen richtet sich dies nach § 859 III BGB (sog. Besitzkehr in Form der Entsetzung), im Falle einer Besitzstörung nach § 859 I BGB (sog. Besitzwehr).

§ 859 I bzw. III BGB berechtigen den ursprünglichen Besitzer zu allen Maßnahmen, die zur Beseitigung der Störung bzw. zur Wiedererlangung des Besitzes erforderlich sind. Hierzu zählt auch das Abschleppen eines Pkw.

Problematisch erscheint in der vorliegenden Konstellation der Zeitrahmen, in dem das Selbsthilferecht ausgeübt werden kann: Die Besitzkehr wegen Entziehung des Besitzes an der einzelnen Parkfläche ist gem. § 859 III BGB zur Wahrung des Rechtsfriedens zeitlich begrenzt und deshalb nur »sofort« nach der Entziehung zulässig. Anders als etwa bei § 121 I BGB (»unverzüglich«) kommt es hier nicht auf die subjektive Kenntnis des Betroffenen oder das Verschulden an. Die Besitzwehr nach § 859 I BGB hinsichtlich der Gesamtparkfläche wegen Besitzstörung enthält hingegen keine zeitliche Beschränkung. Folglich bestünden für die gleiche Abschlepphandlung an sich zwei unterschiedliche Zeitrahmen. Der BGH und die wohl hM begegnen dieser Unstimmigkeit dadurch, dass auch die Besitzwehr der zeitlichen Begrenzung des Abs. 3 unterliegen soll, wenn deren Ausübung gleichzeitig eine Besitzkehr hinsichtlich des einzelnen Parkplatzes darstellt.

Bezüglich des Kriteriums »sofort« billigt die Rechtsprechung dem Besitzer jedoch eine gewisse Zeit zur Sachverhaltsprüfung und zur Vorbereitung entsprechender Maßnahmen zu, sodass das Abschleppen durch den von M beauftragten A sich hier noch im zeitlichen Rahmen bewegte.

4. Kein Ausschluss nach Treu und Glauben, § 242 BGB

Aus dem Grundsatz von Treu und Glauben (§ 242 BGB) ergibt sich, dass die Ausübung des Selbsthilferechts nur dann zulässig ist, wenn sie verhältnismäßig ist. Die Rechtsausübung wäre demnach unzulässig, wenn die Selbsthilfe zu unverhältnismäßig großen Nachteilen führen würde und andere weniger schwerwiegende Maßnahmen den Interessen des Berechtigten ebenso gut Rechnung getragen hätten. Weniger schwerwiegende, aber gleich wirksame Maßnahmen sind hier jedoch nicht ersichtlich.

Fraglich ist, ob die Ausübung der Selbsthilfe auch bei Wahrung des Verhältnismäßigkeitsgrundsatzes unter dem allgemeinen Gesichtspunkt von Treu und Glauben unzulässig war, da F nicht behindernd geparkt hatte und auch noch genügend freie Parkplätze für andere Kunden zur Verfügung standen. Insofern ist aber zu berücksichtigen, dass der unmittelbare Besitzer sich der verbotenen Eigenmacht unabhängig vom räumlichen Ausmaß der verbotenen Eigenmacht und unabhängig davon, ob noch nutzbare Grundstücksteile verbleiben, erwehren darf. Anderenfalls könnte der Besitzer sein Selbsthilferecht nur gegenüber demjenigen ausüben, der sein Fahrzeug auf dem letzten freien Parkplatz abstellt. Das Selbsthilferecht liefe damit weitgehend leer.

Bedenken gegen die Rechtmäßigkeit des Abschleppens können sich aber daraus ergeben, dass M die Entscheidung über das Abschleppen von Fahrzeugen auf A übertragen hat, der seinerseits ein eigenes wirtschaftliches Interesse daran hat, möglichst viele Fahrzeuge abzuschleppen. Allerdings regelt die Vereinbarung zwischen M und A im Zusammenhang mit dem Hinweisschild hinreichend konkret, unter welchen Umständen A abschleppen darf.

III. Ergebnis zu Frage 1

M war zum einen wegen der Besitzstörung bzgl. der gesamten Grundstücksfläche gem. § 859 I BGB und zum anderen wegen der Besitzentziehung bzgl. des konkret genutzten Parkplatzes gem. § 859 III BGB zum Abschleppen des Pkw des F im Wege der Selbsthilfe berechtigt.

Frage 2: Anspruch des F gegen M auf Zahlung von 165 EUR gem. § 812 I 1 Alt. 1 BGB

Ein Anspruch des F gegen M auf Rückerstattung der Abschleppkosten iHv 150 EUR sowie auf Rückerstattung der Inkassogebühren iHv 15 EUR könnte sich aus § 812 I 1 Alt. 1 BGB ergeben.

I. Etwas erlangt

Indem F die Abschleppkosten und die Inkassogebühren gegenüber dem Abschleppunternehmer (A) beglich, brachte er die Forderungen des A gegen M aufgrund der in Nr. 4 des Vertrags getroffenen Verrechnungsabrede zum Erlöschen. Durch die Zahlung erlangte M somit die Befreiung von diesen Verbindlichkeiten.

II. Durch Leistung des F an M

Die Zahlung von F an A stellt sich als eine Leistung von F an M dar, da Zweck der Zahlung des F war, eine Forderung des M gegen ihn zu erfüllen. A fungierte in diesem Zusammenhang nur als Zahlstelle.

III. Ohne rechtlichen Grund

Die Leistung des F an den M müsste auch ohne rechtlichen Grund erfolgt sein. Ein rechtlicher Grund bestand, wenn M gegen F einen Anspruch auf Zahlung der Abschleppkosten und der Inkassogebühr hatte.

1. Anspruch aus berechtigter GoA gem. §§ 683, 677, 670 BGB

Die Geschäftsführung entsprach dem Interesse und dem mutmaßlichen Willen des F (vgl. oben Frage 1 I. 2.).

Allerdings sind nur solche Aufwendungen ersatzfähig, die der Geschäftsführer den Umständen nach für erforderlich halten durfte (§ 670 BGB). Daran fehlt es bei den Inkassogebühren. Denn es handelt sich hierbei um Kosten, die erst bei der Anspruchsdurchsetzung anfallen, ohne für die eigentliche Geschäftsführung – das Abschleppen – erforderlich zu sein (siehe auch noch unten 2.b).

2. Anspruch aus § 823 I BGB

a) Haftungsbegründender Tatbestand

Voraussetzung des Schadensersatzanspruchs ist die rechtswidrige und schuldhafte Verletzung eines geschützten Rechts oder Rechtsguts. Jedenfalls der berechtigte Besitz wird als sonstiges Rechtsgut vom Schutz des § 823 I BGB erfasst. Durch das unberechtigte Abstellen des Kfz wurde der berechtigte Besitz des M rechtswidrig und schuldhaft verletzt. M hat deshalb gegen F einen Anspruch auf Ersatz des ihm entstandenen Schadens.

b) Haftungsausfüllender Tatbestand

Die dem M entstandenen Verbindlichkeiten stellen einen Schaden dar, für den die Besitzverletzung äquivalent und adäquat kausal war.

In Höhe der Abschleppkosten fällt der geltend gemachte Schaden auch unter den Schutzzweck der Norm, obwohl M durch die Beauftragung des Abschleppunternehmers selbst die letzte Ursache für die Entstehung des Schadens in Form der Verbindlichkeiten gesetzt hat. M durfte sich zu der Beauftragung des Abschleppunternehmers herausgefordert fühlen, da das Gesetz (§ 859 BGB) diese Reaktion billigt.

Hingegen handelt es sich bei den Inkassogebühren um einen Folgeschaden, der dem F nicht zuzurechnen ist, da die Beauftragung eines Inkassounternehmens weder der Schadensverhütung noch der Schadensbeseitigung dient, sondern ausschließlich der Beitreibung und außergerichtlichen Abwicklung des Schadensersatzanspruchs. M durfte sich somit nicht zur Beauftragung des Inkassounternehmens herausgefordert fühlen. Mangels Schutzzweckzusammenhangs stellt die Inkassogebühr keinen zurechnungsfähigen Schaden dar.

c) Zwischenergebnis

M kann gem. §§ 823 I, 249 I BGB Ersatz der Abschleppkosten iHv 150 EUR verlangen. Er hat jedoch keinen Anspruch auf Ersatz der Inkassogebühren iHv 15 EUR.

3. Anspruch aus § 823 II iVm § 858 I BGB

Ein Anspruch des M auf Schadensersatz ergibt sich auch wegen Verletzung eines Schutzgesetzes aus § 823 II iVm § 858 I BGB. § 858 I BGB stellt nach Auffassung der Rechtsprechung ein Schutzgesetz dar, da die Norm auch dem Schutz des Einzelnen dient, während das überwiegende Schrifttum davon ausgeht, dass die Norm nur objektiv den Rechtsfrieden sicherstellen will. Gegen dieses Schutzgesetz hat F verstoßen, als er sein Fahrzeug unbefugt parkte und damit eine verbotene Eigenmacht beging (vgl. oben Frage 1 II. 2.). Er handelte auch vorsätzlich. Hinsichtlich des Haftungsumfangs gilt das oben Gesagte, sodass sich der Anspruch nur auf Ersatz der Abschleppkosten, nicht aber auf die Inkassogebühren erstreckt.

4. Zwischenergebnis

Da M gegen F einen Anspruch auf Erstattung der Abschleppkosten gem. §§ 683, 677, 670 BGB, gem. §§ 823 I, 249 II 1 BGB und gem. § 823 II iVm §§ 858 I, 249 I 1 BGB hat, ist die Leistung des F an M insoweit mit rechtlichem Grund erfolgt. Deshalb scheidet ein Anspruch gem. § 812 I 1 Alt. 1 BGB aus. Hinsichtlich der Inkassogebühren iHv 15 EUR erfolgte die Zahlung des F dagegen ohne Rechtsgrund, sodass er sie nach § 812 I 1 Alt. 1 BGB zurückfordern kann.

IV. Ergebnis zu Frage 2

F hat gegen M keinen Anspruch auf Rückerstattung der Abschleppkosten iHv 150 EUR, er kann aber die Rückerstattung der Inkassogebühren iHv 15 EUR verlangen.

Ergänzende Bemerkungen

Zu Frage 1 I. 1.:

Entgegen dem Wortlaut des § 1004 BGB sind nach heute hM auch sonstige Rechte erfasst, die dem Eigentum ähnlich sind (quasi-negatorischer Anspruch). Mit derselben Argumentation, mit der der Besitz als »sonstiges Recht« iSd § 823 I BGB eingeordnet wird (vgl. hierzu die nachfolgende Bemerkung), ist zumindest der berechtigte Besitz analog § 1004 iVm § 823 I BGB geschützt. Dem berechtigten Besitzer steht bei einer Besitzstörung also ein Beseitigungs- und Unterlassungsanspruch zu. Allerdings ist § 1007 BGB für Fälle der Besitzentziehung als lex specialis zu beachten.

Zu Frage 1 I. 2.:

Der BGH geht inzwischen davon aus, dass es dem objektiven Interesse und daher auch dem mutmaßlichen Willen des Fahrzeughalters entspricht, wenn ein Fahrzeug, das unbefugt auf einem Privatgrundstück in verbotener Eigenmacht abgestellt wird, entfernt wird (BGH NJW 2016, 2407, 2408). Die Entfernung durch ein Abschleppunternehmen wird ausdrücklich auch dann noch als vorteilhaft und daher interessegerecht angesehen, wenn dadurch Kosten entstehen (für eine aA siehe aber noch *Lorenz* NJW 2009, 1025, 1027: es könne kaum davon ausgegangen werden, dass das kostenpflichtige Entfernen des Fahrzeugs von einem privaten Parkplatz dem mutmaßlichen Willen des Fahrers oder Halters entspricht).

Zu Frage 1 II. 2.:

Die Selbsthilferechte gem. § 859 BGB richten sich wie die Beseitigungs- und Unterlassungsansprüche gem. §§ 862, 1004 BGB gegen den Störer. Bei der Beeinträchtigung des Besitzes an Grundstücken durch abgestellte Fahrzeuge kann jedenfalls derjenige als Störer angesehen werden, der das Fahrzeug selbst widerrechtlich geparkt hat (wie F im vorliegenden Fall). Nach BGH NJW 2012, 3781 ist darüber hinaus auch ein mit dem Fahrer nicht identischer Halter des Fahrzeugs als Zustandsstörer anzusehen, der es einer anderen Person zur Benutzung im Straßenverkehr überlassen hat, da er das Fahrzeug wegfahren kann und damit die Quelle der Störung beherrscht. Aufgrund der Überlassung des Fahrzeugs an die andere Person ist dem Halter dann die Störung auch zuzurechnen, denn das Falschparken stellt kein außergewöhnliches Verhalten dar.

Zu Frage 2 I., II.:

Obwohl hier die Zahlung von F an A erfolgt ist, hat M aufgrund der Zahlung etwas erlangt iSd § 812 I BGB, und die Zahlung ist auch als eine Leistung im Rechtssinne von F an M anzusehen (s. oben Frage 2 I., II.). Denn A fungierte lediglich als »Zahlstelle«, sodass die Zahlung aufgrund der Verrechnungsabrede letztlich dem M zugute kam.

Die Rechtslage wäre aber nicht anders zu beurteilen, wenn M seinen Anspruch auf Ersatz der Abschleppkosten gegen F an A abgetreten hätte und es nach der Zahlung durch F zu einer bereicherungsrechtlichen Rückabwicklung käme. Um diese Frage ging es in BGH NJW 2012, 3373. Dieser Entscheidung lag der Sachverhalt zugrunde, dass ein Grundstücksbesitzer seinen Anspruch auf Ersatz der Abschleppkosten gegen einen Falschparker an einen Abschleppunternehmer abgetreten hatte und dieser daraufhin vom Falschparker überhöhte Abschleppkosten einzog. Der Falschparker verlangte vom Abschleppunternehmer nunmehr Rückgewähr des Teils, um den die eingezogenen Abschleppkosten den ersatzfähigen Schaden überstiegen. Dieser Teilbetrag wurde vom Falschparker aufgrund einer vermeintlich gegenüber dem Zessionar bestehenden Verbindlichkeit an diesen gezahlt. Gleichwohl verneinte der BGH hier eine Leistung an den Zessionar, weil der Falschparker sonst das Insolvenzrisiko des Zessionars tragen müsste. Nach Auffassung des BGH richtet sich der Bereicherungsanspruch auf Rückgewähr rechtsgrundlos gezahlter überhöhter Abschleppkosten also auch dann gegen den Grundstücksbesitzer, wenn dieser seine Ansprüche gegen den Falschparker an einen Abschleppunternehmer abgetreten hat.

Zu Frage 2 III. 3. a):

Umstritten ist, ob der Besitz ein »sonstiges Recht« iSd § 823 I BGB darstellt. Das einzige in Abs. 1 genannte Recht (sonst nur Rechtsgüter) ist das Eigentum. Aus diesem Grund muss ein »sonstiges Recht« eine »Eigentumsähnlichkeit« aufweisen.

Eine Ansicht lehnt hieran anknüpfend die Einstufung des Besitzes als Recht in diesem Sinne mit dem Argument ab, die Ähnlichkeit scheitere bereits daran, dass jener ein rein tatsächliches Herrschaftsverhältnis über eine Sache darstelle.

Eine aA stuft hingegen sowohl den berechtigten als auch den nichtberechtigten Besitz als »sonstiges Recht« in diesem Sinne ein, da beide Besitzarten possessorisch geschützt seien (vgl. § 858 BGB). Hierdurch komme ihnen eine dem Eigentum ähnliche Ausschlussfunktion gegenüber Dritten zu.

Die hM lehnt die vorgenannten Ansichten ab und erkennt nur den berechtigten Besitz als »sonstiges Recht« in diesem Sinne an: Der berechtigte Besitz sei dem Eigentum insofern ähnlich, als er nicht nur eine vergleichbare Ausschluss-, sondern auch die für das Eigentum charakteristische Nutzungsfunktion enthalte: Nur der berechtigte Besitzer dürfe die Sache aufgrund seiner Berechtigung nutzen.

Ebenfalls abstellend auf die Nutzungsfunktion vertritt eine vierte Ansicht, dass sowohl der berechtigte als auch der nichtberechtigte, aber entgeltliche, unverklagte und gutgläubige Besitzer Inhaber eines »sonstigen Rechts« sei: Letzterem stehe zwar mangels Berechtigung ein (bspw. obligatorisches) Nutzungsrecht nicht zu. Ziehe er jedoch Nutzungen, dürfe er sie gem. §§ 987 I, 988, 990 I, 993 I Hs. 2 BGB behalten. Insofern vermittele dieser Besitz eine dem berechtigten Besitz angenäherte Nutzungsfunktion, sei also ebenfalls eigentumsähnlich.

Zu Frage 2 III. 3. b):

Zu den erstattungsfähigen Kosten zählen nicht nur die reinen Abschleppkosten, sondern auch Kosten, die im Zusammenhang mit der Vorbereitung des Abschleppvorgangs entstehen, etwa um den Halter ausfindig zu machen (BGH NJW 2012, 528). Dagegen sind nicht ersatzfähig die Kosten für die Bearbeitung und außergerichtliche Abwicklung des Schadensersatzanspruchs (BGHZ 181, 233 = NJW 2009, 2530) sowie die Kosten für die Überwachung des Grundstücks im Hinblick auf unberechtigtes Parken (BGH NJW 2012, 528). Die Höhe des Schadensersatzes wird darüber hinaus durch das Gebot der Wirtschaftlichkeit begrenzt (BGH NJW 2014, 3727 [3728]).

Bereicherungsrechtliche Besonderheiten:

Im Bereicherungsrecht stellt sich zunächst die Frage, ob der Besitz ein vermögenswertes »etwas« iSd § 812 I BGB darstellt. Dies wird in Fällen der Leistungskondiktion sowohl für den berechtigten als auch für den nichtberechtigten Besitz bejaht. Beides kann somit im Rahmen einer Leistungskondiktion kondiziert werden. Problematischer ist, ob auch eine Eingriffskondiktion möglich ist: Dazu bedarf es einer Bereicherung »auf Kosten« des Anspruchstellers. Diese wird nach hM dann bejaht, wenn in eine Position eingegriffen wird, die dem Anspruchsteller zugewiesen ist. Da jedoch nur der berechtigte Besitz (nach hM) einen Zuweisungsgehalt hat, ist eine Eingriffskondiktion bei nichtberechtigtem Besitz ausgeschlossen.

Fall 3 »Der einfallsreiche Vermieter«

Sachverhalt

V vermietet eine Lagerhalle an M für die Dauer von drei Jahren. Trotz Aufforderung durch V gibt M die Halle nach Ablauf der Mietzeit nicht frei. Nach vorheriger Ankündigung lässt V daraufhin die Hallenzugänge sperren. M kann angeliefertes Gut nicht in die Halle, in der sich zu diesem Zeitpunkt kein Lagergut des M befindet, bringen lassen und muss 500 EUR für eine andere, kurzfristig angemietete Lagerfläche bezahlen. Er verlangt Schadensersatz von V.

Ansprüche des M?

Abwandlung 1:
Bei Ende der Mietdauer hat M die für das letzte Jahr fälligen Monatsmieten iHv insgesamt 1.200 EUR noch nicht entrichtet. Als er zum Zwecke eines Räumungsverkaufs auf das in seinem Eigentum stehende in der Halle eingelagerte Gut im Wert von 1.000 EUR zugreifen will, lässt V die Halleneingänge mit einem Vorhängeschloss versperren. Infolgedessen entsteht dem M ein Schaden iHv 500 EUR.

Ansprüche des M?

Abwandlung 2:
V hat an M noch weitere Gewerberäume vermietet, in denen M eine Gaststätte betreibt. Das Warmwasser bezieht M direkt von V. Nachdem M über mehrere Monate keine Mietzinszahlungen erbracht hat, kündigt V den Mietvertrag fristlos und stellt anschließend die Warmwasserversorgung ein.

Ansprüche des M?

Fundstellen/Vertiefungshinweise:
BGHZ 73, 355 = NJW 1979, 1358; BGH NJW 2009, 1947; *Baur/Stürner* SachenR § 9 Rn. 31 ff.; *Müller/Gruber* SachenR Rn. 276 ff., 414 ff.
Vieweg/Werner SachenR § 2 Rn. 50, 52, 55 f., 70 f.

Problemkreise:
- Ersatz des Nutzungsschadens bei Besitzentzug ohne Besitzrecht des Anspruchstellers (G)
- Selbsthilferecht des Vermieters als Ausschlussgrund der verbotenen Eigenmacht (G)
- Versorgungssperre (zum Teil sachenrechtsexternes Problem)

Lösungsvorschlag

Interessenlage

Das Interesse des V besteht darin, die Mietsache möglichst rasch freizubekommen, um über sie verfügen zu können. Jedenfalls will V nicht auch noch für etwaige Folgekosten des vertragsbrüchigen M einstehen müssen. M ist daran gelegen, die ihm durch die Versperrung der Halle entstandenen Folgekosten ersetzt zu bekommen. In der Abwandlung 2 ist M an der Fortsetzung der Warmwasserversorgung interessiert.

Lösung Ausgangsfall

I. Anspruch des M gegen V auf Schadensersatz iHv 500 EUR gem. § 823 I BGB

Ein deliktischer Schadensersatzanspruch setzt die Verletzung eines von § 823 I BGB geschützten Rechts oder Rechtsguts voraus. Hier kommt nur die Verletzung des Besitzes des M in Betracht.

1. Besitz als sonstiges Recht iSd § 823 I BGB

Der berechtigte Besitz ist als ein sonstiges Recht iSd § 823 I BGB anerkannt. Mit Ablauf der auf drei Jahre vereinbarten Mietzeit ist M aber nicht mehr berechtigter Besitzer. Der bösgläubige nichtberechtigte Besitzer ist nicht schutzwürdig; sein Besitz wird nicht über § 823 I BGB geschützt (s. hierzu Fall 2 Ergänzende Bemerkungen).

2. Ergebnis

M hat keinen Anspruch aus § 823 I BGB.

II. Anspruch des M gegen V auf Schadensersatz iHv 500 EUR gem. § 823 II iVm § 858 BGB

1. Verletzung eines Schutzgesetzes

a) § 858 BGB als Schutzgesetz

§ 858 BGB ist eine Rechtsnorm iSd Art. 2 EGBGB, die zumindest auch dem Schutz des Einzelnen zu dienen bestimmt ist. Daher lässt sich § 858 BGB grds. als Schutzgesetz iSd § 823 II BGB ansehen. Problematisch erscheint jedoch, dass § 858 BGB auch dem (bösgläubigen) nichtberechtigten Besitzer possessorischen Besitzschutz gewährt: Auch diesem könnten folglich gem. § 823 II iVm § 858 BGB Schadensersatzansprüche zustehen. Somit wäre ein Gleichlauf von § 823 II BGB und § 823 I BGB, der lediglich den berechtigten bzw. den schutzwürdigen nichtberechtigten Besitzer schützt (s. oben I. 1.), nicht gewährleistet. Um einen solchen Gleichlauf sicherzustellen, könnte angedacht werden, dem (bösgläubigen) nichtberechtigten Besitzer § 858 BGB nicht als Schutzgesetz iSd § 823 II BGB zur Seite zu stellen.

Der BGH hat jedoch anders entschieden und erkennt § 858 BGB grds. auch für einen solchen Besitzer als Schutzgesetz iSd § 823 II BGB an. Dies ist überzeugend, da dem § 858 BGB eine Differenzierung zwischen berechtigtem und nichtberechtigtem Besitzer unbekannt ist.

b) Voraussetzung des § 858 BGB: Verbotene Eigenmacht

aa) Besitzentziehung; § 858 I Alt. 1 BGB

V hat durch das Versperren der Halle die Sachherrschaft des M vollständig und andauernd beseitigt. Dabei ist unbeachtlich, dass M dem V als nichtberechtigter Besitzer zur Herausgabe verpflichtet gewesen ist.

bb) Ohne Willen des Besitzers

Die Entziehung des Besitzes erfolgte hier zumindest ohne den Willen des M.

cc) Keine Gestattung

M hatte dem V die Besitzentziehung nicht gestattet. Auch eine gesetzliche Gestattung ist nicht ersichtlich.

dd) Keine Berücksichtigung petitorischer Rechte

Wegen § 863 BGB kann sich V nicht auf ein ihm zustehendes Besitzrecht berufen; auch die dolo-agit-Einrede aus § 242 BGB sowie das Schikaneverbot des § 226 BGB greifen wegen der in § 863 BGB enthaltenen Wertung, dass eine Selbsthilfe gegen den unmittelbaren Besitzer verboten ist, nicht ein.

c) Rechtswidrigkeit

Das Verhalten des V war rechtswidrig. Da sich keine dem M gehörenden Gegenstände mehr in der Halle befanden, konnte sich V auch nicht auf ein Vermieterpfandrecht gem. § 562 BGB berufen.

d) Verschulden (§ 823 II 2 BGB)

V handelte vorsätzlich.

2. Schaden

Nach Ablauf der Mietzeit war M nicht mehr zum Besitz der Halle berechtigt. Als unberechtigter Besitzer kann er keinen Schaden wegen Entziehung der Gebrauchsmöglichkeit geltend machen. Sonst stünde er besser, als wenn er sich rechtmäßig verhalten und von vornherein die weitere Nutzung der Halle unterlassen hätte. Auch soweit § 858 BGB für den nichtberechtigten Besitzer als Schutzgesetz iSd § 823 II BGB anerkannt wird, führt dies deshalb nicht dazu, dass der nichtberechtigte Besitzer auf diesem Wege Schäden für vorenthaltene Nutzung geltend machen kann.

3. Ergebnis

M hat keinen Anspruch auf Schadensersatz gegen V.

Lösung Abwandlung 1

I. Anspruch auf Schadensersatz iHv 500 EUR gem. § 823 I BGB

1. Verletztes Rechtsgut

Mit Ende des Mietverhältnisses ist M nicht mehr berechtigter Besitzer der Halle und hat daher gegen V keinen Anspruch auf Schadensersatz aus § 823 I BGB wegen Entziehung des Besitzes daran (s. Ausgangsfall I.).

Jedoch kommt eine Verletzung des Eigentums des M an den eingelagerten Gegenständen in Betracht.

2. Verletzungshandlung

Die Verletzungshandlung liegt in dem Versperren der Halle durch V.

3. Haftungsbegründende Kausalität

Da die Rechtsgutsverletzung des M auf dem Versperren der Halle durch V beruht, ist die haftungsbegründende Kausalität gegeben.

4. Rechtswidrigkeit

Zu prüfen ist, ob die Verletzungshandlung des V wegen eines Vermieterpfandrechts an den eingelagerten Sachen gem. §§ 562 ff., 578 I, II BGB gerechtfertigt sein könnte.

Da M mit den Mietzahlungen des vergangenen Jahres im Rückstand war, steht dem V wegen dieser Forderungen iHv 1.200 EUR ein Vermieterpfandrecht an den eingebrachten Sachen zu (§ 562 I BGB). Dieses kann der Vermieter grds. im Wege der Selbsthilfe selbstständig durchsetzen, indem er den Verbleib der eingebrachten Sachen in seinen Räumen sicherstellt (§ 562b I 1 BGB). Ein Selbsthilferecht besteht indes nicht, wenn die Entfernung der Gegenstände im Rahmen des regelmäßigen Geschäftsbetriebs erfolgt oder die zurückbleibenden Sachen zu Sicherung des Vermieters offenbar ausreichen (§ 562b I 1 iVm § 562a S. 2 BGB). Allerdings umfasst der regelmäßige Geschäftsbetrieb keine Räumungsverkäufe. Zudem bestand bereits vor dem Räumungsverkauf das Risiko, dass die Verwertung des eingelagerten Guts nicht zur vollständigen Befriedigung des V ausreichen würde.

Allerdings darf das Selbsthilferecht erst ausgeübt werden, wenn der Mieter tatsächlich mit der Entfernung der Sachen begonnen hat. Dies war hier der Fall. V handelte daher rechtmäßig.

5. Ergebnis

M hat keinen Anspruch gegen V auf Schadensersatz gem. § 823 I BGB.

II. Anspruch auf Schadensersatz iHv 500 EUR gem. § 823 II iVm § 858 BGB

M könnte aber einen Anspruch aus § 823 II iVm § 858 BGB haben.

1. Verletzung eines Schutzgesetzes

a) § 858 BGB als Schutzgesetz

§ 858 BGB ist ein Schutzgesetz (s. Ausgangsfall II. 1. a)).

b) Voraussetzungen des § 858 BGB: Verbotene Eigenmacht

aa) Besitzentziehung

Durch das Versperren der Hallenzugänge hat V dem M dessen Besitz an den eingelagerten Gütern entzogen.

bb) Ohne Willen des Besitzers

Dies geschah auch zumindest ohne den Willen des M.

cc) Keine Gestattung

Hier könnte dem V die eigenmächtige Besitzentziehung der eingelagerten Güter aber durch sein Selbsthilferecht gem. § 562b I 1 BGB gestattet gewesen sein. §§ 562b I 1, 562 I BGB gestatten dem Vermieter, die in die Mietsache eingebrachten Gegenstände des Mieters zur Sicherung von Mietzins- und Entschädigungsansprüchen zurückzubehalten und den Verbleib der mit dem gesetzlichen Vermieterpfandrecht belasteten Sachen in den vermieteten Räumen im Wege der Selbsthilfe sicherzustellen. Hier liegen die Voraussetzungen der Selbsthilfe vor (s. Abwandlung 1 I. 4.), sodass V nicht in verbotener Eigenmacht iSd § 858 BGB handelte. Folglich fehlt es an der Verletzung eines Schutzgesetzes.

2. Ergebnis

M hat keinen Anspruch gegen V auf Schadensersatz gem. § 823 II iVm § 858 BGB.

Lösung Abwandlung 2

M könnte gegen V einen Anspruch auf Unterlassung der Unterbrechung der Versorgung haben.

I. Anspruch auf Unterlassung aus § 535 I BGB

Ein Anspruch auf Unterlassung folgt nicht aus der Pflicht zur Gebrauchsüberlassung aus dem Mietvertrag gem. § 535 I BGB, da der Mietvertrag bei Einstellung der Warmwasserversorgung bereits durch fristlose Kündigung beendet war (§§ 543 I, II 1 Nr. 3, III 2 Nr. 3, 286 I, II Nr. 1 BGB). Es besteht auch keine nachvertragliche Pflicht des V, die Versorgung aufrechtzuerhalten. Eine nachvertragliche Pflicht zur Erbringung von Versorgungsleistungen kann sich im Einzelfall aus Treu und Glauben ergeben, wenn sie dem Vermieter nicht unzumutbar ist. Hier ist zu beachten, dass das Mietverhältnis wegen Zahlungsverzugs des Mieters beendet wurde und der Vermieter die Versorgungsleistungen mangels Vorauszahlungen durch den Mieter auf eigene Kosten erbringen müsste. Bei Erbringung der Versorgungsleistungen drohte dem

Vermieter ein weiterer Schaden, weshalb ihm die Fortsetzung der Leistung nicht zuzumuten war.

II. Anspruch auf Unterlassung aus § 862 I BGB

Ein Anspruch auf Unterlassung könnte sich gem. § 862 I BGB ergeben, wenn die Einstellung der Wasserversorgung eine Besitzstörung durch verbotene Eigenmacht gem. § 858 I BGB ist. Dies ist umstritten. Teilweise wird verbotene Eigenmacht mit der Begründung bejaht, dass zum (geschützten) Besitz auch der Bezug von Wasser und Strom gehöre, da nur dies eine sinnvolle Nutzung der Räumlichkeiten gewährleiste.

Der BGH verneint dagegen eine Besitzstörung und damit auch die verbotene Eigenmacht. Hierfür spricht, dass die zur Nutzung des Mietobjekts erforderlichen Energie- und Wasserlieferungen nicht Bestandteil des Besitzes sind und sich daher auch der possessorische Besitzschutz nicht auf sie erstreckt: Vom Besitz erfasst ist nur der Bestand der tatsächlichen Sachherrschaft, weshalb eine Besitzstörung allein bei Beeinträchtigung dieser tatsächlichen Sachherrschaft anzunehmen ist. Eine Unterbrechung von Versorgungsleistungen beeinträchtigt jedoch weder den Zugriff des Besitzers auf die Mieträume, noch wird die sich aus dem bloßen Besitz ergebende Nutzungsmöglichkeit eingeschränkt. Insofern besteht ein bedeutender Unterschied zu einer psychisch vermittelten Beeinträchtigung der Nutzungsmöglichkeit zB durch Lichtwerbung oder Lärm. Letztere schränkt die aus der tatsächlichen Sachherrschaft folgende Nutzungsmöglichkeit ein. Die Einstellung der Versorgung mit Strom, Gas und Wasser betrifft hingegen eine Leistung, die erst aufgrund vertraglicher Vereinbarungen erlangt wird und nicht bereits durch die tatsächliche Sachherrschaft vermittelt wird. Dieses Ergebnis wird auch in der Literatur für den Fall bejaht, dass die Versorgungssperre durch ein Versorgungsunternehmen erfolgt. Es sind keine Gründe ersichtlich, warum die Versorgungssperre durch den Vermieter besitzrechtlich abweichend behandelt werden sollte.

Das Einstellen der Belieferung mit Warmwasser ist folglich keine Besitzstörung. Somit stellt auch die gewünschte Fortsetzung der Belieferung mit Warmwasser kein Unterlassen einer Besitzstörung dar. Der Anspruch könnte folglich nicht auf § 862 I BGB, sondern allein auf eine (hier nicht bestehende; vgl. Abwandlung 2 I.) schuldrechtliche Grundlage gestützt werden.

III. Ergebnis

M hat keinen Anspruch auf Unterlassung.

Ergänzende Bemerkungen

Zu Ausgangsfall I.:
Man könnte hier auch daran denken, das Schadensersatzverlangen auf die Verletzung nachvertraglicher Pflichten (§§ 241 II, 280 BGB) zu stützen. Da V den M jedoch zum Verlassen der Halle aufgefordert und ihm die Sperrung überdies angekündigt hatte, erscheint sein Verhalten – wenn man hier überhaupt nachwirkende besondere Ver-

tragspflichten annehmen will – jedenfalls nicht pflichtwidrig. Aus § 231 BGB kann M hier nichts anderes für sich herleiten. Zwar wird § 231 BGB über den Wortlaut der Vorschrift hinaus auch auf Fälle angewendet, in denen die Grenzen der Selbsthilfe bewusst überschritten werden (Selbsthilfeexzess). Doch fehlt es aus denselben Gründen wie im Rahmen des § 823 BGB abermals an einem ersatzfähigen Schaden, wenn der nicht berechtigte Besitzer Ersatz für vorenthaltene Nutzung verlangt.

Zu Abwandlung 1 I. 4.:
Der »regelmäßige Geschäftsbetrieb« ist ein Unterfall der in § 562a S. 2 BGB angeführten »gewöhnlichen Lebensverhältnisse«.

Zu Abwandlung 2 II.:
Bislang hatte der BGH nur über gewerbliche Mietverträge zu entscheiden. Ob auch für die Wohnraummiete daran festzuhalten ist, dass die Unterbrechung mit Versorgungsleistungen keine Besitzstörung darstellt, ist nicht eindeutig. Denn es klingt an, dass für die Wohnraummiete andere Wertungen zu treffen sein könnten. Eine Begründung für diese Unterscheidung fällt allerdings nicht leicht. Denn ein possessorischer Anspruch wegen Besitzstörung muss auch hier ausscheiden, da der Umfang der tatsächlichen Sachherrschaft weder vom Bestehen noch der konkreten Ausgestaltung eines zugrundliegenden Schuldverhältnisses abhängig ist. Insofern erscheint einzig die Versagung der Versorgungssperre wegen unzulässiger Rechtsausübung gem. § 242 BGB denkbar, zumindest für den Fall, dass dem Vermieter kein erheblicher Schaden droht und die Wohnungsräumung durch den Mieter absehbar ist.

Zur Vertiefung des possessorischen und petitorischen Besitzschutzes sollten *Vieweg/Werner* SachenR § 2 Rn. 58 ff. und 67 ff. nachgearbeitet werden. Einen Überblick über die Anspruchsberechtigung enthält die Grafik nach *Vieweg/Werner* SachenR § 2 Rn. 69.

Fall 4 »Die großzügigen Eltern«

Sachverhalt

Zum fünften Geburtstag schenken die Eltern ihrer Tochter Sanna (S) mit handschriftlicher Urkunde eine Biedermeierkommode im Wert von 10.000 EUR. Diese bleibt im Wohnzimmer der Familie stehen. Eineinhalb Jahre später pfändet der Gerichtsvollzieher die Kommode für einen Gläubiger der Eltern, die über kein weiteres Vermögen verfügen. S, vertreten durch den von den Eltern beauftragten Rechtsanwalt R, erhebt Drittwiderspruchsklage gem. § 771 ZPO.

Hat die Klage Aussicht auf Erfolg?

Fundstellen/Vertiefungshinweise:
BGH NJW 1989, 2542.
Vieweg/Werner SachenR § 2 Rn. 29 ff.; § 4 Rn. 42 ff.

Problemkreise:
- Anwendungsbereich des § 181 BGB (V, G)
- Eltern-Kind-Verhältnis als Besitzmittlungsverhältnis (V)
- Anfechtbarer Rechtserwerb nach AnfG (Sachenrechtsexternes Problem)

Besondere Schwierigkeiten:
- Bezüge zum Zwangsvollstreckungsrecht: Drittwiderspruchsklage

Lösungsvorschlag

Interessenlage

S ist daran interessiert, dass ihr das Geschenk ihrer Eltern erhalten bleibt. Der Gläubiger der Eltern möchte die Kommode zur Befriedigung seiner Ansprüche verwerten.

Lösung des Falls

Die Klage hat Aussicht auf Erfolg, wenn sie zulässig und begründet ist.

I. Zulässigkeit der Klage

Sachlich zuständig ist gem. §§ 23 Nr. 1, 71 I GVG das Landgericht; der Streitwert beträgt 10.000 EUR (§ 6 ZPO). Örtlich ausschließlich zuständig ist das Landgericht, in dessen Bezirk die Kommode gepfändet wurde (§§ 771 I, 802 ZPO).

Da S als Minderjährige nicht prozessfähig ist (§§ 51 I, 52 ZPO iVm § 104 Nr. 1 BGB), muss sie sich von ihren Eltern vertreten lassen (§ 51 I ZPO iVm § 1629 I BGB). Die Klage konnte durch R, der gem. § 78 ZPO vor dem Landgericht postulationsfähig ist, für S erhoben werden.

Auch das Rechtsschutzbedürfnis für die Drittwiderspruchsklage ist gegeben, da die Vollstreckung mit der Pfändung durch den Gerichtsvollzieher bereits begonnen hat, aber noch nicht beendet ist.

II. Begründetheit der Klage

Die Drittwiderspruchsklage ist begründet, wenn der S ein die Veräußerung hinderndes Recht iSd § 771 ZPO zusteht und dieses Recht nicht durch Einwendungen ausgeschlossen ist.

1. Die Veräußerung hinderndes Recht iSd § 771 ZPO

Die Veräußerung hindernde Rechte sind solche, die eine Zugehörigkeit des gepfändeten Gegenstands zum Vermögen des Schuldners, gegen den die Zwangsvollstreckung betrieben wird, verhindern. Dies ist insbesondere der Fall, wenn der Drittwiderspruchskläger Eigentümer der gepfändeten Sache ist.

a) Eigentum der S an der Kommode

Ursprünglich waren die Eltern der S Eigentümer der Kommode. S könnte das Eigentum an der Kommode aber durch Verfügung ihrer Eltern anlässlich der Schenkung erworben haben.

aa) Eigentumserwerb gem. § 929 S. 1 BGB

(1) Einigung

Voraussetzung für einen Eigentumserwerb der S ist, dass sich die Eltern und S darüber geeinigt haben, dass das Eigentum an der Kommode auf S übergehen soll. S selbst konnte die zur Einigung gem. § 929 S. 1 BGB erforderliche Willenserklärung mangels Geschäftsfähigkeit nicht abgeben (§§ 104 Nr. 1, 105 I BGB). Die Annahme des Übereignungsangebots durch S könnten aber ihre Eltern für sie als ihre gesetzlichen Vertreter erklärt haben (§§ 164, 1626 I, 1629 I 1 und 2 BGB).

Allerdings käme ein Ausschluss der Eltern von der Vertretung der S gem. §§ 1629 II 1, 1795 II, 181 BGB in Betracht, da die Eltern die S bei einem Geschäft vertreten wollten, bei dem sie zugleich Vertragspartner waren (sog. Insichgeschäft). Bei solchen Geschäften ist eine Vertretung grds. ausgeschlossen.

Etwas anderes gilt indes nach § 181 Hs. 2 BGB, wenn das Geschäft »ausschließlich in der Erfüllung einer Verbindlichkeit besteht«. Dies wäre hier dann der Fall, wenn die Übereignung durch die Eltern der Erfüllung ihrer Verbindlichkeit aus dem Schenkungsvertrag gem. § 516 BGB dient. Voraussetzung ist ein wirksamer Schenkungsvertrag zwischen S und ihren Eltern. Allerdings war der Schenkungsvertrag wegen der bloß handschriftlichen Abfassung des Schenkungsversprechens gem. §§ 125 S. 1, 518 I 1 BGB formnichtig, und der Formmangel konnte nur durch die Bewirkung der Leistung gem. § 518 II BGB geheilt werden. Die Bewirkung der Leistung hängt jedoch wiederum vom Bestehen der zu erfüllenden Verbindlichkeit ab. Aus § 181 Hs. 2 BGB ergibt sich daher nicht die Zulässigkeit des Insichgeschäfts.

Allerdings wird § 181 BGB über diese geschriebene Ausnahme hinaus teleologisch dahingehend reduziert, dass eine Vertretung bei Geschäften, die für den Vertretenen rechtlich lediglich vorteilhaft iSd § 107 BGB sind, nicht ausgeschlossen ist, denn in diesem Fall droht keine Interessenkollision zulasten des Vertretenen. Da der Eigentumserwerb an der Kommode für S rechtlich lediglich vorteilhaft ist, konnten die Eltern die S bei diesem Geschäft wirksam vertreten. Die dingliche Einigung konnte mithin durch wirksames Insichgeschäft erfolgen.

(2) Übergabe iSd § 929 S. 1 BGB

Der Eigentumserwerb nach § 929 S. 1 BGB setzt zudem die Übergabe der Kommode voraus. Eine Übergabe in diesem Sinne erfordert vollständigen Besitzverlust aufseiten des Veräußerers und den Erwerb zumindest mittelbaren Besitzes aufseiten des Erwerbers auf Veranlassung des Veräußerers. Hier sind allerdings die Eltern im unmittelbaren Besitz der Kommode geblieben. Es fehlt daher an einem vollständigen Besitzverlust. Mangels Übergabe konnte die Kommode nicht gem. § 929 S. 1 BGB an S übereignet werden.

bb) Eigentumserwerb gem. §§ 929 S. 1, 930 BGB

S könnte jedoch nach den §§ 929 S. 1, 930 BGB Eigentum erworben haben.

Abgesehen von einer dinglichen Einigung (s. oben II. 1. a) aa)) setzt dies gem. § 930 BGB die Vereinbarung eines Besitzmittlungsverhältnisses (§ 868 BGB) voraus. Dies folgt hier jedenfalls aus dem Eltern-Kind-Verhältnis, insbesondere der elterlichen Vermögenssorge (§ 1626 I BGB), als gesetzliches Besitzmittlungsverhältnis. Der Wille, die Kommode als Fremdbesitzer für die Tochter besitzen zu wollen, tritt auch nach außen hervor, da er in der urkundlichen Übereignungserklärung enthalten ist.

Die Eltern und S waren sich auch über den Eigentumsübergang einig und die Eltern handelten mit Verfügungsbefugnis.

b) Ergebnis

S ist Eigentümerin der Kommode geworden und damit Inhaberin eines die Veräußerung hinderndes Rechts iSd § 771 ZPO.

2. Keine Einwendungen

S könnte jedoch gem. § 11 AnfG zur Duldung der Zwangsvollstreckung verpflichtet sein.

a) Anfechtungsberechtigung gem. § 2 AnfG

Der Gläubiger der Eltern ist als Betreiber der Zwangsvollstreckung anfechtungsberechtigt gem. § 2 AnfG. Insbesondere war aufgrund der Vermögenssituation der Eltern die Annahme gerechtfertigt, dass eine Vollstreckung in deren Vermögen nicht zur (vollständigen) Befriedigung des Gläubigers führt.

b) Anfechtbares Rechtsgeschäft gem. §§ 3, 4 AnfG

Gemäß § 3 I AnfG sind sämtliche Rechtshandlungen, die der Schuldner innerhalb der letzten zehn Jahre mit Benachteiligungsvorsatz vorgenommen hat, anfechtbar. Hier fehlt es aber an Anhaltspunkten für einen Benachteiligungsvorsatz der Eltern.

Auch § 3 II AnfG ist nicht einschlägig. Zwar ist S als Tochter eine dem Schuldner nahe stehende Person iSd § 3 II AnfG, § 138 I Nr. 2 InsO, doch handelt es sich hier um eine unentgeltliche Rechtshandlung.

Eine Anfechtbarkeit des Rechtsgeschäfts könnte sich aber aus § 4 AnfG ergeben. Das Geschenk der Eltern an S stellt eine unentgeltliche Leistung dar, die weniger als vier Jahre zurückliegt. Auch handelt es sich bei dem Geschenk nicht um ein gebräuchliches Gelegenheitsgeschenk von geringem Wert iSd § 4 II AnfG. Ein anfechtbares Rechtsgeschäft liegt damit vor.

c) Rechtsfolgen der Anfechtbarkeit

Gemäß § 11 AnfG sind Gegenstände, die auf einen anfechtbaren Rechtserwerb zurückgehen, dem Anfechtungsberechtigten für seine Befriedigung zur Verfügung zu stellen. Dieses Anfechtungsrecht kann gem. § 9 AnfG auch als Anfechtungseinrede geltend gemacht werden. Um im Rahmen der Drittwiderspruchsklage berücksichtigt zu werden, müsste sie aber von dem Gläubiger der Eltern erhoben worden sein. Dies ist bislang nicht geschehen.

d) Ergebnis

Die Anfechtbarkeit des Rechtserwerbs kann folglich nicht als Einwendung gegen die Drittwiderspruchsklage der S berücksichtigt werden.

III. Ergebnis

Die Drittwiderspruchsklage ist zulässig und begründet. Die Zwangsvollstreckung in die Kommode ist für unzulässig zu erklären.

Ergänzende Bemerkungen

Zu II. 1. a) aa) (1):

Bei einem Insichgeschäft sind Erklärender und Erklärungsempfänger idR ein und dieselbe Person, sodass Abgabe und Zugang der Willenserklärung nicht zwangsläufig nach außen erkennbar sind. Es wird jedoch gerade auch im Hinblick auf Verfügungsgeschäfte (Publizitätsprinzip) für erforderlich gehalten, dass das Insichgeschäft nach außen für Dritte wahrnehmbar ist. Im vorliegenden Fall wird dieses Erfordernis der Wahrnehmbarkeit durch die Abfassung der Urkunde, der man die schuldrechtlichen und dinglichen Erklärungen entnehmen kann, erfüllt.

Fall 5 »Das Flaschenpfand«

Sachverhalt

Produzent (P) vertreibt auf dem deutschen Markt stilles Mineralwasser in 1,5 l Kunststoffflaschen. Er füllt das Wasser in wieder verwendbare Mehrwegflaschen ab, die er mit einem Pfand von 0,15 EUR belegt. Auf den Flaschen des P findet sich die Bezeichnung »Pfandflasche« und es ist die Bezeichnung »GG-Pool« eingestanzt. Nach seinen Allgemeinen Geschäftsbedingungen möchte P das Eigentum an den von ihm verwendeten Flaschen behalten. Außerdem findet sich darin die Verpflichtung des Abnehmers, das Leergut unverzüglich an P zurückzugeben.

Der Endverbraucher E hat von P abgefüllte Flaschen vom Händler H erhalten, der diese zuvor direkt von P bezogen hatte.

E ist ein leidenschaftlicher Bastler und verwendet die leeren Flaschen regelmäßig dazu, um aus ihnen Vasen, Blumentöpfe und ähnliches herzustellen. Diese Bastelarbeiten gefallen ausschließlich E selbst, weshalb ihnen kein Verkaufswert zukommt. Daneben befüllt E die Flaschen nach der Leerung des Öfteren mit Saft. P verlangt Herausgabe seiner im Besitz des E befindlichen leeren Flaschen. Zudem verlangt er, E solle es künftig unterlassen, die Flaschen zum Basteln zu verwenden sowie selbst neu zu befüllen.

Stehen P die geltend gemachten Ansprüche gegen E zu?

Fundstellen/Vertiefungshinweise:
BGHZ 173, 159 = NJW 2007, 2913; vgl. auch BGH NJW 2007, 2912; *Baur/Stürner* SachenR § 55 Rn. 1 ff.; *Medicus/Petersen* BürgerlR Rn. 534a; *Schreiber* JURA 2013, 111.
Vieweg/Werner SachenR § 10 Rn. 4; § 9 Rn. 8 ff.

Problemkreise:
- Eigentumslage bei Pfandflaschen (G)
- Herausgabeanspruch aus § 985 BGB (G)
- Recht zum Besitz (G)
- Unterlassungsanspruch aus § 1004 BGB (G)

Lösungsvorschlag

Interessenlage

Das Interesse des P ist darauf gerichtet, durch die Auslieferung der Wasserflaschen weder an die nachfolgenden Handelsstufen – hier an den Händler H – noch an den Endverbraucher das Eigentum zu verlieren. Das Interesse des E ist darauf gerichtet, nicht nur das Mineralwasser, sondern auch die Flaschen zu Eigentum zu erwerben.

Lösung des Falls

I. Anspruch des P gegen E auf Herausgabe der Flaschen aus § 985 BGB

Ein Anspruch des P gegen E aus § 985 BGB setzt voraus, dass P Eigentümer der Flaschen geblieben ist und E Besitzer ohne Recht zum Besitz ist.

1. Eigentum des P

Ursprünglich war P Eigentümer der Pfandflaschen. Er könnte sein Eigentum aber durch Veräußerung an H oder an E verloren haben.

a) Eigentumsverlust durch Übereignung von P an H gem. § 929 S. 1 BGB

H hat die gefüllten Flaschen von P bezogen. Dies kann so verstanden werden, dass P die Pfandflaschen an H übereignet hat und diese später rückübereignet werden sollen. Zum anderen kann es sich aber auch um eine bloße Gebrauchsüberlassung handeln. Welche der beiden Möglichkeiten vorliegt, ist aus der Sicht eines objektiven Empfängers zu ermitteln (§§ 133, 157 BGB). Dabei ist nach Auffassung des BGH zu berücksichtigen, ob die verwendeten Flaschen aufgrund einer dauerhaften Kennzeichnung als Eigentum eines bestimmten Herstellers oder Vertreibers ausgewiesen sind oder ob es sich um sog. Einheitsflaschen handelt, die keine Individualisierungsmerkmale aufweisen und die von unbestimmt vielen Herstellern verwendet werden. Nur wenn Getränke in Einheitsflaschen verkauft würden, erstrecke sich der Eigentumsübergang nicht nur auf den Inhalt, sondern auch auf die Flaschen selbst. Dagegen verbleibe bei Individualflaschen das Eigentum an den Flaschen beim Hersteller/Vertreiber und werde auch auf den nachfolgenden Handelsstufen nicht an den Erwerber des Flascheninhalts übertragen. Als Verpflichtungsgeschäft schließe der Hersteller mit den Abnehmern einen Gebrauchsüberlassungsvertrag sui generis ab, auf den mietrechtliche Vorschriften analog anzuwenden seien.

Hier handelt es sich bei den von P verwendeten Flaschen um individualisierte Flaschen, da sie sich durch die eingeprägte Bezeichnung »GG-Pool« objektiv von allen anderen auf dem deutschen Markt vertriebenen Flaschen unterscheiden und ihre Herkunft von einem bestimmten Hersteller erkennen lassen. Zusätzlich möchte P nach seinen AGB das Eigentum an den Flaschen behalten. Hieraus folgt, dass der Bezug der Flaschen durch H nicht als Einigung bzgl. des Eigentumsübergangs mit anschließender Übergabe, sondern als bloße Gebrauchsüberlassung auszulegen ist. P hat sein Eigentum somit nicht durch Übereignung an H verloren.

b) Eigentumsverlust durch Übereignung von P an E gem. § 929 S. 1 BGB

Ein Eigentumserwerb des E von P gem. § 929 S. 1 BGB kommt ebenfalls nicht in Betracht, da P und E sich nicht über den Übergang des Eigentums geeinigt haben. Zwischen den beiden kam es zu keinem direkten geschäftlichen Kontakt.

c) Eigentumsverlust durch Übereignung von H an E gem. § 929 S. 1 BGB

Da H nicht Eigentümer der Flaschen geworden ist, scheidet ein Erwerb durch E gem. § 929 S. 1 BGB aus.

d) Eigentumsverlust durch Übereignung von H an E gem. §§ 929 S. 1, 185 BGB

H war auch nicht durch P gem. § 185 I BGB zur Eigentumsübertragung auf E ermächtigt, denn P wollte – wie sich aus seinen AGB ergibt – das Eigentum an seinen Flaschen behalten und hat die dazwischengeschalteten Händler demnach nicht zur Eigentumsübertragung ermächtigt.

e) Eigentumsverlust durch Übereignung von H an E gem. §§ 929 S. 1, 932 I 1 BGB iVm § 366 I HGB

E könnte das Eigentum an den Flaschen aber gutgläubig gem. §§ 929 S. 1, 932 I 1 BGB ggf. iVm § 366 I HGB durch Verfügung des nichtberechtigten H erworben haben.

aa) Einigung zwischen H und E

Eine ausdrückliche Erklärung des H, dem E das Eigentum an den Flaschen zu übertragen, liegt nicht vor. Das Verhalten des H könnte jedoch nach dem objektiven Empfängerhorizont gem. §§ 133, 157 BGB als dahingehender Antrag auszulegen sein. Entscheidend ist, wie ein durchschnittlicher Verbraucher die Kennzeichnung auf den Flaschen verstehen darf. Insbesondere ist zu klären, ob die besondere Kennzeichnung der Individualflaschen dahin zu verstehen ist, dass die Flaschen im Eigentum des Herstellers stehen und dass dieser sein Eigentum behalten wolle.

Der BGH ist hier davon ausgegangen, dass das Eigentum bei Individualflaschen beim Hersteller verbleibe und auch auf den nachfolgenden Handelsstufen nicht an den Erwerber des Flascheninhalts übertragen werde. Eine Mindermeinung vertritt dagegen die Auffassung, dass – vorausgesetzt die übrigen Voraussetzungen für einen gutgläubigen Erwerb liegen vor – spätestens der Endverbraucher Eigentum an den Flaschen erwirbt.

Für die letztgenannte Auffassung spricht insbesondere das Interesse der Endverbraucher, mit den Flaschen als Eigentümer nach Belieben verfahren zu dürfen (§ 903 S. 1 BGB). So lässt sich ein Interesse des Verbrauchers, nicht den Ansprüchen aus §§ 989, 990 BGB (bzw. aus §§ 280, 283 oder § 823 BGB) und § 1004 BGB ausgesetzt zu sein, nicht von der Hand weisen. Darüber hinaus wird diese Ansicht auch der Verkehrsauffassung gerecht: Dem durchschnittlichen Verbraucher ist in der Regel nicht bekannt, dass sich der Getränkehändler gegenüber dem Hersteller zur Rückführung der Pfandflaschen verpflichtet hat. Auch der Einstanzung auf den individualisierten Flaschen kann er nicht entnehmen, dass der Hersteller sein Eigentum an den Flaschen nicht auf die nachfolgenden Handelsstufen übertragen will. Aus Sicht des Endverbrauchers umfasst der Erwerb einer Flasche Mineralwasser folglich nicht nur das Eigentum am Inhalt der Flasche, dh am Wasser, sondern auch an der Flasche selbst. Der Hinweis auf den Flaschen, dass es sich um Pfandflaschen handelt, spielt für den Endverbraucher gleichermaßen keine Rolle. Dessen Vorstellung geht vielmehr dahin, dass er ein Wahlrecht hat, ob er die Flaschen – gegen Erstattung des Pfandbetrags – zurückgibt oder ob er sie behält, wegwirft oder vernichtet und damit den Pfandbetrag »verfallen« lässt.

Auch wenn der Händler dem Endverbraucher möglicherweise das Eigentum gar nicht übertragen wollte bzw. hierzu nicht berechtigt war, so war sein Verhalten jedenfalls aus der Sicht eines objektiven Dritten in der Situation des Endverbrauchers gem. §§ 133, 157 BGB als Antrag, auch die Flaschen übereignen zu wollen, zu verstehen. Diesen hat E konkludent durch Entgegennahme angenommen.

Schließt man sich der Mindermeinung an, ist hier das Vorliegen einer Einigung über den Eigentumsübergang zwischen H und E zu bejahen.

bb) Übergabe und Einigsein

Der Händler H hat E die Flaschen auch übergeben iSd §§ 929 S. 1, 932 I 1 BGB. Zu diesem Zeitpunkt waren sich H und E zudem einig.

cc) Verkehrsgeschäft

Aufgrund der wirtschaftlichen und rechtlichen Personenverschiedenheit von H und E lag zudem auch ein Verkehrsgeschäft vor.

dd) Gutgläubigkeit des E

E dürfte darüber hinaus nicht bösgläubig gem. § 932 II BGB gewesen sein. Für eine positive Kenntnis des E von der fehlenden Eigentümerstellung des H ist nichts ersichtlich. Allerdings käme eine grob fahrlässige Unkenntnis in Betracht. Grobe Fahrlässigkeit liegt vor, wenn die erforderliche Sorgfalt in ungewöhnlich großem Umfang verletzt wird und der Erwerber außer Acht lässt, was für jeden verständigen Dritten offenkundig ist. Den Maßstab bilden die Anforderungen, welche an die Personengruppe gestellt werden, der E angehört. E gehört der Gruppe der »Durchschnittsverbraucher« an.

Aus Sicht eines durchschnittlichen Verbrauchers fallen das Eigentum an dem Inhalt und an der Flasche nicht auseinander. Vielmehr wird das Eigentum insgesamt erworben. Zudem kann er der Einstanzung keinen Hinweis auf fortwährendes Eigentum des Herstellers entnehmen (vgl. I. 1. e) aa)). Nachdem auch keine Umstände vorliegen, die ausnahmsweise eine Nachforschungsobliegenheit des E begründen könnten, handelte E nicht grob fahrlässig, als er auf das Eigentum des H vertraute.

Selbst wenn keine Gutgläubigkeit bzgl. der Eigentümerstellung des H vorgelegen haben sollte (vgl. hierzu die Ergänzenden Bemerkungen), wäre zumindest die Gutgläubigkeit des E bzgl. der Verfügungsbefugnis des H zu bejahen. Der gute Glaube an die Verfügungsbefugnis wird hier auch ausnahmsweise gem. § 366 I HGB geschützt.

ee) Kein Abhandenkommen, § 935 BGB

Die Flaschen sind P nicht gem. § 935 I 1 BGB abhanden gekommen, weil P den unmittelbaren Besitz auf den Händler H freiwillig übertragen hat. Auch § 935 I 2 BGB steht einem gutgläubigen Erwerb nicht entgegen, weil der H seinerseits den unmittelbaren Besitz willentlich auf E übertragen hat.

2. Ergebnis

Ein Herausgabeanspruch des P gem. § 985 BGB scheidet aus, da er sein Eigentum an E verloren hat. Da E schon rechtsgeschäftlich Eigentum erworben hat, erfolgte durch die Bastelarbeiten kein gesetzlicher Eigentumserwerb im Wege der Verarbeitung gem. § 950 I BGB.

3. Alternativer Lösungsweg (Hilfsgutachten)

Folgt man der Ansicht des BGH und lehnt einen gutgläubigen Eigentumserwerb des E ab, so ist zunächst zu prüfen, ob E das Eigentum an den Flaschen, die er durch Bastelarbeiten umgestaltet hat, gem. § 950 I BGB im Wege der Verarbeitung erworben hat. Da den Bastelarbeiten des E jedoch überhaupt kein Verkaufswert zukommt, liegt der Verarbeitungswert (= Verkaufswert der neuen Sache – Wert der Ausgangsstoffe) deutlich unter dem Wert der Ausgangsstoffe, weshalb E kein Eigentum gem. § 950 I BGB erworben hat (zum Eigentumserwerb durch Verarbeitung vgl. Fall 14 Ausgangsfall I. 2. c) bb) (2) (b) (aa)).

Daher stellt sich die Frage, ob E Besitzer ist und ob er dem Herausgabeanspruch des P ein Recht zum Besitz oder eine Einrede entgegenhalten kann.

a) Besitz des E

E ist Besitzer der Pfandflaschen.

b) Recht zum Besitz

aa) Pfandrecht als eigenes absolutes Recht zum Besitz gem. § 986 I 1 Alt. 1 BGB

Ein eigenes absolutes Recht zum Besitz könnte sich aus einem Pfandrecht gem. § 1204 BGB ergeben. Voraussetzung hierfür ist, dass P die Flaschen an E verpfändet hat. Allerdings fehlt es bereits an einer auf die Pfandrechtsbestellung an den Flaschen gerichteten, dinglichen Einigung: Mit dem »Flaschenpfand« wird nicht die Sicherung einer Geldforderung durch Verpfändung einer Sache angestrebt (so der Regelfall der §§ 1204 ff. BGB). Vielmehr erfolgt umgekehrt die Hingabe des Geldes zur Sicherung der Rückgabe der Flaschen. Der Rückgabeanspruch des Herstellers stellt somit die zu sichernde Forderung dar. Dieser Anspruch wird durch Bestellung eines »irregulären Pfandrechts« (in Form einer Barkaution) am Pfandgeld gesichert. Eine Pfandrechtsbestellung an den Flaschen erfolgt somit nicht.

Folglich lässt sich ein Besitzrecht des E auch nicht über § 1204 BGB herleiten.

bb) Eigenes obligatorisches Recht zum Besitz gem. § 986 I 1 Alt. 1 BGB

Ein eigenes obligatorisches Recht zum Besitz gegenüber P steht E nicht zu, da die beiden nicht in Vertragsbeziehungen zueinander stehen. Auch aus dem Kaufvertrag mit Händler H ergibt sich für E kein eigenes Besitzrecht gegenüber P, da das Besitzrecht aus dem Kaufvertrag nur relativ, also im Verhältnis zwischen H und E wirkt (sog. Relativität der Schuldverhältnisse).

cc) Abgeleitetes Recht zum Besitz gem. § 986 I 1 Alt. 2 BGB

In Betracht kommt aber die Geltendmachung eines von H abgeleiteten Besitzrechts des E. Dies setzt voraus, dass H seinerseits zum Besitz gegenüber P und darüber hinaus zur Überlassung des Besitzes an E berechtigt ist. Ein Besitzrecht des H ergibt sich zunächst aus dem Gebrauchsüberlassungsvertrag sui generis (s. oben I. 1. a)). Dieses Besitzrecht ist aber zeitlich beschränkt und besteht nur für die Zeit, die üblicherweise für den Vertrieb der gefüllten und die Rückführung der leeren Flaschen benötigt wird. Mit Rückforderung der leeren Flaschen durch P gegenüber E entfällt auch das Besitzrecht des H, da dieser kein schützenswertes Interesse mehr daran hat, die leeren Flaschen in seinem Besitz zu haben.

Mangels noch bestehenden Besitzrechts des H kann E dieses auch nicht mehr für sich ableiten.

dd) Zurückbehaltungsrecht gem. § 273 BGB als Recht zum Besitz

Umstritten ist, ob ein Zurückbehaltungsrecht gem. § 273 BGB ein Recht zum Besitz iSv § 986 BGB geben kann. Der BGH bejaht dies unter Hinweis darauf, dass § 986 BGB die Verteidigung gegenüber dem Vindikationsanspruch abschließend regelt und deshalb alle Gegenrechte erfasst werden.

Die überwiegende Auffassung im Schrifttum lehnt die Einordnung des § 273 BGB als Recht zum Besitz jedoch unter Hinweis darauf ab, dass Zurückbehaltungsrechte selbstständige Gegenrechte gewähren, die dem Anspruch aus § 985 BGB unmittelbar entgegenstehen. Hierfür spricht, dass ein Zurückbehaltungsrecht zu einer Verurteilung Zug um Zug führt, während ein Besitzrecht iSd § 986 BGB eine Klageabweisung bewirkt.

ee) Zwischenergebnis

Folgt man der Literatur, steht E ein Recht zum Besitz nicht zu.

c) Zurückbehaltungsrecht

E könnte dem Herausgabeverlangen des P ein Zurückbehaltungsrecht gem. § 273 BGB entgegenhalten. Voraussetzung hierfür ist, dass E aus demselben rechtlichen Verhältnis ein Gegenanspruch zusteht. Als solcher Gegenanspruch kommt hier ein Anspruch auf Rückzahlung des Pfandbetrags in Betracht.

Fraglich ist, ob der Anspruch auf Auszahlung des Pfandbetrags ausschließlich in den jeweiligen Vertragsverhältnissen besteht, dh ob E den Anspruch nur gegenüber seinem Händler H als Verkäufer geltend machen kann oder ob der Anspruch auch gegenüber P geltend gemacht werden kann.

Nach Auffassung des BGH ist der auf der Flasche aufgedruckte Begriff »Pfand« nach dem objektiven Erklärungsinhalt so zu verstehen, dass P als Hersteller verpflichtet sei, die von ihm vertriebenen Flaschen von jedermann zurückzunehmen und den Pfandbetrag auszuzahlen. Der Begriff »Pfand« enthalte die verbindliche Zusage, diese

Flasche gegen Erstattung des angegebenen Betrags zurückzunehmen. Diese Willenserklärung richte sich nicht nur an die Vertragspartner des P und sei auch nicht auf dessen Abnehmer begrenzt. Die Auslegung der Erklärung ergebe vielmehr, dass P als Hersteller bereit sei, den auf Auszahlung des Pfandbetrags gerichteten Vertrag mit jedem abzuschließen, der im Besitz seiner Flaschen sei und ihm diese zurückbringe.

E steht gegen P nach dieser Auffassung somit ein Gegenanspruch in Form eines Anspruchs auf Rückzahlung des Pfandbetrags zu, den er wegen der Konnexität beider Ansprüche dem Herausgabeverlangen des P entgegenhalten kann.

d) Ergebnis

Erhebt E die Einrede aus § 273 BGB, so steht P gegen E ein Herausgabeanspruch aus § 985 BGB Zug um Zug gegen Auszahlung des Pfandbetrags für die Flaschen zu (vgl. § 274 BGB).

II. Anspruch der P gegen E auf Unterlassung gem. § 1004 I 2 BGB

1. Beeinträchtigung des Eigentums des P

Ein Anspruch aus § 1004 I BGB kommt nur in Betracht, wenn mit dem BGH davon ausgegangen wird, dass P sein Eigentum an den Flaschen nicht an den Händler H übertragen und insbesondere auch nicht an den Endverbraucher E verloren hat. Im Folgenden wird von diesem alternativen Lösungsweg ausgegangen (Hilfsgutachten).

Ob hier eine Eigentumsbeeinträchtigung vorliegt, hängt entscheidend davon ab, ob bzw. welche Umgestaltungen E an den leeren Flaschen vornimmt, um aus ihnen Vasen und dergleichen herzustellen. Zerschneidet E eine Flasche bspw., so liegt eine unmittelbare körperliche Einwirkung auf die Flaschen in Form einer Beschädigung und damit eine Eigentumsbeeinträchtigung vor.

Eine andere Beurteilung könnte sich aber für den Fall ergeben, dass E keine Umgestaltungen an der Flasche vornimmt, sondern diese lediglich mit Saft befüllt. Durch die Wiederbefüllung der Flaschen greift E zwar nicht unmittelbar in die Sachsubstanz der Flaschen ein. Eine Eigentumsbeeinträchtigung iSd § 1004 I 1 BGB setzt jedoch nicht notwendig eine körperliche Einwirkung auf die Sache voraus. Das Eigentum ist vielmehr auch dann beeinträchtigt, wenn ein unerwünschter Gebrauch stattfindet (vgl. § 903 BGB). Der unerwünschte Gebrauch besteht hier darin, dass E die Flaschen selbst wieder neu befüllt und – entgegen dem Willen des P – nicht als Leergut zurückgibt.

Der Wille des P ist darauf gerichtet, die Flaschen nach dem bestimmungsgemäßen Gebrauch durch den Endverbraucher unverzüglich zurückzuerhalten. Nach Ansicht des BGH wird dieser Wille gegenüber dem Endverbraucher auch deutlich durch die Bezeichnung als »Pfandflasche« zum Ausdruck gebracht. Dem Begriff der Pfandflasche könne nach dem objektiven Empfängerhorizont kein Wahlrecht dergestalt entnommen werden, dass es dem Endverbraucher freistehe, die Flaschen an P herauszugeben oder den Pfandbetrag verfallen zu lassen (sog. Ersetzungsbefugnis). Dem stehe der mit der Erhebung des Flaschenpfands verfolgte Zweck entgegen. Das Pfand solle bei den hier vorliegenden individualisierten Mehrwegflaschen gerade die Rückgabe der Flaschen an den Eigentümer P sicherstellen. Eine Ersetzungsbefugnis könne auch nicht aus dem Umstand geschlossen werden, dass der Endverbraucher nicht befürchten müsse auf Herausgabe der Flaschen in Anspruch genommen zu werden, wenn er nach Leerung des Flascheninhalts eine Mehrwegflasche des P nicht in ihr Vertriebssystem zurückführe. Denn dies beruhe auf dem Charakter des Getränkevertriebs als Massengeschäft, rechtfertige aber nicht eine Ersetzungsbefugnis des Endverbrauchers.

2. Besorgnis weiterer Beeinträchtigungen

Da E bereits in der Vergangenheit die Flaschen des P zum Basteln verwendet und auch öfters wieder befüllt hat, sind weitere Beeinträchtigungen zu befürchten.

3. Anspruchsgegner als Störer

E ist hier unmittelbarer Handlungsstörer, da er die Eigentumsbeeinträchtigung durch die Umgestaltungen und das Wiederbefüllen der Flaschen herbeigeführt hat.

4. Rechtswidrigkeit der Beeinträchtigung

Der Anspruch des P ist auch nicht nach § 1004 II BGB ausgeschlossen, da er nicht zur Duldung der Eigentumsbeeinträchtigung durch E verpflichtet ist.

5. Ergebnis

P steht gegen E ein Unterlassungsanspruch gem. § 1004 I 2 BGB zu.

Ergänzende Bemerkungen

Der Sachverhalt ist gegenüber dem Originalfall des BGH geändert worden, um der überzeugenden Mindermeinung Raum geben zu können. Eine Vereinfachung ist in der Weise erfolgt, dass nicht sämtliche Handelsstufen, sondern nur Produzent, Händler und Verbraucher aufgeführt sind.

Zu I. 1. e) dd):
Nach § 932 II BGB ist der Bezugspunkt für den guten Glauben allein das Eigentum des Veräußerers. Der gute Glaube an die Verfügungsbefugnis, also auch an eine solche des Nichteigentümers gem. § 185 I BGB, ist hingegen nicht geschützt. Eine Ausnahme hiervon enthält das Handelsgesetzbuch. § 366 I HGB schützt auch den guten Glauben an die Verfügungsbefugnis eines Kaufmanns. Der Grund für diese Ausweitung besteht darin, dass im Handelsverkehr verlängerte Eigentumsvorbehalte des Produzenten/Lieferanten die Regel darstellen. Insofern basiert der Glaube eines Kaufmanns oder einer sonstigen Person, die mit den Sitten des Handelsverkehrs vertraut ist, an das Eigentum des Veräußerers idR auf grob fahrlässiger Unkenntnis. Somit wäre im Handelsverkehr ein gutgläubiger Erwerb nach §§ 932 ff. BGB de facto ausgeschlossen.

Hier dürfte sich dieses Problem jedoch nicht stellen, da ein Erwerber, der Nichtkaufmann ist, grds. nicht mit dem Erwerb des Händlers unter Eigentumsvorbehalt rechnen muss. MaW darf zumindest eine Privatperson idR davon ausgehen, dass der Händler als Veräußerer auch Eigentümer ist.

Fall 6 »Ein Fehler mit vielen Folgen«

Sachverhalt

A ist Alleinerbe seines Onkels O. Bei Sichtung des Nachlasses findet er auf dem Dachboden im Haus des O eine Vase. Er hält diese für wertlosen Trödel und entschließt sich, sie bei nächster Gelegenheit zu veräußern. Auf dem Flohmarkt verkauft und übereignet er die Vase für 50 EUR an den B und freut sich über das gute Geschäft. Die Freude des A verfliegt allerdings rasch, als er von seiner Mutter erfährt, dass es sich bei dem vermeintlichen Trödel um eine wertvolle antike Vase handelt, für die A bei Veräußerung an einen Sammler 2.000 EUR hätte erzielen können. A erklärt umgehend gegenüber B, dass er das Geschäft anfechte und die Vase zurückverlange.

Kann A von B die Vase herausverlangen?

Abwandlung
Wie im Ausgangsfall sichtet A den Nachlass auf dem Dachboden. Er will sich aller wertlosen Stücke entledigen und nur die wertvollen antiken Stücke behalten. Eine ihm wertlos erscheinende Vase veräußert der A für 50 EUR an den B. Seine Mutter weist ihn kurze Zeit nach der Veräußerung an B darauf hin, dass es sich bei der Vase um eine antike Vase im Wert von 2.000 EUR handelt, die sich seit 1850 im Familienbesitz befindet und dass seinem Onkel viel daran lag, dass A das wertvolle Stück in Ehren hält. A schildert B die Sachlage und erklärt, dass er das Geschäft anfechte und die Vase zurückverlange.

Kann A von B die Vase herausverlangen?

Fundstellen/Vertiefungshinweise:
Baur/Stürner SachenR § 5 Rn. 5 ff.; *Röthel/Sparmann* JURA 2005, 456; *Petersen* JURA 2002, 160; *Vieweg/Werner* SachenR § 4 Rn. 15; § 2 Rn. 58, 67 ff.

Problemkreise:
- Fehleridentität (G)
- Possessorischer und petitorischer Herausgabeanspruch (G)

Besondere Schwierigkeiten:
- Bezüge zum Allgemeinen Teil: Anfechtung

Lösungsvorschlag

Interessenlage

A ist daran gelegen, in jedem Fall die Vase zurückzuerhalten. B möchte die Vase behalten bzw. für den Fall, dass er sie zurückgeben muss, jedenfalls auch den Kaufpreis zurückhaben.

Lösung Ausgangsfall

I. Anspruch des A gegen B auf Herausgabe der Vase aus § 985 BGB

A könnte gegen B ein Herausgabeanspruch gem. § 985 BGB zustehen. Hierfür müsste eine Vindikationslage vorliegen.

1. Eigentum des A

Das Eigentum des ursprünglichen Eigentümers O ist mit dessen Tod im Wege der Gesamtrechtsnachfolge gem. § 1922 I BGB auf A als Alleinerben übergegangen.

A könnte das Eigentum an der Vase jedoch durch Übereignung an B verloren haben, § 929 S. 1 BGB.

a) Dingliche Einigung

A und B haben zwei sich entsprechende und auf die Übereignung gerichtete Willenserklärungen abgegeben. Allerdings könnte A seine Willenserklärung wirksam angefochten und damit rückwirkend vernichtet haben, § 142 I BGB.

aa) Anfechtungsgrund

Eine wirksame Anfechtung erfordert zunächst das Vorliegen eines Anfechtungsgrundes. Als solcher kommt hier allein § 119 II BGB in Betracht: A müsste sich demnach über eine verkehrswesentliche Eigenschaft der Vase geirrt haben. Verkehrswesentliche Eigenschaften sind neben den Merkmalen, die sich aus der natürlichen Beschaffenheit der Sache ergeben auch die tatsächlichen und rechtlichen Verhältnisse, soweit sie für die Wertschätzung der Sache im Verkehr von Bedeutung sind. Der Wert oder der Preis einer Sache selbst, welcher lediglich Ausfluss der Wertschätzung ist, stellt dagegen keine verkehrswesentliche Eigenschaft dar.

Hier wusste A nicht, dass es sich bei der Vase um eine antike Vase handelt. Er irrte somit nicht nur über den Preis der Vase, sondern auch über deren verkehrswesentliche, da die Wertschätzung beeinflussende, Eigenschaft »antik«.

bb) Anfechtungserklärung

A hat dem B gegenüber erklärt, er fechte das Geschäft an (§ 143 I BGB). Im Wege der Auslegung gem. §§ 133, 157 BGB ist zu ermitteln, ob die dingliche Einigung von der Anfechtungserklärung erfasst werden sollte.

Die Erklärung des A ist so verstehen, dass er das gesamte Geschehen hinsichtlich der Vase ungültig machen wollte. Angesichts der Tatsache, dass Laien idR nicht um die Unterscheidung von Verpflichtungs- und Verfügungsgeschäften wissen, sondern vielmehr von einem einheitlichen Rechtsgeschäft ausgehen, ist die Erklärung dahingehend auszulegen, dass sowohl der Kaufvertrag als auch die Übereignung angegriffen werden sollten. A hat somit auch hinsichtlich der dinglichen Einigung die Anfechtung erklärt.

cc) Anfechtungsfrist

A hat die Anfechtung umgehend nach Kenntniserlangung und damit fristgerecht erklärt (§ 121 I BGB).

dd) Kausalität zwischen Irrtum und Willenserklärung

Eine Willenserklärung ist jedoch nur dann nach § 119 II BGB anfechtbar, wenn der Irrtum auch kausal für die Abgabe dieser Willenserklärung war.

Genau dies ist hier zweifelhaft. Denn für den Inhalt der dinglichen Einigung ist der Wert der zu übereignenden Sache unbeachtlich. Bei konsequenter Anwendung des Trennungsprinzips ist der Irrtum über den Wert einer Sache daher nicht als ursächlich für die Abgabe der dinglichen Einigungserklärung anzusehen (aA vertretbar). Sie konnte daher nicht angefochten werden und blieb somit wirksam.

b) Übergabe

Die Vase wurde an B übergeben.

c) Einigsein

Auch waren sich A und B zum Zeitpunkt der Übergabe noch einig.

d) Berechtigung

A war als Eigentümer verfügungsberechtigt.

2. Zwischenergebnis

A hat sein Eigentum an B verloren und kann die Vase nicht gem. § 985 BGB herausverlangen.

II. Anspruch des A gegen B auf Herausgabe der Vase aus § 812 I 1 Alt. 1 BGB

A könnte jedoch aus § 812 I 1 Alt. 1 BGB einen Anspruch auf Herausgabe der Vase haben.

1. Etwas erlangt

B hat das Eigentum und den unmittelbaren Besitz an der Vase erlangt.

2. Durch Leistung

Dies müsste durch eine Leistung des A geschehen sein. Unter einer Leistung ist die bewusste und zweckgerichtete Mehrung fremden Vermögens zur Erfüllung einer Verbindlichkeit zu verstehen. Hier hat A dem B die Vase bewusst und in der Absicht übergeben und übereignet, damit dessen Vermögen zu mehren.

3. Ohne rechtlichen Grund

Schließlich dürfte auch kein rechtlicher Grund für diese Vermögensmehrung bestehen.

Als rechtlicher Grund kommt der zwischen A und B geschlossene Kaufvertrag in Betracht. Dieser Kaufvertrag könnte aber durch die von A erklärte Anfechtung ex tunc nichtig geworden sein. Das Vorliegen eines Anfechtungsgrundes iSd § 119 II BGB und einer Anfechtungserklärung gem. § 143 I BGB wurden bereits bejaht. Eine Auslegung der Erklärung gem. §§ 133, 157 BGB ergibt, dass A neben der dinglichen Einigung auch den Kaufvertrag angreifen wollte (s. oben I. 1. a) bb)). In Bezug auf den Kaufvertrag war der Eigenschaftsirrtum auch kausal für die Abgabe der Willenserklärung, da A bei Kenntnis von der Eigenschaft »antik« keinen Kaufvertrag mit einem Kaufpreis von 50 EUR abgeschlossen hätte.

Der Kaufvertrag ist somit infolge wirksamer Anfechtung ex tunc nichtig (§ 142 I BGB), sodass ein Rechtsgrund von Anfang an fehlt.

4. Rechtsfolge

Gemäß § 812 I BGB schuldet B Herausgabe des Erlangten. Er muss also den unmittelbaren Besitz an der Vase dem A herausgeben. Darüber hinaus muss er – was hier nicht ausdrücklich gefragt ist – die Vase rückübereignen.

5. Zwischenergebnis

A kann von B gem. § 812 I 1 Alt. 1 BGB Herausgabe – und was hier nicht gefragt ist: Rückübereignung – der Vase verlangen, unter Anwendung der Saldotheorie allerdings nur Zug um Zug gegen Rückzahlung des Kaufpreises.

III. Anspruch des A gegen B auf Herausgabe der Vase aus § 861 I BGB

Auch aus § 861 I BGB könnte sich ein Herausgabeanspruch ergeben.

1. Besitzentziehung durch verbotene Eigenmacht

Hierfür müsste dem A der Besitz an der Vase durch verbotene Eigenmacht gem. § 858 I BGB entzogen worden sein. A hat dem B willentlich den unmittelbaren Besitz an der Vase verschafft, verbotene Eigenmacht scheidet daher aus.

2. Zwischenergebnis

Mangels verbotener Eigenmacht besteht kein Herausgabeanspruch des A aus § 861 I BGB.

IV. Anspruch des A gegen B auf Herausgabe der Vase aus § 1007 I BGB

In Betracht kommt ein Herausgabeanspruch aus § 1007 I BGB.

1. Bewegliche Sache

Die Vase ist eine bewegliche Sache.

2. Früherer Besitz des A

Des Weiteren müsste A zu einem früheren Zeitpunkt im Besitz der Vase gewesen sein. Mit dem Tod des O ist A zunächst gem. § 857 BGB fiktiv in die Besitzstellung des O eingetreten, durch die spätere Besitzergreifung ist er zudem tatsächlich unmittelbarer Besitzer der Vase geworden.

3. Gegenwärtiger Besitz des B

Auch ist B gegenwärtig unmittelbarer Besitzer der Vase.

4. Bösgläubigkeit

Schließlich setzt § 1007 I BGB voraus, dass der Herausgabeschuldner bei Besitzerwerb bösgläubig hinsichtlich seines mangelnden Rechts zum Besitz gewesen ist. Dies bestimmt sich gem. §§ 932 II, 142 II BGB. B hätte somit positive Kenntnis oder grob fahrlässige Unkenntnis von der Anfechtbarkeit des Kaufvertrags haben müssen. Hier ging B bei Besitzerwerb davon aus, dass er aufgrund des Kaufvertrags zum Besitz der Vase berechtigt ist. Auch ist nicht ersichtlich, dass B den Irrtum des A und somit die Anfechtbarkeit des Kaufvertrags hätte erkennen müssen. B war daher nicht bösgläubig.

5. Zwischenergebnis

Mangels Bösgläubigkeit des B hinsichtlich seines Besitzrechts besteht kein Anspruch auf Herausgabe aus § 1007 I BGB.

V. Anspruch des A gegen B auf Herausgabe der Vase aus § 1007 II BGB

Es könnte sich aus § 1007 II BGB ein Herausgabeanspruch ergeben.

1. Voraussetzungen

Bei der Vase handelt es sich um eine bewegliche Sache. A ist früherer Besitzer der Vase und B gegenwärtiger unmittelbarer Besitzer (vgl. oben IV. 1.–3.).

Allerdings setzt ein Anspruch aus § 1007 II BGB voraus, dass die Sache dem Anspruchsteller abhanden gekommen ist. Hier hat A die Vase jedoch freiwillig an B übergeben.

2. Zwischenergebnis

Mangels Abhandenkommens scheidet auch ein Anspruch aus § 1007 II BGB aus.

VI. Anspruch des A gegen B auf Herausgabe der Vase aus § 823 I BGB

Schließlich wäre noch ein Herausgabeanspruch aus § 823 I iVm § 249 I BGB denkbar. Allerdings ist keine Rechtsgutsverletzung durch B ersichtlich. Die Übereignung durch den Eigentümer stellt keine Rechtsgutsverletzung durch den Erwerber iSd § 823 I BGB dar.

Mangels Rechtsgutsverletzung besteht kein Herausgabeanspruch aus § 823 I iVm § 249 I BGB.

VII. Ergebnis

A kann von B Herausgabe – und was hier nicht gefragt ist: Rückübereignung – der Vase gem. § 812 I 1 Alt. 1 BGB Zug um Zug gegen Rückzahlung des Kaufpreises verlangen.

Lösung Abwandlung

I. Anspruch des A gegen B auf Herausgabe der Vase aus § 985 BGB

A könnte einen Herausgabeanspruch gem. § 985 BGB haben. Voraussetzung hierfür ist eine Vindikationslage.

1. Eigentum

A könnte sein mit dem Erbfall gem. § 1922 I BGB von O erlangtes Eigentum durch Übereignung gem. § 929 S. 1 BGB an B verloren haben.

A und B haben sich über den Übergang des Eigentums an der Vase geeinigt. Abermals ist jedoch fraglich, ob diese dingliche Einigung durch Anfechtung rückwirkend vernichtet wurde, § 142 I BGB.

a) Anfechtungsgrund

Als Anfechtungsgrund kommt erneut § 119 II BGB in Betracht, da sich A darüber geirrt hat, dass es sich bei der Vase um eine antike Vase handelt und die Eigenschaft »antik« verkehrswesentlich ist.

b) Anfechtungserklärung

Die Anfechtungserklärung des A erfasst auch das dingliche Rechtsgeschäft (s. oben Ausgangsfall I. 1. a) bb)).

c) Anfechtungsfrist

Die Frist gem. § 121 I BGB ist gewahrt (s. oben Ausgangsfall I. 1. a) cc)).

d) Kausalität zwischen Irrtum und Willenserklärung

Fraglich ist, ob der Irrtum auch kausal für die Abgabe dieser Willenserklärung war.

Hätte A die Vase zutreffend als antike Vase erkannt, so hätte er sie nicht veräußert, sondern als Familienerbstück aufgehoben. Der Irrtum war somit nicht nur für das

Verpflichtungsgeschäft ursächlich, A hätte vielmehr auch die Übereignung nicht vorgenommen, da er die Vase selbst behalten hätte. Mithin war der Irrtum auch für das Verfügungsgeschäft kausal (aA vertretbar).

A hat die dingliche Einigung somit wirksam angefochten und ist damit immer noch Eigentümer der Vase.

2. Besitz des B

B ist unmittelbarer Besitzer der Vase (§ 854 I BGB).

3. Kein Recht zum Besitz

Schließlich dürfte B gegenüber A kein Recht zum Besitz zustehen. Ein Besitzrecht kann sich hier lediglich aus dem zwischen A und B geschlossenen Kaufvertrag ergeben. Die Anfechtung erfasst aber auch die auf den Abschluss des Kaufvertrages gerichtete Willenserklärung, da A bei Kenntnis von der Eigenschaft »antik« den Kaufvertrag nicht abgeschlossen hätte.

Auch der Kaufvertrag ist somit infolge wirksamer Anfechtung ex tunc nichtig und kann kein Recht zum Besitz begründen.

4. Zwischenergebnis

A kann von B gem. § 985 BGB die Herausgabe der Vase verlangen. Dieser Anspruch ist mangels Erhebung einer Einrede gem. § 273 BGB durch B (derzeit) auch uneingeschränkt durchsetzbar.

II. Anspruch des A gegen B auf Herausgabe der Vase aus § 812 I 1 Alt. 1 BGB

Daneben könnte sich der geltend gemachte Herausgabeanspruch auch aus § 812 I 1 Alt. 1 BGB ergeben.

B hat infolge der bewussten und zweckgerichteten Mehrung seines Vermögens durch A den unmittelbaren Besitz an der Vase erlangt. Aus dem wirksam angefochtenen Kaufvertrag kann sich hierfür kein rechtlicher Grund ergeben.

Somit kann A von B auch aus § 812 I 1 Alt. 1 BGB Herausgabe der Vase Zug um Zug gegen Rückzahlung des Kaufpreises (Saldotheorie) verlangen.

III. Übrige Herausgabeansprüche

Aus §§ 861, 1007 I, II, 823 I iVm § 249 I BGB ergeben sich hier keine Herausgabeansprüche (s. Ausgangsfall).

IV. Ergebnis

A kann von B sowohl gem. § 985 BGB als auch gem. § 812 I 1 Alt. 1 BGB die Herausgabe der Vase verlangen. Der Anspruch gem. § 812 I 1 Alt. 1 BGB ist aufgrund der Anwendung der Saldotheorie nur auf Erfüllung Zug um Zug gegen Rückzahlung des Kaufpreises gerichtet.

Ergänzende Bemerkungen

Zu Ausgangsfall I. 1. a) dd):
Gleichermaßen möglich ist es, die Kausalität zwischen Irrtum und Willenserklärung bereits im Rahmen des Anfechtungsgrundes zu prüfen. Hier erfolgte die isolierte, nachgestellte Prüfung der Kausalität aus Gründen der Übersichtlichkeit. Denkbar ist auch, Anfechtungsfrist und Anfechtungsgegner vorab zu prüfen und erst danach die Frage nach einem kausalen Anfechtungsgrund aufzuwerfen. Auch im Ergebnis lässt sich mit guten Gründen anderes vertreten, etwa wenn erwiesen ist, dass ohne die Fehlvorstellung ein Übereignungsentschluss gar nicht getroffen worden wäre. Hätte es sich bei der Vase etwa in Wahrheit um ein Familienerbstück gehandelt, dass A ansonsten zu keinem Preis veräußert hätte, würde sein Irrtum auch das Übereignungsangebot als solches betreffen. Hier lag der Fall aber insofern anders, als A grundsätzlich zur Übereignung entschlossen war.

Zu Ausgangsfall II.:
Entfällt der Rechtsgrund für eine Leistung iSv § 812 BGB durch Anfechtung, ist umstritten, ob sich der Kondiktionsanspruch auf § 812 I 1 Alt. 1 BGB (condictio indebiti) oder auf § 812 I 2 Alt. 1 BGB (condictio ob causam finitam) stützen lässt. Vertreter der ersten Ansicht stellen auf die rechtliche ex tunc Wirkung der Anfechtung gem. § 142 I BGB ab, die Gegenansicht (etwa *Wieling* BereicherungsR § 3 III. 2.) verneint eine Anwendbarkeit dieses Grundsatzes im Bereicherungsrecht. Auswirkungen hat dieser Streit vor allem auf den Ausschlussgrund nach § 814 BGB, der nur dem Kondiktionsanspruch nach § 812 I 1 Alt. 1 BGB, nicht hingegen dem aus § 812 I 2 Alt. 1 BGB entgegenstehen kann.

Zu Ausgangsfall II. 5.:
Nach Ansicht der Rspr. ist die Saldotheorie auch bei ungleichartigen gegenseitigen Kondiktionsansprüchen anwendbar: Sie bewirkt, dass der Kondiktionsgläubiger verfahrensrechtlich seinen Anspruch nur Zug um Zug gegen Befriedigung des Anspruchs des Kondiktionsschuldners geltend machen kann. Dementsprechend kann A hier von B die Herausgabe der Vase nur unter gleichzeitigem Angebot der Rückübereignung (wahrscheinlicher ist Wertersatz nach § 818 II BGB) des von B gezahlten Kaufpreises verlangen. Verneint man die Anwendung der Saldotheorie bei ungleichartigen Leistungen (wie eine Literaturansicht, vgl. *Finkenauer* NJW 2004, 1704), könnte A die Herausgabe der Vase verlangen. B würde es hingegen obliegen seinen Kondiktionsanspruch im Wege der Einrede gem. § 273 BGB geltend zu machen. Die Folge wäre eine Zug-um-Zug-Verurteilung gem. § 274 BGB.

Anders ist dies bei einem Herausgabeanspruch aus § 985 BGB zu bewerten. Auf diesen kann die Saldotheorie nach überzeugender Meinung nicht angewendet werden. Vielmehr muss ein etwaiges Zurückbehaltungsrecht durch den Besitzer geltend gemacht werden.

Zu Abwandlung I. 1. d):
Ist ein Irrtum sowohl für das Verpflichtungsgeschäft als auch für das Verfügungsgeschäft kausal (Fehleridentität), wird häufig die Formulierung gewählt, der Irrtum »schlage ausnahmsweise vom schuldrechtlichen auf das dingliche Rechtsgeschäft durch«. Diese Formulierung kann leicht zu Missverständnissen führen. Denn auch in Fällen der »Fehleridentität« geht es nicht um ein »Durchschlagen« von der schuld-

rechtlichen auf die dingliche Ebene. Vielmehr muss – wie in dieser Falllösung geschehen – die Kausalität für das schuldrechtliche und das dingliche Rechtsgeschäft isoliert untersucht werden. Insofern ist der Begriff des »Durchschlagens« zumindest verwirrend.

Fall 7 »Die zerstörten Fliesen«

Sachverhalt

Fliesenleger A wird von seinem Arbeitgeber E zu V geschickt, um eine Palette Fliesen der Marke X mit seinem Kfz zu besorgen. A kauft die Fliesen im Namen und auf Rechnung des E. Auf dem Rückweg wird der Wagen des A von S schuldhaft in einen Unfall verwickelt mit der Folge, dass alle Fliesen zerstört werden. Kann E von S Schadensersatz nach § 823 I BGB verlangen?

Abwandlung 1:
A erwirbt ferner einen Karton Fliesen der Marke Y für seinen Freund F. Diese Fliesen bezahlt er sogleich mit dem Geld, das ihm F zur Ausführung des Auftrags mitgegeben hat. V weiß nicht, dass A die Fliesen für F erwerben soll. Bei dem Unfall werden auch diese Fliesen zerstört. Kann F von S Schadensersatz nach § 823 I BGB verlangen?

Abwandlung 2:
A erwirbt noch weitere Fliesen für seinen Freund F. Allerdings handelt es sich bei diesen Fliesen um wertvolle Designerfliesen, die durch den privaten Sammler P veräußert werden. Bei dem Unfall werden auch diese Fliesen zerstört. Kann F auch bzgl. der Zerstörung dieser Fliesen von S Schadensersatz nach § 823 I BGB verlangen?

Abwandlung 3:
Hersteller (H) stellt Bodenfliesen her. Der Händler V bestellt bei H 200 Pakete schwarze Marmorfliesen Modell Perla Negra. F kauft bei V für die Gestaltung seines privaten Wellness-Bereichs 30 Pakete dieser Fliesen. Ohne nähere Begründung bittet V den H, die Fliesen dem F direkt nach Hause zu liefern. In welcher Weise geht das Eigentum auf F über?

Fundstellen/Vertiefungshinweise:
Vgl. *Baur/Stürner* SachenR § 7 Rn. 30 ff., 61 ff., § 51 Rn. 41 ff.; *Westermann/Gursky/Eickmann* SachenR § 38 Rn. 5, 11 ff., § 39 Rn. 10, § 42; *Müller/Gruber* SachenR Rn. 1402 ff. *Vieweg/Werner* SachenR § 2 Rn. 18 ff., 27 ff.; § 4 Rn. 25, 32.

Problemkreise:
- Eigentümerstellung als Voraussetzung deliktischer Schadensersatzansprüche (G)
- Einschaltung von Hilfspersonen beim Erwerb beweglicher Sachen (G)
- »Übereignung an den, den es angeht« (V)
- Antizipiertes Besitzkonstitut (V)
- Veräußerungsketten (V)

Besondere Schwierigkeiten:
- Bezüge zum Deliktsrecht (§ 823 I BGB)

Lösungsvorschlag

Interessenlage

E ist daran interessiert, von S Schadensersatz für die zerstörten Fliesen der Marke X zu erhalten. Dazu müsste er Eigentümer der Fliesen geworden sein. Dasselbe gilt für F in Bezug auf die Fliesen der Marke Y. S ist jedenfalls daran interessiert, seinen Gläubiger eindeutig zu ermitteln, um nicht mehrfach zahlen zu müssen.

Lösung Ausgangsfall

I. Anspruch des E gegen S auf Schadensersatz gem. § 823 I BGB

In Betracht kommt ein Anspruch des E gegen S auf Schadenersatz aus § 823 I BGB.

1. Verletzung eines geschützten Rechtsguts iSd § 823 I BGB: Eigentum des E

Voraussetzung für einen Anspruch aus § 823 I BGB ist die Verletzung eines absoluten Rechts iSd § 823 I BGB. In Betracht kommt hier das Eigentum des E, wenn E im Zeitpunkt des Unfalls Eigentümer der Fliesen war.

Ursprünglich war V Eigentümer der Fliesen. E könnte das Eigentum an den Fliesen aber von V gem. § 929 S. 1 BGB durch Einigung und Übergabe erworben haben.

a) Einigung zwischen V und E

Eine Einigung zwischen E und V könnte dadurch zustande gekommen sein, dass A den E vertreten hat. Die Regeln der Stellvertretung sind auf die dingliche Einigung anwendbar. Hier liegen zudem sämtliche Voraussetzungen einer wirksamen Stellvertretung vor: A hat eine eigene Willenserklärung iSd § 164 I BGB abgegeben und ist dabei – soweit es die Fliesen der Marke X betrifft – im Namen des Vertretenen aufgetreten (§ 164 I und II BGB). Überdies hatte er rechtsgeschäftlich erteilte (§ 167 I BGB) Vertretungsmacht. Auch hinsichtlich des Empfangs der Willenserklärung des V wurde E durch A vertreten (§ 164 III BGB). Eine wirksame dingliche Einigung zwischen V und E bzgl. der Fliesen der Marke X lag damit vor.

b) Übergabe von V an E

Eine Übergabe iSd § 929 S. 1 BGB ist zu bejahen, wenn der Veräußerer dauerhaft keinen Besitz mehr behält, der Erwerber zumindest mittelbaren Besitz erlangt und dies auf Veranlassung des Veräußerers geschieht. Da E nie selbst in direkten Kontakt zu den Fliesen gelangt ist, kann auch die Übergabe nur über A als Mittelsperson erfolgt sein.

aa) Stellvertretung

A konnte dabei nicht als Stellvertreter für E handeln, weil die Regeln der Stellvertretung auf die Übergabe als Realakt nicht anwendbar sind.

bb) Besitzdienerschaft

Indem A tatsächliche Sachherrschaft an den Fliesen erlangte, könnte aber zugleich eine Übergabe an E erfolgt sein, wenn A Besitzdiener des E war (vgl. § 855 BGB aE). In diesem Fall wäre E unmittelbarer Besitzer der Fliesen geworden. A hätte hingegen trotz tatsächlicher Sachherrschaft keine Besitzposition erlangt.

Besitzdiener ist, wer zu einem anderen in einem sozialen Abhängigkeitsverhältnis steht und dessen Weisungen unterworfen ist. Hier stand A als Mitarbeiter des E in einem sozialen Abhängigkeitsverhältnis und handelte beim Einkauf der Fliesen auf Anweisung des E. A war also beim Erwerb der Fliesen der Marke X Besitzdiener des E und ermöglichte dessen Besitzerwerb. Da darüber hinaus V auf seine Veranlassung hin jeglichen Besitzrest verlor, lag somit eine Übergabe iSd § 929 S. 1 BGB an E vor.

cc) Zwischenergebnis

Eine Übergabe iSd § 929 S. 1 BGB ist erfolgt.

c) Einigsein

V und E, vertreten durch A, waren sich auch im Zeitpunkt der Übergabe noch über den Eigentumsübergang einig.

d) Verfügungsbefugnis des V

V war als Eigentümer verfügungsberechtigt.

e) Zwischenergebnis

E hat gem. § 929 S. 1 BGB unmittelbar von V Eigentum an den Fliesen der Marke X erworben (Direkterwerb).

2. Sonstige Voraussetzungen gem. § 823 I BGB

Auch die sonstigen Voraussetzungen für einen Schadensersatzanspruch gem. § 823 I BGB sind gegeben; insbesondere geschah die Eigentumsverletzung durch S auch rechtswidrig und schuldhaft.

II. Ergebnis

E kann von S wegen der zerstörten Fliesen der Marke X Schadensersatz gem. § 823 I BGB verlangen.

Lösung Abwandlung 1

I. Anspruch des F gegen S auf Schadensersatz gem. § 823 I BGB

1. Geschütztes Rechtsgut iSd § 823 I BGB: Eigentum des F

Als geschütztes Rechtsgut iSd § 823 I BGB kommt abermals nur das Eigentum in Betracht. Zu prüfen ist also, ob F Eigentum an den bei V gekauften Fliesen der Marke Y erworben hat.

a) Einigung zwischen F und V

A könnte als Stellvertreter des F gehandelt haben. Allerdings handelte A nicht in fremdem Namen (vgl. § 164 I 2 BGB, Offenkundigkeitsgrundsatz). Er hat weder ausdrücklich darauf hingewiesen, für einen anderen tätig zu werden, noch war dies aufgrund der Umstände beim Kauf erkennbar.

Als Ausnahme vom Offenkundigkeitsgrundsatz könnte hier aber ein »Geschäft für den, den es angeht« vorliegen. Bei Bargeschäften des täglichen Lebens ist es dem Geschäftsgegner idR gleichgültig, mit wem er kontrahiert. Diese Grundsätze gelten gleichermaßen für die dingliche Einigung. Eine dingliche Einigung kommt dann mit dem Dritten zustande, auch wenn der Vertreter die Vertretung nicht offen gelegt hat, falls – wie hier – die übrigen Voraussetzungen, also der Wille des Vertreters, für den Dritten zu handeln, und dessen Vertretungsmacht vorliegen. Da A die Fliesen der Marke Y bar bezahlte und auch für F handeln wollte, kam die Einigung daher zwischen V und F zustande.

b) Übergabe gem. § 929 S. 1 BGB von V an F

V müsste die Fliesen auch an F übergeben haben. Fraglich ist zunächst, ob F eine Besitzposition erlangt hat. Eine Stellvertretung kommt hinsichtlich dieses Realakts nicht in Betracht (s. Ausgangsfall I. 1. b) aa)).

aa) F als unmittelbarer Besitzer (Besitzdienerschaft des A)

F könnte infolge des Erwerbs der tatsächlichen Sachherrschaft durch A unmittelbarer Besitzer geworden sein, wenn A als Besitzdiener des F anzusehen wäre. Hier fehlt es aber an dem dafür erforderlichen Abhängigkeitsverhältnis iSd § 855 BGB. Somit war allein A unmittelbarer Besitzer.

bb) F als mittelbarer Besitzer (Besitzmittlung durch A)

Eine Übergabe an F könnte aber dadurch erfolgt sein, dass F im Zeitpunkt des unmittelbaren Besitzerwerbs durch A mittelbarer Besitzer geworden ist. Auch der Erwerb mittelbaren Besitzes ist für die Übergabe nach § 929 S. 1 BGB ausreichend, solange nur der Veräußerer jeglichen Besitzrest aufgibt.

F hat mittelbaren Besitz erworben, wenn zwischen ihm und A ein Besitzmittlungsverhältnis iSd § 868 BGB begründet worden ist. Dies setzt zunächst ein hinreichend konkretes Rechtsverhältnis voraus. Zudem muss der unmittelbare Besitzer zugunsten des Oberbesitzers besitzen wollen (Fremdbesitzerwille). Schließlich ist ein wirksamer (wenn auch nicht fälliger) Herausgabeanspruch des Oberbesitzers erforderlich.

Hier waren sich A und F darüber einig, dass A die konkreten Fliesen für F in Empfang nehmen sollte. Der zugrunde liegende Auftrag (§ 662 BGB) stellt ein ähnliches Rechtsverhältnis iSv § 868 BGB dar, aufgrund dessen ein Herausgabeanspruch aus § 667 BGB bestand. Bei Erlangung der tatsächlichen Sachherrschaft hatte A auch den Willen, die Fliesen für F zu besitzen. Somit hat F mittelbaren Besitz an den Fliesen erlangt, und V hat, indem er A die Fliesen übergeben hat, jegliche Besitzposition verloren. Dieser Besitzwechsel vollzog sich auch auf Veranlassung des V.

cc) Zwischenergebnis

Es liegt damit eine Übergabe iSd § 929 S. 1 BGB vor.

c) Einigsein

Im Zeitpunkt der Übergabe waren sich F, vertreten durch A, und V auch über den Eigentumsübergang einig.

d) Verfügungsbefugnis des V

V war als Eigentümer verfügungsbefugt.

e) Zwischenergebnis

F hat gem. § 929 S. 1 BGB von V Eigentum an den Fliesen der Marke Y erworben (Direkterwerb).

2. Sonstige Voraussetzungen gem. § 823 I BGB

Auch die sonstigen Voraussetzungen für einen Schadensersatzanspruch gem. § 823 I BGB sind gegeben; insbesondere geschah die Eigentumsverletzung durch S auch rechtswidrig und schuldhaft.

II. Ergebnis

F kann von S wegen Zerstörung der Fliesen der Marke Y Schadensersatz gem. § 823 I BGB verlangen.

Lösung Abwandlung 2

I. Anspruch des F gegen S auf Schadensersatz gem. § 823 I BGB

F könnte gegen S wegen der Zerstörung der Designerfliesen einen Schadenersatzanspruch aus § 823 I BGB haben.

1. Geschütztes Rechtsgut iSd § 823 I BGB: Eigentum des F

Als geschütztes Rechtsgut iSd § 823 I BGB kommt abermals nur das Eigentum in Betracht. Zu prüfen ist also, ob F Eigentum an den bei P gekauften Designerfliesen erworben hat.

a) Übertragung des Eigentums von P an F gem. § 929 S. 1 BGB

Fraglich ist, ob auch in dieser Konstellation eine Eigentumsübertragung direkt von P an F gem. § 929 S. 1 BGB stattgefunden hat (Direkterwerb).

A hat nicht für F als Stellvertreter iSd § 164 I BGB gehandelt, da er nicht in fremdem Namen aufgetreten ist und auch kein »Geschäft für den, den es angeht« vorliegt: Angesichts des hohen Werts der Fliesen handelt es sich nicht mehr um ein Bargeschäft des täglichen Lebens. Es liegt stattdessen eine sog. mittelbare Stellvertretung vor. Gemeint ist, dass jemand zwar im eigenen Namen auftritt, aber dabei im fremden Interesse und für fremde Rechnung handelt. Insofern scheitert eine Übertragung des Eigentums von P an F bereits an der fehlenden Einigung iSd § 929 S. 1 BGB.

b) Erwerb des Eigentums durch F von A

Es könnte noch vor dem Unfall zu einem Übergang des Eigentums von A auf F gekommen sein. Hierfür müsste zunächst eine Übereignung der Designerfliesen von P an A und anschließend eine Übereignung von A an F erfolgt sein.

aa) Übertragung des Eigentums von P an A gem. § 929 S. 1 BGB

Eine Übereignung von P an A gem. § 929 S. 1 BGB ist gegeben: Eine dingliche Einigung lag vor. Zudem wurden die Fliesen dem A auf Veranlassung des P übergeben. Auch war P als Eigentümer verfügungsbefugt.

bb) Übertragung des Eigentums von A an F gem. §§ 929 S. 1, 930 BGB

(1) Einigung zwischen A und F

Die Einigung gem. § 929 S. 1 BGB zwischen A und F kann auf unterschiedlichem Weg zustande gekommen sein. Eine Möglichkeit ist, dass sie als antizipierte Einigung vorgenommen wurde, was bedeutet, dass die Einigung zeitlich schon vor der Übergabe erfolgt ist. Es ist aber auch eine Einigung im Wege des Insichgeschäfts gem. § 181 BGB denkbar, bei der A die dingliche Einigung mit sich selbst als Vertreter des F herbeiführt. Voraussetzung für die Zulässigkeit eines solchen Insichgeschäfts ist, dass A von F hierzu ermächtigt wurde, vgl. § 181 Hs. 1 BGB oder das Geschäft nur in der Erfüllung einer Verbindlichkeit bestand gem. § 181 Hs. 2 BGB. Aufgrund der zwischen A und F getroffenen Vereinbarung, dass A die Fliesen für F erwerben sollte, sind beide Zulässigkeitsvarianten des § 181 BGB einschlägig. Bei Annahme einer antizipierten Einigung hätten sich A und F schon vor dem Erwerb der Fliesen durch A über den späteren Eigentumsübergang auf F einigen müssen. Geht man dagegen von einem Insichgeschäft aus, erfolgt die Einigung des A mit sich selbst als Vertreter des F erst nachdem A selbst Eigentümer der Fliesen geworden ist.

Welche Ausgestaltung der Einigung im Einzelfall gewählt wird, ist davon abhängig, ob dem mittelbaren Vertreter ein Spielraum zustehen soll, dem Vertretenen Eigentum an dem Gegenstand zu verschaffen. Kommen bspw. mehrere potentielle Erwerber in Frage, ist davon auszugehen, dass die Einigung im Wege eines Insichgeschäfts vollzogen wird, um dem mittelbaren Vertreter die Möglichkeit zu eröffnen, erst nach Erwerb des Gegenstands eine Entscheidung zu treffen, an wen er weiterübereignen will. Gleiches gilt für den Fall, dass sich der mittelbare Vertreter vorbehalten hat, das Eigentum selbst zu erwerben und zu behalten.

Da hier die zu erwerbenden Fliesen schon hinreichend bestimmt waren und dem A kein Spielraum zustehen sollte, ist von einer antizipierten Einigung auszugehen.

(2) Übergabesurrogat

Ebenso wie bei der Einigung kommen auch hinsichtlich der Vereinbarung eines Besitzkonstituts gem. § 930 BGB zwei Möglichkeiten in Betracht. Ein antizipiertes Besitzkonstitut oder aber ein Insichkonstitut, da auch das Besitzkonstitut durch ein Insichgeschäft gem. § 181 BGB begründet werden kann. Für die Begründung eines wirksamen Insichkonstituts wird vielfach vorausgesetzt, dass der Übereignungswille nach außen hin in Erscheinung tritt. Es sei eine Ausführungshandlung nötig, die bspw. durch eine Kennzeichnung oder eine besondere Aufbewahrung erfolgen kann

(Ausfluss des sachenrechtlichen Publizitätsgrundsatzes). Dies ist hier nicht ersichtlich.

Ebenso wie bei der Abgrenzung zwischen antizipierter Einigung und Einigung im Wege des Insichgeschäfts ist aber ohnehin bzgl. des Besitzkonstituts für den Fall, dass der mittelbare Stellvertreter hinsichtlich der Weiterveräußerung keinen Spielraum eingeräumt bekommt, ein antizipiertes Besitzkonstitut anzunehmen. Dieses erfordert keine Ausführungshandlung, ist hier also gegeben.

(3) Einigsein im Moment der Besitzerlangung

Die Beteiligten müssen sich bei Eintritt der letzten Erwerbsvoraussetzung noch hinsichtlich des Eigentumsübergangs einig sein. Letzte Erwerbsvoraussetzung ist nicht die Vereinbarung des Besitzmittlungsverhältnisses, welches zeitlich vorgelagert (antizipiert) vereinbart wurde, sondern der Erwerb des mittelbaren Besitzes durch F (also der Zeitpunkt, in dem A mit Fremdbesitzerwillen unmittelbaren Besitz erlangt hat). In diesem Zeitpunkt waren sich A und F über den Eigentumsübergang einig.

(4) Berechtigung des A

A war als Eigentümer auch verfügungsbefugt.

c) Zwischenergebnis

F hat gem. §§ 929 S. 1, 930 BGB von A Eigentum an den Designerfliesen erworben. In Bezug auf den Eigentumserwerb von P liegt ein Durchgangserwerb vor, da F nicht direkt von P Eigentum erworben hat, sondern das Eigentum zunächst auf A übergegangen war.

2. Sonstige Voraussetzungen gem. § 823 I BGB

Auch die sonstigen Voraussetzungen für einen Schadensersatzanspruch gem. § 823 I BGB sind gegeben; insbesondere geschah die Eigentumsverletzung durch S auch rechtswidrig und schuldhaft.

II. Ergebnis

F kann von S wegen der Zerstörung der Designerfliesen Schadensersatz gem. § 823 I BGB verlangen.

Lösung Abwandlung 3

I. Eigentumserwerb des F

F könnte Eigentum auf drei Wegen erlangt haben:

1. Eigentumserwerb durch Geheißerwerb

F könnte Eigentum an den Marmorfliesen von V erworben haben, nachdem dieser seinerseits Eigentum von H erworben hatte. Im Ergebnis lägen somit zwei Übereignungen vor.

a) Übereignung H an V gem. § 929 S. 1 BGB

V könnte Eigentum von H durch Übereignung gem. § 929 S. 1 BGB erworben haben.

aa) Einigung

V und H haben sich zeitgleich mit dem Abschluss des Kaufvertrags über den Eigentumsübergang geeinigt.

bb) Übergabe

Eine Übergabe von H an V hat nicht stattgefunden. Auch durch die Übergabe von H an F hat V keine besitzrechtliche Position erhalten, da F weder Besitzmittler noch Besitzdiener des V gewesen ist. Da H aber den Besitz auf Weisung des V an F übertragen hat, hat F als Geheißperson des Erwerbers V den Besitz erlangt. Dieser Geheißerwerb genügt für eine Übergabe gem. § 929 S. 1 BGB.

cc) Einigsein im Zeitpunkt der Übergabe

Im Zeitpunkt der Übergabe waren sich H und V über den Eigentumsübergang einig.

dd) Verfügungsberechtigung

H war verfügungsberechtigter Eigentümer.

b) Übereignung V an F gem. § 929 S. 1 BGB

F könnte Eigentum von V durch Übereignung gem. § 929 S. 1 BGB erworben haben.

aa) Einigung

Auch V und F haben sich zeitgleich mit dem Abschluss des Kaufvertrags über den Eigentumsübergang geeinigt.

bb) Übergabe

H hat die Fliesen auf Geheiß des V direkt an F geliefert, wodurch F unmittelbaren Besitz an den Fliesen erlangt hat. In Bezug auf die Übereignung von V an F ist folglich H als Geheißperson des Veräußerers V aufgetreten. Eine Übergabe an den F ist zu bejahen.

c) Zwischenergebnis

Der Eigentumserwerb des F könnte in der Weise erfolgt sein, dass H gem. § 929 S. 1 BGB sein Eigentum auf V übertrug und dieser die Fliesen anschließend gem. § 929 S. 1 BGB an F übereignete. Hinsichtlich der ersten Übereignung hätte F als Geheißperson des Erwerbers V und hinsichtlich der zweiten Übereignung hätte H als Geheißperson des Veräußerers V fungiert. In diesem Fall läge ein Durchgangserwerb vor.

2. Direkter Eigentumserwerb des F von H gem. § 929 S. 1 BGB

F könnte das Eigentum an den Fliesen direkt von H gem. § 929 S. 1 BGB erworben haben. Voraussetzung hierfür wäre, dass H und F sich über den Eigentumsübergang geeinigt haben, die Fliesen übergeben wurden, die Einigung im Zeitpunkt der Besitzübergabe noch fortwirkte und H verfügungsberechtigt war. Nach dieser Konstruktion läge ein Direkterwerb vor.

3. Eigentumserwerb des F durch Verfügung des V mit Zustimmung des H gem. § 185 I BGB

Denkbar wäre es auch, dass V mangels eigener Eigentümerstellung mit Zustimmung des H gem. § 185 I BGB das Eigentum auf den F übertragen hat. Auch in dieser Konstellation würde sich die Übergabe von V an F durch Einschaltung einer Geheißperson vollziehen, da V sich mangels eigenen Besitzes des H als Geheißperson auf Veräußererseite bedienen müsste.

4. Stellungnahme

Gegen die Annahme eines direkten Eigentumserwerbs des F von H spricht, dass der Lieferung durch den Hersteller in der Regel nicht die Erklärung entnommen werden kann, unmittelbar Eigentum auf den Endkunden übertragen zu wollen. So kann der Hersteller nicht wissen, ob zwischen Händler und Kunden ein Eigentumsvorbehalt vereinbart wurde oder der Kunde die Gegenstände nur leihweise entgegen nimmt. Auch wenn diese Alternativen im Fall der Lieferung von Fliesen wohl eher nicht in Betracht kommen, wusste der H dennoch nicht, warum ihn V anwies, direkt an den Kunden F zu liefern.

Gegen einen Eigentumserwerb des F von V mit Zustimmung des H gem. § 185 I BGB spricht, dass die Parteien ein Interesse daran haben, die Übereignungsvorgänge entsprechend den bestehenden schuldrechtlichen Beziehungen zu vollziehen. Zudem kann der Annahme einer Einwilligung in die Verfügung durch H ebenfalls entgegengehalten werden, dass ihm unbekannt war, ob F überhaupt Eigentum erwerben sollte.

Da V dem H keine weitere Begründung für die Lieferung an F gab, entspricht es den Interessen der Beteiligten eine Übereignung von H an V und anschließend von V an F anzunehmen.

II. Ergebnis

F hat gem. § 929 S. 1 BGB Eigentum von V erworben, der seinerseits gem. § 929 S. 1 BGB Eigentum von H erworben hat. Es handelt sich um ein sog. Streckengeschäft bzw. eine abgekürzte Lieferung.

Ergänzende Bemerkungen

Zu Ausgangsfall I. 1. b) bb):
Abgrenzung des Besitzdieners zur Geheißperson: Besitzdiener und Geheißperson unterschieden sich zunächst darin, dass die Geheißperson, anders als der Besitzdiener, in keinem sozialen Abhängigkeitsverhältnis zum Veräußerer bzw. Erwerber steht und keiner Weisungspflicht unterliegt. Dies wirkt sich besitzrechtlich dahingehend aus, dass der Besitzdiener keine Besitzposition innehat, die Geheißperson selbst hingegen Besitzer ist bzw. wird.

Der Veräußerer bzw. Erwerber, der sich einer Geheißperson bedient, ist selbst nicht Besitzer im sachenrechtlichen Sinne, allerdings kommt ihm (falls die Geheißperson den Anweisungen, also dem Geheiß folgt), Besitzverschaffungsmacht zu. Diese Besitzverschaffungsmacht ermöglicht die Übergabe iSd § 929 S. 1 BGB.

Zu Ausgangsfall I. 1. d) und Abwandlung 1 I. 1. d):
Vertretbar wäre es auch, entsprechend den Gepflogenheiten des Geschäftsverkehrs (vgl. Ergänzende Bemerkungen zu Fall 5), die Eigentümerstellung des V zu verneinen (jener erwirbt vom Hersteller/Großhändler nur unter verlängertem Eigentumsvorbehalt). Dann würde sich die Verfügungsbefugnis des V aber aus § 185 I BGB ergeben.

Zu Abwandlung 1 I. 1. b) bb):
Es wird nachdrücklich darauf hingewiesen, dass – wie hier dargestellt – eine Übergabe nach § 929 S. 1 BGB auch bei Erlangung »lediglich« mittelbaren Besitzes auf Erwerberseite möglich ist. Entscheidend ist allein der Verlust jeglicher Besitzposition auf Veräußererseite. Einzig in dem Fall, dass der Veräußerer eine Besitzposition zurückbehält, muss auf die Übereignung nach §§ 929 S. 1, 930 BGB zurückgegriffen werden.

Zudem ist zu beachten, dass auch an dieser Stelle im Prüfungsaufbau an sich ein »antizipiertes« (da vorweggenommenes) Besitzmittlungsverhältnis vorliegt. In Übereinstimmung mit dem Lehrbuch (§ 4 Rn. 38, 43 f.) wird diese Terminologie jedoch allein bei einer Übereignung nach §§ 929 S. 1, 930 BGB verwendet.

Zu Abwandlung 2 I. 1. b):
An dieser Stelle wäre auch ein anderer Prüfungsaufbau vertretbar: So könnte mit der Prüfung »Erwerb des F von A gem. §§ 929 S. 1, 930 BGB« begonnen werden und erst im Prüfungspunkt »Verfügungsberechtigung des A« der »Erwerb des A von P gem. § 929 S. 1 BGB« (inzident) geprüft werden.

Zu Abwandlung 3 I. 1. c):
Bei den sog. Streckengeschäften kann die Veräußerungskette um beliebig viele Glieder erweitert werden, wobei die Weisung durch die einzelnen Kettenglieder vermittelt wird.

Weitere Anspruchsgrundlagen:
Der Schadensersatzanspruch ließe sich auch auf weitere Vorschriften stützen. Insbesondere ist hier an die Gefährdungshaftung des Kraftfahrzeughalters nach § 7 StVG und die Haftung des Fahrzeugführers aus vermutetem Verschulden gem. § 18 iVm § 7 StVG zu denken.

Die Eigentumslage ist innerhalb des § 7 I StVG beim Tatbestandsmerkmal »Verletzter« zu prüfen; bei der Sachbeschädigung ist dies zumindest auch der Eigentümer der Sache, uU neben dem Besitzer oder einem sonstigen dinglich Berechtigten. Ein Ausschluss der Ansprüche ergibt sich auch nicht aus § 8 Nr. 3 StVG, weil diese Vorschrift nur anwendbar ist, wenn die Sache im schädigenden Kraftfahrzeug befördert wird, nicht aber, wenn sie durch den Unfallgegner transportiert wird.

Fall 8 »Der Drehkran«

Sachverhalt

V vermietet M für 15 Monate einen Drehkran. Der monatliche Mietzins beträgt 1.000 EUR. Nach 14 Monaten verkauft V den Kran an K und übereignet ihn an K unter Abtretung seines Herausgabeanspruchs gegen M. Als K nach Ablauf der Mietzeit den Kran von M herausverlangt, wendet dieser ein, er sei dazu nach dem Vertrag mit V nur Zug um Zug gegen Rückgabe seiner Sicherheit iHv 10.000 EUR verpflichtet. K meint, der Vertrag zwischen V und M gehe ihn nichts an.

Kann K die Herausgabe des Krans gem. § 985 BGB verlangen?

Fundstellen/Vertiefungshinweise:
BGHZ 64, 122 = NJW 1975, 121; *Müller/Gruber* SachenR Rn. 1409 ff.
Vieweg/Werner SachenR § 4 Rn. 47 ff.; § 7 Rn. 23 f.; § 10 Rn. 4.

Problemkreise:
- Eigentumsübergang gem. §§ 929, 931 BGB (G)
- § 273 BGB als Recht zum Besitz iSd § 986 BGB (V)
- Zurückbehaltungsrechte als Einwendungen iSd § 404 BGB (V)
- Anwendbarkeit des § 406 BGB auf erst nach der Abtretung fällig werdende Gegenansprüche (sachenrechtsexternes Problem)

Lösungsvorschlag

Interessenlage

K möchte über den Kran unabhängig von den Vereinbarungen zwischen V und M verfügen können. M hingegen liegt daran, den Kran solange als Sicherheit zu behalten, bis er seine Sicherheitsleistung – sei es von V, sei es von K – zurückerhält.

Lösung des Falls

I. Anspruch des K gegen M auf Herausgabe des Krans gem. § 985 BGB

K könnte gegen M einen Herausgabeanspruch aus § 985 BGB haben.

1. Eigentum des K

Dazu müsste K Eigentümer des Krans geworden sein.

a) Einigung zwischen V und K gem. § 929 S. 1 BGB

V und K haben sich gem. § 929 S. 1 BGB geeinigt.

b) Übergabesurrogat gem. §§ 929 S. 1, 931 BGB

V hat K seinen Herausgabeanspruch gegen M aus § 546 I BGB (nicht den Vindikationsanspruch aus § 985 BGB – dieser ist nicht isoliert abtretbar!) rechtsgeschäftlich abgetreten gem. § 398 S. 1 BGB. Dieser Herausgabeanspruch entsteht zwar erst mit Ablauf der Mietzeit, doch genügt für § 931 BGB auch die Abtretung eines künftigen Herausgabeanspruchs.

c) Berechtigung des V

Als Eigentümer verfügte V auch als Berechtigter.

d) Ergebnis

K ist Eigentümer des Drehkrans geworden.

2. Besitz des M

M ist unmittelbarer Besitzer.

3. Kein Recht zum Besitz gem. § 986 BGB

Aufgrund des zwischen M und V geschlossenen Mietvertrags war M grds. V gegenüber zum Besitz berechtigt iSd § 986 I 1 Alt. 1 BGB. Dieses Besitzrecht konnte M gem. § 986 II BGB auch dem K entgegenhalten. Allerdings endete das Besitzrecht mit Ablauf der Mietzeit. Danach stand M weder gegenüber V noch gegenüber K ein mietvertragliches Besitzrecht zu. Auch aus einem möglichen Zurückbehaltungsrecht des M gem. § 273 BGB ergibt sich kein Recht zum Besitz (s. hierzu Fall 5 I. 3. b) dd)).

4. Zurückbehaltungsrecht des M gegenüber K gem. § 273 iVm §§ 404, 406 BGB analog

Möglicherweise konnte M gegen den Herausgabeanspruch des K aber ein Zurückbehaltungsrecht aus § 273 I BGB geltend machen.

a) Vollwirksame und fällige Gegenforderung

Mit Ablauf der Mietzeit hat M gegen V einen Anspruch auf Herausgabe der Kaution iHv 10.000 EUR. Qualifiziert man die Sicherheitsleistung als irreguläres Pfandrecht, so stützt sich der Rückgabeanspruch auf § 1223 BGB analog; im Übrigen ergibt er sich aus §§ 700, 488 I 2 BGB oder aus einer ergänzenden Auslegung des Mietvertrags.

b) Konnexität

Der Herausgabeanspruch und die Kautionsrückforderung beruhen auf einem zusammenhängenden, einheitlichen Lebensverhältnis, nämlich dem Mietverhältnis zwischen V und M.

c) Gegenseitigkeit

aa) Grundsatz

Das Zurückbehaltungsrecht gem. § 273 I BGB kann nur geltend gemacht werden, wenn der Schuldner des Gegenanspruchs Gläubiger der Hauptforderung ist (Gegenseitigkeit).

Daran fehlt es hier, da nach der Abtretung des Herausgabeanspruchs nicht mehr V, sondern K Gläubiger des M ist, während sich der Rückzahlungsanspruch des M allein gegen V richtet.

bb) Ausnahme vom Gegenseitigkeitserfordernis: § 404 BGB

Eine Ausnahme vom Gegenseitigkeitserfordernis macht § 404 BGB. Danach können dem Zessionar alle Einwendungen entgegengehalten werden, die gegenüber dem Zedenten bestanden. Zu diesen Einwendungen zählt auch die Einrede des § 273 BGB.

§ 404 BGB setzt voraus, dass die Einwendung bereits zur Zeit der Abtretung begründet war. Hierzu genügt es nach Auffassung der Rechtsprechung grds., dass die Einwendung ihrem Rechtsgrund nach bereits in dem Schuldverhältnis angelegt war. Danach könnte § 404 BGB hier zur Anwendung kommen, da der Kautionsrückforderungsanspruch des M bereits in dem Mietvertrag angelegt war. Für Zurückbehaltungsrechte fordert die Rechtsprechung aber weitergehend, dass auch die Gegenforderung zur Zeit der Abtretung fällig gewesen ist. Werde die Gegenforderung erst später fällig, so sei insoweit § 406 BGB mit der Maßgabe anzuwenden, dass der Gegenanspruch spätestens mit der abgetretenen Forderung fällig werden müsse.

Hier ist der Rückforderungsanspruch des M gleichzeitig mit dem Herausgabeanspruch des K mit Ablauf der Mietzeit fällig geworden. Die Ausnahme des § 404 BGB ist somit anwendbar.

d) Ergebnis

Entsprechend §§ 404, 406 BGB kann M dem Herausgabeverlangen des V ein Zurückbehaltungsrecht aus § 273 BGB entgegenhalten.

II. Ergebnis

K kann den Drehkran nur Zug um Zug gegen Zahlung von 10.000 EUR herausverlangen.

Fall 9 »Kunst kennt viele Sammler«

Sachverhalt

Kunstsammler Karl Einser (K1) entdeckt am Morgen des 19.7. im Onlineshop des Galleristen Vogel (V), eine wertvolle Statue, die er schon seit langem sucht. Umgehend setzt er sich mit V telefonisch in Verbindung. K1 und V vereinbaren, dass V dem K1 die Statue zu einem Preis von 24.000 EUR, zahlbar in vier monatlichen Raten zu je 6.000 EUR verkauft. Die Statue soll umgehend an K1 geliefert werden, das Eigentum jedoch erst mit Zahlung der letzten Kaufpreisrate auf diesen übergehen. Noch am Nachmittag des 19.7. wird dem K1 die Statue geliefert.

Am 26.7. entdeckt Konstantin Zweier (K2) die Statue im Onlineshop des V und bietet diesem telefonisch 30.000 EUR als Kaufpreis an. Dem V sind inzwischen Zweifel an der Zahlungsfähigkeit des K1 gekommen und er entschließt sich daher, die Statue an K2 zu veräußern, der ihm als zahlungskräftiger erscheint. V und K2 vereinbaren eine Zahlung in drei monatlichen Raten zu je 10.000 EUR und einen Eigentumsübergang bei vollständiger Kaufpreiszahlung. V erklärt wahrheitswidrig, dass er die Statue noch zur Schaufenstergestaltung benötige und die Lieferung erst mit der vollständigen Kaufpreiszahlung erfolgen könne. K2 erklärt sich damit einverstanden, dem V die Statue im Wege der Leihe zu überlassen.

Im Folgenden zahlen sowohl K1 als auch K2 die vereinbarten Raten pünktlich. Am 5.10. überweist K2 dem V die letzte Kaufpreisrate, am 4.11. zahlt auch K1 die letzte Kaufpreisrate.

Wer ist Eigentümer der Statue?

Abwandlung:
K1 hat die letzte Kaufpreisrate noch nicht gezahlt. Kann K2 nachdem er seine letzte Rate gezahlt hat, die Statue von K1 herausverlangen?

Fundstellen/Vertiefungshinweise:
Röthel JURA 2009, 241; *J. Werner* JA 2009, 411; *Müller/Gruber* SachenR Rn. 587 ff., 1640 ff.
Vieweg/Werner SachenR § 5 Rn. 49; § 7 Rn. 21; § 11 Rn. 41 f.

Problemkreise:
- Schutz des Anwartschaftsberechtigten vor Zwischenverfügungen nach § 161 BGB (V)
- Gutgläubiger lastenfreier Erwerb gem. § 936 BGB (V)
- Anwartschaftsrecht als Recht zum Besitz (V)

Lösungsvorschlag

Interessenlage

Im Ausgangsfall sind sowohl K1 als auch K2 daran interessiert, Eigentum an der Statue erlangt zu haben. In der Abwandlung ist K2 daran gelegen, als Eigentümer die Statue herausverlangen zu können, K1 beansprucht hingegen den Besitz an dieser für sich.

Lösung Ausgangsfall

I. Eigentumslage bzgl. der Statue

Ursprünglich stand die Statue im Eigentum des V.

1. Eigentumserwerb des K1 durch Übereignung am 19.7.

V könnte die Statue am 19.7. gem. § 929 S. 1 BGB an K1 übereignet haben. Hierfür müssten sich V und K1 über den Eigentumsübergang geeinigt haben iSd § 929 S. 1 BGB.

V und K1 haben sich zwar dahingehend geeinigt, dass das Eigentum an der Statue auf K1 übergehen soll, die Willenserklärung des V wurde jedoch unter der aufschiebenden Bedingung der vollständigen Kaufpreiszahlung erklärt, § 158 I BGB (vgl. § 449 I BGB). Diese Bedingung ist am 19.7. noch nicht eingetreten, sodass das Eigentum zu diesem Zeitpunkt noch nicht auf K1 übergegangen ist.

2. Eigentumserwerb des K2 durch Übereignung am 26.7.

Des Weiteren könnte V sein Eigentum am 26.7. gem. §§ 929 S. 1, 930 BGB auf K2 übertragen haben. Hier lag allerdings ebenfalls nur eine, durch die vollständige Kaufpreiszahlung durch K2 aufschiebend bedingte Einigung vor, § 158 I BGB. Mangels Bedingungseintritts am 26.7. erfolgte aber jedenfalls an diesem Tag kein Eigentumsübergang auf K2.

3. Eigentumserwerb des K2 durch Zahlung der letzten Kaufpreisrate am 5.10.

K2 könnte jedoch gem. §§ 929 S. 1, 930 BGB am 5.10. Eigentum erworben haben. Die Zahlung der letzten Kaufpreisrate könnte zur Wirksamkeit einer zuvor aufschiebend bedingt erklärten Übereignung geführt haben.

a) Aufschiebend bedingte Übereignung am 26.7.

aa) Einigung gem. §§ 929 S. 1, 158 I BGB

V und K2 haben sich am 26.7. aufschiebend bedingt über den Übergang des Eigentums an der Statue auf K2 geeinigt.

bb) Übergabesurrogat

Mangels einer Übergabe iSd § 929 S. 1 BGB ist weiter zu überprüfen, ob die Übergabe gem. § 930 BGB wirksam ersetzt wurde. Dazu müsste V im Besitz der Statue gewesen sein und mit K2 ein Besitzmittlungsverhältnis iSd § 868 BGB vereinbart haben.

(1) Besitz des V

V war im Zeitpunkt der Einigung mit K2 nicht mehr im unmittelbaren Besitz der Statue, da er diese bereits zuvor an K1 geliefert hatte. Im Rahmen des § 930 BGB genügt jedoch auch mittelbarer Besitz des Veräußerers iSd § 868 BGB.

Fraglich ist somit, ob V noch mittelbarer Besitzer der Statue war. Dies wäre zu bejahen, wenn zwischen V und K1 ein konkretes Besitzmittlungsverhältnis bestanden hat, V aus diesem Verhältnis einen Herausgabeanspruch gegen K1 hatte und K1 für V besitzen wollte (vgl. zu den allg. Voraussetzungen eines Besitzmittlungsverhältnisses Fall 7 Abwandlung 1 I. 1. b) bb)).

Zwischen V und K1 war ein Kauf unter Eigentumsvorbehalt vereinbart worden. Dieser stellt ein Besitzmittlungsverhältnis iSd § 868 BGB dar, dessen Inhalt durch die Rechtsprechung hinreichende Konkretisierung erfahren hat. Denn regelmäßig wird vereinbart, dass der Vorbehaltskäufer die Sache an den Vorbehaltsverkäufer herauszugeben hat, wenn die vereinbarte Bedingung nicht mehr eintreten wird. Dieser bedingte Herausgabeanspruch genügt für die Begründung eines Besitzmittlungsverhältnisses. Schließlich war sich K1 auch bewusst, dass er die Statue zurückzugeben hat, falls er der Kaufpreiszahlungspflicht nicht nachkommt. Deshalb ist auch der Fremdbesitzerwille zu bejahen. V war somit am 26.7. noch mittelbarer Besitzer der Statue.

(2) Besitzkonstitut

V und K2 müssten ein Besitzkonstitut vereinbart haben. Hierfür ist gem. § 868 BGB wiederum erforderlich, dass ein konkretes Besitzmittlungsverhältnis vereinbart worden ist, K2 aus diesem ein Herausgabeanspruch gegen V zustand und V für K2 besitzen wollte.

V und K2 haben vereinbart, dass die Statue als Leihgabe bis zur vollständigen Kaufpreiszahlung bei V verbleiben solle. Die Leihe gem. § 598 BGB ist zwar nicht ausdrücklich als konkretes Besitzmittlungsverhältnis in § 868 BGB aufgeführt. Allerdings ist sie als ein der Miete »ähnliches Verhältnis« iSd § 868 BGB anerkannt. Ein künftiger Herausgabeanspruch des K2 ergibt sich aus § 604 BGB. Auch der Fremdbesitzerwille des V ist zu bejahen, da er bis zu diesem Zeitpunkt mittelbarer Eigenbesitzer der Statue war und durch den Abschluss des Leihvertrags seinen Willen zu erkennen gab, von nun an für K2 zu besitzen. Auf diese Weise ist ein mehrstufiger mittelbarer Besitz iSd § 871 BGB entstanden.

Ein Besitzkonstitut als Übergabesurrogat gem. § 930 BGB ist somit zu bejahen.

cc) Einigsein

V und K2 waren sich im Zeitpunkt der Vereinbarung des Besitzkonstituts einig.

dd) Berechtigung

Schließlich müsste V auch verfügungsberechtigt gewesen sein. Am 26.7. war V noch Eigentümer der Statue und damit verfügungsberechtigt. Dass er sich gegenüber K1 – konkludent – verpflichtet hatte, die Statue nicht weiter zu veräußern, hindert die dingliche Verfügungsberechtigung nicht, § 137 S. 1 BGB.

ee) Zwischenergebnis

Eine wirksame aufschiebend bedingte Übereignung lag somit vor.

b) Bedingungseintritt am 5.10.

Am 5.10. erfolgte schließlich die Zahlung der letzten Kaufpreisrate durch K2. K2 ist mit dem Bedingungseintritt Eigentümer der Statue geworden.

4. Eigentumserwerb des K1 durch Zahlung der letzten Kaufpreisrate am 4.11.

Mit Zahlung der letzten Kaufpreisrate am 4.11. könnte der Eigentumserwerb durch K2 gem. § 161 I BGB unwirksam geworden sein. Voraussetzung wäre, dass dieser Erwerb eine den Vollrechtserwerb des K1 vereitelnde Zwischenverfügung darstellt, was zu bejahen ist. Überdies müsste K1 seinerseits durch aufschiebend bedingte Übereignung ein entsprechendes Anwartschaftsrecht erworben haben, die Bedingung müsste eingetreten und der Vollrechtserwerb dürfte nicht ausgeschlossen sein.

a) Erwerb eines Anwartschaftsrechts am 19.7.

Ein Anwartschaftsrecht entsteht, wenn von einem mehraktigen Erwerbstatbestand bereits so viele Voraussetzungen verwirklicht sind, dass der Vollrechtserwerb vom Veräußerer nicht mehr einseitig verhindert werden kann und daher die Vollendung des Rechtserwerbs nur noch vom Verhalten des Berechtigten selbst abhängt. Hier hatten sich V und K1 am 19.7. gem. §§ 929 S. 1, 158 I BGB aufschiebend bedingt über die Übertragung des Eigentums geeinigt. Die Statue war dem K1 übergeben worden. Im Zeitpunkt dieser Übergabe waren sich V und K1 auch einig. V war überdies zur Verfügung berechtigt. Für den Vollrechtserwerb fehlte somit lediglich der Bedingungseintritt. Da K1 nur noch den Kaufpreis vollständig entrichten musste, konnte V den Bedingungseintritt nicht mehr einseitig verhindern. Am 19.7. entstand damit ein Anwartschaftsrecht bei K1.

b) Bedingungseintritt

Mit Zahlung der letzten Kaufpreisrate am 4.11. trat auch die Bedingung ein. Allerdings war K2 zu diesem Zeitpunkt bereits Eigentümer geworden (s. oben I. 3.). Gemäß § 161 I 1 BGB sind Zwischenverfügungen, die während der Schwebezeit getroffen werden und den Rechtserwerb beeinträchtigen, jedoch mit Bedingungseintritt unwirksam. Die Übereignung an K2 wäre somit grds. unwirksam und K1 wäre am 4.11. Eigentümer geworden.

c) Ausschluss des Vollrechtserwerbs durch K1

aa) Einfluss der aufschiebend bedingten Übereignung an K2

Aufgrund der aufschiebend bedingten Übereignung stand dem K2 seit dem 26.7. ebenfalls ein Anwartschaftsrecht an der Statue zu. Das zeitlich früher entstandene Anwartschaftsrecht des K1 geht dem des K2 aufgrund des Prioritätsprinzips (arg. e § 185 II BGB) aber vor.

bb) Kein Wegerwerb des Anwartschaftsrechts des K1

Das Anwartschaftsrecht des K1 muss bei Zahlung der letzten Kaufpreisrate noch bestanden haben. Hier könnte das Anwartschaftsrecht des K1 indes dadurch erloschen sein, dass K2 sein Anwartschaftsrecht am 26.7. gutgläubig lastenfrei gem. §§ 161 III, 936 I 3 BGB erworben und dadurch das Anwartschaftsrecht des K1 »wegerworben« hat.

K2 hat am 26.7. gem. §§ 929 S. 1, 930 BGB durch aufschiebend bedingte Übereignung ein Anwartschaftsrecht von V erworben (s. oben I. 3.); zudem müssten die besonderen Voraussetzungen der §§ 161 III, 936 I 3 BGB vorliegen.

(1) Verkehrsgeschäft

Die Anwartschaftsrechtsbestellung zugunsten des K2 stellt ein Rechtsgeschäft in Form eines Verkehrsgeschäfts dar.

(2) Kein Abhandenkommen

Ein gutgläubiger lastenfreier Erwerb wäre ausgeschlossen, wenn die Statue dem Rechtsinhaber abhanden gekommen wäre, §§ 161 III, 935 BGB analog. K1 ist hier nach wie vor im Besitz der Statue, sie ist ihm nicht abhanden gekommen.

(3) Besitzerlangung iSd § 936 I 3 BGB

Hier erfolgte die Anwartschaftsrechtsbestellung zugunsten K2 unter Vereinbarung eines Übergabesurrogats gem. § 930 BGB. Folglich müsste K2 gem. § 936 I 3 BGB auf Grund der Veräußerung Besitz an der Statue erlangt haben. Über den Wortlaut hinaus stellt dies ein qualifiziertes Besitzerfordernis dar, setzt also eine Übergabe iSd § 929 S. 1 BGB voraus. Dies wird unter anderem mit der Parallele zu § 933 BGB begründet: Ist für den gutgläubigen Vollrechtserwerb eine Übergabe erforderlich, so sind keine Gründe ersichtlich, warum die Anforderungen an den gutgläubig lastenfreien Erwerb gem. § 936 I 3 BGB niedriger angesetzt werden sollten. K2 müsste somit auf Veranlassung des V zumindest mittelbarer Besitzer geworden sein und V müsste jeglichen Besitzrest an der Statue aufgegeben haben.

Hier hat V dem K2 zwar den mittelbaren Besitz an der Statue verschafft (s. oben I. 3. a) bb)), doch blieb auch V noch mittelbarer Besitzer der Sache, § 871 BGB.

Mangels qualifizierten Besitzerwerbs durch K2, hat K2 sein Anwartschaftsrecht nicht gutgläubig lastenfrei erworben.

cc) Zwischenergebnis

Das Anwartschaftsrecht des K1 bestand somit weiterhin. Mit Zahlung der letzten Kaufpreisrate durch K1 am 4.11. wurde der Eigentumserwerb des K2 ex nunc unwirksam.

II. Ergebnis

K1 ist Eigentümer der Statue.

Lösung Abwandlung

I. Anspruch des K2 gegen den K1 auf Herausgabe der Statue aus § 985 BGB

K2 könnte gegen K1 aus § 985 BGB einen Anspruch auf Herausgabe der Statue haben.

1. Eigentum

Mit Zahlung der letzten Kaufpreisrate am 5.10. ist K2 Eigentümer der Statue geworden (s. oben Ausgangsfall I. 3.). Da K1 die letzte Kaufpreisrate noch nicht entrichtet hat, ändert sich hieran auch nichts gem. § 161 I BGB.

2. Besitz

Auch ist K1 unmittelbarer Besitzer der Statue.

3. Kein Recht zum Besitz

Schließlich dürfte K1 dem K2 gegenüber nicht zum Besitz berechtigt sein, § 986 BGB.

a) Recht zum Besitz gem. § 986 I BGB

aa) Relatives Recht zum Besitz

Ein Recht zum Besitz könnte sich zunächst aus dem Kaufvertrag zwischen V und K1 ergeben.

Unmittelbar aus diesem Vertrag lässt sich wegen der Relativität der Schuldverhältnisse ein Recht zum Besitz gem. § 986 I 1 Alt. 1 BGB gegenüber K2 jedoch nicht herleiten.

Allerdings könnte K1 gegenüber K2 ein abgeleitetes Besitzrecht zustehen, § 986 I 1 Alt. 2 BGB. Hierfür müsste K1 dem V gegenüber zum Besitz berechtigt sein und gleichermaßen V gegenüber dem K2. Überdies müsste V dem K2 gegenüber auch zur Weitergabe der Statue an K1 berechtigt gewesen sein (sog. »Besitzrechtsbrücke«; eingehend hierzu Fall 28 Ergänzende Bemerkungen).

Hier ist K1 dem V gegenüber aufgrund des Kaufvertrags besitzberechtigt. Auch steht V aus dem Leihvertrag mit K2 diesem gegenüber ein Recht zum Besitz zu. Allerdings war V dem K2 gegenüber nicht zur Weitergabe der Statue befugt. Mangels ausdrücklicher Abreden ergibt sich dies aus § 603 S. 2 BGB.

Es besteht somit kein abgeleitetes Besitzrecht gegenüber K2.

bb) Anwartschaftsrecht als absolutes Recht zum Besitz

K1 könnte aber kraft seines Anwartschaftsrechts ein Recht zum Besitz gegenüber K2 an der Statue zustehen.

(1) Bestehen eines Anwartschaftsrechts

Hierfür müsste K1 zunächst Inhaber eines Anwartschaftsrechts an der Statue sein. Durch die aufschiebend bedingte Übereignung hat K1 am 19.7. ein Anwartschaftsrecht erworben, das nicht durch gutgläubig lastenfreien Erwerb des K2 am 26.7. erloschen ist; §§ 929 S. 1, 930, 158 I, 936 I 3 BGB (vgl. oben Ausgangsfall I. 4. a) bb)).

(2) Anwartschaftsrecht als Recht zum Besitz

Umstritten ist jedoch, ob das Anwartschaftsrecht ein Recht zum Besitz verleiht.

Eine Ansicht bejaht dies, weil es sich bei dem Anwartschaftsrecht um ein wesensgleiches Minus zum Vollrecht Eigentum handele, bei dem die Befugnis zum Besitz an der Sache bereits vom Eigentümer auf den Anwartschaftsberechtigten übergegangen sei. Demnach hätte K1 hier somit ein Recht zum Besitz aus dem Anwartschaftsrecht.

Nach aA folgt aus dem Anwartschaftsrecht kein Recht zum Besitz. Dies wird damit begründet, dass das Anwartschaftsrecht als bloße Vorstufe zum Vollrecht Eigentum kein Besitzrecht geben könne. Auch sei der Anwartschaftsberechtigte nicht in hohem Maße schutzbedürftig, da er es selbst in der Hand habe, den restlichen Kaufpreis zu begleichen und damit seinen Eigentumserwerb herbeizuführen. Dieser Ansicht nach stünde K1 hier kein Besitzrecht aus dem Anwartschaftsrecht zu. Allerdings könne sich der Anwartschaftsberechtigte, falls die Zahlung seiner letzten Kaufpreisrate unmittelbar bevorstehe, auf § 242 BGB berufen und dem Herausgabeanspruch entgegenhalten, dass es rechtsmissbräuchlich sei, etwas heraus zu verlangen, das umgehend zurückzugeben sei. Nachdem die Zahlung seiner letzten Kaufpreisrate hier unmittelbar bevorsteht, könnte er sich gegenüber dem Anspruch aus § 985 BGB auf § 242 BGB berufen.

Ein Streitentscheid ist nicht erforderlich, da beide Ansichten zum selben Ergebnis führen, nämlich dass K1 gegenüber K2 ein Recht zum Besitz hat.

b) Recht zum Besitz analog § 986 II BGB

Schließlich ist denkbar, dass K1 die ihm nur gegenüber V zustehenden Einwendungen auch gegenüber K2 geltend machen kann, wenn § 986 II BGB auf Weiterveräußerungen gem. §§ 929 S. 1, 930 BGB analog anwendbar wäre.

Eine § 986 II BGB vergleichbare Regelung existiert nicht für Verfügungen nach §§ 929 S. 1, 930 BGB. Es liegt hier eine planwidrige Regelungslücke vor. Auch trifft die Intention des § 986 II BGB, nämlich denjenigen, dem ein relatives Besitzrecht zusteht, vor Weiterveräußerungen ohne sein Zutun zu schützen, genauso auf die Weiterveräußerung nach §§ 929 S. 1, 930 BGB zu, da auch in diesem Fall die Mitwirkung des unmittelbaren Besitzers nicht erforderlich ist. Es besteht somit eine vergleichbare

Interessenlage. § 986 II BGB ist damit analog auf Veräußerungen nach §§ 929 S. 1, 930 BGB anwendbar.

Hier hat V die Statue gem. §§ 929 S. 1, 930 BGB an K2 weiterveräußert, ohne dass es der Mitwirkung des unmittelbar besitzenden K1 bedurft hätte. Daher kann K1 hier dem K2 analog § 986 II BGB die Einwendungen entgegenhalten, die gegenüber V bestanden. Er kann daher auch gegenüber K2 sein dem V gegenüber bestehendes Besitzrecht aus dem Kaufvertrag einwenden.

II. Ergebnis

K1 hat gegenüber K2 ein Recht zum Besitz, sodass K2 nicht gem. § 985 BGB Herausgabe der Statue verlangen kann.

Ergänzende Bemerkungen

Zu Ausgangsfall I. 1.:
Kann der dinglichen Einigung zwischen Veräußerer und Erwerber keine Vereinbarung eines Eigentumsvorbehalts entnommen werden, so ist auf § 449 I BGB zurückzugreifen, der eine Vermutung enthält, dass ein auf schuldrechtlicher Ebene (also im Kaufvertrag) vereinbarter Eigentumsvorbehalt ebenso auf dinglicher Ebene wirken soll. Nachdem dies allerdings nur »im Zweifel« gilt, ist – was leicht verkannt werden kann – § 449 I BGB nicht heranzuziehen, wenn im Sachverhalt eine aufschiebend bedingte »Übereignung« Erwähnung findet. Ist indes lediglich ein »Verkauf« unter Eigentumsvorbehalt angesprochen, sollte § 449 I BGB herangezogen werden. Zum Sonderfall der kollidierenden AGB vgl. Fall 24.

Zu Ausgangsfall I. 4. c) aa):
Nach dem Prioritätsprinzip bleibt die frühere Verfügung wirksam und geht der späteren vor. Dieser Gedanke ergibt sich auch aus § 185 II BGB.

Zu Ausgangsfall I. 4. c) bb):
Der Bezugspunkt der Verweisung in § 161 III BGB ist umstritten. Teilweise wird vertreten, dass sich wegen der Ähnlichkeit des Anwartschaftsrechts mit einer Belastung des Eigentums die Verweisung auf §§ 935 f. BGB beschränke. Eine aA leitet aus dem Wortlaut des § 161 III BGB ab, dass sämtliche Gutglaubensvorschriften, also §§ 932–936 BGB, Anwendung finden sollen. Auch die letztgenannte Ansicht räumt jedoch im Verhältnis des § 934 Alt. 1 BGB zu § 936 III BGB dem § 936 BGB Vorrang ein, um den besitzenden Rechteinhaber (also den Anwartschaftsrechtsinhaber) zu schützen. Hierzu eingehend: *Röthel* JURA 2009, 241; *J. Werner* JA 2009, 411.

Zu Ausgangsfall I. 4. c) bb):
Der gute Glaube des K2 hinsichtlich des Nichtbestehens eines Anwartschaftsrechts (§§ 161 III, 936 II, 932 II BGB entsprechend) war hier nicht zu thematisieren: Der Erwerber darf nach ganz hM bis zu dem Zeitpunkt, in dem die Lastenfreiheit eintreten kann, nicht bösgläubig werden. Im Fall der §§ 161 III, 936 I 3 BGB ist somit für die Beurteilung des guten Glaubens auf die Übergabe abzustellen. Eine solche ist hier indes nicht erfolgt.

Zu Abwandlung I. 3. a) bb) (1):
In diesem Zusammenhang wäre es falsch, auf § 161 III BGB zurückzugreifen. Mangels Bedingungseintritts kommt es auf § 161 III BGB nicht an! § 936 BGB (analog) kommt nicht über die Verweisung des § 161 III BGB zur Anwendung, sondern weil das Anwartschaftsrecht einer Eigentumsbelastung iSd § 936 BGB gleichgestellt wird.

Fall 10 »Die Herrenhemden«

Sachverhalt

M ist bei B als Abschlussvertreter angestellt, um den Absatz der im Betrieb des B hergestellten Herrenhemden zu steigern. M verkauft im eigenen Namen 10.000 Herrenhemden an K, verspricht ihre alsbaldige Lieferung und lässt sie sich im Voraus bezahlen. Anschließend teilt er B mit, dass er 10.000 Hemden an K ausliefern solle. Als B nach der Auslieferung an K Zahlung verlangt, erklärt K, dass er den Kaufpreis für die Hemden bereits an seinen Vertragspartner M bezahlt habe, weil er schließlich mit M den Kaufvertrag abgeschlossen habe. Zu einer zweiten Zahlung an B sei er schon deshalb außerstande, weil kürzlich das Insolvenzverfahren über das Unternehmensvermögen eröffnet worden sei. Als sich B daraufhin an M wenden will, ist dieser jedoch bereits unbekannt nach Südamerika verzogen. Da sich die Hemden noch im Lager des K befinden, will B wissen, ob er vom Insolvenzverwalter I des K die Herausgabe der Hemden verlangen kann, bzw. ob er sonstige Ansprüche hat.

Fundstellen/Vertiefungshinweise:
BGHZ 36, 56 = NJW 1962, 299; BGH NJW 1974, 1132; *Müller/Gruber* SachenR Rn. 1460 ff.; *Gursky* Klausurenkurs SachenR Rn. 106 ff.; *Wilhelm* SachenR Rn. 930; *Gomille* JURA 2013, 711. *Vieweg/Werner* SachenR § 5 Rn. 18.

Problemkreise:
- Eigentumserwerb von einer Scheingeheißperson (E)
- Kondiktionsansprüche nach gutgläubigem Erwerb (E)

Besondere Schwierigkeiten:
- Bezüge zum Bereicherungsrecht

Lösungsvorschlag

Interessenlage

K bzw. nach dessen Insolvenz die Insolvenzgläubiger sind daran interessiert, dass K Eigentümer der Hemden geworden ist, da K bereits den Kaufpreis an M bezahlt hat. B hingegen möchte die Hemden wieder an sich nehmen, da M den Erlös aus dem Verkauf nicht an ihn abgeführt hat. Das Interesse des B geht insbesondere dahin, Eigentümer der Hemden geblieben zu sein, da er dann Anspruch auf Aussonderung (§ 47 InsO) hätte.

Lösung des Falls

I. Anspruch des B gegen I auf Herausgabe der Hemden gem. § 47 S. 2 InsO iVm § 985 BGB

B kann von I Aussonderung und Herausgabe der Hemden verlangen, wenn die Hemden aufgrund eines dinglichen oder persönlichen Rechts nicht zur Insolvenzmasse (§ 35 InsO) gehören (§ 47 InsO). Dies wäre insbesondere der Fall, wenn B Eigentümer der Hemden geblieben wäre; dann könnte er gem. § 47 S. 2 InsO iVm § 985 BGB ihre Herausgabe verlangen.

1. Eigentum des B

Ursprünglich war B Eigentümer der Hemden. B könnte sein Eigentum jedoch durch die Auslieferung der Hemden an K verloren haben.

a) Verfügungsgeschäft zwischen B und K gem. § 929 S. 1 BGB

Die Auslieferung der Hemden an K könnte ein konkludentes Angebot des B auf dingliche Einigung iSd § 929 S. 1 BGB gewesen sein. Dies entsprach auch dem Willen des B, der davon ausging, dass eine dingliche Einigung noch nicht erfolgt war; § 133 BGB. Allerdings muss auch die dingliche Einigungserklärung nach dem objektiven Empfängerhorizont gem. §§ 133, 157 BGB ausgelegt werden. Entscheidend ist, wie ein objektiver Dritter in der Situation des K die Auslieferung verstehen musste. K ging davon aus, dass sein Vertragspartner der im eigenen Namen handelnde M war. Insofern musste er annehmen, dass die dingliche Einigung bereits erfolgt war oder B als Bote eine Einigungserklärung des M überbrachte oder als Stellvertreter im Namen des M handelte. Keinesfalls musste er hingegen davon ausgehen, dass in der Auslieferung ein Angebot des B in eigenem Namen vorlag. Zu einer Einigung zwischen B und K ist es daher nicht gekommen.

b) Verfügungsgeschäft zwischen M und K gem. § 929 S. 1 BGB

B könnte das Eigentum an den Hemden aber durch ein ihm gegenüber wirksames Verfügungsgeschäft zwischen M und K verloren haben.

aa) Einigung

Spätestens im Zeitpunkt der Lieferung der Hemden einigten sich M und K konkludent über den Eigentumsübergang (spätestens diese war als Willenserklärung des M zu verstehen, s. oben I. 1. a)). Der Zugang der von K konkludent mit Entgegennahme der Hemden erklärten Annahme des Einigungsangebotes war gem. § 151 S. 1 BGB nicht erforderlich.

bb) Übergabe

Eine Übergabe iSd § 929 S. 1 BGB liegt vor, wenn der Veräußerer dauerhaft keinen Besitz mehr behält, der Erwerber zumindest mittelbaren Besitz erlangt und dies auf Veranlassung des Veräußerers geschieht.

Durch die Lieferung hat K unmittelbaren Besitz an den Hemden erworben. Fraglich ist, ob dieser Besitzerwerb auf Veranlassung des Veräußerers geschehen ist. Die Besitzübertragung erfolgte hier nicht durch M, den K als Veräußerer ansah, sondern durch B. Es ist anerkannt, dass auch dritte Personen in die Übergabe eingeschaltet werden können, und zwar nicht nur als Besitzmittler (§§ 930, 868 BGB), sondern auch als Geheißpersonen (hierzu eingehend Fall 7). Hier hat sich B aber nicht einem Geheiß des M untergeordnet, sondern wollte selbst Eigentum und Besitz an den Hemden auf K übertragen. Nachdem sich sein Verhalten aus Sicht eines objektiven Empfängers aber als Ausführung eines fremden Geheißes darstellte, war er zumindest eine sog. Scheingeheißperson.

Ob auch die Übergabe durch eine Scheingeheißperson als ausreichend für den Eigentumserwerb nach § 929 S. 1 BGB erachtet werden kann, erscheint zweifelhaft.

In der Literatur wird darauf hingewiesen, dass der Geheißerwerb seine innere Rechtfertigung in dem Umstand trage, dass sich der Dritte dem Geheiß des Veräußerers tatsächlich unterordnet und daher den Veräußerer als wahren Sachherrn ausweise (sog. »Unterwerfungstheorie«). Hieran fehle es aber im Fall des Scheingeheißes.

Nach Auffassung der Rechtsprechung genügt auch die Übergabe durch eine Scheingeheißperson. Hierfür sprächen sowohl praktische Bedürfnisse des Rechtsverkehrs als auch die Schutzwürdigkeit des Empfängers. Genauso wie bei der Auslegung von Willenserklärungen müsse auch bei der Besitzverschaffung auf den Empfängerhorizont abgestellt werden. Die fehlende Unterordnung unter das Geheiß des Verkäufers könne deshalb nur dann beachtlich sein, wenn sie für den Empfänger objektiv erkennbar sei. Aus Sicht des K erfolgte die Übergabe auf Anweisung des M. Schließt man sich der Auffassung der Rechtsprechung an, liegt hier eine Übergabe vor.

cc) Einigsein

Die Parteien waren sich im Zeitpunkt der Übergabe über den Eigentumsübergang einig.

dd) Berechtigung

Da M nicht Eigentümer der Hemden war und als bloßer Verkaufsvertreter auch nicht mit Zustimmung des B gem. § 185 BGB handelte, fehlte es aber an der Berechtigung des M. Ein Eigentumserwerb von M als Berechtigtem war deshalb nicht möglich.

c) Gutgläubiger Erwerb des K durch Verfügung des nichtberechtigten M gem. §§ 929 S. 1, 932 I 1 BGB

K könnte aber gutgläubig durch Verfügung des nichtberechtigten M nach §§ 929 S. 1, 932 I 1 BGB Eigentum erworben haben.

aa) Rechtsgeschäft im Sinne eines Verkehrsgeschäfts

Ein Rechtsgeschäft im Sinne eines Verkehrsgeschäfts liegt unproblematisch vor. Auf Erwerberseite war zumindest eine Person tätig, die weder aus rechtlicher noch aus wirtschaftlicher Sicht auch auf Veräußererseite stand.

bb) Rechtsschein zugunsten des Veräußerers

M hatte zu keinem Zeitpunkt Besitz an den Hemden. Als Rechtsscheinsträger kommt hier daher allein die Übergabe unter Einschaltung einer Scheingeheißperson in Betracht.

Zum Teil wird vertreten, dass nur die Befolgung eines tatsächlichen Geheißes einen für § 932 I 1 BGB ausreichenden Rechtsschein erzeuge. Die Rechtsprechung lässt jedoch konsequenterweise auch für § 932 I 1 BGB genügen, dass sich die Übergabe durch einen Dritten aus der Sicht des Erwerbers als eine Leistung des Veräußerers darstellt. Hierfür sprächen abermals Gesichtspunkte des Schutzes des Rechtsverkehrs und damit auch des Empfängers. Auch dürfe das Vorliegen eines Rechtsscheins nicht von Umständen abhängen, die für den Erwerber nicht ersichtlich sind.

cc) Gutgläubigkeit des K

Aus Sicht des K lag eine Lieferung auf Geheiß von M vor. K durfte daher vom Eigentum und damit von der Berechtigung des M ausgehen.

dd) Kein Abhandenkommen gem. § 935 BGB

Der Umstand, dass B hier ohne sein Wissen als Scheingeheißperson fungierte, schließt die Freiwilligkeit der Übergabe der Hemden nicht aus. Die Hemden sind dem B nicht abhandengekommen, weil sein natürlicher Wille darauf gerichtet war, seinen unmittelbaren Besitz aufzugeben.

2. Ergebnis

K hat gutgläubig durch Verfügung des M gem. §§ 929 S. 1, 932 I 1 BGB Eigentum an den Hemden erworben. B hat daher mangels Eigentümerstellung keinen Anspruch auf Herausgabe der Hemden gegen I aus § 47 S. 2 InsO iVm § 985 BGB.

II. Anspruch aus § 812 I 1 Alt. 1 BGB

B könnte einen Anspruch gegen I auf Herausgabe der Hemden aus Bereicherungsrecht haben. Allerdings gewährt ein Bereicherungsanspruch als schuldrechtlicher Verschaffungsanspruch kein Aussonderungsrecht iSd § 47 InsO, sondern stellt lediglich eine Forderung gegen die Insolvenzmasse dar. Diese wäre nach §§ 38, 45 S. 1 InsO nur auf einen Ausgleich in Geld gerichtet.

Ein Anspruch gem. § 812 I 1 Alt. 1 BGB setzt voraus, dass K etwas rechtsgrundlos durch Leistung des B erlangt hat.

K hat Eigentum und Besitz an den Hemden erlangt. Die Lieferung der Hemden stellt eine bewusste und zweckgerichtete Mehrung fremden Vermögens und damit eine Leistung iSd § 812 I 1 Alt. 1 BGB dar. Es müsste sich jedoch auch um eine Leistung des B handeln. Maßgeblich für die Bestimmung des Leistungsverhältnisses und die Bestimmung der Person des Leistenden ist der objektive Empfängerhorizont. Hier ging K davon aus, dass die Lieferung der Hemden von M, seinem Vertragspartner, veranlasst worden sei. Aus seiner Sicht handelte es sich daher um eine Leistung des M und nicht des B.

Mangels Leistung des B besteht kein Anspruch aus § 812 I 1 Alt. 1 BGB.

III. Anspruch aus § 812 I 1 Alt. 2 BGB

In Betracht kommt aber ein Anspruch des B gem. § 812 I 1 Alt. 2 BGB, da K Besitz und Eigentum an den Hemden »in sonstiger Weise« erlangt hat.

1. Subsidiarität der Eingriffskondiktion

Die Eingriffskondiktion könnte aber wegen des Vorrangs des Leistungsverhältnisses ausgeschlossen sein. Danach kommt ein kondiktionsfähiger Erwerb in sonstiger Weise nur in Betracht, wenn der Empfänger den Bereicherungsgegenstand nicht durch Leistung erhalten hat. Hier sind K die Hemden jedoch durch Leistung des M zugewendet worden (auch diesbezüglich ist auf den objektiven Empfängerhorizont abzustellen).

Gestützt wird dieses Ergebnis durch die Wertung des § 816 I 1 BGB: Das Gesetz gewährt dort demjenigen, der infolge gutgläubigen Erwerbs ein dingliches Recht verloren hat, einen Anspruch gegen den unberechtigt Verfügenden und nicht gegen den Erwerber. Eine Ausnahme ist in § 816 I 2 BGB allein für den Fall vorgesehen, dass die Verfügung unentgeltlich erfolgt. Der gutgläubige Erwerber soll also grds. nicht der Kondiktion des Alteigentümers ausgesetzt sein. Dieser soll sich vielmehr an den Verfügenden wenden.

2. Ergebnis

B hat wegen des Vorrangs der Leistungsverhältnisse keinen Anspruch aus Eingriffskondiktion.

IV. Endergebnis

B kann die Hemden weder von I gem. § 985 BGB herausverlangen noch hat er einen Anspruch aus § 812 BGB, also eine Insolvenzforderung. Er muss sich vielmehr an den Verfügenden M wenden: Möglich bleibt eine Kondiktion gem. § 816 I 1 BGB. Dass diese faktisch wertlos sein könnte, weil sich M nach Südamerika abgesetzt hat, soll nach der Wertung des Gesetzes nicht zulasten des K gehen.

Ergänzende Bemerkungen

Zu I. 1. c) bb):
Eine gesonderte Prüfung des Rechtsscheinsträgers ist im Regelfall bei §§ 929 S. 1, 932 I 1 BGB nicht erforderlich, da die Übergabe iSd § 929 S. 1 BGB zugleich die

Rechtsscheinsposition darstellt. Eigenständige Bedeutung hat § 932 I 1 BGB indes beim Erwerb durch Verfügung einer Scheingeheißperson.

Fall 11 »Die begehrte Fräsmaschine«

Sachverhalt

V verkauft an K unter Eigentumsvorbehalt eine Fräsmaschine. Wenig später übereignet K dieselbe Maschine an D zur Sicherheit, vereinbart jedoch mit diesem, dass er die Maschine weiter benutzen darf. D tritt kurze Zeit später seine Rechte aus dem Vertrag mit K entgeltlich an E ab. Zudem weist er den K an, die Maschine in Zukunft für E zu besitzen. Nach einiger Zeit erfährt V, dessen Kaufpreisforderung von K noch immer nicht vollständig beglichen ist, von alledem und informiert seinerseits den E. Dieser stellt sich auf den Standpunkt, er habe die Maschine erworben, und lässt sie sich von K übergeben. Nunmehr verlangt V von E die Herausgabe der Maschine.

Zu Recht?

Fundstellen/Vertiefungshinweise:
BGHZ 50, 45 = NJW 1968, 1382; BGH NJW 1978, 696; *Müller/Gruber* SachenR Rn. 1477 ff.; *Gursky* Klausurenkurs SachenR Rn. 124 ff.; *Medicus/Petersen* BürgerlR Rn. 559 ff.; *Vieweg/Werner* SachenR § 2 Rn. 39 ff.; § 5 Rn. 21 f.

Problemkreise:
- Eigentumsvorbehalt (G)
- Gutgläubiger Eigentumserwerb gem. §§ 933 und 934 BGB (G)
- Auswirkungen einer fehlgeschlagenen Sicherungsübereignung auf die Sicherungsabrede (G)
- Nebenbesitz (V)
- Teleologische Reduktion des § 934 Alt. 1 BGB (E)

Lösungsvorschlag

Interessenlage

V ist daran gelegen, nach wie vor Eigentümer der Maschine zu sein, zumal er seine Gegenleistung noch nicht vollständig erhalten hat. E ist ebenfalls daran interessiert, Eigentümer der Maschine geworden zu sein, da er bereits für den Erwerb der Maschine an D gezahlt hat.

Lösung des Falls

I. Anspruch des V gegen E auf Herausgabe der Maschine gem. § 985 BGB

V kann die Maschine von E gem. § 985 BGB herausverlangen, wenn er ihr Eigentümer ist. Ursprünglich war dies der Fall.

1. Eigentumsverlust an K gem. § 929 S. 1 BGB

V hat sein Eigentum nicht an K verloren, da V und K ausdrücklich einen Eigentumsvorbehalt vereinbart hatten. Ihre dingliche Einigung war daher aufschiebend bedingt durch die vollständige Zahlung des Kaufpreises; für die dingliche Einigung folgt dies jedenfalls aus der Vermutung des § 449 I BGB. Da K den Kaufpreis aber nicht vollständig entrichtet hat, ist die dingliche Einigung mangels Bedingungseintritts nicht wirksam geworden.

2. Eigentumsverlust durch die Sicherungsübereignung zwischen K und D gem. §§ 929 S. 1, 930 BGB

V könnte sein Eigentum aber durch die zwischen K und D vereinbarte Sicherungsübereignung verloren haben. Dazu müsste D von K das Eigentum an der Fräsmaschine erworben haben. Eine Einigung gem. § 929 S. 1 BGB zwischen D und K lag vor. Allerdings erfolgte keine Übergabe von K an D gem. § 929 S. 1 BGB: K hat nicht jeglichen Besitzrest an der Fräsmaschine aufgegeben, sondern benutzte sie weiterhin abredegemäß. Er war also nach wie vor unmittelbarer Besitzer.

Allerdings wurde die Übergabe gem. § 930 BGB durch Vereinbarung eines Besitzmittlungsverhältnisses (§ 868 BGB) ersetzt. Grundlage dieses Besitzmittlungsverhältnisses ist die zwischen K und D getroffene Sicherungsabrede, die es dem K gestattete, die Maschine solange weiter zu benutzen, bis D sie zur Befriedigung seiner Forderung herausverlangt. K wollte die Maschine auch für D besitzen und hatte also Fremdbesitzerwillen. Damit liegen die Voraussetzungen für ein Übergabesurrogat gem. §§ 930, 868 BGB vor.

K und D waren sich auch noch zum Zeitpunkt des Wirksamwerdens des Besitzmittlungsverhältnisses als Übergabesurrogat über den Eigentumsübergang einig.

Da K aber nicht Eigentümer der Maschine geworden war, konnte er nicht als Berechtigter über die Maschine verfügen. V hat das Eigentum an der Fräsmaschine daher nicht durch Übereignung zwischen K und D gem. §§ 929 S. 1, 930 BGB verloren.

3. Eigentumsverlust infolge gutgläubigen Erwerbs des D durch Verfügung des K gem. §§ 929 S. 1, 930, 933 BGB

V könnte das Eigentum an der Fräsmaschine aber dadurch verloren haben, dass D gutgläubig durch Verfügung des nichtberechtigten K Eigentum an der Maschine erworben hat.

Ein gutgläubiger Erwerb setzt gem. § 933 BGB jedoch voraus, dass der Veräußerer die Sache dem Erwerber übergibt iSd § 929 S. 1 BGB. Daran fehlt es hier, da die Fräsmaschine abredegemäß im unmittelbaren Besitz des K verblieben ist. Es mangelt somit an der vollständigen Aufgabe jeglichen Besitzrests.

V hat sein Eigentum an der Maschine daher auch nicht infolge gutgläubigen Erwerbs durch D verloren.

4. Eigentumsverlust durch Übereignung der Maschine von D an E gem. §§ 929 S. 1, 931 BGB

V könnte sein Eigentum an der Fräsmaschine aber durch Verfügung des D zugunsten des E verloren haben.

D und E einigten sich über den Eigentumsübergang. Allerdings erfolgte keine Übergabe iSd § 929 S. 1 BGB. Die bloße Übertragung mittelbaren Besitzes vom Veräußerer genügt hierzu nicht. Dies folgt im Umkehrschluss aus § 931 BGB. Insofern kommt allein eine Übereignung nach §§ 929 S. 1, 931 BGB in Betracht. Unabhängig vom Vorliegen der weiteren Voraussetzungen fehlte es aber zumindest an der Verfügungsberechtigung des D. Er war nicht Eigentümer der Fräsmaschine geworden (s. oben I. 2. und 3.).

V hat das Eigentum an der Fräsmaschine nicht durch Übereignung gem. §§ 929 S. 1, 931 BGB an E verloren.

5. Eigentumsverlust infolge gutgläubigen Erwerbs durch Übereignung der Maschine von D an E gem. §§ 929 S. 1, 931, 934 Alt. 1 BGB

E könnte aber gutgläubig von D das Eigentum an der Fräsmaschine gem. §§ 929 S. 1, 931, 934 Alt. 1 BGB erworben haben. Die Einigung lag vor (s. oben I. 4.). Zudem haben sich D und E gem. § 398 BGB über die Abtretung des Herausgabeanspruchs bzgl. der Fräsmaschine aus dem Sicherungsvertrag geeinigt. Somit wären an sich die Voraussetzungen des Übergabesurrogats aus § 931 BGB erfüllt. Zudem wurde D der Besitz durch K gemittelt (s. oben I. 2.) er wäre somit mittelbarer Besitzer iSd § 934 Alt. 1 BGB gewesen.

a) Bestehen des Herausgabeanspruchs

Indes müsste ein abtretbarer Herausgabeanspruch überhaupt bestanden haben. Der Herausgabeanspruch des D beruht hier auf dem mit der Sicherungsübereignung vereinbarten Besitzmittlungsverhältnis. Wenn aber – wie hier (s. oben I. 2. und 3.) – die Sicherungsübereignung scheitert, wird nach einer Auffassung im Schrifttum das Besitzmittlungsverhältnis als Bestandteil einer einheitlichen Eigentumsübertragung seinerseits gem. § 139 BGB unwirksam. Es wird als ungerecht empfunden, dass ein Eigentumserwerb vom unmittelbaren Besitzer (hier K) scheitern solle, während ein Eigentumserwerb vom lediglich mittelbaren Besitzer (hier D) durch Abtretung des Herausgabeanspruchs gem. § 934 Alt. 1 BGB möglich sei.

Diese Auffassung wird jedoch zu Recht ganz überwiegend abgelehnt. § 139 BGB bezieht sich nur auf die Nichtigkeit von Rechtsgeschäften, nicht aber auf den Fall, dass ein Rechtsgeschäft lediglich den gewünschten Erfolg nicht vollständig zu erzielen vermag.

Überdies liegt es im Interesse des Sicherungsnehmers (hier D), wenn nicht das Eigentum, so doch zumindest eine Anwartschaft auf das Eigentum zu erwerben: Infolge der aufschiebend bedingten Übereignung von V an K (s. oben I. 1.) hat K ein Anwartschaftsrecht erworben, welches seinerseits zur Sicherung an einen Dritten übertragen werden kann (vgl. Fall 22 Ausgangsfall I. 1. b) bb)). Zumindest die Übertragung dieser Rechtsposition war von K und D gewollt (vgl. hierzu die Ergänzenden Bemerkungen). Da sich die Übertragung eines Anwartschaftsrechts aber nach den Vorschriften für die Übertragung des Vollrechts richtet, hier also §§ 929 S. 1, 930 BGB analog, bedarf sie ebenfalls eines wirksamen Besitzmittlungsverhältnisses.

Das Scheitern der Sicherungsübereignung ließ das Besitzmittlungsverhältnis zwischen K und D daher unberührt. Ein abtretbarer Herausgabeanspruch ist somit gegeben.

b) Problem des Nebenbesitzes

Die Anwendung des § 934 Alt. 1 BGB könnte jedoch daran scheitern, dass K sowohl dem V als auch dem D den Besitz an der Fräsmaschine mittelte:

Im Falle eines Eigentumsvorbehalts besteht auch zwischen dem Vorbehaltsverkäufer und dem Vorbehaltskäufer ein hinreichend konkretes Rechtsverhältnis mit Rechten und Pflichten. Zudem ist der Vorbehaltskäufer zum Besitz auf Zeit berechtigt, da die Berechtigung unter dem Vorbehalt steht, dass der Kaufvertrag nicht rückabgewickelt wird (vgl. § 449 II BGB). Aufgrund dessen besteht zugunsten des Vorbehaltsverkäufers ein (bedingter) Herausgabeanspruch. Auch besitzt der Vorbehaltskäufer mit Fremdbesitzerwillen. Insofern war der Vorbehaltsverkäufer V gem. § 868 BGB mittelbarer Besitzer.

Infolge der Sicherungsübereignung bestand zudem ein Besitzmittlungsverhältnis zwischen K und D (s. oben I. 2.).

aa) Lehre vom Nebenbesitz

Nach einer im Schrifttum vertretenen Auffassung werden V und D mittelbare Besitzer gleicher Stufe (Nebenbesitzer), wenn sich der Besitzmittler (K) – wie hier – objektiv mehrdeutig verhält. Für einen Erwerb gem. § 934 Alt. 1 BGB reiche die Übertragung mittelbaren Nebenbesitzes jedoch nicht aus. Wer nicht näher an die Sache heranrücke als ihr Eigentümer, solle nicht zu dessen Lasten durch Verfügung eines Nichtberechtigten erwerben können.

bb) Den Nebenbesitz ablehnende Ansicht

Die ganz überwiegende Ansicht lehnt die Möglichkeit eines Nebenbesitzes hingegen ab. Vielmehr ende der mittelbare Besitz zugunsten des Eigentümers V automatisch in dem Moment, in dem der Besitzmittler K für den Erwerber D besitzen will. Zu einem Nebenbesitz komme es dabei nicht. Bei der Figur des Nebenbesitzes handele es sich um eine Fiktion, da niemand für zwei Personen gleichzeitig besitzen wollen könne. So hat sich hier auch der BGH im Interesse einer eindeutigen Zuordnung von Besitzpositionen entschieden.

c) Teleologische Reduktion des § 934 Alt. 1 BGB?

Teilweise wird § 934 Alt. 1 BGB dahingehend reduziert, dass als zusätzliche Voraussetzung für einen Gutglaubenserwerb nach dieser Vorschrift eine vollständige Besitzaufgabe durch die Person, der der Eigentümer die Sache anvertraut hat (hier also K) gefordert wird. Zwischen § 933 BGB und § 934 Alt. 1 BGB bestehe anderenfalls ein Wertungswiderspruch: Im Fall des § 933 BGB wäre die Verschaffung mittelbaren Besitzes als Rechtsscheinstatbestand nicht ausreichend, im Fall des § 934 Alt. 1 BGB genüge dies hingegen dem Gesetzeswortlaut zufolge, obwohl in beiden Fällen K nach wie vor unmittelbarer Besitzer sei. Eine Bevorzugung des Erwerbers gegenüber dem Berechtigten könne jedoch niemals gerechtfertigt sein, wenn auch der Erwerber die Sache in der Hand der Person belässt, der sie schon der Berechtigte anvertraut hat. Mangels vollständiger Besitzaufgabe durch K – bevor E durch die Mitteilung bösgläubig wurde – wäre nach dieser Ansicht ein gutgläubiger Erwerb des E aufgrund der teleologischen Reduktion des § 934 Alt. 1 BGB ausgeschlossen.

Dem wird jedoch von der Rechtsprechung entgegengehalten, dass bei § 931 BGB und somit auch beim gutgläubigen Erwerb gem. § 934 Alt. 1 BGB der Veräußerer (also D) jede Besitzposition verliert, bei § 930 BGB hingegen nicht. Dies rechtfertige die unterschiedliche Behandlung beider Erwerbstatbestände.

d) Ergebnis

Folgt man dem BGH und lehnt die Figur des Nebenbesitzes sowie eine teleologische Reduktion des § 934 Alt. 1 BGB ab, so konnte E hier gutgläubig durch Vergügung des D gem. §§ 929 S. 1, 931, 934 Alt. 1 BGB Eigentum an der Fräsmaschine erwerben, da auch die übrigen Voraussetzungen, insbesondere die Gutgläubigkeit des E im Zeitpunkt der Abtretung, gegeben waren und die Fräsmaschine dem V nicht gem. § 935 BGB abhandengekommen ist. Da V sein Eigentum an E verloren hat, kann er von diesem danach nicht Herausgabe gem. § 985 BGB verlangen.

Nach der Lehre vom Nebenbesitz und nach den Stimmen, die eine teleologische Reduktion des § 934 Alt. 1 BGB fordern, wäre hingegen V Eigentümer geblieben. Da zudem der unmittelbare Besitzer E ihm gegenüber kein Recht zum Besitz hat (§ 986 BGB), wäre hiernach der Herausgabeanspruch aus § 985 BGB zu bejahen.

II. Herausgabeanspruch des V gegen E aus § 812 I 1 Alt. 2 BGB

Auch eine Eingriffskondiktion gegen E gerichtet auf Herausgabe der Fräsmaschine hat keinen Erfolg. Da E die Maschine durch Leistung des D erwarb, soll er grds. auch nur von diesem einer Kondiktion ausgesetzt sein (Subsidiarität der Eingriffskondiktion; hierzu bereits Fall 10 III.).

Ergänzende Bemerkungen

Zu I. 2.:
Kommt man im Folgenden zu dem Ergebnis, dass das Besitzmittlungsverhältnis unwirksam sein sollte (vgl. nochmals I. 5. a)), wäre ein Besitzkonstitut iSd § 930 BGB dennoch gegeben, da hierfür die ernsthafte Herausgabebereitschaft des K genügt (str.).

Zu I. 4.:
Wird anders als hier auf Bitte des D zwischen K und E ein neues Besitzmittlungsverhältnis begründet, liegt hingegen eine Übergabe gem. § 929 S. 1 BGB vor: E würde dann durch das neu begründete Besitzmittlungsverhältnis mittelbaren Besitz erlangen, der D jeden Besitzrest verlieren und dieser Vorgang auf Veranlassung des D erfolgen. Diese Neubegründung eines Besitzmittlungsverhältnisses ist von der hier gegebenen bloßen Übertragung mittelbaren Besitzes durch Abtretung des Herausgabeanspruchs abzugrenzen: Nur im Fall der Abtretung richtet sich die Übereignung nach §§ 929 S. 1, 931 BGB.

Zu I. 5. a):
Probleme ergeben sich bei der Anwartschaftsrechtsübertragung, falls die dingliche Einigung der Parteien wie hier auf eine »Übereignung« abzielt (vgl. I. 2.).

Eine Ansicht geht davon aus, dass in diesem Fall eine Umdeutung gem. § 140 BGB in eine Einigung gerichtet auf Übertragung eines Anwartschaftsrechts vorzunehmen ist (arg.: Anwartschaftsrecht als Minus zum Vollrecht, zudem entspricht eine Umdeutung dem hypothetischen Parteiwillen).

Die Rechtsprechung und Teile der Literatur halten dieser Ansicht jedoch zu Recht entgegen, dass eine Umdeutung bereits daran scheitern muss, dass die Eigentumsübertragung nicht nichtig, sondern »nur« erfolglos ist. Zudem geht die Auslegung gem. §§ 133, 157 BGB einer Umdeutung vor: Den Parteien wird oft unbekannt sein, dass mit dem Anwartschaftsrecht eine selbstständig übertragbare Rechtsposition besteht. Ihr tatsächlicher Wille ist jedoch darauf gerichtet, die dem Sicherungsgeber zustehende Rechtsposition zu übertragen. Gelingt dies nicht hinsichtlich des Eigentums, so ist doch zumindest eine Übertragung des Anwartschaftsrechts als wesensgleichen Minus gewollt.

Fall 12 »Viele Irrtümer um ein geerbtes Fahrrad«

Sachverhalt

S ist Alleinerbe seines Vaters V. Im Nachlass des V findet S ein Fahrrad, das er, da er selbst bereits ein Fahrrad hat, für 200 EUR an seinen Freund F veräußert. Dabei gehen sowohl S als auch F davon aus, dass das Fahrrad Eigentum des V gewesen sei. In Wirklichkeit gehört das Rad jedoch E, der es V geliehen hatte.

Wenige Tage nach der Veräußerung erfährt S, dass das Fahrrad nur geliehen war; darüber hinaus stellt sich heraus, dass es sich um ein Fahrrad der sehr exklusiven Marke »XY« im Wert von 5.000 EUR handelt und nicht – wie S und F ursprünglich angenommen haben – um ein Fahrrad der Marke »08/15«.

S weist den F auf seinen Irrtum bzgl. der Marke hin und erklärt die Anfechtung. F gibt dem S das Fahrrad wieder zurück. E erfährt schließlich den Sachverhalt und macht gegenüber S einen Anspruch aus § 985 BGB geltend.

Zu Recht?

Abwandlung:
Anders als im Ausgangsfall handelt es sich – wie von S und F angenommen – tatsächlich um ein Fahrrad der Marke »08/15«. S erfährt lediglich, dass das Rad im Eigentum des E stand, der es seinem Vater V geliehen hatte. Daraufhin wendet sich S an F und bittet ihn ohne Hinweis auf die Eigentumsverhältnisse um Rückgabe des Fahrrads. F willigt ein, allerdings nur gegen Rückkauf durch S zu einem höheren als dem von ihm bezahlten Preis. Damit ist S einverstanden.

Ergibt sich im Hinblick auf § 985 BGB eine andere rechtliche Beurteilung als im Ausgangsfall?

Fundstellen/Vertiefungshinweise:
Gursky 20 Probleme SachenR 57 ff.; *Musielak* JuS 2010, 377.
Vieweg/Werner SachenR § 1 Rn. 10; § 4 Rn. 15; § 5 Rn. 13 ff.

Problemkreise:
- Anfechtung des dinglichen Rechtsgeschäfts nach § 119 II BGB (G)
- Rückerwerb durch den Nichtberechtigten (V, E)
- Abgrenzung zum »Rück-Kauf« (E)

Besondere Schwierigkeiten:
- Bezüge zum Allgemeinen Teil: Anfechtung

Lösungsvorschlag

Interessenlage

E hat ein Interesse daran, das von ihm an seinen damaligen Vertragspartner V verliehene Fahrrad zurückzuerhalten. Für S ist entscheidend, selbst vollwertiger Eigentümer des Fahrrads zu sein, um den Anspruch des E abwehren zu können.

Lösung Ausgangsfall

Anspruch des E gegen S auf Herausgabe des Fahrrads gem. § 985 BGB

I. Eigentum des E

Ursprünglich war E Eigentümer des Fahrrads. Er könnte sein Eigentum durch die Veräußerung des S an F verloren haben.

1. Eigentumsverlust an F

Da S mit dem Tod des V lediglich in dessen Rechtsposition als Entleiher des Fahrrads eingetreten ist, könnte E sein Eigentum lediglich gem. §§ 929 S. 1, 932 I 1 BGB an F verloren haben. Aber auch im Hinblick auf die gem. § 929 S. 1 BGB erforderliche dingliche Einigung zwischen F und S bestehen Bedenken. F und S haben zwar übereinstimmende Erklärungen hinsichtlich des Eigentumsübergangs abgegeben, allerdings könnte diese dingliche Einigung durch Anfechtung gem. § 142 I BGB ex tunc unwirksam sein. In Betracht kommt eine Anfechtung wegen eines Irrtums über eine verkehrswesentliche Eigenschaft gem. § 119 II BGB. Eine Anfechtungserklärung hat S gegenüber F wirksam abgegeben gem. § 143 I BGB. Es liegt im Interesse des S, jedenfalls auch die dingliche Erklärung anzufechten (§§ 133, 157 BGB). Fraglich ist jedoch, ob auch insoweit ein Anfechtungsgrund vorliegt. S hat sich über eine verkehrswesentliche Eigenschaft des Fahrrads iSv § 119 II BGB geirrt (zu § 119 II BGB vgl. bereits ausführlich Fall 6): Er ist davon ausgegangen, dass es sich bei dem an F veräußerten Gegenstand um ein Fahrrad der Marke »08/15« handelt. Die Tatsache, dass der Hersteller des Rads in Wirklichkeit das Unternehmen »XY« ist, war ihm zum Zeitpunkt der Einigung nicht bewusst. Allerdings müsste der Irrtum auch ursächlich für die Abgabe der dinglichen Einigungserklärung gewesen sein. Hätte S gewusst, dass das Fahrrad in Wahrheit ein Fahrrad der Marke »XY« ist, hätte S das Fahrrad ebenfalls an F übereignet. Der Irrtum war für die Abgabe der dinglichen Einigungserklärung somit nicht ursächlich. Die Einigung konnte daher nicht angefochten werden und ist damit wirksam. Das Fahrrad ist auch übergeben worden (§ 929 S. 1 BGB), und S und F waren sich zu diesem Zeitpunkt noch über den Eigentumsübergang einig.

Die Voraussetzungen der §§ 932 ff. BGB waren ebenfalls gegeben: Ein Verkehrsgeschäft ist zu bejahen, da zwischen S und F weder rechtliche noch wirtschaftliche

Identität bestand. Die Übergabe wies S als Berechtigten aus (§ 932 I 1 BGB). F war überdies nicht bösgläubig gem. § 932 II BGB hinsichtlich der Eigentümerstellung des S: Er ging davon aus, dass das Fahrrad ursprünglich im Eigentum des V stand und somit dessen Alleinerbe S als Eigentümer verfügte. Diese Annahme basierte auch nicht auf grob fahrlässiger Unkenntnis, da keine außergewöhnlichen Anhaltspunkte ersichtlich waren, die eine Nachforschungsobliegenheit des F begründen konnten. Dem Eigentümer E ist das Fahrrad auch nicht gem. § 935 I 1 BGB abhandengekommen, da er freiwillig den unmittelbaren Besitz im Rahmen des Leihvertrags auf V übertragen hat.

E hat somit sein Eigentum an F verloren.

2. Rückerwerb des Eigentums durch E infolge der Übereignung F an S

Das Eigentum an dem Fahrrad könnte aber an E zurückgefallen sein, als F es an S zurückübereignete.

a) Rückübereignung an S

In der Rückgabe des Fahrrads ist nicht nur eine Übergabe, sondern auch eine (konkludente) Einigung zwischen F und S iSd § 929 S. 1 BGB zu sehen. Darüber hinaus verfügte F als Berechtigter, sodass S nach den allg. Regeln Eigentümer geworden wäre gem. § 929 S. 1 BGB.

b) Besonderheit: Rückererwerb des Fahrrads durch den ursprünglich Nichtberechtigten

Allerdings hat S vor der Rückabwicklung erfahren, dass das Fahrrad nicht im Eigentum des V stand. Mit der Übereignung an S würde der ursprünglich nichtberechtigte und nun bösgläubige S vollwertiges und unbelastetes Eigentum erwerben.

Bei einem solchen sog. Innenverkehrsgeschäft ist umstritten, ob ein Eigentumserwerb des ursprünglich Nichtberechtigten anerkannt werden kann oder ob mit einem automatischen Eigentumsrückfall an den ursprünglichen Eigentümer der Erwerb des ursprünglich Nichtberechtigten verhindert werden soll.

aa) Automatischer Eigentumsrückfall an den ursprünglich Berechtigten

Eine Ansicht bejaht die Wiederherstellung der ursprünglichen Rechtslage, hier also einen automatischen Rückfall an den ursprünglichen Eigentümer E. Damit soll der Gefahr eines Vollstreckungszugriffs durch die Gläubiger des ursprünglich Nichtberechtigten begegnet werden.

Dies wird einmal mit einer Parallele zu den Grundsätzen des »Geschäfts für den, den es angeht«, begründet. Bei »Rückgabe« der Sache an den Nichtberechtigten erlange der frühere Eigentümer als derjenige, den das Geschäft angeht, automatisch Eigentum.

Gegen diesen Lösungsweg spricht allerdings, dass für diese Parallele die Fiktion erforderlich ist, dass der gutgläubige Erwerber im Rahmen der Rückabwicklung Eigentum auf den ursprünglichen Eigentümer übertragen will oder dass es ihm zumindest gleichgültig ist, wer Eigentümer wird. Ist er wie hier bei der Rückabwicklung aber nach wie vor gutgläubig und hält den Vertragspartner für den Berechtigten, so handelt er mit dem Willen, diesem das Eigentum zu übertragen und nicht einer unbekannten Person.

Eine andere Ansicht begründet den automatischen Rückfall des Eigentums mit einer teleologischen Reduktion der §§ 932 ff. BGB. Die Gutglaubensvorschriften könnten in den Fällen keine Anwendung finden, in denen kein Güterumsatz vorliege. Eine schutzwürdige Vermögensverschiebung finde dann nicht statt. Bei einem Rückerwerb durch den Nichtberechtigten käme der Gutglaubensschutz – zweckwidrig – nicht dem Rechtsverkehr, sondern ausschließlich dem Nichtberechtigten zugute. In diesem Fall sei die Gesetzeslücke »in Gebotsrichtung« zu schließen, indem die Verfügung des Nichtberechtigten und die Rückabwicklung als ein Gesamttatbestand aufgefasst werden, auf den die Gutglaubensvorschriften nicht angewendet werden dürften.

Diesem Ansatz ist entgegenzuhalten, dass der Gesetzgeber mit den §§ 932 ff. BGB eine Regelung getroffen hat, die allein dem Interessensausgleich zwischen Erwerber und Eigentümer dienen soll und die Einbeziehung nachfolgender Rechtsgeschäfte nicht zulässt: Liegen die Voraussetzungen für den Gutglaubenserwerb vor, wird nach dem gesetzgeberischen Plan der Erwerber Eigentümer »wie jeder andere«. Ob er anschließend das Eigentum behält, auf einen Dritten oder den nichtberechtigt Verfügenden überträgt, betrifft nicht den in §§ 932 ff. BGB abschließend geregelten Interessensausgleich zwischen Eigentümer und Erwerber. Eine planwidrige Regelungslücke muss somit verneint werden. Ein automatischer Eigentumsrückfall kann auch über diesen Lösungsweg nicht begründet werden.

bb) Schuldrechtlicher Anspruch auf Rückübertragung

Eine weitere – unter anderem von *Medicus* und dem BGH vertretene – Ansicht lehnt einen automatischen Eigentumsrückfall generell ab und erkennt den Eigentumserwerb des ursprünglich Nichtberechtigten an. Der Lösungsweg dieser Ansicht beschränkt die Rechte des Alteigentümers auf schuldrechtliche Ansprüche auf Rückübertragung des Eigentums. Zwar bestehe für den Alteigentümer, aufgrund des Durchgangserwerbs des ursprünglich Nichtberechtigten, die Gefahr eines Vollstreckungszugriffs durch dessen Gläubiger. Dies stelle jedoch eine Spätfolge des Eigentumserwerbs dar, den der Alteigentümer erst durch seine freiwillige Weggabe der Sache an einen Dritten ermöglicht habe.

Dieser Lösungsweg überzeugt, auch wenn er mit dem Risiko des Durchgangserwerbs verbunden ist. Mit einer Rückerlangung seines Eigentums hat der ursprüngliche Eigentümer bei gewöhnlichem Geschehensablauf nicht rechnen können. Ein automatischer Rückfall des Eigentums an ihn würde sein (Rechts-)Beharrungsinteresse zu hoch bewerten. Die Abwicklung über schuldrechtliche Ansprüche bietet dagegen eine einzelfallbezogene Lösung, ob überhaupt und – falls ja – nach welchen Regeln eine Rückübereignung zu erfolgen hat. Vor allem im Liegenschaftsrecht würde die automatische »Umlenkung« auf den Alteigentümer auf einen Rechtserwerb ohne bzw. gegen das Grundbuch hinauslaufen.

c) Zwischenergebnis

Schließt man sich der letztgenannten Auffassung an, ist S als Eigentümer des Fahrrads anzusehen.

II. Ergebnis

E steht gegen S kein Herausgabeanspruch nach § 985 BGB zu.

Lösung Abwandlung

I. Anspruch des E gegen S auf Herausgabe des Fahrrads gem. § 985 BGB

Wie im Ausgangsfall hat E das ihm ursprünglich zustehende Eigentum an dem Fahrrad an den gutgläubigen F verloren. Im Unterschied zum Ausgangsfall erfolgt der Rückerwerb des Eigentums durch den ursprünglich Nichtberechtigten S jedoch nicht im Rahmen der Rückabwicklung des Verpflichtungsgeschäfts, das dem gutgläubigen Eigentumserwerb zugrunde lag, sondern auf der Grundlage eines Rückkaufs, dh eines neuen schuldrechtlichen Vertrags. Es handelt sich damit um ein sog. Außenverkehrsgeschäft.

Für den Fall eines Außenverkehrsgeschäfts wird nun auch von denjenigen, die bei einem Innenverkehrsgeschäft einen Rückfall des Eigentums den Alteigentümer annehmen (vgl. hierzu nochmals Ausgangsfall I. 2. b) aa)), ein Erwerb durch den ursprünglich Nichtberechtigten bejaht. Als Begründung wird angeführt, dass der Nichtberechtigte in diesem Fall dem ursprünglichen Eigentümer wirtschaftlich und interessengemäß wie ein beliebiger Dritter gegenübertritt, der das Eigentum von einem durch gutgläubigen Erwerb Berechtigten erlangt. Die andere Ansicht geht ohnehin immer von einem Erwerb des ursprünglich Nichtberechtigten aus. Ein Streitentscheid ist somit entbehrlich.

II. Ergebnis

E steht gegen S kein Herausgabeanspruch nach § 985 BGB zu, da er sein Eigentum an S verloren hat. Im Unterschied zum Ausgangsfall kann E gegen S auch keine schuldrechtlichen Rückübertragungsansprüche geltend machen.

Ergänzende Bemerkungen

Neben der im Ausgangsfall angesprochenen Rückabwicklung wegen Fehlschlagens des Kausalgeschäfts wird auch in weiteren Fallgestaltungen ein Rückerwerb durch den Nichtberechtigten diskutiert:

Zum einen, wenn von vornherein, also bereits vor der ersten Veräußerung an den gutgläubigen Erwerber, ein »Hin-und-Her«, mithin eine spätere Rückübereignung auf den Nichtberechtigten geplant war (bspw. bei der Sicherungsübereignung). Zum anderen, wenn der Veräußernde von vornherein bösgläubig einen Rückerwerb geplant hat.

In diesen Fällen ist somit ebenfalls zu prüfen, ob ein automatischer Eigentumsrückfall an den ehemaligen Eigentümer erfolgt oder nur schuldrechtliche Ansprüche gegen den nichtberechtigt Verfügenden bestehen.

Zu Ausgangsfall I. 2. b) aa):
Wer eine teleologische Reduktion des § 932 BGB unter Verneinung eines Verkehrsgeschäfts annimmt, müsste dies konsequenterweise bereits im Rahmen des gutgläubigen Erwerbs durch F (Ausgangsfall I. 1.) ansprechen. Eine solche Prüfung ist jedoch sehr

unübersichtlich: Zunächst müsste ein Verkehrsgeschäft bejaht werden, dann müsste dieses Ergebnis in Frage gestellt werden, da im Falle eines Innenverkehrsgeschäfts (dies erfordert wiederum eine Inzidentprüfung, ob ein solches in der »Rückgabe« des Fahrrads an S vorliegt) das Verkehrsgeschäft nach dieser Ansicht ex tunc entfiele. Aus Gründen der Übersichtlichkeit wurde hier deshalb ein anderer – ebenfalls zulässiger – Weg beschritten.

Zu Ausgangsfall I. 2. b) bb):
Als schuldrechtliche Rückübertragungsansprüche kämen Schadensersatzansprüche wegen Vertragsverletzung gem. §§ 598, 280 I, 249 BGB, deliktische Schadensersatzansprüche gem. § 823 BGB sowie bereicherungsrechtliche Ansprüche gem. §§ 812 ff. BGB in Betracht.

Fall 13 »Einbau auf fremdem Grund«

Sachverhalt

Bauherr B beauftragt Bauunternehmer U, auf seinem Grundstück eine Wohnanlage zu errichten. Die zur Inneneinrichtung erforderlichen Heizkörper hat U bei V unter Eigentumsvorbehalt gekauft. Obwohl V ausdrücklich den Einbau der Heizkörper vor Bezahlung des Kaufpreises untersagt und mit U vereinbart hat, dass der Eigentumsvorbehalt unter allen Umständen Bestand haben soll, lässt U die Heizkörper in die Gebäude einbauen. Unmittelbar darauf wird er insolvent.

Frage 1: Wie ist die Eigentumslage an den Heizkörpern?

Frage 2: Kann V von B Wertersatz für die eingebauten Heizkörper verlangen?

Frage 3: Hat V ein Recht zur Wegnahme der eingebauten Heizkörper?

Fundstellen/Vertiefungshinweise:
BGHZ 56, 228 = NJW 1971, 1751; BGHZ 40, 272 = NJW 1964, 399; BGHZ 20, 159 = NJW 1956, 788; *Müller/Gruber* SachenR Rn. 1769 ff., 1870 ff.; *Schreiber* JURA 2006, 113.
Vieweg/Werner SachenR § 6 Rn. 11 ff., 20 ff.

Problemkreise:
- Ersatzansprüche bei Rechtsverlust aufgrund der §§ 946 ff. BGB (G)
- Verhältnis von Leistungs- und Nichtleistungskondiktion beim Eigentumserwerb kraft Gesetzes (V)
- Wegnahmerecht nach § 951 II 2 BGB (E)

Lösungsvorschlag

Interessenlage

V ist daran interessiert, direkt von B den Wert der Heizkörper ersetzt zu erhalten, sollte er das Eigentum verloren haben und bei U seine Kaufpreisforderung aufgrund dessen Insolvenz nicht mehr durchsetzen können. B hingegen ist daran gelegen, nur mit seinem Vertragspartner U abzurechnen und nicht zusätzlichen Ansprüchen der Lieferanten des U ausgesetzt zu sein.

Lösung des Falls

Frage 1: Eigentumslage an den Heizkörpern

I. Ursprüngliche Eigentumslage

Ursprünglich war V Eigentümer der Heizkörper. Er hat sein Eigentum nicht durch Übereignung an U verloren, da ein Eigentumsvorbehalt gem. §§ 449 I, 929 S. 1, 158 I BGB vereinbart war und die Bedingung der vollständigen Kaufpreiszahlung gem. § 433 II BGB nicht eingetreten ist. Es fehlt bereits an einer Einigung nach § 929 S. 1 BGB.

II. Gesetzlicher Eigentumserwerb des B gem. § 946 BGB

V könnte sein Eigentum aber dadurch verloren haben, dass U die Heizkörper in das Gebäude des B eingebaut hat.

1. Wesentlicher Bestandteil des Grundstücks

Dazu müssten die Heizkörper wesentliche Bestandteile des Grundstücks geworden sein.

a) Wesentlicher Bestandteil gem. § 93 BGB

Nach § 93 BGB wird eine Sache wesentlicher Bestandteil einer anderen Sache, also auch eines Grundstücks, wenn es bei einer Trennung zu einer Zerstörung oder Wesensänderung des Bestandteils käme. Da die Heizkörper auch nach ihrer Trennung vom Gebäude noch verwendbar bleiben, sind sie durch ihren Einbau nicht wesentliche Bestandteile des Grundstücks gem. § 93 BGB geworden.

b) Wesentlicher Bestandteil gem. § 94 BGB

Aus demselben Grund sind die Heizkörper auch nicht wesentliche Bestandteile des Grundstücks gem. § 94 I BGB geworden, weil sie nicht mit dem Grundstück »fest verbunden« sind iSd § 94 I 1 BGB.

Allerdings gehören gem. § 94 II BGB zu den wesentlichen Bestandteilen eines Gebäudes auch die zur Herstellung des Gebäudes eingefügten Teile. Dies sind alle Teile, ohne die das Gebäude nach der Verkehrsanschauung nicht bestimmungsgemäß genutzt werden kann, also noch nicht »fertiggestellt« ist. Hierzu zählt insbesondere die Heizungsanlage samt Heizkörpern. Durch ihren Einbau in das Gebäude wurden die Heizkörper daher abweichend von § 93 BGB wesentlicher Bestandteil des Gebäudes (§ 94 II BGB) und damit des Grundstücks (§ 94 I 1 BGB).

c) Kein Scheinbestandteil nach § 95 I BGB

Da die Heizkörper nicht nur zu einem vorübergehendem Zweck in das Gebäude eingefügt wurden, sind sie keine Scheinbestandteile iSd § 95 I BGB.

2. Ergebnis

Der Grundstückseigentümer B ist kraft Gesetzes durch Verbindung mit dem Grundstück gem. § 946 BGB Eigentümer der Heizkörper geworden, und zwar unabhängig davon, ob er dabei gutgläubig war (§§ 932 ff. BGB) oder ob die Heizung dem Voreigentümer abhanden gekommen war (§ 935 BGB). § 946 BGB ist auch nicht abdingbar. V hat sein Vorbehaltseigentum also an B verloren.

Frage 2: Wertersatz

V könnte aber einen Anspruch gegen B auf Wertersatz gem. §§ 951 I 1, 812 I 1 BGB haben.

I. Rechtsnatur des § 951 BGB

§ 951 I 1 BGB ist nach ganz hM eine Rechtsgrundverweisung in das Bereicherungsrecht, dh dass alle Voraussetzungen der bereicherungsrechtlichen Ansprüche vorliegen müssen. Die §§ 946–950 BGB sind lediglich sachenrechtliche Ordnungsvorschriften, die noch nichts über die endgültige Vermögenszuordnung aussagen. Insbesondere stellen die §§ 946 ff. BGB, wie sich mittelbar aus § 951 BGB ergibt, keinen Rechtsgrund für die gesetzlich angeordnete Eigentumsverschiebung dar.

II. §§ 951 I, 812 I 1 Alt. 1 BGB (Leistungskondiktion)

1. Anwendbarkeit der Leistungskondiktion

Nach der hL verweist § 951 I 1 BGB nur auf die Eingriffskondiktion gem. § 812 I 1 Alt. 2 BGB. In der Rechtsprechung wird dagegen angenommen, dass sich die Verweisung auf das gesamte Bereicherungsrecht erstreckt und auch die Leistungskondiktion erfasst ist. Dieser Streit braucht jedoch dann nicht entschieden werden, wenn es ohnehin an den Voraussetzungen des § 812 I 1 Alt. 1 BGB fehlt.

2. Erlangtes Etwas

Hier hat B Besitz und Eigentum an den Heizkörpern erlangt.

3. Durch Leistung des V

V lieferte die Heizung an U, woraufhin jener sie einbaute und dadurch dem B zum Eigentum an den Heizkörpern verhalf. Ob hierin eine Leistung des V, also eine bewusste und zweckgerichtete Mehrung fremden Vermögens, zu erblicken ist, bestimmt sich nach dem objektiven Empfängerhorizont. U hat sich gegenüber B zur Errichtung eines Hauses verpflichtet. Nur mit diesem wollte B vertragliche Beziehungen eingehen, nicht hingegen mit etwaigen Zulieferern des U. Insofern lag aus Sicht eines verständigen, in der Situation des B befindlichen Dritten in dem Einbau keine Leistung durch V vor: Jener hatte gegenüber B keinerlei Verpflichtungen, die durch den Einbau erfüllt werden sollten.

Eine Leistungskondiktion im Verhältnis von V und B scheidet daher aus, der Streit kann somit dahinstehen.

III. §§ 951 I 1, 812 I 1 Alt. 2 BGB (Eingriffskondiktion)

1. In sonstiger Weise auf Kosten des Anspruchstellers etwas erlangt

Da B Eigentum und Besitz an den Heizkörpern nicht durch Leistung des V erlangt hat (s. oben Frage 2 II.), stellt sich die Frage, ob V ein Wertersatzanspruch aufgrund einer Eingriffskondiktion gem. §§ 951 I 1, 812 I 1 Alt. 2 BGB zusteht.

Nach dem Grundsatz der Subsidiarität der Eingriffskondiktion hat die Rückabwicklung vorrangig in den Leistungsbeziehungen stattzufinden: Wem etwas geleistet wurde, der soll nicht der Eingriffskondiktion eines Dritten ausgesetzt sein. Vielmehr soll er sich darauf verlassen können, dass eine Rückabwicklung nur im Verhältnis zu seinem Vertragspartner stattfindet (vgl. Fall 10 III.). Eine Eingriffskondiktion gegen B wäre dann ausgeschlossen, wenn B das Eigentum durch Leistung des U erlangt hätte.

Hier ist B von U allerdings lediglich der Besitz geleistet worden. Das Eigentum hat B nicht durch Leistung des U, sondern durch den Einbau, also kraft Gesetzes gem. §§ 946, 94 II BGB, erlangt. Es ließe sich somit argumentieren, dass kein die Eingriffskondiktion sperrendes Leistungsverhältnis bzgl. des Eigentums bestehe.

Allerdings wäre hier ein rechtsgeschäftlicher Eigentumserwerb möglich gewesen. U hätte B die Heizkörper vor dem Einbau auch gem. §§ 929 S. 1, 932 I 1 BGB wirksam übereignen können, weil B gutgläubig war (§ 932 II BGB) und die Heizkörper dem V nicht abhanden gekommen waren (§ 935 I 1 BGB). Hätte U die Heizkörper also zunächst B übereignet und dann eingebaut, hätte B auch das Eigentum durch Leistung des U iSd § 812 I 1 Alt. 1 BGB erlangt und eine Eingriffskondiktion wäre wegen des Vorrangs der Leistungskondiktion ausgeschlossen. Ganz überwiegend wird angenommen, dass es keinen Unterschied machen dürfe, ob eine solche rechtsgeschäftliche Einigung tatsächlich stattfand oder nicht, solange sie nur möglich gewesen wäre.

Eine Eingriffskondiktion wegen Eigentumsverlusts ist daher auch dann ausgeschlossen, wenn das Eigentum zwar kraft Gesetzes übergegangen ist, eine rechtsgeschäftliche Übereignung aber möglich gewesen wäre.

2. Hilfsweise: Ohne Rechtsgrund

Hält man eine Eingriffskondiktion gleichwohl für zulässig, wäre die Rechtsgrundlosigkeit des Eigentumserwerbs zu prüfen. Die §§ 946 ff. BGB stellen keinen Rechtsgrund für das Behaltendürfen des Eigentums dar: Sie sind nur Ordnungsvorschriften, die aus Gründen der Rechtsklarheit eine Eigentumszuordnung bewirken; sie beinhalten aber keine endgültige Rechtfertigung für die damit verbundene Vermögensverschiebung. Fehlt es an einem Rechtsgrund, ist die Vermögensverschiebung daher nicht kondiktionsfest; der Empfänger hat Wertersatz gem. § 818 II BGB zu leisten.

IV. Ergebnis

V hat gegen B mangels Leistungsbeziehung keinen Anspruch aus § 951 I 1 iVm § 812 I 1 Alt. 1 BGB. Ein Anspruch aus § 951 I 1 iVm § 812 I 1 Alt. 2 BGB scheitert nach vorzugswürdiger Auffassung an der Subsidiarität der Eingriffskondiktion. V muss sich daher an seinen Vertragspartner U halten und trägt dessen Insolvenzrisiko, während B seinerseits darauf vertrauen kann, nur Rückabwicklungsansprüchen seines Vertragspartners U ausgesetzt zu sein.

Frage 3: Wegnahmerecht des V

I. Wegnahmerecht des V gem. § 951 II 2 BGB

V könnte ein Recht zur Wegnahme der Heizkörper aus § 951 II 2 BGB haben.

1. Rechtsnatur der Verweisung in § 951 II 2 BGB

§ 951 II 2 BGB verweist auf das Wegnahmerecht des § 997 BGB. Bei § 997 BGB handelt es sich um eine Vorschrift des Eigentümer-Besitzer-Verhältnisses, dh sie setzt eine Vindikationslage iSd §§ 985, 986 BGB voraus. Insofern müssen sich die Beteiligten als Eigentümer und Besitzer ohne Recht zum Besitz gegenüberstehen. Zusätzlich verlangt § 997 BGB, dass der Besitzer die Verbindung hergestellt hat.

2. »Ausdehnungsthese«

Die Rechtsprechung und ein Teil der Literatur nehmen an, § 951 II 2 BGB dehne nur den Anwendungsbereich des § 997 I 1 BGB aus. Ein Wegnahmerecht solle auch dann bestehen, wenn ein Dritter und nicht der Besitzer die Verbindung herstellt. An dem Erfordernis, dass das Wegnahmerecht nur dem Besitzer zustehe, ändere die Norm hingegen nichts. Nach dieser Auffassung stünde V kein Wegnahmerecht zu, weil er nie Besitzer der Hauptsache (hier des Grundstücks) gewesen ist.

3. »Selbstständiges Wegnahmerecht«

Andere verstehen § 951 II 2 BGB als selbstständiges Wegnahmerecht, in dem das untergegangene Recht fortwirke. Jeder, der ein dingliches Recht durch Verbindung verliert, habe ein Wegnahmerecht, und zwar auch dann, wenn er nicht Besitzer der Hauptsache sei. Demnach stünde V ein Wegnahmerecht allein aufgrund des Eigentumsverlusts zu.

II. Wertersatzanspruch als Basis eines Wegnahmerechts

Folgt man der letztgenannten Ansicht und bejaht ein Wegnahmerecht nach § 997 I BGB, so könnte das Wegnahmerecht aber gem. § 997 II BGB ausgeschlossen sein. Dies ist unter anderem dann der Fall, wenn dem Besitzer Wertersatz angeboten wird oder ein Anspruch auf Verwendungsersatz nach § 994 I 2 BGB nicht besteht. Im

Zusammenhang mit § 951 II 2 BGB kommt es nicht auf den Verwendungsersatzanspruch aus § 994 BGB an, sondern auf den Wertersatzanspruch aus § 951 I 1 BGB. Ein Wegnahmerecht soll also nur bestehen, wenn der ursprünglich Berechtigte vom jetzigen Rechtsinhaber für den Rechtsverlust Wertersatz verlangen kann.

III. Ergebnis

Verneint man Ersatzansprüche des V gegen B (s. oben Frage 2 IV.), so hat V konsequenterweise auch kein Wegnahmerecht an den Heizkörpern aus § 951 II 2 iVm § 997 BGB.

Ergänzende Bemerkungen

Zu Frage 2 I.:
Zu unterscheiden sind Rechtsgrund- und Rechtsfolgenverweisungen: Bei einer Rechtsgrundverweisung müssen neben den Voraussetzungen der verweisenden Norm auch die Voraussetzungen der Norm, auf die verwiesen wird, vorliegen. Bei einer Rechtsfolgenverweisung bedarf es hingegen allein der Voraussetzungen der verweisenden Norm. Der Norm, auf die verwiesen wird, ist lediglich die Rechtsfolge zu entnehmen.

Zu Frage 2 III. 1.:
Im Rahmen der Prüfung »Leistung des U« könnte man auch zu einem anderen Ergebnis gelangen: Das Vorliegen einer Leistung ist ausgehend vom objektiven Empfängerhorizont zu beurteilen. Ein objektiver Dritter in der Situation des B könnte den Einbau durchaus als bewusste und zweckgerichtete Mehrung seines Vermögens durch U auffassen, der hierdurch seiner Verpflichtung aus dem Werkvertrag nachkommen wollte. Aus diesem Grund argumentiert eine Ansicht, der Rechtsübergang kraft Gesetzes sei in einem solchen Fall Mittel zum Zweck und werde aus Sicht des B von der Leistungsabsicht des U gesteuert und überlagert. Insofern liege eine Leistung des U an B vor. Eine Wertersatzpflicht des B gegenüber V aus §§ 951 I 1, 812 I 1 Alt. 2 BGB entfalle aus Subsidiaritätsgründen.

Diese Ansicht ist jedoch nicht unproblematisch, da sie – entgegen der hier vertretenen Ansicht – zu unbilligen Ergebnissen führen kann. Ein gesetzlicher Eigentumserwerb ist anders als ein rechtsgeschäftlicher auch im Falle des Abhandenkommens bzw. der Bösgläubigkeit des Erwerbers möglich. Bejaht man in diesen Fällen gleichwohl eine Leistung, wäre dem ehemaligen Eigentümer ein Wertersatzanspruch aus Subsidiaritätsgründen abgeschnitten, was unbillig erscheint. Insofern müsste auch dieser Ansatz einer wertungsmäßigen Korrektur offenstehen.

Fall 14 »Teures Leder«

Sachverhalt

Dem Lederfabrikanten E wird Rohleder im Wert von 25.000 EUR gestohlen. Der mittlerweile unauffindbare Dieb D veräußert dieses für 25.000 EUR an den gutgläubigen G. G liefert das Leder für 35.000 EUR an den gutgläubigen Fabrikanten H, der daraus in seiner Fabrik Handschuhe im Wert von 45.000 EUR fertigt.

Anschließend erfährt E von den Vorgängen. Er wendet sich an G und H und informiert sie über den Diebstahl. G weigert sich, an E »irgendetwas« zu zahlen. Schließlich habe er für das Leder seinerseits 25.000 EUR an D bezahlt. Der Gewinn resultiere überdies aus seiner Geschäftstüchtigkeit, stehe also allein ihm zu. Auch H lehnt eine Zahlung an E ab.

E wendet sich anschließend an einen befreundeten Rechtsanwalt. Er möchte geklärt wissen, ob er von G und H Ersatz des Wertes des Leders und ggf. von G sogar 35.000 EUR verlangen kann.

Das Gutachten des Rechtsanwalts ist zu erstellen.

Abwandlung:
Diesem Geschehen folgt ein weiteres Geschäft zwischen G und H. G liefert Leder aus seiner eigenen Produktion im Wert von 25.000 EUR an H. Da H nicht sofort bezahlen kann, vereinbaren G und H im Kaufvertrag, dass das Eigentum an dem Leder erst nach vollständiger Bezahlung der Kaufpreissumme übergehen soll. Auch wird eine Ermächtigung des H zur Weiterveräußerung vereinbart. Im Gegenzug tritt H im Voraus seine Forderungen gegen künftige Abnehmer an G ab. Außerdem vereinbaren sie folgende Klausel:

> »Das Eigentumsrecht wird auch während der Verarbeitung und nach der Fertigstellung des Endprodukts nicht aufgehoben. Der Käufer darf die erhaltene Ware nur im ordentlichen Geschäftsgang verarbeiten. Während der Verarbeitung setzt sich das Eigentum an den Teilen und am Endprodukt fort. Der Verkäufer erwirbt Eigentumsrechte in Höhe des Wertes der aus seinen Lieferungen stammenden Rohwaren und in Höhe des Verarbeitungswertes.«

Diese zwischen den Parteien individuell vereinbarte Klausel soll nach dem Willen beider Beteiligten dazu dienen, die Forderungen des G aus diesem Kaufvertrag sowie eine weitere Schuld des H bei G iHv 30.000 EUR zu sichern.

Nach Anlieferung erfolgt die Verarbeitung. Die Handschuhe mit einem Wert von 45.000 EUR befinden sich nach wie vor im Lager des H. Weder der Kaufpreis noch die andere Schuld wurden getilgt.

Wer ist Eigentümer der Handschuhe?

Fundstellen/Vertiefungshinweise:
BGHZ 20, 159 = NJW 1956, 788; BGHZ 56, 131 = NJW 1971, 1452; *Müller/Gruber* SachenR Rn. 1817 ff.; *Petersen* JURA 2006, 752; *Medicus/Petersen* BürgerlR Rn. 515 ff.
Vieweg/Werner SachenR § 4 Rn. 59; § 6 Rn. 18 f.; § 8 Rn. 58 ff.; § 11 Rn. 67.

Problemkreise:
- Genehmigung der Verfügung des Nichtberechtigten (G)
- Eigentumserwerb gem. § 950 BGB und sog. Herstellerklausel (G, V)
- Wegfall der Bereicherung bei Kaufpreiszahlung an den Dieb (Sachenrechtsexternes Problem)
- Anwendbarkeit des § 816 BGB neben dem EBV (G)

Besondere Schwierigkeiten:
- Bezüge zum Bereicherungsrecht

Lösungsvorschlag

Interessenlage

Im Ausgangsfall ist E daran gelegen, zumindest Ausgleich für den Verlust des Leders zu bekommen. Vorzugsweise möchte er den von G erzielten Erlös iHv 35.000 EUR herausverlangen. G will zumindest die 25.000 EUR in Anrechnung bringen, die er für das Leder an D gezahlt hat. Für ihn ist es aussichtsreicher, dem E den gezahlten Kaufpreis entgegenzuhalten, da nur geringe Chancen bestehen, den Kaufpreis vom nicht auffindbaren D zurückzuerhalten. Aus eben diesem Grund besteht jedoch auch für E ein praktisches Bedürfnis, auf G als Vertragspartner des D zurückgreifen zu können. Auch H ist daran interessiert, nicht von E in Anspruch genommen zu werden.

In der Abwandlung ist das Interesse des G darauf gerichtet, infolge der getroffenen Vereinbarung Eigentümer der Handschuhe geworden zu sein. Nach Möglichkeit soll ein vorheriger Durchgangserwerb des H vermieden werden, da anderenfalls eine Belastung des Eigentums mit Rechten der Gläubiger des H droht.

Lösung Ausgangsfall

I. Ansprüche E gegen G

1. Anspruch auf Schadensersatz; 25.000 EUR

In Betracht kommen zunächst Ansprüche des E gegen G auf Schadensersatz.

a) Anspruch des E gegen G auf Zahlung von 25.000 EUR gem. §§ 989, 990 I BGB

Infolge der Veräußerung des Leders durch G an H könnte E gegen G einen Schadensersatzanspruch gem. §§ 989, 990 I BGB erlangt haben.

aa) Bestehen einer Vindikationslage im Zeitpunkt der Weiterveräußerung

Im Zeitpunkt der möglichen Verletzungshandlung, also der Veräußerung an H, müsste eine Vindikationslage gem. §§ 985, 986 BGB zwischen E und G bestanden haben.

(1) Eigentum des E im Zeitpunkt der Veräußerung

Ursprünglich war E Eigentümer des Leders. In Betracht käme jedoch ein Eigentumsverlust infolge der Veräußerung des D an G. Zwar haben sich D und G dinglich geeinigt und das Leder wurde auch von D an G übergeben iSd § 929 S. 1 BGB. Ein Erwerb gem. § 929 S. 1 BGB scheitert jedoch an der fehlenden Verfügungsberechtigung des D. Auch ein gutgläubiger Erwerb durch Verfügung des Nichtberechtigten gem. §§ 929 S. 1, 932 I 1 BGB scheidet aus. Eigentümer E hat den unmittelbaren Besitz am Leder ohne seinen Willen verloren, es ist ihm also gem. § 935 I 1 BGB abhandengekommen.

(2) G als Besitzer ohne Besitzrecht

G war unmittelbarer Besitzer (§ 854 I BGB). Aus dem Kaufvertrag mit D stand ihm kein Besitzrecht gegenüber E zu, da der Kaufvertrag lediglich inter partes wirkte (Relativität der Schuldverhältnisse, vgl. Fall 5 I. 3. b) bb)). Auch ein etwaiges Zurückbehaltungsrecht wegen des an D gezahlten Kaufpreises gewährt nach überzeugender Ansicht kein Recht zum Besitz (vgl. hierzu Fall 5 I. 3. b) dd)).

bb) Unmöglichkeit der Herausgabe; § 989 Var. 3 BGB

Durch die Veräußerung des Leders an H ist dem G überdies die Herausgabe unmöglich geworden iSd § 989 Var. 3 BGB. Zu beachten ist, dass Var. 3 keine Unmöglichkeit iSd § 275 I BGB, also ein dauerhaftes subjektives oder objektives Herausgabehindernis voraussetzt. Vielmehr genügt jeder die Vindikation vereitelnde Besitzverlust. Auch die Weggabe der Sache durch G an H im Rahmen der Weiterveräußerung führt zur sog. »Herausgabeunmöglichkeit«, unabhängig davon, ob die Veräußerung wirksam war oder nicht.

cc) Bösgläubigkeit hinsichtlich des Besitzrechts

Allerdings müsste, mangels Rechtshängigkeit gem. § 989 BGB iVm §§ 253 I, 261 I ZPO, G hinsichtlich seines fehlenden Besitzrechts bösgläubig gewesen sein. Es wäre somit erforderlich, dass er bei Besitzerwerb positive Kenntnis oder grob fahrlässige Unkenntnis (§ 990 I 1 BGB) vom Fehlen seines Besitzrechts gehabt hat. Zu einem späteren Zeitpunkt hätte ihm nur noch positive Kenntnis geschadet (§ 990 I 2 BGB). Hier war G jedoch laut Sacherhalt gutgläubig. Ein Schadensersatzanspruch aus §§ 989, 990 I BGB scheidet somit aus.

b) Anspruch des E gegen G auf Zahlung von 25.000 EUR gem. § 823 BGB

Ein Anspruch aus § 823 I BGB und aus § 823 II BGB iVm § 259 StGB scheitert bereits an der Sperrwirkung des EBV, vgl. §§ 992, 993 I Hs. 2 BGB, da der Besitzerwerb des G nicht durch verbotene Eigenmacht oder Straftat erfolgte.

2. Anspruch auf Erlösherausgabe; 35.000 EUR

In Betracht kommt ein Anspruch des E gegen G auf Herausgabe des erzielten Erlöses iHv 35.000 EUR.

a) Anspruch des E gegen G auf Zahlung von 35.000 EUR gem. §§ 687 II, 681 S. 2, 667 BGB

Da sich V bei der Veräußerung des Leders nicht die Führung eines fremden Geschäfts angemaßt, sondern irrtümlich ein fremdes Geschäft als eigenes geführt hat, sind nach § 687 I BGB Ansprüche aus Geschäftsführung ohne Auftrag ausgeschlossen.

b) Anspruch des E gegen G auf Zahlung von 35.000 EUR gem. §§ 985, 285 BGB

Umstritten ist, ob § 285 BGB auf den Herausgabeanspruch aus § 985 BGB anwendbar ist. Der erhaltene Kaufpreis könnte als Ersatz gem. § 285 BGB anzusehen sein. Für die Anwendbarkeit des § 285 BGB auch auf den Herausgabeanspruch aus § 985 BGB spricht, dass es sich bei § 285 BGB um einen allg. Rechtsgedanken handelt, der über das Schuldrecht hinaus auch auf den Anspruch aus § 985 BGB Anwendung finden müsse. Nach der Gegenauffassung ist eine Anwendung des § 285 BGB auf den Anspruch aus § 985 BGB ausgeschlossen. Dafür spricht insbesondere, dass der Gesetzgeber für die Fälle der Herausgabeunmöglichkeit in den §§ 989, 990 BGB eine abschließende, verschuldensabhängige Regelung getroffen hat. Diese droht durch die Anerkennung eines verschuldensunabhängigen Anspruchs aus §§ 985, 285 BGB unterlaufen zu werden.

c) Anspruch des E gegen G auf Zahlung von 35.000 EUR gem. § 816 I 1 BGB

Ein Anspruch aus § 816 I 1 BGB setzt voraus, dass der Anspruchsteller aufgrund der Verfügung eines Nichtberechtigten einen Rechtsverlust erlitten hat. Hier kommt der Verlust des Eigentums an dem Leder durch Weiterveräußerung in Betracht.

aa) Anwendbarkeit neben dem EBV

§ 816 BGB ist nicht von der Sperrwirkung des Eigentümer-Besitzer-Verhältnisses erfasst. Die Ausschlusswirkung der §§ 992, 993 I Hs. 2 BGB erstreckt sich nur auf Ansprüche wegen Nutzungs- und Schadensersatz. Dementsprechend bleiben Bereicherungsansprüche, die einen Ausgleich für den Verlust des Eigentums gewähren, wie bspw. § 816 I 1 BGB, anwendbar. Insbesondere stellt die Weiterveräußerung keine Nutzung iSd §§ 993 I Hs. 2, 100 BGB dar.

bb) Voraussetzungen des § 816 I 1 BGB

(1) Entgeltliche Verfügung eines Nichtberechtigten

Die Veräußerung an H stellt eine Verfügung des nichtberechtigten G dar. Sie erfolgte zur Erfüllung der Übereignungspflicht aus dem Kaufvertrag (§ 433 I 1 BGB), einem Schuldverhältnis, das einen Gegenleistungsanspruch vorsieht (§ 433 II BGB). Somit war sie entgeltlich (arg. § 816 I 2 BGB).

(2) Wirksamkeit der Verfügung gegenüber dem Berechtigten

Die Verfügung müsste auch dem berechtigten E gegenüber wirksam sein. Zwar ist von einer dinglichen Einigung zwischen G und H sowie der Übergabe gem. § 929 S. 1 BGB auszugehen, allerdings scheitert die Übereignung gem. § 929 S. 1 BGB an der fehlenden Berechtigung des G. Dem gutgläubigen Erwerb gem. §§ 929 S. 1, 932 I 1 BGB steht abermals das Abhandenkommen gem. § 935 I 1 BGB entgegen (vgl. oben Ausgangsfall A. I. 1. a) aa) (1)). Die Verfügung wäre somit nicht wirksam gewesen.

(a) Möglichkeit der Genehmigung

Der Berechtigte kann aber eine ihm gegenüber nicht wirksame Verfügung wirksam werden lassen, indem er sie gem. § 185 II 1 Var. 1 BGB genehmigt, ihr also nachträglich zustimmt. In diesem Fall ist sie als von Anfang an wirksam zu behandeln (§ 184 I BGB). Eine Genehmigung ist indes bisher noch nicht erfolgt.

(b) Ausschluss der Genehmigung infolge eines Eigentumserwerbs des H

Möglicherweise kann E die Genehmigung inzwischen auch gar nicht mehr wirksam erteilen. Hier könnte ein zwischenzeitlicher Eigentumserwerb des H entgegenstehen, mit der Folge, dass E seine Verfügungsbefugnis und mit ihr auch die »Befugnis« zur Genehmigung (vgl. § 185 II 1 Var. 1 BGB: »der Berechtigte«) verloren hätte.

(aa) Eigentumsverlust an H gem. § 950 I BGB

In Betracht kommt ein Eigentumsverlust an H infolge dessen Weiterverarbeitung des Leders zu Handschuhen. Nach § 950 I BGB erwirbt derjenige, der durch Verarbeitung (oder Umbildung bzw. Oberflächenbearbeitung – vgl. § 950 I 2 BGB) eine neue bewegliche Sache herstellt, das Eigentum an der neuen Sache, sofern nicht der Wert der Verarbeitung erheblich geringer ist als der Wert des Stoffes.

(α) Verarbeitung, neue bewegliche Sache, kein wesentlich geringerer Wert

Das Zerschneiden und Zusammenfügen in neuer Form stellt eine Verarbeitung dar. Die Sache ist neu, wenn das Produkt eine höhere Verarbeitungsstufe als der Ausgangsstoff aufweist. Dies wird anhand verschiedener Indizien beurteilt. Für eine neue Sache sprechen unter anderem ein anderer Name, eine andere Form und eine andere Funktion. Neben einer Namensänderung (»Handschuhe« gegenüber »Leder«) liegt hier auch eine erhebliche Form- und Funktionsänderung vor. Somit ist durch Verarbeitung eine neue Sache hergestellt worden. Schließlich dürfte die Verarbeitung keinen wesentlich geringeren Wert als der Ausgangsstoff haben. Der Wert der Verarbeitung ist die Differenz zwischen dem Wert der neuen Sache und dem Wert des Ausgangsstoffes. Hier beträgt der Wert der Verarbeitung 45.000 EUR (Wert der Handschuhe) – 25.000 EUR (Wert des Leders), also 20.000 EUR. Als wesentlich geringer wird der Wert der Verarbeitung regelmäßig dann angesehen, wenn er weniger als 60% des Ausgangsstoffwertes beträgt, also ab einem Wertverhältnis von 100 (Ausgangsstoff) zu weniger als 60 (Verarbeitung). Hier liegt jedoch bei der Relation 25.000 EUR zu 20.000 EUR ein Werteverhältnis von 100 zu 80 vor. Der Verarbeitungswert beträgt also 80% des Ausgangsstoffwertes. Somit ist der Wert der Verarbeitung nicht wesentlich geringer.

(β) H als Hersteller iSd § 950 I BGB

Hersteller ist derjenige, in dessen Namen und wirtschaftlichem Interesse die Verarbeitung nach der Verkehrsanschauung erfolgt. Hier fertigte H die Handschuhe. In seinem Namen und Interesse wurde das Leder zu Handschuhen umgearbeitet. Nach der Verkehrsanschauung ist somit H Hersteller iSd § 950 I BGB.

(γ) Zwischenergebnis

H hat infolge der Verarbeitung gem. § 950 I BGB Eigentum an den Handschuhen erworben.

(bb) Auswirkungen auf die Möglichkeit der Genehmigung durch E

E hat somit jedenfalls durch die Verarbeitung sein Eigentum und damit die Verfügungsbefugnis verloren, ist also nicht mehr Berechtigter iSd § 185 II 1 Var. 1 BGB. Gleichwohl lässt der BGH auch in dieser Situation eine Genehmigung des ursprünglich Berechtigten zu. Der ursprüngliche Eigentümer kann demnach zu einem beliebigen Zeitpunkt genehmigen, selbst wenn er wegen eines anderen, späteren Sachverhalts zwischenzeitlich das Eigentum aus anderen Gründen verloren hat. Dem Verfügenden G dürfe nicht die aus seiner Sicht zufällige Verarbeitung des veräußerten

Gegenstandes zugutekommen. Vielmehr sei der Berechtigte in gleicher Weise schutzwürdig, wie wenn die Sache zerstört oder unauffindbar wäre. In diesen Fällen ist anerkannt, dass eine Genehmigung noch nachträglich wirksam erklärt werden kann. Schließt man sich dieser Auffassung an, so könnte E die Verfügung des G an H nachträglich genehmigen. Die Folge wäre, dass die Verfügung des G ex tunc wirksam geworden wäre.

(3) Zwischenergebnis

Genehmigt E die Verfügung gem. § 185 II 1 Var. 1 BGB, kann er von G gem. § 816 I 1 BGB kondizieren.

cc) Gegenstand und Umfang des Bereicherungsanspruchs

(1) Herausgabe des Erlangten

Gegenstand des Bereicherungsanspruchs aus § 816 I 1 BGB ist das durch die Verfügung Erlangte. Überwiegend wird hierunter der tatsächlich erhaltene Erlös des Nichtberechtigten verstanden. Dieses Verständnis lege bereits der Wortlaut nahe. Zudem spreche § 816 I 2 BGB, der einen Durchgriff gegen den Erwerber nur dann ermöglicht, wenn die Verfügung unentgeltlich erfolgt, also das Kausalverhältnis keine Gegenleistung vorsieht, für diese Auslegung: Wäre der objektive Wert und nicht der erhaltene Erlös herauszugeben, hätte es dieser Ausnahme nicht bedurft, da der Berechtigte auch in diesem Fall den objektiven Wert vom nichtberechtigt Verfügenden kondizieren könnte. Allein die Gefahr, dass der Berechtigte bei unentgeltlichen Verfügungen »leer ausgeht«, rechtfertigt den Durchgriff gegen den Erwerber. Folglich setzt diese Norm voraus, dass der tatsächlich erhaltene Erlös herauszugeben ist. Nach der Gegenansicht ist – wie nach § 812 I 1 Alt. 2 iVm § 818 II BGB – der objektive Wert herauszugeben. Hierfür wird angeführt, dass das Bereicherungsrecht lediglich dem Ausgleich rechtsgrundlos erfolgter Vermögensverschiebungen dienen soll, nicht hingegen eine Besserstellung des Kondiktionsgläubigers beabsichtige. Zudem erlange der Nichtberechtigte durch die Verfügung nur die Befreiung von seiner Pflicht zur Übereignung aus dem zugrundeliegenden Kausalverhältnis (§ 362 BGB). Diese Schuldbefreiung könne nicht in natura herausgegeben werden, vielmehr sei deren objektiver Wert zu ersetzen (§ 818 II BGB). Der Wert der Befreiung von der Übereignungspflicht entspreche indes dem objektiven Wert der Sache.

Hier beträgt der Wert des Leders 25.000 EUR, der erzielte Veräußerungserlös des G hingegen 35.000 EUR. Aufgrund der Differenz kann eine Streitentscheidung nicht dahinstehen. Für die überwiegende Ansicht spricht neben den oben angegebenen Argumenten insbesondere, dass der Kondiktionsgläubiger auch das Risiko tragen muss, dass der Kondiktionsschuldner einen Erlös erzielt, der hinter dem Wert zurückbleibt (§ 818 III BGB). Somit ist es auch billig, ihm einen etwaigen Mehrerlös zuzusprechen.

Nach der hier vertretenen Auffassung ist der Kondiktionsanspruch des E auf den gesamten Erlös, also 35.000 EUR gerichtet.

(2) Wegfall der Bereicherung gem. § 818 III BGB

G beruft sich gegenüber dem Herausgabeverlangen des E auf die Zahlung von 25.000 EUR an D. Er macht also den Einwand der Entreicherung (§ 818 III BGB) geltend.

Indes ist der gezahlte Kaufpreis kein Vermögensnachteil, der im Vertrauen auf die Beständigkeit des rechtsgrundlosen Erwerbs eingetreten ist und stellt daher keine Entreicherung iSd § 818 III BGB dar. Dafür spricht auch folgende Überlegung: Wäre das Leder noch vorhanden gewesen, so hätte es E gem. § 985 BGB von G vindizieren können. Hierbei hätte G den gezahlten Kaufpreis auch nicht als Verwendung iSv §§ 994 ff. BGB entgegenhalten können. Für den Anspruch aus § 816 I 1 BGB, der als Rechtsfortwirkungsanspruch an die Stelle der Vindikation getreten ist, muss dasselbe gelten. Auch ist G die Inanspruchnahme seines Vormannes, hier des D, eher zuzumuten als E; schließlich hat sich G den D als seinen Vertragspartner ausgesucht und muss daher auch das Risiko einer möglicherweise erfolglosen Rückabwicklung tragen.

dd) Ergebnis

Genehmigt E die Verfügung des G an H, kann er von G gem. § 816 I 1 BGB 35.000 EUR kondizieren.

3. Ergebnis zu I.

Genehmigt E, kann er von G 35.000 EUR kondizieren. Schadensersatzansprüche, die ohnehin nur auf Ersatz des Wertes (25.000 EUR) gerichtet wären, kann er hingegen nicht geltend machen.

II. Ansprüche E gegen H

1. Ansprüche aus GoA, §§ 989, 990 I BGB sowie § 823 BGB

Ansprüche aus GoA scheitern an der fehlenden Anmaßung eines fremden Geschäfts bei der Verarbeitung des Leders: Genehmigt E die Verfügung, war H im Zeitpunkt der Verarbeitung selbst Eigentümer, es würde also an der »Fremdheit« des Geschäfts fehlen. Sieht E von einer Genehmigung ab, fehlt es zumindest an einer Anmaßung.

Auch ein Schadensersatzanspruch aus §§ 989, 990 I BGB muss ausscheiden: Genehmigt E die Verfügung des G an H, so fehlt es bereits an dem Bestehen einer Vindikationslage im Zeitpunkt der Verarbeitung als einzig denkbare Verletzungshandlung. Genehmigt E die Verfügung hingegen nicht, so bestünde zwar eine Vindikationslage (insbesondere verschafft der Kaufvertrag mit G dem H kein Recht zum Besitz gegenüber E – Relativität der Schuldverhältnisse – und auch ein etwaiges Zurückbehaltungsrecht ist nicht als Recht zum Besitz einzustufen, s. oben Ausgangsfall I. 1. a) aa) (2)). Allerdings fehlt es an der Bösgläubigkeit des H gem. § 990 I BGB.

Schadensersatzansprüche aus § 823 BGB scheitern überdies an der Sperrwirkung des Eigentümer-Besitzer-Verhältnisses (vgl. hierzu bereits oben Ausgangsfall I. 1. b)).

2. Anspruch auf Zahlung von 25.000 EUR gem. § 951 I iVm §§ 812 I 1 Alt. 2, 818 II BGB

Allerdings käme ein Anspruch des E gegen H auf Zahlung von 25.000 EUR gem. § 951 I iVm §§ 812 I 1 Alt. 2, 818 II BGB in Betracht.

a) Rechtsverlust gem. § 950 BGB

Voraussetzung wäre ein Rechtsverlust des E gem. § 950 BGB. Somit kann dieser Anspruch nur bestehen, wenn E von einer Genehmigung der Verfügung absieht. Nur in diesem Fall führt die Verarbeitung zu einem Eigentumsverlust des E. Zudem ist H richtiger Anspruchsgegner (s. oben Ausgangsfall I. 2. c) bb) (2) (b) (aa)).

b) Voraussetzungen des § 812 I 1 Alt. 2 BGB

aa) In sonstiger Weise erlangt – Ausschluss infolge von Subsidiarität

§ 951 I BGB ist eine Rechtsgrundverweisung (vgl. Fall 13 Frage 2 I.). Der Eigentumserwerb erfolgte hier nicht durch Leistung des G, sondern durch Verarbeitung. Durch diese wurde auch in den Zuweisungsgehalt des Eigentums des E »in sonstiger Weise« eingegriffen, da diesem nach § 903 BGB alle Nutzungsmöglichkeiten zustehen, die sich aus dem Eigentum an einer Sache ergeben.

Fraglich ist jedoch, ob aus dem Grundsatz der Subsidiarität ein Ausschluss der Eingriffskondiktion gem. § 812 I 1 Alt. 2 BGB folgt. In diesem Zusammenhang ist zu prüfen, ob aus Wertungsgründen die Nichtleistungskondiktion gesperrt ist (vgl. zu diesem Vorgehen Fall 13 Frage 2 III. 1.). Dies wäre der Fall, wenn H das Eigentum am Leder auch durch Leistung des G hätte erlangen können. Hier ist jedoch zu beachten, dass der gutgläubige Erwerb gem. §§ 929 S. 1, 932 I 1 BGB aufgrund des Abhandenkommens ausgeschlossen war (s. oben Ausgangsfall I. 1. a) aa) (1)). Somit ist die Direktkondiktion des E gegen H auch nicht aus Subsidiaritätsgründen gesperrt.

bb) Rechtgrundlosigkeit

Wie sich aus § 951 BGB ergibt, stellt § 950 BGB – anders als der entgeltliche, gutgläubige Erwerb gem. §§ 932 ff. BGB (vgl. § 816 I 1 BGB) – gerade keinen Rechtsgrund für den Eigentumserwerb dar.

cc) Gegenstand und Umfang des Kondiktionsanspruchs

H hat folglich gem. § 818 II BGB Wertersatz iHv 25.000 EUR zu leisten. Auf den Einwand der Entreicherung (§ 818 III BGB) kann er sich nicht berufen, da er die Kaufpreiszahlung auch einem Herausgabeanspruch des E im Vorfeld der Verarbeitung aus § 985 BGB wegen der Relativität der Schuldverhältnisse nicht hätte entgegenhalten können. Aus diesem Grund ist dieser Einwand auch hinsichtlich des Rechtsfortwirkungsanspruchs des § 951 I BGB ausgeschlossen.

3. Ergebnis zu II.

Nur falls E die Verfügung des G an H nicht genehmigt, steht ihm gegen H ein Anspruch auf Wertersatz iHv 25.000 EUR gem. § 951 I iVm §§ 812 I 1 Alt. 2, 818 II BGB zu.

III. Endergebnis des Ausgangsfalls

Genehmigt E die Verfügung des G an H, so steht ihm allein gegen G ein Anspruch zu, der – nach der hier vertretenen Ansicht – jedoch auf Herausgabe der 35.000 EUR gerichtet ist. Sieht E von einer Genehmigung ab, steht ihm gegen G kein Anspruch zu. Von H kann er jedoch Wertersatz iHv 25.000 EUR verlangen.

Lösung Abwandlung

G könnte Eigentümer der Handschuhe geworden sein.

I. Eigentumslage am Leder

Ursprünglich war G Eigentümer des Leders. Dieses könnte er jedoch durch Übereignung an H verloren haben. Hier erfolgte die dingliche Einigung gem. § 929 S. 1 BGB allerdings nur aufschiebend bedingt durch die vollständige Kaufpreiszahlung des H (§ 158 I BGB), was zumindest aus der Auslegungsregel des § 449 I BGB folgt. Mangels Bedingungseintritt scheidet ein Eigentumserwerb des H gem. § 929 S. 1 BGB aus.

II. Änderung der Eigentumslage infolge der Verarbeitung

Infolge der Verarbeitung entstand eine neue bewegliche Sache. Zudem war der Wert der Verarbeitung nicht wesentlich geringer als der des Ausgangsstoffs (vgl. Ausgangsfall I. 2. c) bb) (2) (b) (aa)). Folglich liegen die Voraussetzungen des § 950 I BGB vor. Ohne weitere Vereinbarungen wäre aus Verkehrssicht erneut H Hersteller und somit Eigentümer geworden. Etwas anderes könnte sich aus der vereinbarten »Herstellerklausel« ergeben.

1. Zulässigkeit und Wirkung von Herstellerklauseln

Die rechtliche Zulässigkeit von Herstellerklauseln ist anerkannt. Umstritten ist jedoch deren Wirkung.

a) Eine Ansicht: Keine Abbedingung des § 950 I BGB – Antizipierte Sicherungsübereignung

Zum Teil wird eine Parteivereinbarung darüber, wer Hersteller einer Sache iSd § 950 I BGB sein soll, ebenso wie der vereinbarte Ausschluss der Wirkungen des § 950 BGB, für unwirksam erachtet. § 950 BGB sei eine zwingende Vorschrift und könne nicht abbedungen werden. Dies folge schon aus der systematischen Stellung der Vorschrift im Gesetz. Will somit ein Dritter – hier also G – Eigentum an verarbeiteten Sachen erlangen, so sei dies nur mittels Übereignung durch H möglich. Herstellerklauseln seien somit als antizipierte – also der Verarbeitung vorausgehende – Einigung über die Übereignung der verarbeiteten Sachen zur Sicherung der Forderungen des G gegen H auszulegen. Da hier die Handschuhe nach der Verarbeitung bis zur Weiterveräußerung bei H verbleiben sollen, scheitert die Übergabe gem. § 929 S. 1 BGB am fehlenden vollständigen Besitzverlust des H. Vielmehr vollzieht sich die Übereignung gem. §§ 929 S. 1, 930 BGB. Das – ebenfalls vorweggenommene – Besitzmittlungsverhältnis gem. §§ 930, 868 BGB ist in der Herstellerklausel enthalten. Diese antizipierte Sicherungsübereignung wird jedoch erst wirksam, sobald der H infolge Verarbeitung gem. § 950 I BGB Eigentümer und somit verfügungsbefugt geworden ist. Hiernach vollzieht sich die Übereignung der Handschuhe mittels Durchgangserwerbs.

b) Andere Ansicht: § 950 BGB als dispositive Regelung

Andere Stimmen halten § 950 BGB für dispositiv. Wenn der in § 950 BGB vorausgesetzte Interessenkonflikt zwischen Eigentümer und Hersteller bereits durch Vereinbarung gelöst sei, bedürfe es einer Anwendung dieser Vorschrift nicht mehr. Hiernach würde sich das (Vorbehalts-)Eigentum des G an den Handschuhen fortsetzen.

c) BGH: Herstellerklausel als Vereinbarung über die Herstellereigenschaft

Der BGH hält eine vertragliche Bestimmung über die Person des Herstellers iSd § 950 BGB für möglich. Zwar könnten die Parteien nicht völlig frei bestimmen, wer als Hersteller anzusehen sei. Allerdings könnten sie ihre vertraglichen Beziehungen so regeln, dass eine Partei als Hersteller anzusehen ist. Eine solche Vereinbarung ist allerdings nur dann wirksam, wenn die als Hersteller vereinbarte Partei auch nach dem Standpunkt eines objektiven, mit den Verhältnissen vertrauten Beurteilers als Hersteller anzusehen ist, weil sie das wirtschaftliche Risiko der Herstellung trägt. Dies wird insbesondere angenommen, wenn eine Partei die für die Herstellung erforderlichen Ausgangsstoffe unter Eigentumsvorbehalt liefert. G ist hiernach als Hersteller gem. § 950 I BGB anzusehen.

d) Stellungnahme

Die erste Ansicht entspricht dem Grundverständnis dinglicher Rechte als absolute Rechte. Allerdings droht in der juristischen Sekunde des Durchgangserwerbs des H eine Eigentumsbelastung mit gesetzlichen Pfandrechten. Die Position von (Rohstoff-)Lieferanten wäre somit sehr unsicher und deren Eigentumsvorbehalte mit Herstellerklauseln oftmals wirtschaftlich wertlos. Das hierdurch entstehende Misstrauen der Lieferanten gegenüber der Bonität von Herstellern ließe eine wesentliche Beeinträchtigung der Leichtigkeit des Wirtschaftsverkehrs befürchten. Somit ist diese dogmatisch saubere Lösung in der Praxis ungeeignet. Die zweite Ansicht sichert den Lieferanten zwar gegen eine Belastung ab, stellt jedoch einen Verstoß gegen den numerus clausus des Sachenrechts dar und ist somit ebenfalls abzulehnen. Vorzugswürdig ist die Auffassung des BGH, die mit den Grundprinzipien des Sachenrechts im Einklang steht und zugleich den wirtschaftlichen Interessen der Beteiligten Rechnung trägt.

2. Rechtsfolge

Durch die Herstellerklausel hat G Sicherungseigentum an den Handschuhen erlangt. Dieses steht somit unter dem auflösenden Vorbehalt der vollständigen Forderungstilgung durch H. Da die Forderungen des G aus dem Rohstoffgeschäft (25.000 EUR) und aus einem weiteren Geschäft (30.000 EUR) den Wert der Handschuhe (45.000 EUR) übersteigen, ist G vollumfänglich Eigentümer geworden. H hat zu diesem Zeitpunkt keinen Eigentumsbruchteil erlangt.

III. Ergebnis Abwandlung

G ist Eigentümer der Handschuhe geworden.

Ergänzende Bemerkungen

Zu Ausgangsfall I. 2. c) bb) (2) (a):
Eine Genehmigung würde nicht dazu führen, dass die Verfügung des G nunmehr zu einer Verfügung eines Berechtigten würde. Die Genehmigung bewirkt nur, dass die Verfügung dem Berechtigten gegenüber wirksam wird!

Zu Ausgangsfall I. 2. c) dd):
Fordert E von G 35.000 EUR, ist dies regelmäßig als Genehmigung der Verfügung des G zu verstehen, weil E nur auf diesem Weg einen Anspruch gegen G auf Herausgabe des Erlöses begründen kann.

Zu Ausgangsfall I. 3.:
Zu beachten ist, dass eine Genehmigung nicht zu einem Entfallen der Vindikationslage im Zeitpunkt der Weiterveräußerung von G an H führen würde. Vielmehr hat der BGH klargestellt, dass Ansprüche aus § 816 BGB und §§ 989, 990 I BGB nebeneinander stehen können: Die Genehmigung dient lediglich dazu, den Eigentumserwerb des Dritten zu ermöglichen, beseitigt aber nicht den rechtswidrigen Eingriff im Verhältnis des Nichtberechtigten zum Berechtigten (vgl. hierzu BGHZ 32, 53 = NJW 1960, 860). Hier kommt es darauf aber nicht an, weil der Schadensersatzanspruch bereits an der fehlenden Bösgläubigkeit scheitert. Anders ist dies bspw. in Fall 16.

Fall 15 »Beuys' Fettecke«

Sachverhalt

Das Land Nordrhein-Westfalen (L) überlässt dem Künstler Josef Beuys im Rahmen der »Freien Internationalen Universität« in Düsseldorf ein Atelier. Ohne Wissen des Landes gestattet Beuys seinem Schüler Johannes S. (S) die Mitbenutzung des Ateliers. Am 28.4. beginnt Beuys eine künstlerische Aktion mit den Worten: »So, Johannes, jetzt mache ich Dir endlich Deine Fettecke.« Dazu bringt er 5 kg deutsche Markenbutter in 5 m Höhe an einer Ecke des Raumes direkt auf dem Putz an. Die Fettecke ragt ca. 25 cm in den Raum.

Nach dem Tod von Josef Beuys lässt L das Atelier wieder herrichten, um es einer anderen Nutzung zuzuführen. Dabei zerstören Bedienstete des L die Fettecke und werfen sie in einen Abfalleimer. S verlangt nunmehr Schadensersatz für die zerstörte Fettecke iHv 25.000 EUR, was dem Wert eines solchen Kunstwerks entspricht.

Zu Recht?

Fundstellen/Vertiefungshinweise:
LG Düsseldorf NJW 1988, 345; *Wilhelm* SachenR Rn. 1174a; *Müller/Gruber* SachenR Rn. 855 ff., 926 ff., 1817 ff.; *Szerkus* JURA 2017, 520.
Vieweg/Werner SachenR § 4 Rn. 38 ff.; § 6 Rn. 13, 18 ff.; § 8 Rn. 9 ff., 61.

Problemkreise:
- Sachbestandteile iSd §§ 93 ff. BGB (G)
- Eigentumserwerb bei bleibendem Mitbesitz des Veräußerers (G)
- Eigentumserwerb gem. § 950 BGB (G)
- Verhältnis zwischen §§ 987 ff. BGB und §§ 823 ff. BGB (G)

Lösungsvorschlag

Interessenlage

Das Interesse des S besteht darin, Eigentum an der Fettecke erworben zu haben, um wegen ihrer Zerstörung Schadensersatzansprüche gegen L geltend machen zu können. L hingegen möchte keiner Haftung ausgesetzt sein.

Lösung des Falls

I. Anspruch des S gegen L auf Schadensersatz iHv 25.000 EUR gem. §§ 989, 990 I BGB

S könnte gegen L einen Anspruch auf Schadensersatz wegen Zerstörung der Fettecke aus §§ 989, 990 I BGB haben.

1. Vindikationslage gem. §§ 985, 986 BGB

Dazu müsste zunächst zwischen S und L im anspruchsauslösenden Zeitpunkt (Zerstörung der Fettecke) eine Vindikationslage gem. §§ 985, 986 BGB bestanden haben.

a) Eigentum des S an der Fettecke

Josef Beuys war Eigentümer der von ihm zur Fettecke verarbeiteten Butter. Er könnte die Fettecke jedoch an S übertragen haben. Dazu müsste die Fettecke überhaupt Gegenstand isolierter Rechte, also sonderrechtsfähig gewesen sein. Wäre sie als wesentlicher Bestandteil des im Eigentum des L stehenden Grundstücks anzusehen, so wäre L gem. §§ 946, 93, 94 BGB auch Eigentümer der Fettecke geworden.

aa) Sonderrechtsfähigkeit der Fettecke

Die Fettecke war nicht zur Herstellung des Gebäudes eingefügt iSd § 94 II BGB, da das Gebäude auch ohne die Fettecke als fertig gestellt anzusehen ist. Vielmehr war die Fettecke nur zu einem vorübergehenden Zweck in das Gebäude eingefügt und daher lediglich Scheinbestandteil des Gebäudes (§ 95 II BGB). Fügt ein Mieter oder Pächter, der nur ein zeitlich begrenztes Nutzungsrecht an einem Gebäude hat, eine Sache in ein Gebäude ein, so ist regelmäßig davon auszugehen, dass die Sache nur zu einem vorübergehenden Zweck iSd § 95 II BGB eingefügt ist. Die Fettecke konnte daher Gegenstand besonderer Rechte sein.

bb) Eigentumserwerb gem. § 929 S. 1 BGB

S könnte nach § 929 S. 1 BGB rechtsgeschäftlich Eigentum an der Fettecke erworben haben.

(1) Einigung

Ein Angebot auf Übertragung des Eigentums erfolgte konkludent mit der Ankündigung von Josef Beuys: »jetzt mache ich Dir endlich Deine Fettecke«; dieses hat S konkludent angenommen.

(2) Übergabe gem. § 929 S. 1 BGB

Da Josef Beuys nach wie vor Mitbesitzer des Raumes und damit auch der darin befindlichen Fettecke war, trat jedoch kein Besitzverlust auf Veräußererseite ein. Eine Übereignung nach § 929 S. 1 BGB scheitert somit bereits an der fehlenden Übergabe.

cc) Eigentumserwerb gem. § 929 S. 1 und 2 BGB

Auch für die Übergabe »kurzer Hand« gem. § 929 S. 2 BGB ist Voraussetzung, dass der Veräußerer jeglichen Besitz an dem Übereignungsgegenstand verliert. Daran fehlt es hier.

dd) Eigentumserwerb gem. §§ 929 S. 1, 930 BGB

Unter Umständen kann in der Einräumung von Mitbesitz die Vereinbarung eines Besitzkonstituts iSd § 930 BGB gesehen werden. Hier liegen jedoch keine Anhaltspunkte für die Vereinbarung eines konkreten Besitzmittlungsverhältnisses iSd § 868 BGB vor.

ee) Eigentumserwerb gem. §§ 929 S. 1, 931 BGB

Auch Anhaltspunkte für das Übergabesurrogat des § 931 BGB fehlen.

ff) Gesetzlicher Eigentumserwerb gem. § 950 BGB

S könnte aber als Hersteller der Fettecke anzusehen sein und wäre dann gem. § 950 I 1 BGB ihr Eigentümer geworden.

(1) Verarbeitung

Durch Verarbeitung von 5 kg Butter ist eine neue bewegliche Sache, die Skulptur Fettecke, hergestellt worden. Auch übersteigt der Wert der Verarbeitung den Wert der verarbeiteten 5 kg Butter um ein Vielfaches.

(2) Person des Herstellers

Fraglich ist aber, ob S auch als Hersteller iSd § 950 I 1 BGB angesehen werden kann. Zwar schuf Josef Beuys die Fettecke »mit seiner Hände Arbeit« und ist daher bei unbefangener Betrachtung als ihr Hersteller anzusehen, doch kommt in seiner Ankündigung »So, Johannes, jetzt mache ich Dir endlich Deine Fettecke« zum Ausdruck, dass Josef Beuys die Fettecke für S herstellen wollte. Diese Äußerung ist daher als eine mündlich erklärte Verarbeitungs- oder Herstellerklausel anzusehen, die von S konkludent angenommen wurde.

Welche rechtlichen Auswirkungen eine solche Parteivereinbarungen hat, ist umstritten (eingehend hierzu Fall 14 Abwandlung II. 1.). Zumindest nach der Rspr. des BGH können die Parteien ihre vertraglichen Beziehungen so regeln, dass eine Partei für einen objektiven Betrachter zum Hersteller wird. Hier folgt aus der Ankündigung von Josef Beuys, dass er die Fettecke für S herstellen wollte. Daher ist S als ihr Hersteller iSd § 950 I 1 BGB anzusehen. Dieser ausdrückliche Parteiwille ist hier umso eher anzuerkennen, als schutzwürdige Interessen Dritter, etwa Sicherungsinteressen von Kreditgebern, nicht berührt werden.

gg) Zwischenergebnis

S ist zwar nicht rechtsgeschäftlich, jedoch gem. § 950 BGB Eigentümer der Fettecke geworden (aA vertretbar; so auch LG Düsseldorf NJW 1988, 345).

b) Besitz des L an der Fettecke

Im Zeitpunkt der Zerstörung war L Besitzer des nach dem Tod von Josef Beuys ungenutzten Ateliers und hatte damit auch die unmittelbare Sachherrschaft (§ 854 BGB) über die dort angebrachte Fettecke.

c) Recht zum Besitz des L

L hatte kein Recht zum Besitz an der Fettecke iSd § 986 BGB. Insbesondere folgt aus seinem Eigentum an dem Atelier kein Recht zum Besitz an der Fettecke; L hätte die Fettecke daher jederzeit an S herausgeben müssen.

2. Untergang der Fettecke gem. § 989 BGB

Durch die Entfernung und die damit einhergehende Zerstörung ist die Fettecke auch untergegangen gem. § 989 Var. 2 BGB.

3. Bösgläubigkeit des L gem. § 990 I 1 BGB

Zudem müsste L bei der ihm zurechenbaren Entfernung der Fettecke bösgläubig hinsichtlich seines mangelnden Besitzrechts an der Fettecke gewesen sein. Bösgläubig ist nach S. 1 derjenige, der bei Besitzerwerb positive Kenntnis oder grob fahrlässige Unkenntnis hinsichtlich seines Besitzrechts hat (vgl. § 932 II BGB, der diesen Begriff für das ganze BGB definiert), wohingegen nach Besitzerwerb nur positive Kenntnis schadet, S. 2.

Bei der Beurteilung, ob L bei Besitzerwerb (dem Zeitpunkt des Todes von Beuys) bösgläubig in diesem Sinne war, muss auf die Organe des L und nicht auf die von L eingesetzten Hilfspersonen – hier das Reinigungspersonal – abgestellt werden.

L wusste, dass das Atelier an Josef Beuys, einen Installationskünstler, vermietet war. L musste also zumindest davon ausgehen, dass sämtliche Gegenstände und »Überreste« seines künstlerischen Schaffens aus der Zeit seines Aufenthalts in dem Atelier in das Eigentum und den Besitz (§ 857 BGB) der Erben des Josef Beuys gefallen waren. Auch wenn L nicht wusste, dass die Fettecke für S hergestellt worden war und daher in dessen Eigentum stand, so handelte L doch jedenfalls grob fahrlässig, wenn es von einem eigenen Besitzrecht ausging (aA gut vertretbar).

4. Verschulden des L gem. § 989 BGB

Darüber hinaus müsste L bei der Zerstörung der Fettecke auch schuldhaft gehandelt haben. Dabei ist L das Verschulden des Reinigungspersonals gem. § 278 BGB zuzurechnen. Wegen § 280 I 2 BGB (der zumindest nach der Rspr. analog auf den § 989 BGB anzuwenden ist) obliegt es L, sein mangelndes Verschulden darzulegen und ggf. zu beweisen. Dies wird ihm hier (wohl) nicht gelingen.

5. Umfang der Schadensersatzpflicht gem. §§ 249 ff. BGB

Schließlich müsste der von S begehrte Schadensersatz auch der Höhe nach begründet sein. Da hier eine Sachbeschädigung in Rede steht, kann S gem. § 249 II 1 BGB den zur Herstellung erforderlichen Geldbetrag verlangen. Mit den Materialkosten für die verarbeiteten 5 kg Butter allein ist S aber nicht gedient: Hier ist die Herstellung der Fettecke vielmehr nicht möglich und nicht genügend, sodass L dem S gem. § 251 I BGB den Wiederbeschaffungswert der Fettecke zu ersetzen hat. Dieser ist entsprechend dem Marktwert einer vergleichbaren Installation mit 25.000 EUR zu bemessen.

6. Ergebnis

S hat gegen L einen Anspruch auf Schadensersatz wegen der Zerstörung der Fettecke aus §§ 989, 990 I 1 BGB (aA vertretbar).

II. Anspruch des S gegen L auf Schadensersatz iHv 25.000 EUR gem. §§ 823 ff. BGB

S könnte außerdem einen Schadensersatzanspruch gegen L aus §§ 823 ff. BGB haben.

1. Anwendbarkeit der §§ 823 ff. BGB bei Vorliegen eines Eigentümer-Besitzer-Verhältnisses

Nach überwiegender Auffassung stellen die §§ 989, 990 BGB nicht nur für den redlichen unverklagten, sondern auch für den bösgläubigen oder verklagten Eigenbesitzer eine abschließende Sonderregelung gegenüber dem Deliktsrecht dar. Dies folgt aus dem Wortlaut des § 993 I Hs. 2 BGB sowie im Umkehrschluss aus § 992 BGB. Bejaht man insofern einen Eigentumserwerb des S (s. oben I. 1. a) gg)), werden Schadensersatzansprüche aus §§ 823 ff. BGB durch die §§ 987–993 BGB verdrängt: L hat den Besitz an der Fettecke weder durch verbotene Eigenmacht (§ 992 Alt. 1 BGB) noch durch eine Straftat erlangt (§ 992 Alt. 2 BGB).

2. Hilfsweise: Ansprüche bei Ablehnung eines Eigentumserwerbs

Lehnt man indes einen Eigentumserwerb des S und damit ein Eigentümer-Besitzer-Verhältnis ganz ab, bleiben die §§ 823 ff. BGB anwendbar.

a) § 823 I BGB

Problematisch erscheint bereits das Vorliegen einer Rechtsgutsverletzung: S war nach dem Tod von Josef Beuys weder Besitzer der Fettecke (zum Besitz als geschütztes Recht vgl. Fall 2 Ergänzende Bemerkungen), noch bestehen Anhaltspunkte für ein Anwartschaftsrecht. Es fehlt daher schon an einer Rechtsgutsverletzung.

b) § 823 II BGB iVm § 303 I StGB

Auch für einen Anspruch gem. § 823 II BGB iVm § 303 I StGB hätte S Eigentum an der Fettecke erworben haben müssen. Hingegen scheidet eine gemeinschädliche Sachbeschädigung an Gegenständen der Kunst gem. § 304 I StGB von vornherein aus, da die Fettecke nicht in einer öffentlich zugänglichen Sammlung oder einem sonst öffentlich zugänglichen Ort aufbewahrt war.

c) § 839 I BGB iVm Art. 34 GG

Schließlich sind Ansprüche gegen L wegen Amtspflichtverletzung ebenfalls nur möglich, wenn S als Eigentümer der Fettecke angesehen wird, da es sonst an dem erforderlichen Vermögensschaden fehlt. S hatte auch keinen schuldrechtlichen Anspruch auf Übereignung, da ein etwaiges Schenkungsversprechen von Josef Beuys wegen §§ 518 I, 125 BGB formnichtig war und auch nicht gem. § 518 II BGB geheilt wurde.

3. Ergebnis

Schadensersatzansprüche aus §§ 823 ff. BGB sind nicht ersichtlich.

III. Endergebnis

Nimmt man einen Eigentumserwerb des S gem. § 950 I 1 BGB an, so hat S einen Anspruch auf Schadensersatz gegen L iHv 25.000 EUR aus §§ 989, 990 I BGB.

Ergänzende Bemerkungen

Zu II.:
An sich wären Amtshaftungsansprüche als Spezialregelungen vor den allgemeinen Deliktsansprüchen aus § 823 I und II BGB zu prüfen. Hier werden diese allerdings deshalb vorgezogen, um die Problematik – losgelöst von der Tatsache, dass im vorliegenden Fall der Staat gehandelt hat – im gewohnten Rahmen darzustellen.

Fall 16 »Der günstige Videorekorder«

Sachverhalt

K betreibt ein Fachgeschäft für Unterhaltungselektronik. Ihm werden mehrere Videorekorder im Wert von insgesamt 15.000 EUR gestohlen. Vertreten durch A, einen sonst äußerst gewissenhaften Angestellten des Großhändlers V, erwirbt V die Rekorder für 5.000 EUR und lässt sie sofort durch A weiterverkaufen. A war der Einkaufspreis für die Videorekorder zwar merkwürdig niedrig erschienen, doch hatte er sich nicht näher für die Herkunft der Videorekorder interessiert. Auch war V angesichts der Größe seines Betriebs nicht in der Lage, sich im Einzelnen um derartige Ein- und Verkäufe zu kümmern.

V hat durch den Verkauf der Videorekorder an verschiedene Endabnehmer einen Erlös von 12.000 EUR erzielt. K, der inzwischen erfahren hat, dass V das Diebesgut aufgekauft und weiterverkauft hat, verlangt nun von V Ersatz für die gestohlenen Rekorder.

Zu Recht?

Fundstellen/Vertiefungshinweise:
BGHZ 32, 53 = NJW 1960, 860; *Baur/Stürner* SachenR § 52 Rn. 25 ff.; *Müller/Gruber* SachenR Rn. 699 ff., 926 ff.; *Wilhelm* SachenR Rn. 1243 ff.
Vieweg/Werner SachenR § 8 Rn. 13, 26 f., 61.

Problemkreise:
- Bösgläubigkeit des Besitzdieners im Eigentümer-Besitzer-Verhältnis (V)
- Verhältnis der §§ 987 ff. BGB zu §§ 823 ff. BGB (G)
- Genehmigung der Verfügung eines Nichtberechtigten gem. § 185 II BGB (G)

Lösungsvorschlag

Interessenlage

K möchte den Wert der gestohlenen und von V weiterveräußerten Videorekorder von V ersetzt bekommen. Aus praktischen Gründen ist es für K Erfolg versprechender, sich unmittelbar an V zu wenden, als sich mit einer Vielzahl von Einzelabnehmern auseinander zu setzen. V ist hingegen daran interessiert, keinerlei Ersatz an K leisten zu müssen, zumal er selbst bereits eine Gegenleistung für die Videorekorder erbracht hat. K solle sich unmittelbar an die Endabnehmer oder an den Dieb halten.

Lösung des Falls

I. Anspruch des K gegen V auf Zahlung von 12.000 EUR gem. §§ 687 II, 681 S. 2, 667 BGB

Da sich V nicht die Führung eines fremden Geschäfts angemaßt, sondern irrtümlich ein fremdes Geschäft als eigenes geführt hat, sind nach § 687 I BGB Ansprüche aus Geschäftsführung ohne Auftrag ausgeschlossen.

II. Anspruch des K gegen V auf Zahlung von 15.000 EUR gem. §§ 989, 990 I BGB

K könnte gegen V einen Anspruch auf Zahlung von 15.000 EUR aus §§ 989, 990 I BGB haben.

1. Vindikationslage gem. §§ 985, 986 BGB

Dafür müsste zunächst im anspruchsauslösenden Zeitpunkt, also zur Zeit der Weiterveräußerung, eine Vindikationslage zwischen K und V vorgelegen haben, dh K müsste Eigentümer und V Besitzer ohne Recht zum Besitz gewesen sein.

a) Eigentum des K

Ursprünglich war K Eigentümer der Videorekorder. Da ihm die Rekorder abhanden gekommen sind, hat er sein Eigentum weder an V noch an die Endabnehmer verloren (§ 935 I 1 BGB). Die Videorekorder stehen daher nach wie vor im Eigentum des K.

b) Besitz des V

Zur Zeit des Weiterverkaufs war V auch Besitzer; ihm ist die Sachherrschaft seines Angestellten A als Besitzdiener iSd § 855 BGB zuzurechnen.

c) Kein Recht zum Besitz gem. § 986 BGB

Aus dem zwischen V (vertreten durch A gem. §§ 164 ff. BGB) und dem Dieb geschlossenen Kaufvertrag kann V kein Recht zum Besitz gegenüber K herleiten (Relativität der Schuldverhältnisse, vgl. Fall 5 I. 3. b) bb)).

2. Bösgläubigkeit bzgl. des mangelnden Besitzrechts, § 990 I BGB

Ferner müsste V hinsichtlich seines mangelnden Besitzrechts bei Besitzerwerb auch bösgläubig gewesen sein. Schädlich wären somit positive Kenntnis und grob fahrlässige Unkenntnis. Nach Besitzerwerb würde ihm hingegen nur positive Kenntnis schaden; § 990 I 2 (vgl. hierzu Fall 15 I. 3.).

a) Eigene Bösgläubigkeit des V

V durfte davon ausgehen, dass er die durch seinen bislang stets zuverlässigen Angestellten A eingekauften Geräte zu Eigentum erworben hatte und ihm daher auch ein Besitzrecht zustand. Da er den Mangel seines Besitzrechts weder kannte noch grob fahrlässig nicht kannte, war er selbst nicht bösgläubig iSd §§ 990 I 1, 932 II BGB.

b) Zurechnung der Bösgläubigkeit des A

Möglicherweise muss sich V aber die Bösgläubigkeit seines Angestellten und Besitzdieners A zurechnen lassen.

aa) Bösgläubigkeit des A

Grds. bestehen zwar keine generellen Nachforschungspflichten, doch können konkrete Umstände des Einzelfalles besondere Verdachtsgründe erzeugen, die zu einer Erkundigung verpflichten und Bösgläubigkeit begründen. Hier musste A wegen des niedrigen Preises damit rechnen, dass es sich bei den Videorekordern um Diebesgut handelte und er aus diesem Grund für V weder Eigentum noch ein Besitzrecht erwerben konnte. Da A trotz des ungewöhnlich niedrigen Einkaufspreises keinen Herkunftsnachweis verlangte, ist A daher zumindest grob fahrlässige Unkenntnis (§§ 990 I 1, 932 II BGB) hinsichtlich des mangelnden Besitzrechts zur Last zu legen.

bb) Zurechenbarkeit der Bösgläubigkeit des Besitzdieners

Schließlich müsste die Bösgläubigkeit des A dem V zuzurechnen sein. Im Ergebnis ist unstreitig, dass die Bösgläubigkeit eines Besitzdieners (§ 855 BGB) dem Besitzherrn im Rahmen des § 990 I BGB zuzurechnen ist; offen ist allerdings noch, auf welcher Rechtsgrundlage und in welchem Umfang diese Zurechnung erfolgen soll.

Ein Teil der Literatur spricht sich dafür aus, § 831 BGB analog anzuwenden, da die §§ 989, 990 I BGB eine Sonderregelung mit zumindest quasi-deliktischem Charakter darstellten. Hierfür spricht, dass der Besitzherr außerhalb des Eigentümer-Besitzer-Verhältnisses auch nur gem. § 831 BGB für seinen Gehilfen einstehen muss und nicht einzusehen ist, warum er nach dem Besitzerwerb die Exkulpationsmöglichkeit des § 831 BGB verlieren soll.

Die Rechtsprechung wendet gegen diesen Lösungsweg überzeugend ein, dass es hier nicht um die Haftung für fremdes Verhalten, sondern um die Zurechnung von Bewusstseinsinhalten gehe. Hierfür sei die Regelung des § 166 I BGB sachgerechter. § 166 BGB enthalte den allgemeinen Rechtsgedanken, dass derjenige, der einen anderen mit der eigenverantwortlichen Erledigung von Angelegenheiten betraut (sog. vertreterähnliche Stellung), sich das in diesem Rahmen erlangte Wissen zurechnen lassen müsse.

cc) Zwischenergebnis

V muss sich die Bösgläubigkeit des A analog § 166 I BGB zurechnen lassen. Dass A bisher ein äußerst gewissenhafter Angestellter war, ist ohne Belang, da im Rahmen des § 166 BGB eine Exkulpation nicht möglich ist (aA vertretbar).

3. Unmöglichkeit der Herausgabe

Indem V die Videorekorder weiterveräußerte, hat er es sich unmöglich gemacht, die Videorekorder an K herauszugeben (zur Herausgabeunmöglichkeit, vgl. Fall 14 Ausgangsfall I. 1. a) bb)).

4. Verschulden

V hat die Herausgabe der Videorekorder durch die Veräußerung an die Endabnehmer schuldhaft unmöglich gemacht, § 276 I 1 BGB, da er sich das Verschulden seines Angestellten A nach § 278 BGB zurechnen lassen muss.

5. Schaden

Der dem K entstandene Schaden besteht in Höhe des objektiven Werts der Videorekorder (15.000 EUR).

6. Ergebnis

K hat einen Anspruch gegen V auf Schadensersatz iHv 15.000 EUR aus §§ 989, 990 I 1 BGB.

III. Anspruch des K gegen V auf Schadensersatz iHv 15.000 EUR gem. § 823 I BGB

§ 823 I BGB müsste neben dem Eigentümer-Besitzer-Verhältnis anwendbar sein. Nach verbreiteter Auffassung schließen §§ 987 ff. BGB eine deliktische Haftung des redlichen unverklagten, wie auch des bösgläubigen oder verklagten Eigenbesitzers aus (vgl. § 993 I Hs. 2 BGB und – im Umkehrschluss – § 992 BGB). Etwas anderes gilt für den bösgläubigen oder verklagten Besitzer nur dann, wenn ein Fall des § 992 BGB vorliegt. § 992 Alt. 1 BGB scheidet aus, da gegen K zwar verbotene Eigenmacht iSd § 858 I BGB verübt wurde, allerdings allein vom Dieb und nicht von A. Auch eine Besitzerlangung durch eine Straftat (§ 992 Alt. 2) liegt nicht vor: Eine allein in Betracht kommende Hehlerei (§ 259 StGB) scheitert am mangelnden Vorsatz des A.

IV. Anspruch K gegen V auf Zahlung von 12.000 EUR gem. §§ 985, 285 BGB

Nach vorzugswürdiger Ansicht ist § 285 BGB nicht auf den Herausgabeanspruch aus § 985 BGB anwendbar (vgl. hierzu Fall 14 Ausgangsfall I. 2. b)).

V. Anspruch K gegen V auf Zahlung von 12.000 EUR gem. § 816 I 1 BGB

K könnte aber einen Anspruch gegen V aus § 816 I 1 BGB haben.

1. Anwendbarkeit

§ 816 I 1 BGB bleibt von den Regelungen des Eigentümer-Besitzer-Verhältnisses unberührt, da § 993 I Hs. 2 BGB lediglich Ansprüche wegen Nutzungs- und Schadensersatz ausschließt. Dementsprechend bleiben Bereicherungsansprüche, die einen Ausgleich für den Verlust des Eigentums gewähren, wie bspw. § 816 I 1 BGB, anwendbar. Insbesondere stellt die Weiterveräußerung keine Nutzung iSd §§ 993 I Hs. 2, 100 BGB dar.

2. Entgeltliche Verfügung eines Nichtberechtigten

Bei der Weiterveräußerung der Videorekorder handelte V als Nichtberechtigter, da K das Eigentum an den Rekordern nicht an V verloren hatte. Die Verfügung geschah auch entgeltlich (arg. § 816 I 2 BGB).

3. Dem Berechtigten gegenüber wirksam

Wegen § 935 I 1 BGB konnten aber auch die Endabnehmer kein Eigentum an den Rekordern erwerben. Die Verfügungen waren dem berechtigten K gegenüber daher nicht wirksam. Durch sein Ersatzverlangen könnte K die Verfügung aber konkludent genehmigt haben (§ 185 II 1 Alt. 1 BGB). Sollte man dies verneinen, dann wäre eine solche Genehmigung zumindest noch möglich.

4. Gegenstand und Umfang des Bereicherungsanspruchs

§ 816 I 1 BGB gewährt einen Anspruch auf das durch die Verfügung Erlangte. Herauszugeben ist nach überwiegender Auffassung der Erlös (nach aA der Wert der Verbindlichkeit, von der Befreiung erlangt wurde, dh der Wert der Sache selbst), und zwar auch dann, wenn er niedriger als der Verkehrswert sein sollte. Das Bereicherungsrecht schöpft die Bereicherung ab, führt aber nicht zu einer Schadenskompensation. K kann von V gem. § 816 I 1 BGB daher nur den Erlös iHv 12.000 EUR, nicht aber den Verkehrswert iHv 15.000 EUR herausverlangen (vgl. hierzu Fall 14 Ausgangsfall I. 2. c) cc) (1)).

5. Ergebnis

Geht man von einer Genehmigung aus, hat K einen Anspruch gegen V auf Herausgabe von 12.000 EUR aus § 816 I 1 BGB.

VI. Ergebnis

K kann einen Schadensersatzanspruch gem. §§ 989, 990 I BGB iHv 15.000 EUR gegen V geltend machen. Der Anspruch auf Herausgabe aus § 816 I 1 BGB beläuft sich hingegen nur auf 12.000 EUR.

Ergänzende Bemerkungen

Zum Aufbau:
Hier wurde ein von Fall 14 abweichender Aufbau gewählt. Eine Untergliederung in Schadensersatzansprüche und Ansprüche auf Erlösherausgabe wäre gleichwohl zulässig gewesen.

Zu II. 1. a):

Der gutgläubige Erwerb durch V und durch die Endabnehmer scheitert daran, dass die Videorekorder dem K abhandengekommen sind (§ 935 I BGB). Allerdings wird leicht übersehen, dass § 935 I BGB nicht auf Geld anwendbar ist (§ 935 II BGB). Diese Einschränkung dient dem Verkehrsschutz. Sie wird eng ausgelegt: Mit »Geld« sind nur offizielle Zahlungsmittel gemeint. Sammlermünzen sind nach BGH NJW 2013, 2888 auch dann nicht Geld iSd § 935 II BGB, wenn sie als Zahlungsmittel zugelassen sind (hier: südafrikanischer Krügerrand).

Zu V. 3.:

Gegen eine konkludente Genehmigung könnte sprechen, dass der Anspruch aus § 816 I 1 BGB nach der hier vertretenen Ansicht lediglich auf 12.000 EUR gerichtet ist. Die Genehmigung hat indes keine Schlechterstellung des K zur Folge, da sie nicht zu einem Entfallen des Anspruchs aus §§ 989, 990 I BGB führt (vgl. hierzu Fall 14 Ergänzende Bemerkungen). Aus diesem Grund ist die Auslegung als Genehmigung möglich, da sie K eine weitere Anspruchsgrundlage verschafft.

Fall 17 »Die kostenlose Autoreparatur«

Sachverhalt

V hat an K ein Kraftfahrzeug unter Eigentumsvorbehalt verkauft und übergeben. Nach den Allgemeinen Geschäftsbedingungen des V ist K bis zur vollständigen Bezahlung des Fahrzeugs verpflichtet, das Fahrzeug in ordnungsgemäßem Zustand zu erhalten und erforderliche Reparaturen sogleich vorzunehmen. Als K nach einiger Zeit einen Unfall verursacht, bei dem der Wagen beschädigt wird, beauftragt er B mit der Reparatur. Noch bevor K das reparierte Fahrzeug abholen kann, wird er insolvent. Da K die noch ausstehenden Raten nicht bezahlt, tritt V nach erfolgter Fristsetzung vom Kaufvertrag zurück und verlangt nun von B das Fahrzeug heraus. B weigert sich. Zumindest solle ihm V den Werklohn für die Reparatur erstatten.

Zu Recht?

Fundstellen/Vertiefungshinweise:
BGHZ 34, 122 = NJW 1961, 499; BGHZ 34, 153 = NJW 1961, 502; *Müller/Gruber* SachenR Rn. 661 ff., 2388 ff.; *Medicus/Petersen* BürgerlR Rn. 587 ff.; *Alexander* JuS 2014, 1; *K. Schmidt* NJW 2014, 1; *Schreiber* JURA 1995, 497.
Vieweg/Werner SachenR § 7 Rn. 23; § 8 Rn. 5, 32 ff., 45 ff.; § 10 Rn. 31 ff.

Problemkreise:
- Eigentümer-Besitzer-Verhältnis und der nicht mehr berechtigte Besitzer (G)
- Unternehmerpfandrecht an bestellerfremden Sachen (Sachenrechtsexternes Problem)
- Gutgläubiger Erwerb eines Unternehmerpfandrechts (V)
- Wirkung von Zurückbehaltungsrechten gegenüber § 985 BGB (V)
- Verwendungsersatz des für einen Dritten besitzenden Fremdbesitzers (V)

Besondere Schwierigkeiten:
- Bezüge zum Werkvertragsrecht

Lösungsvorschlag

Interessenlage

V ist daran interessiert, sein Fahrzeug ohne Zahlungsverpflichtungen zurückzuerlangen. B hingegen möchte das Fahrzeug nur gegen Begleichung der Reparaturkosten herausgeben, da der Besteller K zahlungsunfähig ist und der Reparaturaufwand auch dem V als Eigentümer des Fahrzeugs zugute kommt.

Lösung des Falls

I. Vertraglicher Herausgabeanspruch des V gegen B

Da der Reparaturvertrag zwischen K und B zustande kam, bestand zwischen V und B keine vertragliche Beziehung, aus der sich eine schuldrechtliche Herausgabepflicht ergeben könnte.

II. Herausgabeanspruch des V gegen B aus § 985 BGB

In Betracht kommt aber ein dinglicher Herausgabeanspruch des V aus § 985 BGB.

1. Eigentum des V

Da sich V das Eigentum bis zur vollständigen Begleichung seiner Kaufpreisforderung vorbehalten hatte (§§ 929 S. 1, 158 I BGB; hierzu eingehend Fall 24) und K seiner Zahlungspflicht nicht nachgekommen ist, hat er sein Eigentum an dem Fahrzeug nicht an K verloren.

2. Besitz des B

B ist Besitzer des Fahrzeugs.

3. Kein Recht zum Besitz gem. § 986 BGB

B könnte jedoch ein Recht zum Besitz iSd § 986 BGB zustehen.

a) Eigenes Besitzrecht gem. § 986 I 1 Alt. 1 BGB aufgrund eines Unternehmerpfandrechts gem. § 647 BGB

In Betracht kommt ein eigenes Besitzrecht gem. § 986 I 1 Alt. 1 BGB aufgrund eines Unternehmerpfandrechts gem. § 647 BGB. Dazu müsste B Inhaber eines Pfandrechts an dem Kraftfahrzeug des V geworden sein.

aa) Erwerb gem. § 647 BGB

Gemäß § 647 BGB erwirbt der Unternehmer zur Sicherung seiner Forderungen aus dem Werkvertrag ein gesetzliches Pfandrecht (§ 1257 BGB) an den bei ihm eingebrachten Sachen des Bestellers. Hier gehörte das Fahrzeug aber nicht K, sondern V. B konnte daher kein Unternehmerpfandrecht vom Berechtigten gem. § 647 BGB erwerben.

Denkbar wäre aber, dass ein Pfandrecht an dem Anwartschaftsrecht des K auf Eigentumserwerb entstanden ist. Hieraus kann B aber jedenfalls deshalb kein Recht zum Besitz gegenüber V herleiten, weil das Anwartschaftsrecht durch den Rücktritt des V erloschen ist und daher auch ein ggf. daran vorher entstandenes Pfandrecht erloschen ist.

bb) Einwilligung in die das Pfandrecht begründende Situation analog § 185 I BGB

Allerdings war K gegenüber V berechtigt und verpflichtet, die an dem Fahrzeug erforderlichen Reparaturen vornehmen zu lassen. Hieraus folgern Stimmen in der Literatur, der Eigentümer habe in die Begründung einer Situation eingewilligt, in der das Werkunternehmerpfandrecht nach § 647 BGB kraft Gesetzes entstehe. Analog § 185 I BGB habe V in den Erwerb eines Pfandrechts eingewilligt.

Der BGH und Teile des Schrifttums haben sich dieser Auffassung nicht angeschlossen: Mit dieser Konstruktion werde der Eigentümer ohne sein Zutun zur Zahlung der Reparaturkosten verpflichtet, da er sonst sein Fahrzeug nicht auslösen könne. Dies bedeute sowohl einen unzulässigen Vertrag zulasten Dritter als auch eine dem BGB fremde Verpflichtungsermächtigung.

cc) Gutgläubiger Erwerb des Unternehmerpfandrechts

Denkbar ist aber, dass B das Pfandrecht gutgläubig vom nichtberechtigten K erworben hat. Ob ein solcher gutgläubiger Erwerb eines gesetzlichen Pfandrechts überhaupt möglich ist, ist umstritten.

(1) Unmittelbare Anwendbarkeit

Weder § 647 BGB noch § 1257 BGB gestatten einen gutgläubigen Erwerb: § 647 BGB kennt nur die Pfandrechtsbestellung an Sachen des Bestellers, also vom Berechtigten. § 1257 BGB bezieht sich ausdrücklich nur auf die kraft Gesetzes bereits »entstandenen« Pfandrechte. Damit scheidet eine unmittelbare Anwendung des § 1207 BGB, der den gutgläubigen Erwerb bei rechtsgeschäftlicher Pfandrechtsbestellung regelt, auf den Erwerb gesetzlicher Pfandrechte aus.

(2) Analoge Anwendung

Denkbar ist aber eine analoge Anwendung des § 1207 BGB auf gesetzliche Pfandrechte. Dafür spricht, dass das Unternehmerpfandrecht ebenso wie das rechtsgeschäftlich begründete Pfandrecht ein Besitzpfandrecht darstellt, bei welchem dem Pfandgläubiger der unmittelbare Besitz an der Pfandsache eingeräumt wird. Auch ist der Unternehmer hier genauso schutzwürdig wie der vertragliche Pfandgläubiger. Überdies zeigt schon die Regelung des § 366 III HGB, dass der gutgläubige Erwerb gesetzlicher Besitzpfandrechte unserer Privatrechtsordnung keineswegs völlig fremd ist.

Gegen eine analoge Anwendung des § 1207 BGB kann aber eingewendet werden, dass gesetzliche Pfandrechte, wie hier das Unternehmerpfandrecht, allein aufgrund tatsächlicher Vorgänge und unabhängig vom Parteiwillen zur Entstehung gelangen; dabei kann die Gut- oder Bösgläubigkeit einer Vertragspartei typischerweise nicht bedeutsam werden. Außerdem handelt es sich bei § 366 III HGB um eine nicht analogiefähige Sonderregel des Handelsrechts (aA vertretbar).

dd) Zwischenergebnis

Ein Unternehmerpfandrecht als eigenes Besitzrecht gem. § 986 I 1 Alt. 1 BGB scheidet nach der hier vertretenen Ansicht aus.

b) Abgeleitetes Besitzrecht gem. § 986 I 1 Alt. 2 BGB

Zwar vermittelt der Werkvertrag mit K dem B gegenüber V kein eigenes obligatorisches Recht zum Besitz gem. § 986 I 1 Alt. 1 BGB (Relativität der Schuldverhältnisse). In Betracht käme jedoch ein von K abgeleitetes Besitzrecht gem. § 986 I 1 Alt. 2 BGB. Tatsächlich hat K dem B durch die Übergabe des Fahrzeugs zur Reparatur den unmittelbaren Besitz daran eingeräumt. Da dies im Rahmen eines Werkvertrags erfolgte, der die Voraussetzungen eines Besitzmittlungsverhältnisses gem. § 868 BGB erfüllt (hinreichend konkret, Besitzrecht des B auf Zeit und dessen Fremdbesitzerwille), war K auch mittelbarer Besitzer iSd Alt. 2. Überdies war K zu diesem Zeitpunkt – aufgrund des Kaufvertrags – dem V gegenüber selbst zum Besitz berechtigt und infolge der vertraglichen Vereinbarung, sofort Reparaturen an dem Fahrzeug durchführen zu lassen, auch zur Überlassung an B berechtigt (sog. »Besitzrechtsbrücke«, vgl. Fall 28 Ergänzende Bemerkungen)

Dieses von K abgeleitete Besitzrecht stand dem B allerdings nur solange zu, wie K seinerseits ein Recht zum Besitz gegenüber V innehatte. Das Besitzrecht des K gegenüber V erlosch jedoch nachträglich mit dem Rücktritt des V von dem Kaufvertrag (§§ 449 II, 323 I BGB).

c) Zurückbehaltungsrechte als eigenes Recht zum Besitz gem. § 986 I 1 Alt. 1 BGB

Zumeist wird angenommen, dass ein Zurückbehaltungsrecht gem. § 273 BGB kein Recht zum Besitz gewährt. Die Rechtsprechung sieht es zwar als Recht zum Besitz an, begründet damit aber nur eine Verurteilung Zug um Zug. Stützt man die Zurückbehaltung auf § 1000 BGB, kann gegen ein Recht zum Besitz überdies angeführt werden, dass ansonsten mit Vornahme der ersten Verwendung iSd § 994 BGB die Vindikationslage entfiele (»Teufelskreisargument«).

d) Zwischenergebnis

B steht gegen V kein Recht zum Besitz zu (aA vertretbar).

4. Zurückbehaltungsrechte des B

Dem Herausgabeanspruch des V könnten jedoch Zurückbehaltungsrechte des B aus §§ 273, 1000 BGB entgegenstehen.

a) Zurückbehaltungsrecht gem. § 273 II iVm §§ 683 S. 1, 670 BGB

Für einen Anspruch auf Aufwendungsersatz nach den Regeln der Geschäftsführung ohne Auftrag bedarf es eines Fremdgeschäftsführungswillens. Daran fehlt es hier, da B ausschließlich zur Erfüllung seiner eigenen vertraglichen Verpflichtung gegenüber K tätig wurde.

b) Zurückbehaltungsrecht gem. § 273 II iVm § 994 I 1 BGB

Das Zurückbehaltungsrecht nach § 273 II BGB besteht nur wegen eines fälligen Gegenanspruchs. Die in Betracht kommenden Verwendungsersatzansprüche aus

§§ 994 ff. BGB werden jedoch erst unter den Voraussetzungen der §§ 1001, 1002 BGB fällig, woran es hier fehlt.

c) Zurückbehaltungsrecht gem. § 1000 S. 1 iVm § 994 I 1 BGB

Ein Zurückbehaltungsrecht des B könnte sich aber aus § 1000 S. 1 iVm § 994 I 1 BGB ergeben.

aa) Eigentümer-Besitzer-Verhältnis zwischen V und B

Ansprüche aus dem Eigentümer-Besitzer-Verhältnis gem. §§ 987 ff. BGB bestehen nur, wenn im Zeitpunkt der anspruchsbegründenden Handlung eine Vindikationslage iSd §§ 985, 986 BGB bestand. Als B das Fahrzeug reparierte, verfügte er allerdings über ein von K abgeleitetes Besitzrecht (§ 986 I 1 Alt. 2 BGB; hierzu schon oben II. 3. b)) und war somit berechtigter Besitzer. Dieses Besitzrecht ist erst mit dem später erklärten Rücktritt des V erloschen. B ist daher ein nicht mehr berechtigter Besitzer.

Ob auch die Verwendungen des nicht mehr berechtigten Besitzers gem. §§ 994 ff. BGB ersatzfähig sind, ist umstritten. Während im Schrifttum vielfach vertreten wird, dass dies kein Fall eines Eigentümer-Besitzer-Verhältnisses sei, da die §§ 987 ff. BGB schon den unberechtigten Erwerb der Sache voraussetzten, hält es der BGH ausnahmsweise bei den Verwendungsersatzansprüchen für ausreichend, dass erst im Zeitpunkt des Herausgabeanspruchs kein Besitzrecht mehr besteht. Hierfür spricht, dass der ehemals Berechtigte in Bezug auf seine Verwendungen nicht schlechter stehen darf als der von Anfang unberechtigte Besitzer, dem § 1000 BGB zweifellos zugutekommt. Schließt man sich dieser Ansicht an, ist wie folgt weiter zu prüfen:

bb) Notwendige Verwendungen iSd § 994 I 1 BGB

Die Reparatur kam unmittelbar dem Fahrzeug zugute und diente der Wiederherstellung des durch den Unfall beschädigten Kraftfahrzeugs. Bei der Reparatur handelte es sich daher um eine notwendige Verwendung iSd § 994 I 1 BGB.

cc) Verwender iSd § 1000 BGB

Schließlich müsste B auch als Verwender iSd § 1000 BGB anzusehen sein. So wird im Schrifttum zT vertreten, dass nur derjenige als Verwender anzusehen ist, der die Verwendung auf eigene Rechnung veranlasst. Dies wäre hier K und nicht B. Die Rechtsprechung hat sich diesem Verständnis jedoch nicht angeschlossen. Vielmehr sei auch derjenige Verwender, der hierzu von einem Dritten beauftragt worden ist. Ein schuldrechtlicher Vertrag wirke nur zwischen den Parteien und könne nicht sachenrechtliche Beziehungen zu Dritten gestalten. Nach dieser Auffassung steht der zwischen B und K geschlossene Werkvertrag der Annahme einer Verwendung durch den Werkunternehmer nicht entgegen.

5. Ergebnis

B kann dem Herausgabeanspruch des E aus § 985 BGB ein Zurückbehaltungsrecht gem. § 1000 S. 1 iVm § 994 I 1 BGB entgegenhalten; er ist daher nur Zug um Zug gegen Vergütung der Reparaturkosten zur Herausgabe verpflichtet.

Ergänzende Bemerkungen

Die hier vorgestellte Lösung des Falls orientiert sich am Lösungsweg des BGH. Auch auf anderem Weg kann man dem Bedürfnis des B nach einem Gegenrecht gegen den Herausgabeanspruch Rechnung tragen. Zu diesem Ergebnis kann man genauso über eine analoge Anwendung des § 185 BGB oder des § 1207 BGB gelangen. Gleichermaßen vertretbar ist es aber, dem B jeden Schutz zu versagen und das Zahlungsrisiko ihm allein zuzuweisen.

Zu II. 4. c) bb):
Eine Verwendung iSd § 994 BGB ist jedes freiwillige Vermögensopfer, das einer Sache zugutekommt, indem es sie erhält, wiederherstellt oder verbessert. Notwendig ist eine solche Verwendung, wenn sie zur Erhaltung oder ordnungsgemäßen Bewirtschaftung der Sache objektiv erforderlich ist.

Die unter II. 3. a) cc) (1) und (2) dargestellte BGH-Rechtsprechung, die einem gutgläubigen Erwerb gesetzlicher Pfandrechte entgegensteht, hatte zur Folge, dass in die Allgemeinen Geschäftsbedingungen von Werkunternehmern häufig Klauseln, die eine rechtsgeschäftliche Pfandrechtsbestellung vorsehen, aufgenommen werden. Auf diesem Wege soll ein Pfandrechtserwerb an bestellerfremden Sachen gem. §§ 1204, 1205, 1207, 932 I 1 BGB ermöglicht werden. In diesen Fällen kann bezweifelt werden, ob der Werkunternehmer überhaupt gutgläubig iSv § 932 II BGB ist, da diese Klausel nur in den Fällen zum Pfandrechtserwerb »benötigt« wird, in denen der Besteller nicht Eigentümer der Sache ist. Der BGH hat gleichwohl den Erwerb aufgrund einer ein Pfandrecht vermittelnden Pfandklausel als möglich angesehen. Dies ist vor allem deshalb bemerkenswert, weil die Anforderungen an den Rechtserwerb auf diese Weise niedriger angesetzt werden als beim gutgläubigen Eigentumserwerb, wo das Unterlassen des Vorzeigenlassens der Zulassungsbescheinigung Teil II als grob fahrlässig bewertet wird (BGHZ 68, 323 = NJW 1977, 1240).

Fall 18 »Opas Rennrad«

Sachverhalt

Der 17-jährige E leiht sich am 15.3. mit Einverständnis seiner Eltern von seinem Opa O dessen Fahrrad, um damit am Wochenende Zeitungen auszutragen. Der strenge O weist seinen Enkel an, mit dem guten alten Stück sorgsam umzugehen. E solle es am 1.5. zurückgeben.

Schon bald fällt E auf, dass die Gangschaltung nicht funktioniert. Nachdem er sich am 5.5. wieder einmal darüber ärgert, dass er nicht schnell genug mit dem Fahrrad fahren kann, sieht er sich die Gangschaltung näher an und stellt erfreut fest, dass er sie mit geringem Aufwand reparieren kann. Nach gelungener Reparatur beschließt er, das Fahrrad für sich zu behalten. Dabei vergisst er aus grober Unachtsamkeit die Vereinbarung mit O. Bereits am 30.4. sind die Eltern des E zu einer 14-tägigen Urlaubsreise aufgebrochen, sodass sie von der Reparatur der Gangschaltung keine Kenntnis haben.

Am 10.5. verwendet E das Fahrrad – wie so häufig seit der Reparatur – zu einem »Downhill-Rennen« mit seinen Freunden, also zu Wettfahrten, die vornehmlich auf stark abschüssigen, unbefestigten Schotterpisten ausgetragen werden. Hierbei verliert er, aufgrund der fehlenden Federung und der ungeeigneten Bereifung des alten Herrenrads, auf einem holprigen Abschnitt die Kontrolle über das Fahrrad. Er stürzt derart schwer, dass das Fahrrad vollständig zerstört wird. O ist hierüber wenig erfreut. Er fordert von seinem Enkel Schadensersatz wegen des zerstörten Fahrrads.

Ist E dem O gegenüber zum Ersatz des Schadens verpflichtet?

Abwandlung:
Wie wäre der Fall zu lösen, wenn E das Fahrrad erst zum 1.7. hätte zurückgeben müssen?

Fundstellen/Vertiefungshinweise:
BGHZ 31, 129 = NJW 1960, 192; BGHZ 55, 128 = NJW 1971, 608; *Müller/Gruber* SachenR Rn. 675 ff., 694 ff.
Vieweg/Werner SachenR § 8 Rn. 14, 15, 61.

Problemkreise:
- Minderjährigenschutz und EBV (V)
- Aufschwingen zum Eigenbesitzer als Zeitpunkt des Besitzerwerbs (V)

Besondere Schwierigkeiten:
- Bezüge zum Allgemeinen Teil: Minderjährigenschutz

Lösungsvorschlag

Interessenlage

Der O hat ein Interesse daran, Schadensersatz für die Zerstörung seines Fahrrads zu erhalten. Dem steht das Interesse des E gegenüber, hierfür nicht haften zu müssen.

Lösung Ausgangsfall

I. Anspruch des O gegen E auf Schadensersatz aus §§ 280 I, III, 283 iVm § 604 I BGB

O könnte gegen E einen Anspruch auf Ersatz seines Schadens wegen der Zerstörung des Fahrrads aus §§ 280 I, III, 283 iVm § 604 I BGB haben.

1. Nachträgliche Unmöglichkeit einer Leistungspflicht aus dem Schuldverhältnis

O und E haben einen Leihvertrag (§ 598 BGB) geschlossen, der durch die Einwilligung der Eltern gem. § 107 BGB wirksam zustande gekommen ist. Ein Schuldverhältnis iSd § 280 I 1 BGB ist somit gegeben.

Für einen Anspruch gerichtet auf Schadensersatz statt der Leistung gem. §§ 280 I, III, 283 BGB wäre zudem erforderlich, dass eine Leistungspflicht nachträglich unmöglich geworden ist. Durch die Zerstörung des Fahrrads ist die Verpflichtung des E zur Rückgabe gem. § 604 I BGB nachträglich unmöglich geworden, da es sich bei dem Fahrrad um eine Stückschuld handelt (§ 275 I BGB). Dies stellt die Pflichtverletzung iSd § 280 I 1 BGB dar.

2. Vertretenmüssen

E müsste die Unmöglichkeit der Herausgabe zu vertreten haben. Entscheidend ist, ob er den zur Unmöglichkeit führenden, vertragswidrigen Gebrauch zu vertreten hat. E war hinsichtlich des vertragswidrigen Gebrauchs einsichts- und handlungsfähig iSv §§ 276 I 2, 828 III BGB, da er zum Zeitpunkt der Reparatur und des Gebrauchs fast volljährig war. Von ihm konnte erwartet werden, die Gefährlichkeit der Zweckentfremdung als »Downhill«-Rad einzusehen und nach dieser Einsicht zu handeln.

Gemäß § 276 I 1 BGB hat E Vorsatz und Fahrlässigkeit zu vertreten. E hat durch sein Verhalten die im Verkehr erforderliche Sorgfalt außer Acht gelassen, sodass er die Vermutung des § 280 I 2 BGB nicht widerlegen kann.

3. Zwischenergebnis

O hat gegen E einen Anspruch auf Ersatz des ihm entstandenen Schadens aus §§ 280 I, III, 283 iVm § 604 I BGB.

II. Anspruch des O gegen E auf Schadensersatz aus §§ 989, 990 I BGB

O könnte gegen E einen Anspruch auf Ersatz seines Schadens wegen der Zerstörung des Fahrrads aus §§ 989, 990 I BGB haben.

1. Vindikationslage

Im Zeitpunkt des schädigenden Ereignisses müsste eine Vindikationslage gem. §§ 985, 986 BGB zwischen O und E bestanden haben. Zur Zeit des schädigenden »Downhill-Rennens« war O Eigentümer und E unmittelbarer Besitzer des Fahrrads. Ein Recht des E zum Besitz ergibt sich nicht aus dem zwischen E und O geschlossenen Leihvertrag, da dieser vereinbarungsgemäß am 1.5. endete. Ab diesem Zeitpunkt war kein Besitzrecht mehr gegeben.

2. Bösgläubigkeit

Des Weiteren müsste E hinsichtlich seines fehlenden Besitzrechts bösgläubig gewesen sein (§ 990 I BGB). Positive Kenntnis hatten weder E noch seine Eltern. In Betracht kommt allein grob fahrlässige Unkenntnis. Diese ist indes nur bei Besitzerwerb schädlich (§ 990 I 1 BGB). Dabei stellen sich hier zwei Fragen: Erstens ist zu klären, was unter »Besitzerwerb« iSd § 990 I BGB zu verstehen ist. Denkbar ist, darunter den Zeitpunkt zu verstehen, zu dem der Besitzer erstmals überhaupt Besitz erlangt hat (hier also der 15.3.). Aber man könnte auch auf den Zeitpunkt abstellen, in dem sich ein Fremdbesitzer eigenmächtig unter Überschreitung des zuvor bestehenden Rechts zum Besitz zur Weiterbenutzung entschließt, sich also zum Eigenbesitzer »aufschwingt« (hier also der 5.5.). Zweitens ist zu entscheiden, ob hierbei auf E selbst abgestellt werden kann oder auf dessen Eltern.

a) Zeitpunkt des Besitzerwerbs

Eine im Schrifttum vertretene Ansicht stellt auf die erstmalige Erlangung des Fremdbesitzes ab. Das »Aufschwingen« zum Eigenbesitzer sei schon nach dem natürlichen Sprachgebrauch kein Besitzerwerb. Wer die tatsächliche Herrschaftsmacht bereits innehabe, könne nicht erneut Besitz an derselben Sache begründen, unabhängig davon, ob er für einen anderen oder für sich selbst besitze. Danach ist hier auf den Zeitpunkt der Erlangung des Fremdbesitzes, also die Überlassung des Fahrrads am 15.3., abzustellen. Zu diesem Zeitpunkt bestand allerdings schon keine Vindikationslage, da O aus dem Leihvertrag zum Besitz berechtigt war. Daher konnte O auch nicht bösgläubig in Bezug auf das Nichtbestehen eines Besitzrechts sein.

Nach Ansicht der Rspr. kommt es hingegen auf den Zeitpunkt der Erlangung des Eigenbesitzes an. Das Aufschwingen vom Fremd- zum Eigenbesitzer stelle einen neuen Besitzerwerb dar. Der Eigenbesitz sei gegenüber dem Fremdbesitz ein »aliud«, sodass es sich um zwei verschiedene Besitzformen handele. Für diese Ansicht spricht, dass nach dem Willen des Gesetzgebers die §§ 987 ff. BGB auf die Erlangung des Eigenbesitzes zugeschnitten sind. Es ist daher überzeugend, in der Begründung des Eigenbesitzes einen neuen Besitzerwerb zu sehen.

Folgt man dieser Ansicht, ist hier der relevante Zeitpunkt die Begründung von Eigenbesitz durch E an dem Rad, also der 5.5. Zu diesem Zeitpunkt bestand kein Recht zum Besitz mehr. Folglich würde bereits Bösgläubigkeit gem. § 990 I 1 BGB hinsichtlich seiner Nichtberechtigung ausreichen, also auch grob fahrlässige Unkenntnis des mangelnden Rechts zum Besitz (zum Maßstab des guten Glaubens im Rahmen des § 990 BGB vgl. Fall 15 I. 3.).

b) Maßgebliche Person

Allerdings ist fraglich, ob hinsichtlich der Bösgläubigkeit überhaupt auf den E selbst oder vielmehr auf seine gesetzlichen Vertreter, hier die Eltern des E, abzustellen ist.

aa) Gesetzliche Vertreter des Minderjährigen, § 166 I BGB analog

Nach einer Ansicht soll sich die Bösgläubigkeit eines Minderjährigen analog § 166 I BGB mit Blick auf die gesetzlichen Vertreter entscheiden. Dies wird mit einem dadurch gewährleisteten umfassenden Minderjährigenschutz begründet. Das Besitzrecht ergebe sich in der Regel aus einem Schuldverhältnis, sodass auch nur derjenige, der beurteile, ob das Schuldverhältnis wirksam sei, bösgläubig sein könne. Demzufolge wäre hier entscheidend, ob die Eltern des E (§§ 1626 I, 1629 I BGB) bösgläubig waren. Diese befanden sich jedoch seit dem 30.4. im Urlaub und hatten keine positive Kenntnis davon, dass ihr Sohn, entgegen der Vereinbarung mit O, das Fahrrad weiterhin in Besitz hatte. Grob fahrlässige Unkenntnis der Eltern könnte allenfalls damit begründet werden, dass sie E nicht ohne jegliche Aufsicht hätten zuhause lassen dürfen. Sollte man bei einem 17-Jährigen darin überhaupt eine Sorgfaltspflichtverletzung erblicken, so überschreitet sie jedoch keinesfalls die Schwelle zur groben Fahrlässigkeit. Folgt man dieser Ansicht, läge keine Bösgläubigkeit vor.

bb) Einsichtsfähiger Minderjähriger, §§ 827, 828 BGB analog

Eine andere Ansicht stellt analog §§ 827, 828 BGB auf die Einsichtsfähigkeit des Minderjährigen selbst ab. Zur Begründung wird angeführt, dass es sich bei § 990 I BGB um einen gesetzlichen Haftungstatbestand handele, der dem Deliktsrecht näher stehe als dem Vertragsrecht. Dieser Ansicht zufolge müsste E nach seiner individuellen Verstandesentwicklung fähig gewesen sein, das Fehlen seines Besitzrechts zu erkennen. Im Regelfall ist bei einem 17-Jährigen wie dem E davon auszugehen, dass er in der Lage ist zu begreifen, dass er nach Ablauf der Leihzeit nicht mehr zum Besitz der Leihsache berechtigt ist. Auch hatte E aus grober Unachtsamkeit die mahnenden Worte seines Großvaters bereits vergessen. Dies ist als Außerachtlassen der im Verkehr erforderlichen Sorgfalt in besonders grobem Maße zu werten. Dieser Ansicht zufolge ist E bösgläubig.

cc) Differenzierung nach Art der Besitzerlangung

Eine weitere Ansicht differenziert nach der Art der Besitzerlangung. Habe der Minderjährige den Besitz auf rechtsgeschäftsähnliche Weise erlangt, so sei analog § 166 I BGB auf den gesetzlichen Vertreter abzustellen; sei der Besitz in deliktsähnlicher Weise erlangt, müssten §§ 827, 828 BGB analog angewendet werden. E hat den unmittelbaren Fremdbesitz am Fahrrad aufgrund des Leihvertrags und damit rechtsgeschäftsähnlich erlangt. Im Aufschwingen zum Eigenbesitzer ist jedoch ein erneuter Besitzerwerb zu sehen (s. oben II. 2. a)), der deliktsähnliche Züge aufweist. Analog §§ 827, 828 III BGB wäre nach dieser Meinung daher auf die Einsichtsfähigkeit des E abzustellen. Dieser war einsichtsfähig und verkannte sein fehlendes Besitzrecht zumindest in grob fahrlässiger Weise (s. oben II. 2. b) bb)). Nach dieser Ansicht ist E ebenfalls bösgläubig.

dd) Stellungnahme

Für die letztgenannte Ansicht spricht, dass sie nach der Art der Besitzerlangung differenziert. Dies entspricht der Wertung nach auch dem Minderjährigenschutz im Rahmen der verschärften Haftung im Bereicherungsrecht, §§ 818 IV, 819 BGB.

3. Untergang

Die Herausgabe des Fahrrads ist wegen dessen Zerstörung nicht mehr möglich.

4. Verschulden

E müsste die Zerstörung des Fahrrads verschuldet haben. Dazu müsste er verschuldensfähig sein. Dies ist er dann, wenn er zum Zeitpunkt des schädigenden Ereignisses einsichts- und handlungsfähig war, §§ 276 I 2, 828 III BGB. Zum Zeitpunkt der Verwendung zu »Downhill-Rennen« war E 17 Jahre alt. Von einem Jugendlichen kurz vor Erreichen der Volljährigkeit ist zu erwarten, dass er in der Lage ist, die Gefährlichkeit einzusehen und nach dieser Einsicht zu handeln. E war somit verschuldensfähig.

Gemäß § 276 I 1 BGB hat E Vorsatz und Fahrlässigkeit zu vertreten. Indem E ein ungefedertes Herrenrad zu riskanten »Downhill-Rennen« verwendete, ließ er die im Verkehr erforderliche Sorgfalt außer Acht und handelte daher fahrlässig.

5. Zwischenergebnis

O hat gegen E einen Anspruch auf Ersatz des ihm entstandenen Schadens gem. §§ 989, 990 I BGB.

III. Anspruch des O gegen E auf Schadensersatz aus § 823 I BGB

§ 823 I BGB müsste neben dem Eigentümer-Besitzer-Verhältnis anwendbar sein. Nach verbreiteter Auffassung schließen §§ 987 ff. BGB eine deliktische Haftung des redlichen unverklagten, wie auch des bösgläubigen oder verklagten Eigenbesitzers aus (vgl. § 993 I Hs. 2 BGB und – im Umkehrschluss – § 992 BGB). Etwas anderes gilt für den bösgläubigen (wie E) oder verklagten Besitzer nur dann, wenn ein Fall des § 992 BGB vorliegt. Hier scheidet § 992 Alt. 1 BGB aus, da O dem E den unmittelbaren Besitz freiwillig überlassen hat und somit keine schuldhafte verbotene Eigenmacht verübt wurde, § 858 I BGB. Auch § 992 Alt. 2 BGB ist nicht gegeben, da sich E mangels Vorsatzes keiner Unterschlagung, § 246 StGB, strafbar gemacht hat. O hat gegen E keinen Anspruch aus § 823 I BGB.

IV. Ergebnis Ausgangsfall

O hat gegen E einen Anspruch auf Ersatz des entstandenen Schadens gem. §§ 280 I, III, 283 iVm § 604 I BGB und §§ 989, 990 I BGB. Dieser Schaden ist gem. § 249 I, II 1 BGB in Geld auszugleichen.

Lösung Abwandlung

I. Anspruch des O gegen E auf Schadensersatz aus §§ 280 I, III, 283 iVm § 604 I BGB

O hat gegen E einen Anspruch auf Ersatz seines Schadens wegen der Zerstörung des Fahrrads aus §§ 280 I, III, 283 iVm § 604 I BGB (s. oben Ausgangsfall I.).

II. Anspruch des O gegen E auf Schadensersatz aus §§ 989, 990 I BGB

O könnte gegen E einen Anspruch auf Ersatz seines Schadens wegen der Zerstörung des Fahrrads aus §§ 989, 990 I BGB haben.

1. Vindikationslage

Im Zeitpunkt der Zerstörung war O Eigentümer und E unmittelbarer Besitzer des Fahrrads. Aus dem zwischen O und E geschlossenen und noch fortbestehenden Leihvertrag ergibt sich ein Recht des E zum Besitz. Allerdings war E nur zum Fremdbesitz berechtigt und hat sich am 5.5. zum Eigenbesitzer aufgeschwungen.

Auf einen Besitzer, der sein an sich bestehenden Besitzrecht überschreitet (»Nicht-so-berechtigter Besitzer«), sind nach heute einhelliger Meinung die §§ 987 ff. BGB nicht anzuwenden. Der Wortlaut des Gesetzes setze lediglich ein irgendwie geartetes Recht zum Besitz gegenüber dem Eigentümer voraus. Für eine extensive Auslegung bestehe kein Bedürfnis. Bei der Überschreitung der Grenzen des Besitzrechts handele es sich um vertragliche Fragen, bei denen ggf. ein Schadensersatzanspruch nach §§ 280 ff. BGB gegeben sei. Im maßgeblichen Zeitpunkt, der Zerstörung des Fahrrads, lag keine Vindikationslage vor, da E dem O gegenüber zum Besitz berechtigt war.

2. Ergebnis

O hat keinen Anspruch auf Schadensersatz gegen E gem. §§ 989, 990 I BGB.

III. Anspruch des O gegen E auf Schadensersatz aus § 823 I BGB

§ 823 I BGB ist anwendbar; eine Vindikationslage besteht nicht (s. oben Abwandlung II. 1.). Indem E das Fahrrad bei einem »Downhill-Rennen« zerstörte, verletzte er schuldhaft das Eigentum des O. Dadurch ist O ein Schaden in Höhe des Wertes des Fahrrads entstanden. Dieser Schaden ist gem. § 249 I, II 1 BGB in Geld auszugleichen.

IV. Ergebnis Abwandlung

O kann von E aus §§ 280 I, III, 283 iVm § 604 I BGB und aus § 823 I BGB Ersatz des ihm entstandenen Schadens verlangen.

Ergänzende Bemerkungen

Zu Ausgangsfall I. 1.:
Für das Vorliegen eines Gefälligkeitsvertrags in Form eines Leihvertrags gem. § 598 BGB und nicht nur eines reinen Gefälligkeitsverhältnisses spricht, dass E auf das Fahrrad für seine Zeitungszustellungstätigkeit angewiesen war. Hinzu kommt, dass O ein besonderes Interesse an der Erhaltung des Fahrrads hatte, das er durch die deutliche Mahnung zum Ausdruck brachte. Diese Interessenlage spricht dafür, dass sich die Beteiligten vertraglich binden wollten.

Zu Ausgangsfall I. 1.:
Die Pflichtverletzung gem. § 280 I 1 BGB beschränkt sich bei einem Anspruch aus §§ 280 I, III, 283 BGB nach überzeugender Ansicht auf die Nichtleistung wegen Unmöglichkeit. Das zur Unmöglichkeit führende Verhalten des Schuldners stellt erst im Rahmen des Vertretenmüssens den richtigen Anknüpfungspunkt dar. Dies führt zu einer für den Gläubiger günstigeren Verteilung der Darlegungs- und Beweislast, da er allein die Nichtleistung wegen Unmöglichkeit, nicht hingegen das Vorliegen einer objektiven Pflichtverletzung durch den Schuldner, die zur Unmöglichkeit geführt hat, darlegen und ggf. beweisen muss.

Zu Ausgangsfall I. 2.:
Wäre das Fahrrad, ohne dass E ein Fahrlässigkeitsvorwurf gemacht werden kann, zerstört worden, wäre dennoch eine vertragliche Haftung zu bejahen: Da für die Rückgabe des Fahrrads eine Zeit nach dem Kalender bestimmt war, kam E gem. § 286 II Nr. 1 BGB durch das grob unachtsame Vergessen der Rückgabepflicht auch ohne Mahnung des O in Verzug. Während des Verzugs haftet E auch für Zufall, also Schäden, die weder er noch O zu vertreten haben (§ 287 S. 2 BGB).

Zu Ausgangsfall II. 4.:
Wäre dem E kein Fahrlässigkeitsvorwurf zu machen, könnte auch hinsichtlich des Anspruchs aus §§ 989, 990 I BGB eine Zufallshaftung angedacht werden. Allerdings müsste sich E hierfür mit der Erfüllung der Herausgabepflicht gem. § 985 BGB in Verzug befunden haben.

Eine Mahnung ist nicht erfolgt. Allerdings steht die Erhebung der Klage (§§ 253 I, 261 I ZPO) einer Mahnung gleich (§ 286 I 1 BGB). Hier fehlt es indes auch an einer Klageerhebung durch O. Anzudenken wäre, ob die Bösgläubigkeit des E wegen des Verweises des § 990 I BGB auf § 989 BGB (der die Rechtshängigkeit voraussetzt) zur Rechtshängigkeit und somit zum Verzug führt. Das ist jedoch abzulehnen, da § 990 I BGB lediglich auf die Rechtsfolgen des § 989 BGB verweist. Darüber hinaus kommt in Betracht, dass eine Mahnung wegen der kalendarischen Terminbestimmung zur Rückgabe entbehrlich war (§ 286 II Nr. 1 BGB). Dies ist jedoch abzulehnen, da sich die Terminbestimmung nicht auf den Vindikationsanspruch, sondern die vertragliche Rückgabepflicht bezog (str.).

Fall 19 »Der Kupolofen«

Sachverhalt

B betreibt einen Kupolofen, eine nach § 4 BImSchG genehmigte Anlage zum Einschmelzen von Roheisen und Rohstahl. Die Genehmigung enthält unter anderem eine Auflage zur Vornahme regelmäßiger Kontrollen der Emissionswerte. Im Januar 2010 ist der Staubauswurf der Anlage zuletzt überprüft worden; er hielt sich innerhalb der maßgeblichen Grenzwerte der TA Luft (Technische Anleitung zur Reinhaltung der Luft).

K stellt Ende des Jahres 2010 und zu Beginn des Jahres 2011 sein Kraftfahrzeug auf einem an das Betriebsgelände angrenzenden Parkplatz ab. Durch den aus dem Kupolofen ausgetretenen Eisenoxid-Staub sind durch chemische Reaktion Schäden an der Lackierung seines Kraftfahrzeugs entstanden. Hierfür verlangt er Ersatz von B. Er ist der Auffassung, dass eine fehlerhafte Bedienung des Kupolofens zu einer Überschreitung der einschlägigen Immissionswerte geführt und so den Schaden verursacht habe. B wendet ein, die Grenzwerte seien stets eingehalten worden.

Wie ist die Rechtslage, wenn B der Nachweis gelingt, dass die maßgeblichen Grenzwerte tatsächlich eingehalten worden sind und K Beweis darüber erbringt, dass die Schäden auf dem Schadstoffausstoß beruhen?

Fundstellen/Vertiefungshinweise:
BGHZ 92, 143 = NJW 1985, 47; *Marburger/Herrmann* JuS 1986, 354; *Röthel* JURA 2005, 539; *Schreiber* JURA 2011, 263; *Müller/Gruber* SachenR Rn. 153 ff.
Vieweg/Werner SachenR § 9 Rn. 42 ff.

Problemkreise:
- Entschädigungsanspruch gem. § 906 II 2 BGB (G)
- Schadensersatzanspruch gem. § 14 S. 2 BImSchG (Sachenrechtsexternes Problem)
- Rechtswidrigkeit bei § 823 BGB und öffentlich-rechtliche Genehmigung (Sachenrechtsexternes Problem)
- Kausalitätsvermutung des § 6 UmweltHG (Sachenrechtsexternes Problem)

Besondere Schwierigkeiten:
- Bezüge zum Bundes-Immissionsschutzgesetz und zum Umwelthaftungsgesetz

Lösungsvorschlag

Interessenlage

K möchte Ersatz für die entstandenen Schäden an seinem Kraftfahrzeug erhalten. B hingegen möchte sich darauf verlassen können, dass er bei ordnungsgemäßem Anlagenbetrieb unter Einhaltung der maßgeblichen Grenzwerte nicht schadensersatzpflichtig ist.

Lösung des Falls

I. Anspruch des K gegen B auf Entschädigung gem. § 906 II 2 BGB

K könnte gegen B einen Anspruch auf Entschädigung aus § 906 II 2 BGB haben.

1. Kreis der Anspruchsberechtigten

Genauso wie die Duldungspflichten des § 906 BGB nach dem ausdrücklichen Wortlaut des Gesetzes nur Grundstückseigentümer betreffen, steht auch der Entschädigungsanspruch aus § 906 II 2 BGB als Kompensation für unzumutbare Beeinträchtigungen allein Grundstückseigentümern zu. Hier ist K aber lediglich zeitweiliger Benutzer eines Grundstücks – des anliegenden Parkplatzes – und im Übrigen lediglich Eigentümer einer beweglichen Sache, seines Fahrzeugs. Damit zählt K nicht zu dem Kreis der nach § 906 II 2 BGB unmittelbar Anspruchsberechtigten.

Die Rechtsprechung hat den Anwendungsbereich des § 906 BGB allerdings über seinen Wortlaut hinaus auch auf die Besitzschutzansprüche von Mietern oder Pächtern nach § 862 BGB ausgedehnt, da dem Besitzer nicht weitreichendere Abwehransprüche zustehen sollen als dem Eigentümer. Hier erscheint aber schon zweifelhaft, ob K überhaupt als Besitzer des Nachbargrundstücks angesehen werden kann; als bloßem Benutzer wird es ihm an der erforderlichen Sachherrschaft fehlen. Überdies stellt der Entschädigungsanspruch einen aus dem Grundstückseigentum abgeleiteten Anspruch dar, der für die Beeinträchtigung der Nutzung des Grundstücks entschädigen soll. Folgeschäden sind hiervon nur so weit erfasst, wie sie auf eine Einbuße des Grundstücks zurückgeführt werden können. An dieser Grundstücksbezogenheit fehlt es aber hier: Die dem K an seinem Fahrzeug entstandenen Schäden können nicht auf eine Beeinträchtigung des angrenzenden Grundstücks zurückgeführt werden, sondern rühren unmittelbar von den Emissionen des Kupolofens her.

2. Ergebnis

K zählt nicht zu dem von § 906 II 2 BGB geschützten Personenkreis. Ein Anspruch auf Entschädigung aus § 906 II 2 BGB gegen B besteht nicht.

II. Anspruch des K gegen B auf Schadensersatz gem. § 14 S. 2 BImSchG

Parallel zu dem Entschädigungsanspruch des § 906 II 2 BGB gewährt § 14 S. 2 BImSchG einen Schadensersatzanspruch, soweit Immissionen gem. § 14 S. 1 BImSchG nicht abgewehrt werden können und Schutzvorkehrungen nach dem Stand der Technik (§ 3 VI BImSchG) nicht durchführbar oder wirtschaftlich nicht vertretbar sind. Auch dieser Schadensersatzanspruch ist Surrogat für nicht abwehrbare Grundstücksbeeinträchtigungen und daher grundstücksbezogen. Deshalb kann K aus denselben Gründen wie bei § 906 II 2 BGB (s. oben I. 1.) keinen Schadensersatzanspruch aus § 14 S. 2 BImSchG herleiten.

III. Anspruch des K gegen B auf Schadensersatz gem. § 823 I BGB

K könnte aber einen Schadensersatzanspruch gegen B aus § 823 I BGB haben.

1. Rechtsgutsverletzung

Die Lackschäden stellen eine Substanzbeeinträchtigung des Fahrzeugs dar und verletzen das Eigentum des K an seinem Fahrzeug.

2. Haftungsbegründende Kausalität

Die Rechtsgutsverletzung müsste auch äquivalent und adäquat kausal auf den Betrieb des Kupolofens durch B zurückzuführen sein. Ohne die Emissionen wäre die Beschädigung mit an Sicherheit grenzender Wahrscheinlichkeit nicht eingetreten. Auch die Tatsache, dass B die Grenzwerte der TA Luft einhielt, lässt die Äquivalenz nicht entfallen, da die TA Luft eine Schädigung Dritter nicht auszuschließen vermag. Es liegt auch nicht außerhalb aller Wahrscheinlichkeit, dass durch den ausgestoßenen Staub in der Umgebung geparkte Kraftfahrzeuge beschädigt werden.

3. Rechtswidrigkeit

Grds. indiziert die Eigentumsverletzung deren Rechtswidrigkeit. Die Rechtswidrigkeit könnte jedoch wegen einer Duldungspflicht des K entfallen.

Eine solche Duldungspflicht könnte sich aus dem Gedanken der § 14 S. 1 BImSchG, § 906 BGB ergeben. § 14 S. 1 BImSchG schließt jeden Abwehr- und Unterlassungsanspruch gegen Immissionen einer nach § 4 BImSchG genehmigten Anlage aus; darüber hinaus liegt bei Einhaltung von Grenzwerten aus normkonkretisierenden Verwaltungsvorschriften wie der TA Luft regelmäßig eine unwesentliche und damit zu duldende Immission vor (§ 906 I 3 BGB). In solchen Fällen, in denen der Grundstückseigentümer kraft Gesetzes zur Duldung der streitigen Immissionen verpflichtet ist, könne nach Auffassung des BGH auch gegenüber anderen Eigentümern von beweglichen Sachen keine rechtswidrige Beeinträchtigung gegeben sein.

Anmerkung: Im Ergebnis spricht vieles für das Fehlen der Rechtswidrigkeit der Beeinträchtigung und die Lösung des BGH. Wenn man K aber über § 14 S. 1 BImSchG oder § 906 I 1, 3 BGB eine Duldungspflicht auferlegt, so dürfte man ihm konsequenterweise nicht von vornherein die Berufung auf die Ausgleichsansprüche nach § 14 S. 2 BImSchG und § 906 II 2 BGB abschneiden. Richtigerweise müssten hier unter I. und II. die weiteren Voraussetzungen des Entschädigungsanspruchs geprüft werden.

4. Ergebnis

Mangels Rechtswidrigkeit hat K keinen Anspruch gegen B aus § 823 I BGB.

IV. Anspruch des K gegen B auf Schadensersatz gem. § 1 UmweltHG

Schließlich könnte K ein Schadensersatzanspruch aus § 1 UmweltHG zustehen.

1. Anspruchsvoraussetzungen

a) Verletzung eines von § 1 UmweltHG geschützten Rechtsguts

Die Sachbeschädigung stellt eine Eigentumsverletzung dar. Das Eigentum zählt zu den von § 1 UmweltHG geschützten Rechtsgütern.

b) Anlage iSd Anhangs zu § 1 UmweltHG

Der von B betriebene Kupolofen fällt unter Nr. 30 des Anhangs zu § 1 UmweltHG.

c) Kausalität

Der Staubausstoß des Kupolofens müsste auch kausal für die Eigentumsverletzung des K gewesen sein.

aa) Vermutung der Kausalität gem. § 6 I UmweltHG

Gemäß § 6 I UmweltHG wird die Kausalität zwischen einer Umwelteinwirkung aus einer Anlage und einem Schaden vermutet, wenn die Anlage konkret geeignet ist, den entstandenen Schaden zu verursachen. Davon ist hier auszugehen: Der Ausstoß von Eisenoxid ist geeignet, durch Reaktionen mit Lack, Chromteilen und Glasbeschichtungen Schäden an Kraftfahrzeugen in unmittelbarer Nähe zur Emissionsquelle auszulösen.

bb) Ausschluss der Vermutung gem. § 6 II UmweltHG

Diese Ursachenvermutung findet jedoch keine Anwendung, wenn die Anlage bestimmungsgemäß betrieben wurde (§ 6 II UmweltHG). Dies ist der Fall, wenn die besonderen Betriebspflichten erfüllt werden (§ 6 II 2 UmweltHG). Hat der Betreiber im Schädigungszeitraum die erforderlichen Kontrollen durchgeführt, wird die Erfüllung der Betriebspflichten vermutet (§ 6 IV Nr. 1 UmweltHG).

Hier lag die letzte Kontrolle aber fast ein Jahr zurück, bevor die Schäden am Fahrzeug des K eintraten. B kommt die Vermutung des § 6 IV Nr. 1 UmweltHG daher nicht zugute. B konnte jedoch nachweisen, dass er zum Zeitpunkt der Schädigung die maßgeblichen Grenzwerte eingehalten hatte. Es obliegt nunmehr gem. § 6 II UmweltHG dem K, die Kausalität nachzuweisen. Laut Sachverhalt ist davon auszugehen, dass ihm dieser Nachweis gelingt.

2. Kein Ausschluss der Ersatzpflicht

Die Ersatzpflicht des B könnte aber nach den §§ 4, 5 UmweltHG ausgeschlossen sein. Die Beschädigung des Fahrzeugs beruht auf dem Betrieb des Kupolofens (s. oben III. 2.) und nicht auf höherer Gewalt. Die Haftung des B ist daher nicht nach § 4 UmweltHG ausgeschlossen.

Gemäß § 5 UmweltHG ist die Haftung für Sachschäden bei bestimmungsgemäßem Betrieb ausgeschlossen, wenn die Sache nur unwesentlich beeinträchtigt oder die Beeinträchtigung nach den örtlichen Verhältnissen zumutbar ist. Das Fahrzeug des K ist dauerhaft beschädigt worden; damit liegt eine wesentliche Beeinträchtigung vor. Diese übersteigt auch die allgemein hinzunehmende Schwelle. Die Ersatzpflicht des B ist deshalb nicht nach § 5 UmweltHG ausgeschlossen.

3. Keine Verjährung

Der Anspruch aus § 1 UmweltHG verjährt gem. § 17 UmweltHG iVm § 195 BGB in drei Jahren.

4. Ergebnis

K hat gegen B einen Schadensersatzanspruch aus § 1 UmweltHG.

Ergänzende Bemerkungen

Entschädigungsansprüche aus § 906 II 2 BGB bilden auch den Gegenstand des sog. *»Feuerwerksfalls«* (BGH NJW 2009, 3787):

Sachverhalt (leicht abgewandelt): Nachbar (N) zündet in der Silvesternacht auf seinem Grundstück eine Feuerwerksrakete. Hierbei steckt er die Rakete entsprechend der Gebrauchsanweisung in eine leere Flasche. Gleichwohl ändert die Rakete in geringer Höhe plötzlich ihre Flugbahn und dringt durch eine kleine Öffnung in der Außenwand in eine 12 m entfernte, mit einer feuerfesten Außenfassade versehene Scheune auf dem Grundstück seines Nachbarn (E) ein. Daraufhin fängt das Gebäude Feuer und brennt nieder. E verlangt nun von N Ersatz.

Deliktische Schadensersatzansprüche gem. § 823 I BGB scheitern mangels Verschulden des N: Indem N einen Sicherheitsabstand von 12 m wahrte und die Rakete auch im Übrigen entsprechend der Gebrauchsanweisung entzündete, verletzte er nicht die im Verkehr erforderliche Sorgfalt.

Auch ein Schadensersatzanspruch gem. §§ 280 I, 311 II, 241 II BGB kommt nicht in Betracht. Neben dem fehlenden Verschulden des N, das ihm eine Exkulpation gem. § 280 I 2 BGB ermöglicht, fehlt es bereits an einem verletzungsfähigen Schuldverhältnis. Das sog. »nachbarschaftliche Gemeinschaftsverhältnis« genügt dazu nicht: Wie aus § 311 II Nr. 3 BGB ersichtlich, müsste ein Schuldverhältnis zumindest »geschäftsähnlich« sein. Ein lediglich gesteigerter sozialer Kontakt, wie bspw. unter Nachbarn genügt hierfür nicht.

Insofern bleibt nur der verschuldensunabhängige nachbarrechtliche Ausgleichsanspruch analog § 906 II 2 BGB (analog, weil es sich nicht um eine Imponderabilie, sondern eine Grobimmission handelt und somit § 906 BGB nicht direkt zur Anwendung kommt). Dieser Anspruch setzt voraus, dass ein Eigentümer Einwirkungen auf sein Grundstück gem. § 1004 BGB nicht dulden muss, jene aber aus besonderen Gründen nicht verhindern kann. Zudem müssen die hierdurch verursachten Nachteile das zumutbare Maß einer entschädigungslos hinzunehmenden Beeinträchtigung übersteigen. Auch erfordert § 906 BGB einen sog. »doppelten Grundstücksbezug«.

Hierzu führt der BGH aus, dass eine lediglich abstrakte Gefahr durch Abfeuern von Feuerwerksraketen von einem Nachbargrundstück grds. keine vorbeugende Unterlassungsklage begründet, erforderlich sei vielmehr eine konkrete Gefahr. Sind die

Außenwände eines Gebäudes unbrennbar und der Sicherheitsabstand groß genug, stellt das Abfeuern keine konkrete Gefahrenlage dar. Die konkrete Gefahr ist hier vielmehr erst in dem Zeitpunkt entstanden, in welchem die Rakete in die Öffnung eingedrungen ist. Erst in diesem Zeitpunkt liegt eine rechtswidrige Beeinträchtigung nach § 1004 I BGB vor. Die (offensichtliche) Unmöglichkeit, mit rechtlichen Mitteln gegen diese Beeinträchtigung vorzugehen, führt zu einem faktischen Duldungszwang.

Fraglich ist hier jedoch der doppelte Grundstücksbezug: Es müsste zunächst das Eigentum an einem Grundstück beeinträchtigt sein (dazu auch BGH NJW 2008, 992 [993]: Ersatzanspruch des Eigentümers wegen Warenvorräten, die auf seinem Grundstück gelagert waren und dort in Brand geraten sind). Dies ist hier, anders als im »Kupolofenfall«, gegeben. Darüber hinaus müsste die Störung zudem von einem anderen Grundstück herrühren. Dies setzt voraus, dass das Grundstück selbst einen gefahrträchtigen Zustand aufweist, was hier nicht der Fall ist. Allerdings ist diesem Erfordernis auch genügt, wenn die Störung aus der konkreten Nutzung des Grundstücks resultiert und zudem einen sachlichen Bezug ihm aufweist.

Das Abfeuern von Feuerwerksraketen von einem Grundstück stellt eine konkrete Nutzung dar. Allerdings besteht hier kein sachlicher Bezug zu einem bestimmten Grundstück, weil Feuerwerksraketen von beliebigen Plätzen abgeschossen werden können. Das Abfeuern steht hier also in keinem spezifischen Zusammenhang zum Grundstück (anders wäre dies zu bewerten, wenn die Raketen an jedem Tag des Jahres als Attraktion von dem Grundstück eines Vergnügungsparks abgefeuert werden). Dieses Ergebnis überzeugt auch aus Wertungsgründen: Die mit § 906 II 2 BGB auferlegte Haftung erklärt sich mit der Schicksalsgemeinschaft der Grundstücksnachbarn. Fehlt es an der Grundstücksbezogenheit, besteht kein Grund für eine gegenüber dem Deliktsrecht gesteigerte, nämlich verschuldensunabhängige Haftung.

Fall 20 »Nachbars Gartenzwerge«

Sachverhalt

A und B sind Wohnungseigentümer im selben Haus. Der zum Haus gehörende Garten steht im Gemeinschaftseigentum. In diesem Garten hat B an der Grundstücksgrenze zwei 20 und 25 cm große Gartenzwerge mit leuchtend roten Zipfelmützen aufgestellt. A verlangt von B die Entfernung dieser Gartenzwerge, da sie Symbole der »Engstirnigkeit und Dummheit« seien.

Zu Recht?

Fundstellen/Vertiefungshinweise:
OLG Hamburg NJW 1988, 2052; *Müller/Gruber* SachenR Rn. 1165 ff., 4149.
Vieweg/Werner SachenR § 3 Rn. 13; § 9 Rn. 3, 13, 22 ff., 31, 65 f.

Problemkreise:
- WEG (V)
- Ideelle Immissionen (G)
- Umfang des Gebrauchsrechts iSd § 15 III WEG (sachenrechtsexternes Problem)
- Duldungspflicht nach § 14 Nr. 3 WEG (sachenrechtsexternes Problem)

Besondere Schwierigkeiten:
- Bezüge zum Wohnungseigentumsrecht

Lösungsvorschlag

Interessenlage

A fühlt sich durch die Gartenzwerge gestört und begehrt daher deren Beseitigung. Demgegenüber hält B das Aufstellen der Gartenzwerge für eine berechtigte Nutzung des gemeinschaftlichen Gartens, die er nicht aufgeben will.

Lösung des Falls

I. Anspruch des A gegen B auf Entfernen der Gartenzwerge gem. § 15 III WEG

Gemäß § 15 III WEG kann jeder Wohnungseigentümer eine Nutzung des gemeinschaftlichen Eigentums verlangen, die dem Gesetz, den Vereinbarungen und Beschlüssen sowie dem Interesse der Gesamtheit der Wohnungseigentümer nach billigem Ermessen entspricht. Hiernach hat A nur dann Anspruch auf Entfernen der Gartenzwerge, wenn deren Aufstellen eine § 15 III WEG widersprechende Nutzung darstellt. Daran fehlt es, wenn A das Aufstellen der Gartenzwerge gem. § 14 Nr. 3 WEG dulden muss.

1. Duldungspflicht aufgrund § 14 Nr. 3 iVm Nr. 1 WEG

Nach § 14 Nr. 3 iVm Nr. 1 WEG hat jeder Wohnungseigentümer nur solche Nutzungen des Gemeinschaftseigentums durch andere Wohnungseigentümer zu dulden, durch die ihm kein über das unvermeidliche Maß hinausgehender Nachteil erwächst.

Wegen des intensiven Nachbarverhältnisses unterliegen Wohnungseigentümer einer über das Nachbarverhältnis von Grundeigentümern hinausgehenden Pflicht zur Rücksichtnahme. Ein abwehrfähiger Nachteil ist daher jede, nach dem Empfinden eines verständigen Wohnungseigentümers nicht ganz unerhebliche, Beeinträchtigung. Darunter können auch sog. ideelle, insbesondere ästhetische Beeinträchtigungen des optischen Gesamteindrucks fallen. Ob im konkreten Fall eine Nutzung zu dulden ist, ist – genauso wie im Rahmen des § 906 I 1 BGB – aufgrund einer Abwägung zu entscheiden. In diese Abwägung sind vor allem Art und Ausmaß der Beeinträchtigung sowie die hinter der Nutzung stehenden Belange und Interessen einzubeziehen.

Hier ist zunächst zu berücksichtigen, dass den Gartenzwergen jeder soziale Bezug zum Leben der Eigentümergemeinschaft fehlt. Ein rechtlich anerkennenswertes, gesteigertes Interesse an der Aufstellung von Gartenzwergen ist daher nicht ersichtlich. Ebenso wenig kann ihnen ein praktischer Nutzungszweck zugeordnet werden, der sich über die ästhetischen Gesichtspunkte hinwegsetzen könnte. Zudem berühren die Gartenzwerge das ästhetische Empfinden nicht nur vorübergehend. Die Gartenzwerge fallen wegen ihrer leuchtenden Zipfelmützen stark auf. Unabhängig davon, ob man im Aufstellen von Gartenzwergen tatsächlich ein Zeichen von »Beschränktheit«

oder schlechtem Geschmack erblickt, kann man daher hier zu dem Ergebnis kommen, dass das von A gerügte Aufstellen der Gartenzwerge eine nicht ganz unerhebliche Beeinträchtigung des optischen Gesamteindrucks der Wohnanlage herbeiführt, die er nicht zu dulden verpflichtet ist (aA vertretbar).

2. Ergebnis

A braucht das Aufstellen der Gartenzwerge nicht nach § 14 Nr. 3 iVm Nr. 1 WEG zu dulden. Da auch keine Anhaltspunkte für sonstige Duldungspflichten bestehen, kann er von B ihre Entfernung gem. § 15 III WEG verlangen.

II. Anspruch des A gegen B auf Entfernen der Gartenzwerge gem. § 1004 I BGB

A könnte aus § 1004 I BGB Anspruch auf Entfernung der Gartenzwerge haben.

1. Anspruchsberechtigung des A

Als Miteigentümer kann A aus seinem Anteilsrecht gem. § 1004 I BGB Unterlassung nicht duldungspflichtiger Störungen seines Anteilsrechts verlangen; auf § 1011 BGB kommt es hier nicht an, da diese Vorschrift nur das Verhältnis des Miteigentümers gegenüber Dritten betrifft.

2. Eigentumsstörung durch ideelle (ästhetische) Immissionen

Fraglich ist, ob – auf § 1004 I BGB gestützt – auch ideelle, insbesondere ästhetische Immissionen – hier die rein optische Beeinträchtigung durch die Gartenzwerge des B – abgewehrt werden können.

Dies wird zT bejaht, da auch aufgrund ideeller Beeinträchtigungen der Wert des Grundstücks beeinträchtigt sein könne. Dies gelte insbesondere für schwere und unerträgliche Nutzungsbeeinträchtigungen durch »sittliche« Immissionen. Bejaht man die Anwendbarkeit des § 1004 I BGB, so stünde dem Abwehranspruch des A auch keine Duldungspflicht entgegen; dies folgt abermals aus § 14 Nr. 3 iVm Nr. 1 WEG.

Die neuere Rechtsprechung und das ganz überwiegende Schrifttum wollen § 1004 I BGB aber nicht auf ideelle und insbesondere ästhetische Einwirkungen ausdehnen, da solche Einwirkungen regelmäßig nicht mit einer Grenzüberschreitung des Grundstücks verbunden seien. Dieser Gedanke lässt sich auf das Verhältnis zwischen Miteigentümern übertragen. Überdies würde die Anwendung des § 1004 I BGB auf ideelle Immissionen zu einer weiteren Versubjektivierung des Abwehranspruchs führen. Der Anwendungsbereich von § 1004 I BGB würde dadurch unzumutbar ausgedehnt. Gerade dieser letzte Gesichtspunkt spricht hier dafür, eine abwehrfähige Eigentumsbeeinträchtigung nicht schon bei lediglich ideellen Beeinträchtigungen anzunehmen.

3. Ergebnis

Die optische Beeinträchtigung des Miteigentums von A ist keine mit § 1004 I BGB abwehrfähige Eigentumsbeeinträchtigung. A kann daher nur aus § 15 III WEG die Beseitigung der Gartenzwerge verlangen.

Ergänzende Bemerkungen

Zu I. 1.:
Die Maßstäbe, nach denen sich die Unzumutbarkeit richtet, unterscheiden sich erheblich: Während im Rahmen von § 906 BGB hohe Anforderungen an die Unzumutbarkeit gestellt werden, sind im Wohnungseigentumsrecht die besonderen Rücksichtnahmepflichten der Wohnungseigentümer untereinander zu berücksichtigen. Diese haben zur Folge, dass bereits geringe Störungen auch des ästhetischen Empfindens unzumutbar sein können. Innerhalb des Wohnungseigentumsrechts ist jedoch nochmals zu differenzieren zwischen dem Gemeinschafts- und dem Sondereigentum: Bei Gemeinschaftseigentum ist Unzumutbarkeit eher anzunehmen als bei Sondereigentum.

Übersicht zu § 1004 BGB:
§ 1004 BGB gewährt einen verschuldensunabhängigen Beseitigungs- und Unterlassungsanspruch gegen den Störer. Als Schutzgut sind über den Wortlaut (»Eigentum«) hinaus sämtliche Rechte anerkannt, die dem Eigentum ähnlich sind, indem sie ebenfalls eine Nutzungs- und Ausschlusswirkung haben (vgl. hierzu bereits Ergänzende Bemerkung zu Fall 2), sog. quasi-negatorische-Rechte.

Störer ist sowohl der Handlungsstörer, auf dessen aktive Willensbetätigung die Störung zurückzuführen ist, als auch der Zustandsstörer, der die Herrschaft über eine die Störung verursachende Sache hat. Erforderlich ist eine Beeinträchtigung, die zumindest mittelbar auf eine Willensbetätigung zurückzuführen ist. Bloße Naturereignisse genügen nicht. Beeinträchtigung ist grds. jede Einwirkung, welche eine durch das Rechtsgut geschützte Funktion nachteilig beeinflusst.

Hinsichtlich der Immissionen, die auf ein Grundstück »einwirken« ist umstritten, welche nach § 1004 BGB abwehrfähig sind. Für ideelle Immissionen wird dies (wie im Fall dargestellt) überwiegend verneint, wobei teilweise auf deren Erheblichkeit abgestellt wird. Negative Immissionen (bspw. das Abgraben von Grundwasser, die Entziehung von Sonnenlicht, Luft etc.) stellen eine weitere umstrittene Fallgruppe dar. In diesen Konstellationen findet keine positive Einwirkung auf eine andere Sache statt. Vielmehr resultiert die Störung aus einer nicht grenzüberschreitenden Nutzung des eigenen Grundstücks. Nach eA soll diese Entziehung ebenfalls nach § 1004 BGB abwehrfähig sein. Die hM verneint hingegen die Anwendbarkeit des § 1004 BGB, da bereits aus § 906 BGB die Rechtfertigung einer Stoff-»zuführung« folge. Der Gesetzgeber sah offensichtlich die »Entziehung« bereits als nicht tatbestandsmäßig iSd § 1004 BGB an.

Fall 21 »Der Wettlauf der Sicherer«

Sachverhalt

S schuldet dem G 2.000 EUR aus einem Kaufvertrag. Zur *Sicherung* dieser Schuld hat sich B verbürgt. Außerdem haben sich E und G darüber geeinigt, dass die Kaufpreisforderung durch ein Pfandrecht an der Briefmarkensammlung des E gesichert werden soll, die E dem G auch übergibt. Bei Fälligkeit der Schuld zahlt S nicht. Daraufhin begleicht E die Forderung des G.

Welche Ansprüche hat E gegen S und B?

Fundstellen/Vertiefungshinweise:
BGHZ 108, 179 = NJW 1989, 2530 = JuS 1990, 61 (*K. Schmidt*); *Müller/Gruber* SachenR Rn. 2255 ff.; *Mertens* JURA 1992, 305.
Vieweg/Werner SachenR § 10 Rn. 8 ff., 39; § 15 Rn. 65.

Problemkreise:
- Wirksame Pfandrechtsbestellung (G)
- Verhältnis von Bürgschaft und dinglicher Sicherung (V)
- »Wettlauf der Sicherer« (V)
- Auswirkung der Zahlung auf Forderung und Pfandrecht (V)

Besondere Schwierigkeiten:
- Bezüge zur Bürgschaft (§§ 765 ff. BGB)

Lösungsvorschlag

Interessenlage

E ist daran gelegen, dass die Forderung des G gegen S auf ihn übergegangen ist. Zudem möchte er bei B Regress nehmen können. Er ist also an dessen Mithaftung interessiert. Anderenfalls müsste E alleine das Liquiditätsrisiko des offensichtlich zahlungsunfähigen bzw. -unwilligen S tragen. B hingegen möchte nicht von E in Anspruch genommen werden; dieser soll sich vielmehr an S halten.

Lösung des Falls

I. Anspruch des E gegen S

1. Anspruch des E gegen S auf Zahlung von 2.000 EUR gem. §§ 433 II, 1225 S. 1 BGB

In Betracht kommt ein Anspruch des E gegen S auf Zahlung von 2.000 EUR gem. §§ 433 II, 1225 S. 1 BGB. Der Forderungsübergang nach § 1225 S. 1 BGB setzt voraus, dass der mit dem persönlichen Schuldner nicht identische Verpfänder den Pfandgläubiger befriedigt.

a) Wirksame Pfandrechtsbestellung zugunsten des G

Dazu müsste G zunächst Inhaber eines Pfandrechts an der Briefmarkensammlung des E geworden sein.

Eine dingliche Einigung gem. § 1205 I 1 BGB mit dem Inhalt des § 1204 I BGB ist erfolgt. Zudem hat E dem G unmittelbaren Besitz an der Briefmarkensammlung verschafft und seinerseits jeglichen Besitzrest aufgegeben. Somit liegt eine Übergabe iSd § 1205 I 1 BGB vor, zu deren Zeitpunkt sich die Parteien zudem einig waren.

Die Briefmarkensammlung wurde auch zur Sicherung einer Forderung, hier der Kaufpreisforderung, verpfändet (§ 1204 I BGB).

Außerdem war E als Eigentümer verfügungsberechtigt. G hat damit ein Pfandrecht an der Briefmarkensammlung erworben.

b) Befriedigung des Pfandgläubigers durch den Verpfänder gem. § 1225 S. 1 BGB

E – als mit dem persönlichen Schuldner S nicht identischer Verpfänder – hat die gesicherte Forderung beglichen.

c) Rechtsfolge

§ 1225 S. 1 BGB bewirkt, dass die vom Verpfänder beglichene Forderung nicht erlischt (§ 362 I BGB), sondern auf ihn übergeht.

2. Ergebnis

E hat daher einen Anspruch gegen S auf Zahlung von 2.000 EUR gem. §§ 433 II, 1225 S. 1 BGB.

II. Anspruch des E gegen B

1. Anspruch des E gegen B auf Zahlung von 2.000 EUR gem. §§ 433 II, 1225 S. 1, 412, 401, 765 I BGB

E könnte mit dem Forderungsübergang (s. oben I. 1. c)) auch Bürgschaftsgläubiger geworden sein, sodass ihm gegen den Bürgen B ein Anspruch auf Zahlung von 2.000 EUR gem. §§ 433 II, 765 I BGB zusteht.

a) Übergang der Bürgschaft gem. §§ 412, 401 BGB

Der Übergang der Forderung (§ 1225 S. 1 BGB) hat zur Folge, dass gem. §§ 412, 401 BGB die zur Sicherung der Forderung bestellten Sicherheiten ebenfalls übergehen, hier also die gem. §§ 765, 766 BGB zugunsten des G bestellte Bürgschaft.

Damit könnte E gegen B aus der Bürgschaft vorgehen. Der Umfang der Bürgschaftsschuld richtet sich gem. § 767 I 1 BGB nach dem der Hauptschuld, würde hier also 2.000 EUR betragen.

b) Bedenken an diesem Ergebnis

Dieses Ergebnis ist insofern bedenklich, als sich auch B in voller Höhe bei E schadlos halten könnte, wenn er von G in Anspruch genommen würde. Denn gem. § 774 I 1 BGB würde er ebenfalls die Forderung gegen S und mit ihr gem. §§ 412, 401 BGB das Pfandrecht an der Briefmarkensammlung erhalten. §§ 412, 401 BGB führen also dazu, dass von mehreren Sicherungsgebern derjenige, der zuerst leistet, bei dem oder den anderen in voller Höhe Regress nehmen kann. Jeder Sicherungsgeber müsste demnach versuchen, den Gläubiger zuerst zu befriedigen. Die anderen Sicherungsgeber trügen folglich das Insolvenzrisiko des Schuldners.

Um diesen als unbillig empfundenen »Wettlauf der Sicherungsgeber« zu vermeiden, werden verschiedene Lösungswege vorgeschlagen:

aa) Erlöschen der Bürgschaft

Zum Teil wird vertreten, dass nur der Bürge Regress beim dinglichen Sicherungsgeber nehmen könne, während die Bürgschaft im umgekehrten Fall automatisch erlösche. Diese Bevorzugung des Bürgen gegenüber dinglichen Sicherungsgebern wird mit § 776 BGB begründet, da eine entsprechende Vorschrift für Verpfänder oder Hypothekenbesteller fehlt. Auch hafte der Bürge anders als der dingliche Sicherungsgeber mit seinem gesamten Vermögen und sei daher schutzwürdiger. Diese Auffassung würde hier dazu führen, dass B gegenüber E nicht regresspflichtig wäre, da die Bürgschaft mit Zahlung des E erloschen wäre. Diese Lösung wird aber ganz überwiegend als zu schematisch abgelehnt.

bb) Anteilige Haftung sämtlicher Sicherungsgeber

Nach anderer Auffassung kommt es vorrangig darauf an, ob zwischen dem Gläubiger und den Sicherungsgebern Absprachen über die Verteilung des Regressrisikos getroffen wurden. Fehlen solche Absprachen, sei die Regelung des § 774 II iVm § 426 BGB nicht nur auf das Verhältnis mehrerer Verpfänder (so § 1225 S. 2 BGB), sondern auch auf das Zusammentreffen von dinglichem Sicherungsgeber und Bürge anzuwenden. Folglich haften mehrere Sicherungsgeber im Zweifel nach gleichen Teilen (§ 426 I 1 BGB).

Diese Auffassung ist vorzugswürdig. Sowohl eine automatische Bevorzugung des Bürgen als auch ein vollständiges Rückgriffrecht des Erstleistenden erscheinen unbillig. Soweit sich aus den Absprachen keine eindeutige Vorrangstellung eines der Sicherungsgeber ergibt, haften sie daher entsprechend § 774 II iVm § 426 I 1 BGB zu gleichen Teilen.

cc) Konsequenzen

Auf welchem Weg diese anteilige Haftung rechtstechnisch verwirklicht wird, ist noch wenig geklärt. Denkbar ist, den Gedanken des § 774 II BGB als rechtsvernichtende Einwendung oder aber im Wege der Zurückbehaltung gem. § 273 BGB zu berücksichtigen.

2. Ergebnis

Wegen des Gedankens des § 774 II BGB kann E von B nur hälftigen Regress iHv 1.000 EUR verlangen.

Ergänzende Bemerkungen

Zu den Auswirkungen der Befriedigung des Gläubigers:

- *Zahlung durch den nicht schuldneridentischen Verpfänder, der gleichzeitig Eigentümer ist (vorliegende Konstellation):*

  Mit dem Forderungsübergang gem. § 1225 S. 1 BGB erwirbt der Verpfänder gem. §§ 401, 412, 1250 I 1 BGB auch das Pfandrecht. Dies hat nach § 1256 I 1 BGB das Erlöschen des Pfandrechts zur Folge (Konsolidation), wenn nicht eine Ausnahme des § 1256 I 2 oder II BGB eingreift.
- *Zahlung durch den nicht schuldneridentischen Verpfänder, der nicht Eigentümer ist:*

  Mit der Forderung erwirbt der Verpfänder auch das Pfandrecht (vgl. oben). Bei lediglich teilweiser Befriedigung des Pfandgläubigers geht das Pfandrecht des Gläubigers wegen seiner Restforderung dem Pfandrecht des Verpfänders jedoch im Range vor (§§ 1225 S. 2, 774 I 2 BGB: Kein Forderungsübergang zulasten des Pfandrechtsgläubigers).
- *Zahlung durch den persönlichen Schuldner*:

  Die Forderung erlischt gem. § 362 I BGB und mit ihr gem. § 1252 BGB das Pfandrecht.
- *Zahlung durch den Eigentümer, der weder persönlicher Schuldner noch Verpfänder ist:*

  Die Berechtigung des Eigentümers ergibt sich aus § 1249 S. 1 BGB, die Rechtsfolge aus §§ 1249, 268 III BGB: Die Forderung geht auf den Eigentümer über und mit ihr gem. §§ 401, 412, 1250 BGB auch das Pfandrecht, das jedoch regelmäßig wegen Konsolidation gem. § 1256 BGB erlischt (s. oben).

Übersicht zu den Pfandrechten:
Ihrem Entstehungsgrund nach sind vertragliche Pfandrechte (§§ 1205 ff. BGB), gesetzliche Pfandrechte und das Pfändungspfandrecht (§ 804 ZPO) zu unterscheiden.

Vertragliche Pfandrechte entstehen aufgrund Parteivereinbarung und Übergabe der verpfändeten Sache gem. §§ 1205 f. BGB und setzen eine zu sichernde Forderung voraus. Vertragliche Pfandrechte können auch gutgläubig durch Verpfändung eines Nichtberechtigten erworben werden (§ 1207 BGB). Darin unterscheiden sie sich von gesetzlichen Pfandrechten (vgl. Fall 17 II. 3. a) cc)).

Gesetzliche Pfandrechte lassen sich ihrerseits untergliedern in:

- Besitzpfandrechte wie bspw. aus Hinterlegung (§ 233 BGB), das Pächterpfandrecht am Inventar (§ 583 BGB), das Unternehmerpfandrecht (§ 647 BGB) sowie die Pfandrechte aus §§ 397, 440, 464, 475b, 495 HGB.
- Einbringungspfandrechte, die keinen Besitz des Pfandgläubigers voraussetzen, wie bspw. das Pfandrecht des Vermieters, des Verpächters und des Gastwirts (§§ 562–562d BGB; § 581 II iVm §§ 562–562d BGB; § 704 BGB).

Gesetzliche Pfandrechte entstehen kraft Gesetzes, erfordern also keine rechtsgeschäftliche Verpfändung. Vielmehr genügt die Erfüllung der jeweiligen Tatbestandsvoraussetzungen. Auf entstandene gesetzliche Pfandrechte sind die §§ 1204 ff. BGB entsprechend anwendbar, gem. § 1257 BGB. Zu beachten ist, dass vereinzelte Vorschriften nicht auf besitzlose gesetzliche Pfandrechte passen.

Das *Pfändungspfandrecht* gem. § 804 ZPO ist ein besonderes Pfandrecht, das infolge einer Pfändung durch den Gerichtsvollzieher entsteht. Umstritten ist, ob ein solches Pfandrecht auch bei einer Pfändung schuldnerfremder Sachen entstehen kann, die heute hM lehnt dies ab (gemischt öffentlichrechtlich-privatrechtliche Theorie).

Fall 22 »Die sieben Lastkraftwagen«

Sachverhalt

Am 2.1. verkauft Kraftfahrzeughändler V an K sieben Lkw unter Eigentumsvorbehalt. Die Fahrzeuge werden geliefert und von K in seinem Unternehmen verwendet. Als K in Geldnot gerät, nimmt er am 5.4. bei der Bank B ein Darlehen auf und überträgt ihr zur Sicherung seine Rechte an den Lkw. Am 1.7. vereinbaren V und K, dass der Eigentumsvorbehalt an den Fahrzeugen noch weitere Schulden des K bei V abdecken soll. Am 1.9. tilgt K die letzte Kaufpreisrate für die Lkw. Als K aber in der Folgezeit seinen weiteren Zahlungsverpflichtungen gegenüber V nicht nachkommt, lässt V die Fahrzeuge bei K – ohne dessen Wissen – abholen. Daraufhin verlangt B von V die Herausgabe der Lkw.

Zu Recht?

Abwandlung:
V ist nicht Eigentümer der an K unter Eigentumsvorbehalt veräußerten Lkw. Jene wurden vielmehr von Eigentümer E nur auf dem Gelände des V untergestellt, was dem K nicht bekannt ist. Bei ihren Verkaufsverhandlungen weist V den K darauf hin, dass es sich um Neuwagen handelt.

Anschließend überträgt K der B wie im Ausgangsfall seine Rechte an den Lkw sicherungshalber.

K soll die letzte Kaufpreisrate für die Lkw am 15.8. bezahlen, versäumt dies aber. Am 16.8. erkundigt sich E bei V nach den untergestellten Lkw und verlangt diese zurück. V erwähnt das Geschäft mit K nicht.

Mittlerweile plagt V das schlechte Gewissen und er möchte den Verkauf der Lkw an K wieder rückgängig machen. Ihm kommt es daher gerade recht, dass K seinen Zahlungsverpflichtungen noch nicht nachgekommen ist. V erklärt am 30.8. den Rücktritt vom Kaufvertrag. K ruft umgehend bei B an und schildert ihr den Sachverhalt.

B fragt sich nun, ob sie mit Zahlung der letzten Kaufpreisrate am 1.9. Sicherungseigentum an den Lkw erwerben kann.

Fundstellen/Vertiefungshinweise:
BGHZ 75, 221 = NJW 1980, 175; BGH NJW 2005, 1365; *Müller/Gruber* SachenR Rn. 1551 ff., 1575 ff. *Vieweg/Werner* SachenR § 11 Rn. 34 ff., 49, 52 ff., 61 ff..

Problemkreise:
- Erwerb und Übertragung eines Anwartschaftsrechts an beweglichen Sachen (G)
- Nachträgliche Vereinbarung über den Bedingungseintritt beim Eigentumsvorbehalt (V)
- Gutgläubiger Ersterwerb des Anwartschaftsrechts vom Nichtberechtigten (V)
- Erlöschen des Anwartschaftsrechts (G)

Lösungsvorschlag

Interessenlage

Ausgangsfall
B möchte sich darauf verlassen können, dass ihr Anwartschaftsrecht unter den zwischen ihr und K ausgehandelten Bedingungen zum Vollrecht erstarkt, da ihr das Anwartschaftsrecht sonst keine ausreichende Sicherheit gewährt. V möchte hingegen so lange Eigentümer der Lkw bleiben, bis sämtliche seiner Forderungen gegen K erfüllt sind.

Abwandlung
B ist daran gelegen, Inhaberin eines Anwartschaftsrechts an den Lkw geworden zu sein, damit sie durch Zahlung der letzten Kaufpreisrate Sicherungseigentum erwerben kann. Dies läuft den Interessen des E entgegen, da er in diesem Fall sein Eigentum verliert und stattdessen auf Schadensersatz- und Bereicherungsansprüche sowie Ansprüche aus angemaßter Eigengeschäftsführung gegen V verwiesen wäre.

Lösung Ausgangsfall

I. Anspruch der B gegen V auf Herausgabe der Lkw gem. § 985 BGB

B könnte gegen V einen Anspruch auf Herausgabe der Lkw aus § 985 BGB haben. Voraussetzung ist das Bestehen einer Vindikationslage.

1. Eigentum der B

Ursprünglich war V Eigentümer der Lkw. B könnte aber dadurch Eigentümerin geworden sein, dass K sein Anwartschaftsrecht sicherungshalber auf sie übertrug und die Bedingung für den Erwerb des Vollrechts eingetreten ist. Dazu müsste K zunächst Inhaber eines Anwartschaftsrechts geworden sein.

a) Erwerb eines Anwartschaftsrechts durch K (Ersterwerb)

Grds. erlangt der Erwerber bei Übereignung einer beweglichen Sache unter Eigentumsvorbehalt eine gesicherte Rechtsposition, welche die Voraussetzungen eines Anwartschaftsrechts erfüllt: Der Eigentumserwerb kann durch Kaufpreiszahlung herbeigeführt werden und eine einseitige Zerstörung der Rechtsposition durch den Vorbehaltsverkäufer ist ausgeschlossen; § 161 BGB (zur Entstehung eines Anwartschaftsrechts vgl. Fall 9 Ausgangsfall I. 4. a)). Erforderlich sind hierfür gem. §§ 929 S. 1, 158 I BGB die dingliche Einigung über den aufschiebend bedingten Eigentumserwerb und das Einigsein bei Übergabe durch den berechtigten Vollrechtsinhaber.

Die Einigung zwischen V und K über den Eigentumsübergang an den Lkw erfolgte unter der aufschiebenden Bedingung vollständiger Kaufpreiszahlung gem. §§ 929 S. 1, 158 I BGB. Dies ergibt sich zumindest aus der Auslegungsregel des § 449 I BGB. Zudem hat V die Lkw an K übergeben, wobei sich V und K zu diesem Zeitpunkt auch einig waren. Schließlich handelte V als Eigentümer und somit als Verfügungsberechtigter.

K hat somit ein Anwartschaftsrecht auf das Eigentum an den Lkw gem. §§ 929 S. 1, 158 I BGB erworben.

b) Übertragung des Anwartschaftsrechts durch K auf B (Zweiterwerb)

Die Übertragung des Anwartschaftsrechts als Vorstufe des Eigentums richtet sich nach den für die Übertragung des Eigentums an einer beweglichen Sache geltenden Vorschriften, die analog anzuwenden sind.

aa) Übertragung analog § 929 S. 1 BGB

K und B haben sich über die Übertragung des Anwartschaftsrechts geeinigt. Allerdings scheitert die Übergabe iSd § 929 S. 1 BGB an der fehlenden vollständigen Besitzaufgabe durch K: Er blieb unmittelbarer Besitzer der Lkw.

bb) Übertragung analog §§ 929 S. 1, 930 BGB

(1) Dingliche Einigung, Besitzkonstitut

Die dingliche Einigung ist gegeben (s. oben Ausgangsfall I. 1. b) aa)). Die Übergabe könnte durch Vereinbarung eines Besitzmittlungsverhältnisses ersetzt worden sein, analog § 930 BGB. Das hierzu erforderliche konkrete Besitzmittlungsverhältnis iSd § 868 BGB ist in der Sicherungsabrede zu sehen. Denn K kann als Sicherungsgeber auf Grundlage der Sicherungsabrede weiterhin den unmittelbaren Besitz an den Lkw behalten, bis sie – bei Eintritt des Sicherungsfalls – von B herausverlangt werden. Zugleich hat K den Willen als unmittelbarer Fremdbesitzer der B (mittelbare Fremdbesitzerin 1. Stufe) den Besitz zu mitteln.

Auch das Einigsein bei Vereinbarung des Besitzkonstituts ist zu bejahen.

(2) Verfügungsbefugnis des K

Schließlich müsste K darüber hinaus zur Übertragung des Anwartschaftsrechts berechtigt gewesen sein. Eine Einwilligung des Vollrechtsinhabers zur Übertragung ist dabei nicht erforderlich, da der Anwartschaftsberechtigte über ein ihm selbst zustehendes Recht verfügt. Als Inhaber des Anwartschaftsrechts an den Lkw war K somit verfügungsbefugt.

cc) Zwischenergebnis

B hat das Anwartschaftsrecht an den Lkw erworben.

c) Bedingungseintritt

B ist nur dann Eigentümerin der Lkw geworden, wenn auch die Bedingung für den Eigentumserwerb eingetreten ist.

aa) Eintritt der ursprünglichen Bedingung

Die ursprünglich zwischen V und K vereinbarte Bedingung der vollständigen Kaufpreiszahlung ist am 1.9. eingetreten.

bb) Auswirkung der späteren Vereinbarung

Allerdings haben sich V und K nach Übertragung des Anwartschaftsrechts, aber noch vor Bedingungseintritt darauf verständigt, dass das Eigentum erst unter der weiteren Bedingung, dass K auch die weiteren Schulden bei V erfüllt, übergeht. Dies könnte dazu geführt haben, dass B erst mit Erfüllung der weiteren Bedingung Eigentümerin der Lkw wird.

Nach einer Ansicht soll der Zweiterwerber eines Anwartschaftsrechts das Risiko einer Änderung bzw. Aufhebung des Schuldverhältnisses tragen. Diese Schwäche gegenüber anderen Sicherungsmitteln liege in der Natur des Anwartschaftsrechts. Hiernach hätten K und V die Bedingung wirksam erweitert. Mangels Erfüllung sämtlicher Forderungen hätte B somit noch kein Eigentum erlangt.

Die Rechtsprechung und die mittlerweile überwiegende Meinung in der Literatur gehen hingegen davon aus, dass eine differenzierte Betrachtung angezeigt sei. Der Zweiterwerber habe allein die Risiken zu tragen, die dem schuldrechtlichen Rechtsgeschäft immanent seien, hinsichtlich dieser sei er nicht schutzwürdig (zB das Risiko der Aufhebung des Kaufvertrags infolge Rücktritts des Verkäufers wegen Ausbleibens der Gegenleistung bzw. des Käufers wegen Sachmangels). Änderungen, die bei Übertragung noch nicht im Schuldverhältnis angelegt waren, gehen hingegen nicht zu seinen Lasten (zB eine nachträgliche einvernehmliche Vertragsauflösung oder eine Erweiterung der Bedingung). Dies wird damit begründet, dass dem ursprünglich Anwartschaftsberechtigten nach Übertragung des Anwartschaftsrechts die Rechtszuständigkeit fehle, solche dem Schuldverhältnis nicht immanenten Änderungen vorzunehmen. Eine Änderung in diesem Sinne stelle somit eine Verfügung über das Anwartschaftsrecht durch einen Nichtberechtigten dar, die gem. § 185 BGB nur wirksam werden könne, wenn ihr der neue Inhaber des Anwartschaftsrechts zustimme.

Für diese differenzierende Auffassung spricht, dass es sich anderenfalls bei der Vereinbarung zwischen K und V um einen unzulässigen Vertrag zulasten Dritter handelte, weil eine bereits gefestigte Rechtsposition des Erwerbers nachträglich beeinträchtigt würde. Damit ist die später zwischen V und K vereinbarte Erweiterung des Eigentumsvorbehalts mangels Verfügungsberechtigung des K wirkungslos. B hat daher mit vollständiger Tilgung der Kaufpreisraten direkt von V Eigentum an den Lkw erworben.

d) Zwischenergebnis

B ist Eigentümerin der Lkw geworden.

2. Besitz des V

Mit Abholung der Lkw ist V unmittelbarer Besitzer geworden.

3. Kein Recht zum Besitz gem. § 986 BGB

Auch hatte V kein Recht zum Besitz iSd § 986 BGB.

4. Ergebnis

B kann von V Herausgabe der Lkw gem. § 985 BGB verlangen. Allerdings ist dieser Anspruch (mangels eingetretenen Sicherungsfalls) nach hM analog § 986 I 2 BGB nur auf Herausgabe des unmittelbaren Besitzes an K gerichtet.

II. Anspruch der B gegen V auf Herausgabe aus §§ 861 I, 869 S. 1 BGB

Denkbar wäre zudem ein possessorischer Herausgabeanspruch der B wegen Besitzentziehung. Hierfür müsste B ihren Besitz durch verbotene Eigenmacht gem. §§ 861 I, 858 I BGB verloren haben. Allerdings war B lediglich mittelbare Besitzerin. Gemäß § 869 S. 1 BGB steht dem mittelbaren Besitzer ein Herausgabeanspruch gem.

§ 861 I BGB zu, falls gegen den unmittelbaren Besitzer verbotene Eigenmacht verübt wird und die weiteren Voraussetzungen des § 861 I BGB erfüllt sind. Hier wurde K der unmittelbare Besitz durch verbotene Eigenmacht iSd § 858 I BGB entzogen, da die Entfernung der Lkw vom Grundstück ohne seinen Willen und ohne gesetzliche Gestattung erfolgte. Auch war der hierdurch erlangte Besitz des V fehlerhaft gem. §§ 861 I, 858 I, II 1 BGB. Somit sind die Voraussetzungen des § 861 I BGB erfüllt. Der Anspruch ist auch nicht gem. § 861 II BGB oder § 864 I BGB ausgeschlossen.

Folglich steht auch der mittelbaren Besitzerin B ein Herausgabeanspruch gem. §§ 869 S. 1, 861 BGB zu. Allerdings ist jener nach § 869 S. 2 Hs. 1 BGB lediglich auf die Wiedereinräumung des unmittelbaren Besitzes an K gerichtet, da für eine Ausnahme nach Hs. 2 hier nichts ersichtlich ist.

III. Anspruch der B gegen V auf Herausgabe aus § 1007 I und II BGB

Darüber hinaus könnten der B auch Herausgabeansprüche aus § 1007 I und II BGB gegen V zustehen. Diese Anspruchsgrundlagen haben teils identische, teils divergierende Voraussetzungen.

Die gemeinsamen Voraussetzungen sind hier gegeben: Die Lkw sind bewegliche Sachen, B war, was ausreichend ist, frühere mittelbare Besitzerin und dem Anspruchsgegner V steht kein Recht zum Besitz iSv §§ 1007 III 2, 986 BGB zu.

Darüber hinaus müssten auch die speziellen Voraussetzungen des § 1007 I BGB gegeben sein: V war beim Besitzerwerb hinsichtlich seines Rechts zum Besitz bösgläubig, da er zumindest grob fahrlässig (§ 932 II BGB) verkannte, dass er nicht einfach die Lkw an sich nehmen durfte. Zudem hat B ihren mittelbaren Besitz nicht gem. § 1007 III 1 Alt. 2 BGB freiwillig aufgegeben. Ein Anspruch aus § 1007 I BGB ist somit gegeben.

Der Anspruch gem. § 1007 II BGB wäre dann gegeben, wenn die Lkw der B abhandengekommen sind. Abhandenkommen ist dabei genauso wie bei § 935 BGB zu verstehen. Es setzt also grds. den Verlust des unmittelbaren Besitzes aufseiten des Anspruchstellers ohne dessen Willen voraus. Da B aber lediglich mittelbare Besitzerin war, müsste analog § 935 I 2 BGB der unmittelbare Besitzer K den Besitz ohne seinen Willen verloren haben. Dies ist hier zu bejahen (vgl. Ausgangsfall II.). Aus diesem Grund steht der B ebenfalls ein Anspruch aus § 1007 II BGB zu.

Zu beachten ist jedoch, dass diese Ansprüche entsprechend § 986 I 2 BGB nur auf Wiedereinräumung des unmittelbaren Besitzes an K gerichtet sind.

IV. Sonstige Herausgabeansprüche

Schließlich stehen der B auch ein deliktischer Herausgabeanspruch aus § 823 I BGB (dieser Anspruch wird insbesondere nicht durch das EBV gesperrt) sowie ein bereicherungsrechtlicher Herausgabeanspruch gem. § 812 I 1 Alt. 2 BGB zu.

V. Ergebnis

B kann von V Herausgabe der Lkw gem. § 985 BGB, §§ 869 S. 1, 861 I BGB, § 1007 I und II BGB, § 823 I BGB und § 812 I 1 Alt. 2 BGB verlangen. Allerdings sind diese

Ansprüche (mangels eingetretenen Sicherungsfalls) nach hM nur auf Herausgabe des unmittelbaren Besitzes an K gerichtet.

Lösung Abwandlung

B kann Sicherungseigentum an den Lkw erwerben, wenn sie Inhaberin eines Anwartschaftsrechts geworden ist, das durch Zahlung der letzten Kaufpreisrate zum Vollrecht Eigentum erstarken kann. Zunächst ist wiederum zu prüfen, ob ein Anwartschaftsrecht zugunsten des K bestand.

I. Erwerb eines Anwartschaftsrechts durch K

1. Erwerb des Anwartschaftsrechts durch K von V; §§ 929 S. 1, 158 I BGB

Wie im Ausgangsfall I. 1. a) sind Einigung gem. § 929 S. 1, 158 I BGB, Übergabe und Einigsein zu diesem Zeitpunkt gegeben.

Allerdings war V nicht Eigentümer der Lkw. Ein Erwerb des Anwartschaftsrechts nach §§ 929 S. 1, 158 I BGB scheidet somit aus.

2. Gutgläubiger Erwerb gem. §§ 929 S. 1, 158 I, 932 I 1 BGB

Als wesensgleiches Minus zum Vollrecht Eigentum ist auch ein gutgläubiger Ersterwerb des Anwartschaftsrechts an beweglichen Sachen unter den Voraussetzungen der §§ 932 ff. BGB möglich. Hier kommt ein Erwerb gem. §§ 929 S. 1, 158 I, 932 I 1 BGB in Betracht.

a) Voraussetzungen der §§ 929 S. 1, 158 I BGB

Diese allgemeinen Voraussetzungen der §§ 929 S. 1, 158 I BGB sind mit Ausnahme der Verfügungsbefugnis erfüllt.

b) Besondere Voraussetzungen des § 932 BGB

Die Begründung des Anwartschaftsrechts erfolgte durch ein Rechtsgeschäft im Sinne eines Verkehrsgeschäfts. Auch vermittelte die Übergabe der Lkw einen hinreichenden Rechtsschein der Berechtigung zugunsten des V (§ 932 I 1 BGB).

Fraglich ist jedoch, ob K zum Zeitpunkt der Übergabe gutgläubig hinsichtlich der Eigentümerstellung des V gewesen ist iSd § 932 II BGB. Eine etwaige Bösgläubigkeit zum Zeitpunkt des Bedingungseintritts schadet hingegen nicht.

Hier waren sowohl K als auch der Kfz-Händler V Kaufleute: Im Handelsverkehr erwirbt ein Händler seine Waren idR lediglich unter verlängertem Eigentumsvorbehalt seiner Lieferanten, was den am Handelsverkehr Beteiligten auch bekannt ist. Aus diesem Grund ist der Schluss (zumindest) eines Kaufmanns allein ausgehend von der Besitzverschaffungsmacht des Händlers auf dessen Eigentum als grobe Sorgfaltspflichtverletzung zu bewerten. Ein gutgläubiger Erwerb des K würde somit grds. an seiner grob fahrlässigen Unkenntnis iSd § 932 II BGB scheitern (vgl. allg. zur grob fahrlässigen Unkenntnis Fall 5 I. 1. e) dd)).

In Betracht kommt jedoch ein gutgläubiger Erwerb gem. § 932 II BGB iVm § 366 I HGB. § 366 I HGB erweitert den Bezugspunkt des guten Glaubens auf das Bestehen einer Verfügungsbefugnis. V ist ein Kaufmann iSd § 1 HGB und die Veräußerung der Lkw ein Handelsgeschäft iSd § 343 HGB. Des Weiteren dürfte K nicht bösgläubig hinsichtlich der Verfügungsbefugnis des V gewesen sein. Maßstab ist § 932 II BGB iVm § 366 I HGB.

K, der keine positive Kenntnis von der fehlenden Verfügungsbefugnis hatte, könnte hierüber grob fahrlässig in Unkenntnis gewesen sein. Dafür könnte sprechen, dass er sich nicht die Fahrzeugpapiere vorzeigen ließ. Beim Erwerb eines Kfz ist zu beachten, dass neben der Übergabe (vgl. zum Rechtsscheinsträger bei §§ 929 S. 1, 932 BGB Fall 10 Ergänzende Bemerkungen) noch ein weiterer Rechtsscheinsträger für das Eigentum des Veräußerers, zumindest aber für dessen Verfügungsbefugnis, existiert: die Zulassungsbescheinigung Teil II (Fahrzeugbrief). In einigen Konstellationen wird hieraus gefolgert, dass sich der Erwerber vom besitzenden Veräußerer auch die Zulassungsbescheinigung Teil II vorzeigen lassen müsse, anderenfalls verstoße er gegen seine Nachforschungsobliegenheit, mit der Folge, dass seine Unkenntnis auf grober Fahrlässigkeit beruht. Dies wird insbesondere in den Fällen des Erwerbs eines Gebrauchtwagens von einer Privatperson angenommen. Problematisch erscheint, ob der Erwerb eines Neuwagens im Vertrauen auf die Verfügungsbefugnis des Händlers eine derartige Fallgruppe darstellt. Das wird bei Gelegenheitskäufen – also Erwerbsgeschäften die nicht einen Kernbestandteil der gewerblichen Tätigkeit bilden – vom BGH verneint. Hierfür spricht zunächst, dass eine derartige verdachtsunabhängige Überprüfungs- und Nachforschungsobliegenheit eine Überspannung der Sorgfaltsanforderungen, die der Erwerber beachten muss, darstellen würde. Der Erwerber soll davon ausgehen können, dass ein anerkannter und bewährter Neuwagenhändler über die Kfz verfügen darf. Zudem wird der Händler oftmals trotz Verfügungsbefugnis nicht in der Lage sein, die Papiere vorzulegen, da sie noch ausgestellt werden müssen. In einem solchen Fall müsste der Erwerber bei Annahme einer derart verschärften Prüfungsobliegenheit – uU sehr aufwändige – Nachforschungen vornehmen, um seinen Eigentumserwerb sicherzustellen.

Hier gibt es keine Anhaltspunkte dafür, dass der Erwerb zum Kerngeschäft des K gehörte wie dies bspw. bei gewerblichen Leasinggebern der Fall wäre. Aus diesem Grund durfte K allein von der Fähigkeit des V, ihm die neuen Lkw zu übergeben, auf dessen Verfügungsbefugnis schließen. Er war somit nicht bösgläubig.

Da E den unmittelbaren Besitz zudem freiwillig aus der Hand gegeben hat, scheitert der gutgläubige Erwerb des Anwartschaftsrechts auch nicht am Abhandenkommen gem. § 935 I BGB.

c) Zwischenergebnis

Gemäß §§ 929 S. 1, 158 I, 932 I 1 BGB hat K gutgläubig ein Anwartschaftsrecht an den Lkw erworben.

II. Übertragung des Anwartschaftsrechts auf B (§§ 929 S. 1, 930 BGB analog)

K könnte dieses Anwartschaftsrecht sicherungshalber auf B analog §§ 929 S. 1, 930 BGB übertragen haben (vgl. Ausgangsfall I. 1. b) bb)). Da deren Tatbestandsvoraussetzungen vorliegen – insbesondere handelte K als Berechtigter – hat B das Anwartschaftsrecht erworben.

III. Kein Erlöschen vor Bedingungseintritt

Allerdings könnte das Anwartschaftsrecht am 1.9. erloschen sein. Dies wäre der Fall, wenn die Kaufpreiszahlungspflicht des K, deren Erfüllung den Bedingungseintritt darstellt, entfallen wäre (zur Abhängigkeit des Anwartschaftsrechts vom Schuldverhältnis Ausgangsfall I. 1. c) bb)).

Hier könnte sich die Verpflichtung des K zur Kaufpreiszahlung infolge wirksamen Rücktritts des V gem. §§ 346 I, 323 I BGB in eine Rückabwicklungspflicht gewandelt haben. Ein Rücktritt wegen nicht erfolgter Kaufpreiszahlung ist ein dem Schuldverhältnis immanentes Risiko, geht also auch nach der vorzugswürdigen, hier vertretenen Ansicht zulasten der B, diesbezüglich trägt sie das Bestandsrisiko.

Da K eine fällige Leistung nicht erbracht hat, liegt ein Rücktrittsgrund gem. § 323 I BGB vor. V hat K allerdings weder eine Frist zur Erbringung der Leistung gesetzt, noch war eine Fristsetzung nach § 323 II BGB entbehrlich, sodass die Voraussetzungen für einen wirksamen Rücktritt des V nicht vorliegen. Das Anwartschaftsrecht ist somit nicht durch den Rücktritt des V am 30.8. untergegangen.

IV. Bedingungseintritt

Zu überlegen bleibt, ob auch B durch Zahlung der letzten Kaufpreisrate am 1.9. den Bedingungseintritt herbeiführen kann. Hierfür ist entscheidend, ob ihre Zahlung als Drittzahlung gleichwohl zum Eintritt der Bedingung führt.

Grds. ist ein Dritter zur Leistung berechtigt (§ 267 I BGB). Würde V die Zahlung der B ohne sachlichen Grund ablehnen, so läge darin eine treuwidrige Verhinderung des Bedingungseintritts. Dies hätte nach § 162 I BGB zur Folge, dass die Bedingung als eingetreten gilt. B kann daher durch Zahlung der letzten Kaufpreisrate den Bedingungseintritt herbeiführen.

V. Ergebnis

Ein Erstarken des Anwartschaftsrechts zum Vollrecht Eigentum ist mit Zahlung der letzten Kaufpreisrate durch B am 1.9. noch möglich. Die Folge wäre ein Direkterwerb der B ohne vorausgehenden Durchgangserwerb des K.

Ergänzende Bemerkungen

Zu Abwandlung I. 2. b):
Zu der Frage, wann der Erwerber eines Kfz als bösgläubig in Bezug auf das Nichteigentum des Veräußerers anzusehen ist, hat sich eine umfangreiche Kasuistik herausgebildet. Dabei geht es vor allem darum, ob bereits der Umstand, dass sich der Erwerber die Zulassungsbescheinigung Teil II nicht hat vorlegen lassen, dazu führt, dass die Unkenntnis von der Nichtberechtigung als grob fahrlässig anzusehen ist. Dies wird unterschiedlich bewertet je nach Art des zu erwerbenden Kfz.

Beim Erwerb eines Gebrauchtwagens muss idR die Zulassungsbescheinigung vorgelegt werden. Bei »Straßenkäufen« von Privatpersonen ist dies zwingend. Überdies kann den Erwerber bei besonderen Anhaltspunkten (besonders günstiger Preis, Geschäft in dunkler Gasse oder fehlende Übereinstimmung der Identität zwischen Veräußerer und eingetragenem Halter) eine weitergehende Nachforschungsobliegenheit treffen. Auch beim Erwerb von einem Gebrauchtwagenhändler wird idR angenommen, dass den Erwerber eine Obliegenheit trifft, sich die Zulassungsbescheinigung vorlegen zu lassen. Soweit keine besonderen Umstände vorliegen, kann der gute Glaube an die Verfügungsbefugnis (§ 366 HGB) jedoch eine Voreintragung des Händlers entbehrlich machen.

Anderes gilt für den Erwerb eines Neuwagens einschließlich Vorführwagen und Tageszulassungen von einem Händler durch eine Privatperson. Hier schließt das Nichtvorlegenlassen wegen der Besonderheiten der Erstzulassung den gutgläubigen Erwerb idR nicht aus. Wiederum anders kann dies bei einem Erwerb durch einen Kaufmann sein, zu dessen Kerngeschäft der Ankauf von Kfz gehört (vgl. hierzu die Falllösung).

Zu Abwandlung III.:
Eine Fristsetzung war auch nicht wegen eines relativen Fixgeschäfts gem. § 323 II Nr. 2 BGB entbehrlich. Für ein relatives Fixgeschäft ist die Bestimmung einer Leistungszeit erforderlich, für sich genommen aber nicht ausreichend. Vielmehr muss aus der Zeitbestimmung – anders als hier – eindeutig hervorgehen, dass das Rechtsgeschäft mit der Einhaltung der Leistungszeit »stehen und fallen« soll (Indizien: »spätestens bis«, »fix«, …). Im Unterschied zum absoluten Fixgeschäft ist im Fall eines relativen Fixgeschäfts die Leistung nach Zeitablauf noch nachholbar, sodass keine Unmöglichkeit gem. § 275 BGB eintritt.

Zu Abwandlung IV.:
In der Regel kann der Gläubiger die Annahme der Leistung eines Dritten verweigern, wenn der Schuldner widerspricht (§ 267 II BGB). Hier würde ein solcher Widerspruch des K dem V jedoch ausnahmsweise kein Annahmeverweigerungsrecht verleihen. Dies wird damit begründet, dass sich der Vorbehaltskäufer mit der Anwartschaftsrechtsübertragung seines Widerspruchsrechts begeben habe.

Fall 23 »Geldnöte«

Sachverhalt

V veräußert zwei Maschinen unter Eigentumsvorbehalt an K. Da K zum Zeitpunkt der Lieferung der Maschinen in seiner Lagerhalle über keine ausreichenden Lagerkapazitäten verfügt, stellt er die Maschinen einstweilen bei F unter. K hat zu diesem Zeitpunkt ein Drittel des Kaufpreises gezahlt.

F, der in Geldnöten ist, gibt sich gegenüber D als Anwartschaftsberechtigter aus. F und D einigen sich darüber, dass die Rechte des V an den Maschinen auf D übergehen sollen und übergeben die Maschinen. Hierbei täuscht F unter Vorlage gefälschter Papiere vor, er habe die Maschinen von V unter Eigentumsvorbehalt erworben und bereits zwei Drittel des Kaufpreises bezahlt. D zahlt den vermeintlich verbleibenden Kaufpreisrest von einem Drittel an V und wird dabei über die wahre Sachlage aufgeklärt.

Er möchte nun wissen, ob er mit dieser Zahlung Eigentum an den Maschinen erworben hat oder ob er es jedenfalls mit Zahlung des tatsächlich noch ausstehenden Betrags erwerben könne.

Abwandlung:
Wie ist der Fall zu beurteilen, wenn K den restlichen Kaufpreis an V zum Zeitpunkt der Anwartschaftsrechtsübertragung auf D bereits bezahlt hat?

Fundstellen/Vertiefungshinweise:
Baur/Stürner SachenR § 59 Rn. 38 ff.; *Müller/Gruber* SachenR Rn. 1581 ff.; *Westermann/Gursky/Eickmann* SachenR § 45 Rn. 9.
Vieweg/Werner SachenR § 11 Rn. 57 f.

Problemkreise:
- Gutgläubiger Zweiterwerb eines bestehenden Anwartschaftsrechts (V)
- Umfang des guten Glaubens (V)
- Gutgläubiger Zweiterwerb eines nicht existenten Anwartschaftsrechts (V)

Lösungsvorschlag

Interessenlage

Der Vorbehaltskäufer K ist daran interessiert, Inhaber des Anwartschaftsrechts zu bleiben und mit Eintritt der Bedingung das Eigentum zu erwerben. Das Interesse des Dritterwerbers D ist darauf gerichtet, das Anwartschaftsrecht und anschließend das Eigentum an den Maschinen zu erwerben.

Lösung Ausgangsfall

I. Eigentumserwerb des D mit Zahlung eines Drittels

D wäre dann Eigentümer geworden, wenn er von F ein Anwartschaftsrecht erworben und durch die Zahlung des vermeintlichen Restkaufpreises an V den Eintritt der Bedingung herbeigeführt hätte.

Zunächst hat Eigentümer V die Maschinen unter Eigentumsvorbehalt gem. §§ 929 S. 1, 158 I BGB auf K übertragen, wobei K (bis zu dem Geschäft zwischen F und D) mangels Bedingungseintritts kein vollwertiges Eigentum, sondern lediglich ein Anwartschaftsrecht an diesen erworben hat (vgl. hierzu bereits Fall 9 Ausgangsfall I. 4. a)).

Dieses Anwartschaftsrecht könnte D derivativ, also infolge der Übertragung durch F, erworben haben.

1. Übertragung eines Anwartschaftsrechts von F auf D

Die Übertragung richtet sich nach den Vorschriften für die Übertragung des Vollrechts Eigentum, bei beweglichen Sachen also analog §§ 929 ff. BGB.

a) Erwerb analog § 929 S. 1 BGB

Die für eine Übertragung des Anwartschaftsrechts erforderliche Einigung zwischen F und D sowie die Übergabe der Maschinen und das Einigsein zu diesem Zeitpunkt analog § 929 S. 1 BGB liegen vor. Allerdings scheitert der Erwerb des Anwartschaftsrechts daran, dass nicht F, sondern K Anwartschaftsrechtsinhaber war. F verfügte also als Nichtberechtigter.

b) Erwerb analog §§ 929 S. 1, 932 I 1 BGB

In Betracht kommt ein gutgläubiger Erwerb analog §§ 929 S. 1, 932 I 1 BGB vom vermeintlich berechtigten F (sog. gutgläubiger Zweiterwerb des Anwartschaftsrechts).

aa) Möglichkeit des gutgläubigen Zweiterwerbs eines Anwartschaftsrechts

Nach eA ist der gutgläubige Zweiterwerb des Anwartschaftsrechts generell ausgeschlossen. Dagegen spreche bereits – jedenfalls im Fall des Anwartschaftsrechts des Eigentumsvorbehaltskäufers – die Abhängigkeit des Anwartschaftsrechts von einem Schuldverhältnis. Darüber hinaus fehle ein Rechtsscheinstatbestand: Der Besitz bzw.

die Besitzverschaffungsmacht streite allein für das Eigentum des Veräußerers, nicht hingegen für ein Anwartschaftsrecht. Wer als Inhaber eines Anwartschaftsrechts auftrete, habe die Eigentumsvermutung selbst zerstört. Folglich vertraue der Erwerber nicht auf einen objektiven Rechtsschein, sondern lediglich auf bloße Zusagen des Veräußerers. Er sei somit nicht schutzwürdig.

Nach überwiegender Ansicht ist der gutgläubige Zweiterwerb eines tatsächlich bestehenden Anwartschaftsrechts hingegen grds. möglich. Das Vertrauen des Erwerbers sei schutzwürdig, da das Anwartschaftsrecht nichts anderes sei als das in der Entstehung befindliche Eigentum. Auch bestehe – entgegen der oben angegebenen Ansicht – ein hinreichender Rechtsschein: Da das Anwartschaftsrecht ein Minus zum Vollrecht ist, weise der Besitz bzw. die Besitzverschaffungsmacht auch auf ein Anwartschaftsrecht hin. Für die Möglichkeit eines gutgläubigen Erwerbs spreche überdies auch ein wirtschaftliches Bedürfnis: Gerade an neu hergestellten Sachen wird der Käufer regelmäßig nur ein Anwartschaftsrecht erwerben, über das sich der Erwerber nicht sicher erkundigen könne. Der Erwerber trage bereits das Bestandsrisiko aus dem zugrundeliegenden Schuldverhältnis (vgl. hierzu ausführlich Fall 22 Abwandlung III.) und müsse wenigstens gegen das Risiko der Nichtberechtigung des Veräußerers kraft seines guten Glaubens geschützt werden.

Schließt man sich dieser Auffassung an, wäre ein gutgläubiger Zweiterwerb eines Anwartschaftsrechts grds. möglich.

bb) Erwerb analog §§ 929 S. 1, 932 I 1 BGB

Die Voraussetzungen des § 929 S. 1 BGB in analoger Anwendung sind mit Ausnahme der Berechtigung gegeben (s. oben Ausgangsfall I. 1. a)).

Die Übertragung des Anwartschaftsrechts beruhte auch auf einem Rechtsgeschäft im Sinne eines Verkehrsgeschäfts. Die Übergabe der Maschinen wies F zugleich als Berechtigten aus (§ 932 I 1 BGB). Indem sich D Veräußerungspapiere vorlegen ließ, beruhte seine Unkenntnis vom Mangel der Berechtigung nicht auf grober Fahrlässigkeit. Dass D später von der Nichtberechtigung erfuhr, ist unschädlich, da es auf den Zeitpunkt des Erwerbs des Anwartschaftsrechts, also auf die Übergabe der Maschinen an D ankommt.

Auch § 935 I 1 BGB steht dem Erwerb nicht entgegen, weil die Sache dem wahren Berechtigten – hier K – nicht gegen seinen Willen aus dem Besitz gekommen ist. Zudem hat der – zum Zeitpunkt der Übergabe – unmittelbare Besitzer F, der dem K den Besitz mittelte, die Maschinen freiwillig dem D übergeben. Folglich steht auch § 935 I 2 BGB dem gutgläubigen Erwerb nicht entgegen.

Somit konnte D durch Einigung und Übergabe der Maschinen analog §§ 929 S. 1, 932 I 1, II BGB das Anwartschaftsrecht des K erwerben.

c) Zwischenergebnis

Schließt man sich der hM an, hat D gutgläubig das Anwartschaftsrecht erworben.

2. Bedingungseintritt

D wäre allerdings nur dann durch Zahlung des Kaufpreisdrittels an V Eigentümer der Maschinen geworden, wenn die Zahlung zum Eintritt der Bedingung geführt hätte.

Allerdings hatten K und V vereinbart, dass V das Eigentum erst mit vollständiger Zahlung des Kaufpreises verliert. Diese Bedingung ist indes mit der Zahlung durch D nicht eingetreten. Dass D sich vorgestellt hat, es stehe nur noch ein Drittel des Kaufpreises aus, ist unbeachtlich: Das Anwartschaftsrecht kann nur so erworben werden, wie es tatsächlich besteht: In der Höhe wie auch im Bestand selbst ist es von dem ihm zugrunde liegenden schuldrechtlichen Rechtsverhältnis, dessen Erfüllung den Bedingungseintritt darstellt, abhängig (hierzu im Einzelnen Fall 22 Ausgangsfall I. 1. c) bb)). Der gute Glaube des D an eine höhere Tilgung ist nicht geschützt. Die Bedingung ist folglich noch nicht eingetreten.

3. Zwischenergebnis

D ist mit seiner Zahlung mangels Bedingungseintritts noch nicht Eigentümer geworden.

II. Möglichkeit durch Zahlung des Restkaufpreises Bedingungseintritt herbeizuführen

Allerdings könnte D gem. § 267 I BGB durch Zahlung des letzten Drittels des Kaufpreises den Bedingungseintritt herbeiführen (vgl. hierzu bereits Fall 22 Abwandlung IV.).

Denkbar wäre dann, dass V die Zahlung gem. § 267 II BGB ablehnt, wenn – was zu erwarten ist – K der Erfüllung nicht zustimmt. Die Argumentation, mit der in den Ergänzenden Bemerkungen zu Fall 22 das Widerspruchsrecht des Vorbehaltskäufers (hier K) abgelehnt wurde, lässt sich nicht ohne Weiteres auf diesen Fall übertragen: In den Ergänzenden Bemerkungen zu Fall 22 wurde dem Vorbehaltskäufer das Widerspruchsrecht wegen der freiwilligen Entäußerung des Anwartschaftsrechts verwehrt, wovon hier keine Rede sein kann. Allerdings spricht die grds. Anerkennung eines gutgläubigen Zweiterwerbs eines Anwartschaftsrechts gegen ein solches Widerspruchsrecht, weil sonst der Zweiterwerb vielfach wirkungslos würde.

Folglich kann K nicht widersprechen und eine dennoch erfolgte Ablehnung des Restkaufpreises durch V hätte den Eintritt der Bedingung zur Folge (gem. § 162 I BGB).

III. Ergebnis

D hat die Möglichkeit, durch Zahlung des Restkaufpreises Eigentum an den Maschinen zu erwerben.

Abwandlung

Hat K den Restkaufpreis an V zum Zeitpunkt der Übertragung des Anwartschaftsrechts von F an D bereits bezahlt, so ist das Anwartschaftsrecht des K in diesem Zeitpunkt bereits zum Vollrecht Eigentum erstarkt. Anders als im Ausgangsfall existiert also gar kein Anwartschaftsrecht mehr, das auf einen Dritten (D) übertragen werden könnte.

Der gutgläubige Zweiterwerb eines nur vermeintlich bestehenden Anwartschaftsrechts wird einhellig abgelehnt, da der analog § 932 BGB geschützte gute Glaube nur über die fehlende Rechtszuständigkeit des Veräußerers, nicht jedoch über die mangelnde Existenz des veräußerten Rechts hinweghelfe. Der gutgläubige Zweiterwerb setze als Anknüpfungspunkt also ein existierendes Recht voraus. Hier komme als Anknüpfungspunkt aber nur die – nicht zutreffende – Behauptung des F, ihm stehe ein Anwartschaftsrecht zu, in Betracht. Wenn aber keine schuldrechtliche Verpflichtung besteht, an deren Erfüllung der Eintritt der Bedingung geknüpft ist, so könne ein Anwartschaftsrecht weder bestehen noch kraft guten Glaubens zur Entstehung gelangen.

In der Abwandlung hat D somit kein Anwartschaftsrecht von F erworben, sodass D nicht durch Zahlung des Kaufpreises Eigentum erwerben kann.

Ergänzende Bemerkungen

Lernschwerpunkt dieses Falls ist, dass ein Anwartschaftsrecht nur mit dem Inhalt übertragen werden kann, mit dem es dem wirklich Berechtigten zusteht. Ein Vertrauensschutz besteht weder hinsichtlich seines Werts (s. Ausgangsfall), noch seiner Existenz (s. Abwandlung).

Zur Abwandlung:
Hier wäre ein gutgläubiger Erwerb eines Anwartschaftsrechts möglich gewesen, wenn sich F als Eigentümer ausgegeben und dem D die Maschinen aufschiebend bedingt übereignet hätte. Der Unterschied zum vorliegenden Fall ist, dass es sich dann um einen gutgläubigen Ersterwerb – der nach allg. Auffassung möglich ist – und nicht um einen Zweiterwerb gehandelt hätte.

Fall 24 »Die komplizierten Kaufbedingungen«

Sachverhalt

B bestellt bei A unter Bezugnahme auf seine Einkaufsbedingungen zwei Fertigungsmaschinen zum Preis von je 10.000 EUR. Die Bezahlung soll nach Lieferung erfolgen. In den Einkaufsbedingungen des B heißt es unter anderem:

> »Wir bestellen unter Zugrundelegung unserer Einkaufsbedingungen. Andere Bedingungen werden nicht Vertragsinhalt, auch wenn wir ihnen nicht ausdrücklich widersprechen. Wir sind ohne Einschränkung berechtigt, die an uns gelieferten Waren im ordnungsgemäßen Geschäftsgang zu verwenden und weiterzuveräußern.«

A bestätigt die Bestellung unter Verwendung seiner Verkaufsbedingungen, in denen es insbesondere heißt:

> »1. Unsere sämtlichen, auch zukünftigen Lieferungen erfolgen ausschließlich aufgrund der nachstehenden Bedingungen. Eventuellen Einkaufsbedingungen des Käufers wird hiermit widersprochen. Sie werden auch dann nicht anerkannt, wenn wir ihnen nicht nochmals nach Eingang bei uns ausdrücklich widersprechen. Spätestens mit der Entgegennahme unserer Ware gelten diese Liefer- und Zahlungsbedingungen als angenommen.
>
> 2. Alle gelieferten Waren bleiben bis zur Erfüllung sämtlicher Forderungen unser Eigentum (Vorbehaltsware).«

A liefert abredegemäß an B. Noch vor Bezahlung des Kaufpreises wird B zahlungsunfähig. Über sein Vermögen wird ein Insolvenzverfahren eröffnet. Nun verlangt A vom Insolvenzverwalter die Maschinen mit der Begründung heraus, er sei noch Eigentümer.

Zu Recht?

Fundstellen/Vertiefungshinweise:
BGHZ 125, 83 = NJW 1994, 1154; BGHZ 104, 129 = NJW 1988, 1774; BGH NJW 1982, 1749 = JuS 1982, 938 (*K. Schmidt*); *Baur/Stürner* SachenR § 59 Rn. 9 ff.; *Müller/Gruber* SachenR Rn. 1562 ff., 1567 ff.; *Wilhelm* SachenR Rn. 2443, 2445 ff.
Vieweg/Werner SachenR § 11 Rn. 6, 9 ff.

Problemkreise:
- Einseitige Erklärung eines Eigentumsvorbehalts (V)
- Widersprechende AGB (Sachenrechtsexternes Problem)

Besondere Schwierigkeiten:
- Bezüge zum Recht der Allgemeinen Geschäftsbedingungen

Lösungsvorschlag

Interessenlage

A hat ein Interesse daran, Eigentümer der Maschinen geblieben zu sein, weil er dann ihre Aussonderung gem. § 47 InsO verlangen kann.

Lösung des Falls

I. Anspruch des A gegen den Insolvenzverwalter auf Herausgabe der Maschinen gem. § 47 S. 2 InsO iVm § 985 BGB

A kann Aussonderung und Herausgabe der Maschinen vom Insolvenzverwalter verlangen, wenn er aufgrund eines dinglichen oder persönlichen Rechts geltend machen kann, dass die Fertigungsmaschinen nicht zur Insolvenzmasse (§ 35 InsO) gehören (§ 47 InsO). Dies wäre insbesondere dann der Fall, wenn A Eigentümer der Maschinen geblieben wäre; dann könnte er gem. § 985 BGB ihre Herausgabe verlangen.

1. Eigentum des A

Ursprünglich war A Eigentümer der Fertigungsmaschinen. Er könnte sein Eigentum aber durch Übereignung gem. § 929 S. 1 BGB an B verloren haben. A hat dem B die Fertigungsmaschinen übergeben iSd § 929 S. 1 BGB und war als Eigentümer verfügungsbefugt. Problematisch erscheint jedoch die dingliche Einigung.

a) Dingliche Einigung

Spätestens im Zeitpunkt der Lieferung einigten sich A und B konkludent darüber, dass B Eigentümer der Maschinen werden sollte: Die Lieferung durch A stellte das Angebot, die Entgegennahme durch B die Annahme dar. Die Annahmeerklärung musste dem A wegen konkludenten Verzichts gem. § 151 S. 1 BGB nicht zugehen. Diese Einigung könnte aber lediglich aufschiebend bedingt durch die vollständige Erfüllung sämtlicher Zahlungsverpflichtungen des B erklärt worden sein; § 158 I BGB.

aa) Verhältnis der Auslegung nach §§ 133, 157 BGB zu § 449 I BGB

Es gibt keinen allg. Rechtsgrundsatz dahingehend, dass im Zweifel eine bedingte dingliche Einigung anzunehmen ist. Vielmehr muss dies ausdrücklich vereinbart sein oder sich durch Auslegung gem. §§ 133, 157 BGB ergeben. Für den Fall, dass die dinglichen Erklärungen weder ausdrücklich eine aufschiebend bedingte Übereignung vorsehen noch deren Auslegung zu einem eindeutigen Ergebnis führt, enthält § 449 I BGB eine Auslegungsregel. Danach ist eine lediglich bedingte Übereignung im Zweifel anzunehmen, wenn sie im Kaufvertrag vorgeplant ist. Gelangt bereits die Auslegung der dinglichen Einigung zu einem eindeutigen Ergebnis, darf § 449 I BGB indes nicht herangezogen werden (vgl. hierzu Fall 9 Ergänzende Bemerkungen).

bb) Auslegung der dinglichen Einigung gem. §§ 133, 157 BGB

Ausdrücklich wurde ein Eigentumsvorbehalt bei der Lieferung nicht vereinbart. Die dingliche Einigung ist also gem. §§ 133, 157 BGB auszulegen.

Ausschlaggebend ist hierfür zunächst das Angebot: Der Lieferung, also dem konkludenten Übereignungsangebot, ist die Übersendung der Verkaufsbedingungen durch A vorausgegangen. Aus diesen trat der Wille des A, nur aufschiebend bedingt zu übereignen und anders lautende Einkaufsbedingungen nicht zu akzeptieren, offen zu Tage. Ein vernünftiger Dritter in der Situation des B musste die Lieferung als lediglich bedingtes Übereignungsangebot verstehen; §§ 133, 157 BGB.

Die Entgegennahme der Lieferung durch B ist – trotz widersprechender Einkaufsbedingungen – vom objektiven Empfängerhorizont als konkludente, mit dem Übereignungsangebot übereinstimmende Annahmeerklärung zu verstehen, die dem A zudem gem. § 151 S. 1 BGB nicht zugehen musste. Sähe man in der Entgegennahme eine Ablehnung verbunden mit einem neuen Angebot, würde dies dazu führen, dass B mangels dinglicher Einigung keine Rechtsposition erhalten hätte. Dies wäre nicht interessengerecht.

Gemäß §§ 133, 157 BGB ist daher davon auszugehen, dass sich B und A konkludent auf eine bedingte Übereignung einigten.

b) Zwischenergebnis

A übereignete die Maschinen nur aufschiebend bedingt durch die vollständige Kaufpreiszahlung (§§ 929 S. 1, 158 I BGB). Da B den Kaufpreis nicht bezahlt hat, ist die Bedingung nicht eingetreten. Folglich hat A sein Eigentum an den Fertigungsmaschinen nicht an B verloren.

2. Besitz des B

Da sich die Maschinen noch bei B befinden und er die tatsächliche Gewalt ausübt, ist er Besitzer (§ 854 I BGB).

3. Kein Recht zum Besitz gem. § 986 BGB

Dem Herausgabeanspruch des A könnte aber ein obligatorisches Recht zum Besitz des B gem. § 986 I 1 BGB entgegenstehen. Ein solches Besitzrecht des B ergibt sich hier grds. aus dem mit A geschlossenen Kaufvertrag über die Fertigungsmaschinen.

Dieses Besitzrecht könnte jedoch nachträglich durch Rücktritt gem. § 323 I BGB entfallen sein. In dem Herausgabeverlangen liegt konkludent die Rücktrittserklärung (vgl. § 449 II BGB). Allerdings müsste auch ein Rücktrittsgrund vorliegen. B erfüllte seine Kaufpreiszahlungspflicht trotz Fälligkeit nicht. Doch hat A weder ihm noch dem Insolvenzverwalter eine Zahlungsfrist iSd § 323 I BGB gesetzt. Der Rücktritt wäre nur dann wirksam, wenn eine Fristsetzung entbehrlich wäre. Dies könnte hier gem. § 323 II Nr. 3 BGB der Fall sein. Dann müsste die zur Eröffnung des Insolvenzverfahrens führende Zahlungsunfähigkeit des B (§ 17 InsO), einen besonderen Umstand in diesem Sinne darstellen. Dadurch würde aber das Wahlrecht des Insolvenzverwalters nach §§ 103, 107 II InsO unterlaufen werden. Aus diesem Grund wäre hier ein Rücktritt nur bei Wahl der Vertragserfüllung durch den Insolvenzverwalter und anschließender Nichtleistung trotz Fristsetzung möglich gewesen.

Damit ist das ursprünglich mit dem Kaufvertrag entstandene Besitzrecht des B an den Fertigungsmaschinen mangels wirksamen Rücktritts des A nicht erloschen. B hat also ein Recht zum Besitz gem. § 986 I 1 BGB.

Darüber hinaus könnte B auch kraft seines Anwartschaftsrechts ein Recht zum Besitz zustehen; zu dieser Frage bereits Fall 9 Abwandlung I. 3. a) bb) (2).

II. Ergebnis

Zwar ist A Eigentümer der Maschinen geblieben und kann somit grds. gem. § 47 InsO Aussonderung verlangen, allerdings steht dem Herausgabeverlangen aus § 985 BGB das Besitzrecht des B aus dem Kaufvertrag entgegen.

Ergänzende Bemerkungen

In der Falllösung konnte dahinstehen, ob der Eigentumsvorbehalt auch auf schuldrechtlicher Ebene vorgeplant war. Darauf käme es jedoch an, wenn nach Folgeansprüchen des B gegen A (wie bspw. dem Anspruch auf unbedingte Übereignung oder auf Schadensersatz) gefragt wäre. Diese Ansprüche wären nur bei einer Pflicht des A zu einer unbedingten Übereignung gegeben. Aus diesem Grund wird im Folgenden dargestellt, wie das Problem der widersprechenden AGB in Bezug auf den Kaufvertrag im vorliegenden Fall zu behandeln wäre:

Problem der einander widersprechenden Geschäftsbedingungen
Zwar fehlt auch in Bezug auf den Kaufvertrag und somit auf den Umfang der Verkäuferpflicht eine individuelle Vereinbarung von A und B, allerdings haben beide einander widersprechende AGB verwendet. Die Lösung einer derartigen Konstellation war lange Zeit sehr strittig.

Nach der früher von der Rechtsprechung vertretenen »Theorie des letzten Wortes« wurde angenommen, dass die Partei ihre AGB wirksam einbeziehen könne, die sie zuletzt übersende. Eine Annahmeerklärung, die widersprechende AGB enthalte, stelle gem. § 150 II BGB ein neues Angebot unter gleichzeitiger Ablehnung des vorangegangenen Angebots dar. Werde es daraufhin vom anderen Vertragspartner ohne Übersendung der eigenen AGB zumindest konkludent (zB durch Leistungserbringung, bzw. Annahme der Gegenleistung) angenommen, würden allein die zuletzt übersendeten AGB Vertragsbestandteil, da der Annehmende diese konkludent billige. Dies hätte hier zur Folge, dass die AGB des A Vertragsinhalt geworden wären, da A der »Bestellungsbestätigung« seine AGB zugrunde gelegt hat (neues Angebot) und B die Lieferung ohne ausdrücklichen Hinweis auf seine AGB entgegennahm (konkludente Annahme unter Billigung der Verkaufsbedingungen). Diese Ansicht weist jedoch die Schwäche auf, dass sich oftmals nicht genau ermitteln lässt, wer zuletzt auf seine AGB verwiesen hat.

Nach heute hM ist in einem solchen Fall hingegen von einem Einigungsmangel iSd § 154 I BGB auszugehen. Fraglich ist allein die Rechtsfolge: Beginnen die Parteien trotz des Mangels mit der Vertragsausführung, so zeigen sie, dass sie entgegen der Auslegungsregel des § 154 I BGB den Bestand des Vertrags nicht an der Frage scheitern lassen wollen, wessen Geschäftsbedingungen gelten. Weder die Einkaufs- noch die Verkaufsbedingungen werden – soweit sie einander widersprechen – Vertragsbestandteil. Diese Auffassung hat den Vorzug, dass sie im Zweifel dem dispositiven Gesetzesrecht, also der unbedingten Verpflichtung zur Übereignung (§ 433 I 1 BGB) zur Durchsetzung verhilft.

Schließt man sich dieser Auffassung an, ist A aus dem Kaufvertrag zur unbedingten Übereignung verpflichtet. B hat folglich weiterhin einen Anspruch gegen A auf unbedingte Übereignung.

Fall 25 »Der Bagger«

Sachverhalt

A nimmt bei der Bank B im April ein Darlehen über 20.000 EUR auf. Zur Sicherung dieses Kredits übereignet er seinen Bagger an B. Im Sicherungsvertrag wird vereinbart, dass A den Bagger verwahrt und weiter benutzen darf. Zudem enthält der Sicherungsvertrag folgende Klausel:

»§ 6 Nach Befriedigung des durch diesen Vertrag gesicherten Rückzahlungsanspruchs der Bank erhält der Sicherungsgeber das Eigentum an dem aufgrund dieser Vereinbarung zur Sicherung übereigneten Bagger zurück.«

Im Mai trifft A mit C, dem die Sicherungsübereignung an B bekannt ist, die Vereinbarung, dass alle frei werdenden Rechte des A an dem Bagger zur Sicherheit auf C übergehen sollen. Im Dezember zahlt A die letzte Rate an B.

Wer ist Eigentümer des Baggers?

Fundstellen/Vertiefungshinweise:
BGH NJW 1984, 1184 = JuS 1984, 720 (*K. Schmidt*); BGH NJW 1991, 353 = JuS 1991, 422 (*K. Schmidt*); *Baur/Stürner* SachenR § 57 Rn. 2, 10; *Müller/Gruber* SachenR Rn. 1681 ff., 1703 ff., 1716 ff.; *Westermann/Gursky/Eickmann* SachenR § 44 Rn. 20.
Vieweg/Werner SachenR § 12 Rn. 6 ff., 10 f., 14 ff., 20.

Problemkreise:
- Voraussetzungen der Sicherungsübereignung (G)
- Auswirkung der Forderungstilgung auf die Eigentümerstellung bei der Sicherungsübereignung (V)

Lösungsvorschlag

Interessenlage

C ist daran interessiert, mit der Vereinbarung im Mai eine Rechtsposition zu erlangen, aufgrund derer er nach Möglichkeit mit Zahlung der letzten Rate im Dezember automatisch Eigentum erwirbt.

B ist hingegen daran gelegen, bei Tilgung der letzten Rate lediglich einem schuldrechtlichen Rückübereignungsanspruch ausgesetzt zu sein, um den Verlust ihrer dinglichen Sicherheit »selbst in der Hand zu haben«.

Das Interesse des A ist darauf gerichtet, den Bagger an die B auflösend bedingt übereignet zu haben, um ein Anwartschaftsrecht als Sicherungsmittel zurückzubehalten.

Lösung des Falls

Ursprünglich stand der Bagger im Eigentum des A. Er könnte sein Eigentum aber durch die Sicherungsübereignungen an B oder C verloren haben.

I. Eigentumsverlust an B im April gem. § 929 S. 1 BGB

Eine Übereignung nach § 929 S. 1 BGB scheitert mangels vollständiger Besitzentäußerung bereits an der fehlenden Übergabe, denn A ist nach wie vor unmittelbarer Besitzer.

II. Eigentumsverlust an B im April gem. §§ 929 S. 1, 930 BGB

A und B haben sich dinglich über die Übertragung des Eigentums am Bagger geeinigt.

Darüber hinaus müsste ein Übergabesurrogat gem. § 930 BGB gegeben sein. Dies setzt die Vereinbarung eines konkreten Besitzmittlungsverhältnisses iSd § 868 BGB voraus. In ihrem Sicherungsvertrag – einem Vertrag sui generis gem. §§ 311 I, 241 I BGB – haben A und B vereinbart, dass A den Bagger verwahren soll und solange weiter benutzen darf, bis B ihn zur Befriedigung ihrer Forderung herausverlangt. Hierin ist ein konkretes Rechtsverhältnis zu sehen, aufgrund dessen A der B gegenüber zum Besitz auf Zeit berechtigt ist. Zudem hat B einen (wenn auch nicht fälligen) Herausgabeanspruch und A Fremdbesitzerwillen. Der Sicherungsvertrag begründet also ein Besitzmittlungsverhältnis gem. § 868 BGB und somit ein Übergabesurrogat iSd §§ 930, 868 BGB.

Zudem waren sich A und B zum Zeitpunkt der Vereinbarung des Besitzkonstituts noch einig und A war als Eigentümer verfügungsbefugt.

B wurde folglich im April Eigentümerin des Baggers.

III. Eigentumserwerb des C im Mai gem. §§ 929 S. 1, 930, 933 BGB

Allerdings könnte die im Mai zwischen A und C vereinbarte Sicherungsübereignung zu einem Eigentumsverlust der B und einem Eigentumserwerb des C geführt haben.

Hier ist bereits die dingliche Einigung fraglich. Indem A und C vereinbarten, dass C alle »frei werdende[n]« Rechte erwerben soll, brachten die Parteien zum Ausdruck, dass Gegenstand der dinglichen Einigung nicht die sofortige Eigentumsübertragung war.

IV. Eigentumserwerb des C infolge vollständiger Darlehensrückzahlung durch A im Dezember

Schließlich könnte die im Dezember von A bewirkte Forderungstilgung zu einem Eigentumserwerb des C geführt haben.

1. Direkt- oder Durchgangserwerb

Dieser Erwerb könnte sich entweder in Form eines Direkterwerbs von B oder eines Durchgangserwerbs über A vollzogen haben.

a) Direkterwerb – Übertragung eines Anwartschaftsrechts

Ein Direkterwerb kommt in Betracht, wenn A dem C – im Zuge der Übertragung sämtlicher Rechte – ein ihm zustehendes Anwartschaftsrecht auf Rückerwerb des Eigentums analog §§ 929 S. 1, 930 BGB verschafft hätte. Die Folge wäre, dass mit der Zahlung der letzten Darlehensrate durch A im Dezember, das Anwartschaftsrechts bei C zum Vollrecht Eigentum erstarkt, ohne dass ein Eigentumserwerb des A vorausgehen würde.

b) Durchgangserwerb – Antizipierte Übereignung

Denkbar ist aber auch, dass die Einigung zwischen A und C im Mai auf eine Eigentumsübertragung nach §§ 929 S. 1, 930 BGB gerichtet war. Mangels Verfügungsberechtigung im Mai, müsste A jedenfalls im Dezember für eine »juristische Sekunde« Eigentümer geworden sein, sodass seine Verfügung gem. § 185 II 1 Var. 2 BGB ex nunc wirksam geworden wäre. Auf diese Weise hätte C Eigentum im Wege des Durchgangserwerbs erworben.

c) Zwischenresümee

Beide Möglichkeiten des Eigentumserwerbs des C (mit Zahlung des A) setzen voraus, dass die Sicherungsübereignung von A an B auflösend (durch die Darlehenstilgung) bedingt war; § 158 II BGB:

Hätten A und B lediglich einen schuldrechtlichen Rückübereignungsanspruch vereinbart, wäre A nicht Anwartschaftsrechtsinhaber geworden (zu den allg. Voraussetzungen eines Anwartschaftsrechts; Fall 9 Ausgangsfall I. 4. a)): Seine Rechtsposition wäre nicht hinreichend sicher, da B den Eigentumserwerb des A einseitig verhindern könnte. Folglich hätte C ein Anwartschaftsrecht weder vom Berechtigten noch gutgläubig durch Verfügung eines Nichtberechtigten erwerben können (zum Ausschluss des gutgläubigen Zweiterwerbs eines nichtbestehenden Anwartschaftsrechts vgl. Fall 23 Abwandlung) und ein Direkterwerb wäre ausgeschlossen.

Im Fall eines bloß schuldrechtlichen Rückübereignungsanspruchs des A hätte C (bisher) auch kein Eigentum im Wege des Durchgangserwerbs erlangen können. Da B den Bagger noch nicht an A übereignet hat, wäre die Voraussetzung des § 185 II 1 Var. 2 BGB noch nicht eingetreten.

2. Auflösend bedingte Übereignung von A an B

Ob eine auflösend bedingte Übereignung oder lediglich ein schuldrechtlicher Rückübereignungsanspruch für den Fall der Forderungstilgung vereinbart wurde, ist durch Auslegung der dinglichen Einigung gem. §§ 133, 157 BGB zu ermitteln. Ergänzend ist der Sicherungsvertrag heranzuziehen.

Die dingliche Einigung enthält hier keine ausdrückliche Regelung. Daher ist auf die Sicherungsabrede abzustellen. Die Wendung »zurückerhalten« lässt indes weder zwingend auf einen automatischen Rückfall noch einen bloß schuldrechtlichen Rückübertragungsanspruch schließen. Die grammatikalische Auslegung führt hier somit zu keinem Ergebnis.

Der Inhalt der dinglichen Einigung ist jedoch nicht nur anhand des Wortlauts, sondern auch des Parteiwillens zu ermitteln. Hierzu ist die Perspektive eines objektiven Dritten in der Situation des jeweiligen Erklärungsempfängers einzunehmen, §§ 133, 157 BGB.

a) Ansicht des BGH

Der BGH hält hierbei für entscheidend, dass die Banken regelmäßig nur schuldrechtliche Rückübertragungspflichten übernehmen. Dingliche Rückfallklauseln seien daher als Ausnahme anzusehen. Daraus wird gefolgert, dass ein verständiger und redlicher Vertragspartner einer Bank nur bei Vorliegen deutlicher Anhaltspunkte im Sicherungsvertrag von einer auflösend bedingten Übereignung, also der Vereinbarung einer dinglichen Rückfallklausel ausgehen könne.

b) Gegenansicht

Die Gegenansicht betont, dass der Sicherungsgeber im Rahmen der dinglichen Einigung regelmäßig nicht geneigt sei, dem Sicherungsnehmer ein »Mehr« an Sicherheit einzuräumen als erforderlich. Ein verständiger Dritter wird daher bei Fehlen einer ausdrücklichen Vereinbarung (auch in den Banken-AGB) lediglich von einer auflösend bedingten Übereignung ausgehen. Des Weiteren spricht dafür das Schutzbedürfnis des Sicherungsgebers: Durch die auflösend bedingte Übereignung behält er eine gesicherte Rechtsposition in Form des Anwartschaftsrechts zurück, die durch den Sicherungsnehmer gem. § 161 II BGB nicht einseitig zerstört und nicht durch einen Dritten gutgläubig wegerworben werden kann ([§ 161 III iVm] § 936 III BGB analog).

c) Anwendung auf den Fall

Legt man indes die ständige Bankenpraxis zugrunde, ist hier von einem schuldrechtlichen Rückübertragungsanspruch auszugehen. Auch nach der Tilgung der Darlehensforderung im Dezember ist B also Eigentümerin geblieben.

Folgt man der Gegenansicht, so stellt sich die bereits aufgeworfene Frage, ob ein Direkt- oder ein Durchgangserwerb in Betracht kommt, maW ob eine antizipierte Eigentums- oder eine Anwartschaftsrechtsübertragung erfolgte. Entscheidend ist abermals die Auslegung der dinglichen Einigung gem. §§ 133, 157 BGB.

Dem Wortlaut nach kommt sowohl eine antizipierte Übertragung des Eigentums, als auch eine Übertragung des Anwartschaftsrechts in Betracht: Die gewählte Formulierung stellt lediglich klar, dass C das infolge der Forderungstilgung freiwerdende Recht (hier also das Eigentum) am Bagger zustehen soll. Zu diesem Ziel würden jedoch beide Wege führen. Der Wortlaut der Vereinbarung gibt also keinen eindeutigen Aufschluss darüber, ob Direkt- oder Durchgangserwerbs gewollt war. Es gilt daher, den Parteiwillen nach dem objektiven Empfängerhorizont zu ermitteln.

Für den Sicherungsnehmer bedeutet der Erwerb eines Anwartschaftsrechts größere Sicherheit. In diesem Fall stünde dem Sicherungsgeber A keine Rechtsposition am Sicherungsgut mehr zu, die mit Rechten Dritter belastet werden könnte.

Anderes gilt, wenn A und C lediglich eine antizipierte Übertragung des Eigentums vereinbart hätten. Dann wäre die Position des C weniger gesichert: Denn A bliebe Anwartschaftsrechtsberechtigter und dieses Anwartschaftsrecht könnte bis zum Bedingungseintritt mit Rechten Dritter belastet werden. Belastungen würden sich in der juristischen Sekunde des Eigentumserwerbs durch A (wegen des Durchgangserwerbs) an dem Vollrecht analog § 1287 S. 1 BGB fortsetzen.

Weil die Übertragung des Anwartschaftsrechts für den Sicherungsnehmer wesentlich vorteilhafter ist, musste ein verständiger Dritter in der Position des Erklärungsempfängers die Vereinbarung so verstehen, dass die Übertragung des Anwartschaftsrechts vereinbart wurde.

Weil auch die übrigen Voraussetzungen für einen Erwerb des Anwartschaftsrechts vorliegen, wäre nach dieser Ansicht mit Bedingungseintritt (Tilgung der letzten Darlehensrate) das Anwartschaftsrecht direkt bei C zum Vollrecht erstarkt, er also Eigentümer geworden.

V. Ergebnis

Schließt man sich der Rechtsprechung des BGH an, wäre B als Eigentümerin des Baggers anzusehen, ansonsten wäre C als Eigentümer anzusehen.

Ergänzende Bemerkungen

Zu III.:
Hier stand einem Eigentumserwerb im Mai schon das Erfordernis einer dinglichen Einigung entgegen. Im Übrigen würde ein Eigentumserwerb im Mai auch am Fehlen der weiteren Voraussetzungen der §§ 929 S. 1, 930, 933 BGB scheitern: Zum einen wusste C von der Sicherungsübereignung und war daher bösgläubig. Zum anderen fehlte es auch an einer qualifizierten Übergabe iSv § 933 BGB. Diese hätte eine Übergabe gem. § 929 S. 1 BGB erfordert, also neben der Erlangung zumindest mittelbaren Besitzes auf Erwerberseite, eine vollständige Besitzentäußerung durch den Veräußerer. Hier blieb A jedoch unmittelbarer Besitzer.

Zu IV. 2.:
In der Praxis hat dieser Streit nahezu keine Bedeutung mehr, weil die Banken in den Sicherungsverträgen zumeist ausdrücklich einen lediglich schuldrechtlichen Rückübereignungsanspruch vorsehen. Hier musste der Streit jedoch angesprochen werden, weil die Klausel ungenau formuliert war.

Fall 26 »Die verwechselten Flurnummern«

Sachverhalt

V will an K ein Grundstück verkaufen und übereignen, das im Grundbuch mit der Katasternummer Flur Nr. 39, Flurstück Nr. 31 bezeichnet ist. Im notariellen Kaufvertrag und in der Auflassung wird das Grundstück jedoch irrtümlicherweise mit Flur Nr. 39, Flurstück Nr. 30 bezeichnet. Für dieses Grundstück, das ebenfalls dem V gehört, wird K – nach Stellung des Eintragungsantrags durch V – als neuer Eigentümer eingetragen.

Frage 1: Wie ist die Eigentumslage hinsichtlich beider Grundstücke?

Frage 2: Kann V von K Berichtigung des Grundbuchs bzgl. des Grundstücks Flurstück Nr. 30 verlangen?

Fundstellen/Vertiefungshinweise:
BGH NJW 2008, 1658; BGH NJW 2002, 1038; *Müller/Gruber* SachenR Rn. 2552 ff., 2603 ff.; *Westermann/Gursky/Eickmann* SachenR § 71 Rn. 6 ff.; *Petersen* JURA 2016, 872.
Vieweg/Werner SachenR § 13 Rn. 19 ff., 57 ff.

Problemkreise:
- Erwerb von Grundstücksrechten (G)
- Grundbuchberichtigungsanspruch (G)

Lösungsvorschlag

Interessenlage

Sowohl V als auch K sind daran interessiert, dass K Eigentümer des Flurstücks Nr. 31, nicht aber des Flurstücks Nr. 30 geworden ist. Zudem ist V an einer Grundbuchberichtigung hinsichtlich des Flurstücks Nr. 30 gelegen, da er anderenfalls der Gefahr eines gutgläubigen Wegerwerbs ausgesetzt wäre.

Lösung des Falls

Frage 1: Eigentumslage hinsichtlich beider Grundstücke

Ursprünglich standen beide Grundstücke im Eigentum des V. Durch Übereignung könnte er jedoch das Eigentum an K verloren haben.

I. Eigentumserwerb des K am Grundstück Flurstück Nr. 30 gem. §§ 873 I, 925 I BGB

Der Erwerb des Eigentums an einem Grundstück richtet sich nach §§ 873 I, 925 I BGB. Ein wirksamer rechtsgeschäftlicher Eigentumserwerb des K von V setzt danach die Einigung zwischen den beiden in der Form der Auflassung (§ 925 I BGB) und die Eintragung des K ins Grundbuch voraus. Zudem müsste V zur Übertragung des Eigentums berechtigt sein.

K und V haben sich objektiv über die Übereignung des Grundstücks Flurstück Nr. 30 geeinigt, jedoch war der übereinstimmende Wille beider Parteien auf die Übereignung des Grundstücks Flurstück Nr. 31 gerichtet. Somit ist fraglich, mit welchem Inhalt die dingliche Einigung zustande gekommen ist.

Gemäß §§ 133, 157 BGB sind Verträge grds. nach dem objektiven Empfängerhorizont auszulegen, wobei das objektiv Erklärte einen ersten Anhaltspunkt gewährt. Bei übereinstimmendem inneren Willen der Parteien ist jedoch allein auf diesen und nicht auf den davon abweichenden äußeren Erklärungstatbestand abzustellen (»falsa demonstratio non nocet«).

Ein anderes Ergebnis ergibt sich auch nicht, wenn man mit der Andeutungstheorie bei formbedürftigen Rechtsgeschäften verlangt, dass das tatsächlich Gewollte zumindest andeutungsweise aus dem objektiv Erklärten hervorgeht. Jedenfalls im Zusammenhang mit §§ 873 I, 925 I BGB soll das übereinstimmend Gewollte selbst dann entscheiden, wenn es in der formpflichtigen Urkunde keine Andeutung gefunden hat. Mangels Einigung ist K daher nicht Eigentümer des Grundstücks Flurstück Nr. 30 geworden.

II. Eigentumserwerb des K am Grundstück Flurstück Nr. 31 gem. §§ 873 I, 925 I BGB

K könnte aber Eigentümer des Grundstücks Flurstück Nr. 31 geworden sein.

Eine Einigung zwischen V und K über die Übertragung des Eigentums am Grundstück Flurstück Nr. 31 ist gegeben (»falsa demonstratio non nocet«, s. oben Frage 1 I.). Fraglich ist jedoch, ob diese der Form des § 925 I BGB genügte, da vor dem Notar objektiv nur eine Einigung über die Übereignung des Grundstücks Flurstück Nr. 30 erklärt wurde. Im Falle einer übereinstimmenden Falschbezeichnung reicht es jedoch aus, wenn das objektiv Erklärte den Formerfordernissen genügt. Diese Formwahrung gilt dann für das tatsächlich Gewollte, aber falsch Bezeichnete. Hier wurde also hinsichtlich der übereinstimmend gewollten Übereignung des Grundstücks Flurstück Nr. 31 die Form des § 925 I BGB gewahrt.

Allerdings wurde K nicht als Eigentümer des Grundstücks Flurstück Nr. 31 in das Grundbuch eingetragen. In Ermangelung dieser Voraussetzung ist er daher auch nicht Eigentümer dieses Grundstücks geworden.

III. Ergebnis Frage 1

K ist weder Eigentümer des Grundstücks Flurstück Nr. 30 (mangels Einigung) noch Eigentümer des Grundstücks Flurstück Nr. 31 (mangels Eintragung) geworden. Eigentümer ist nach wie vor V.

Frage 2: Anspruch des V gegen K auf Zustimmung zur Grundbuchberichtigung bzgl. des Grundstücks Flurstück Nr. 30

I. Anspruch aus § 894 BGB

V könnte gegen K einen Anspruch auf Zustimmung zur Berichtigung des Grundbuchs aus § 894 BGB haben.

1. Unrichtigkeit des Grundbuchs

Das Grundbuch ist unrichtig, wenn die materielle Rechtslage vom Grundbuchstand abweicht. Hier ist K als Eigentümer des Grundstücks Flurstück Nr. 30 eingetragen, obwohl V Eigentümer geblieben ist (s. oben Frage 1 III.).

2. Materielle Betroffenheit des V

Aktivlegitimiert ist der wahre Berechtigte, hier also V als Eigentümer des Grundstücks.

3. Formelle Betroffenheit des K

Passivlegitimiert ist jedenfalls derjenige, den das Grundbuch unrichtig als Rechtsinhaber ausweist (sog. Bucheigentümer), hier also der zu Unrecht als Eigentümer eingetragene K.

4. Rechtsfolge

Der Anspruch aus § 894 BGB richtet sich auf die Zustimmung des Voreingetragenen (vgl. §§ 19, 39 GBO), zur Berichtigung des Grundbuchs entsprechend der materiellen Rechtslage. Hier also auf die Zustimmung des K.

5. Ergebnis

V hat gegen K einen Anspruch auf Zustimmung zur Berichtigung des Grundbuchs aus § 894 BGB.

II. Anspruch gem. § 812 I 1 Alt. 1 BGB

Möglicherweise kann V von K auch die Buchposition bzgl. des Grundstücks Flurstück Nr. 30 gem. § 812 I 1 Alt. 1 BGB (Leistungskondiktion in Form der condictio indebiti) kondizieren.

1. Etwas erlangt

K hat eine unrichtige Bucheintragung an dem Grundstück Flurstück Nr. 30 erlangt. Diese Buchposition stellt einen kondizierbaren Vermögensvorteil dar, da sie wegen des mit ihr verbundenen Rechtsscheins, insbesondere im Hinblick auf § 892 BGB, eine vorteilhafte Rechtsstellung verkörpert.

2. Durch Leistung

V räumte dem K die Buchposition an dem Grundstück Flurstück Nr. 30 bewusst und zweckgerichtet zur Erfüllung einer Verbindlichkeit, also durch Leistung iSd § 812 I 1 Alt. 1 BGB ein, indem er durch seine Bewilligung das Grundbuchamt zur Eintragung veranlasste. Dass er hierbei einer Verwechslung unterlag, ändert nichts an dieser Bewertung.

3. Ohne Rechtsgrund

Es fehlt an einem Rechtsgrund für die erlangte Buchposition. Zwar wurde auch im notariellen Kaufvertrag das zu übereignende Grundstück mit Flurstück Nr. 30 bezeichnet. Jedoch ist bei dessen Auslegung wiederum der übereinstimmende innere Wille der Parteien maßgeblich. Folglich war Gegenstand des Kaufvertrags nicht die Pflicht zur Übereignung des Grundstücks Flurstück Nr. 30, sondern des Grundstücks Flurstück Nr. 31. Der Kaufvertrag stellt somit keinen Rechtsgrund für die Erlangung der Buchposition hinsichtlich des Flurstücks Nr. 30 dar.

4. Rechtsfolge

Gemäß § 812 I 1 Alt. 1 BGB kann V von K Herausgabe des Erlangten, hier also die Rückübertragung der Buchposition an dem Grundstück Flurstück Nr. 30 durch Bewilligung seiner Wiedereintragung nach §§ 19, 39 GBO verlangen.

III. Ergebnis Frage 2

V kann von K sowohl die Zustimmung zur Grundbuchberichtigung nach § 894 BGB als auch die Rückübertragung der Buchposition gem. § 812 I 1 Alt. 1 BGB verlangen.

Ergänzende Bemerkungen

Im Ergebnis ist festzuhalten, dass die Rechtsstellung des K sehr unsicher ist:

Er hat lediglich einen schuldrechtlichen Übereignungsanspruch aus §§ 433 I, 311b I BGB, ist aber nicht vor Zwischenverfügungen des V durch ein etwaiges Anwartschaftsrecht geschützt: Nach hM soll zwar ein Anwartschaftsrecht auf Eigentumserwerb bei Grundstücken bereits dann entstehen, wenn eine bindende dingliche Einigung, die Stellung des Eintragungsantrags durch den Erwerber und die Bewilligung durch den Veräußerer vorliegen. Jedoch fehlt es hier bereits an einem Eintragungsantrag hinsichtlich des Grundstücks Flurstück Nr. 31.

Zu Frage 1 I.:
Bei der Übereignung beweglicher Sachen müssen sich die Parteien wegen der freien Widerruflichkeit der dinglichen Einigungserklärungen gem. § 929 S. 1 BGB im Zeitpunkt des Eintritts der letzten Erwerbsvoraussetzung noch einig sein. Dies gilt auch bei der Übereignung von Grundstücken gem. §§ 873 I, 925 I BGB, wobei der relevante Zeitpunkt idR die Grundbucheintragung sein wird. Allerdings enthält § 873 II BGB eine Ausnahme von diesem Grundsatz: Nach dessen Var. 1 sind die Parteien an ihre Auflassungserklärungen gebunden, wenn sie notariell beurkundet werden gem. § 128 BGB. In der Praxis stellt die notarielle Beurkundung (die strengere Voraussetzungen an die Form stellt als § 925 I BGB!) den Regelfall dar. Dies ist darin begründet, dass das Grundbuchamt die Eintragung des Erwerbers nur vornimmt, wenn die Auflassung in Form einer öffentlichen Urkunde nachgewiesen wird, §§ 20, 29 I 2 GBO. Aus diesem Grund ist es verfehlt, in der Klausur vorschnell von einem Einigsein im Zeitpunkt der Grundbucheintragung auszugehen, da dies bei einer Bindung der Parteien gem. § 873 II BGB gerade nicht erforderlich ist. In den folgenden Falllösungen wurde deshalb von einer Prüfung des Einigseins abgesehen.

Zu Frage 2 III.:
Ein schuldrechtlicher Berichtigungsanspruch (bspw. aus § 823 II BGB iVm § 263 StGB oder wie hier aus § 812 I 1 Alt. 1 BGB) kann neben dem dinglichen aus § 894 BGB bestehen. Zwischen den Ansprüchen auf Grundbuchberichtigung besteht also Anspruchskonkurrenz. Etwas anderes gilt in Hinblick auf den negatorischen Beseitigungsanspruch gem. § 1004 I 1 BGB wegen Beeinträchtigung des Eigentums. Insoweit wird § 894 BGB als lex specialis angesehen.

Fall 27 »Die Grundstücksschenkung«

Sachverhalt

Der verwitwete Vater V will seiner minderjährigen Tochter T sein Hausgrundstück schenken, das schon seit mehreren Jahren an M vermietet ist. Zu diesem Zweck wendet er sich am 1.2.2000 an einen Notar, der die Schenkung und Auflassung des Grundstücks notariell beurkundet und anschließend die Eintragung der T als neue Eigentümerin veranlasst. Die Eintragung erfolgt am 15.5.2000. T selbst ist bei dem Notartermin nicht anwesend, sondern wird von V vertreten. Im notariell beurkundeten Vertrag räumt sich V den lebenslänglichen unentgeltlichen Nießbrauch an dem Grundstück ein und verpflichtet sich gleichzeitig, die Kosten außergewöhnlicher Ausbesserungen und Erneuerungen sowie die außergewöhnlichen Grundstückslasten zu tragen. Auch dieser Nießbrauch wird in das Grundbuch eingetragen.

Am 8.1.2012 verstirbt V. Er wird von seinen beiden Kindern S und T beerbt. Am 11.1.2012 entschließt sich die inzwischen volljährige T, das Hausgrundstück zu veräußern. Der an dem Grundstück schon seit längerer Zeit interessierte Nachbar N, der mit den Familienverhältnissen seiner Nachbarn bestens vertraut ist, macht T am 15.1.2012 ein Kaufangebot. Als S davon erfährt, dass seine Schwester das Familiengrundstück »verscherbeln« will, weist er sie darauf hin, dass sie ohne seine – im Übrigen verweigerte – Zustimmung das Grundstück nicht veräußern könne. Zugleich informiert er den N darüber, dass das Grundbuch unrichtig sei.

T möchte wissen, ob sie N wirksam das Eigentum an dem Hausgrundstück übertragen könne oder ob sie und S das Grundstück nur gemeinsam veräußern könnten.

Das Gutachten ist zu erstellen.

Abwandlung:
Das Hausgrundstück ist nicht vermietet, sondern mit einer Grundschuld belastet. Im Grundbuch ist dabei eingetragen, dass jeder künftige Eigentümer der sofortigen Zwangsvollstreckung unterworfen ist. Des Weiteren behielt sich V im Schenkungsvertrag ein Rücktrittsrecht für die Fälle vor, dass das Grundstück später ohne seine Zustimmung veräußert oder belastet oder die T vor ihm versterben würde.

Ergibt sich eine andere Beurteilung als im Ausgangsfall?

Fundstellen/Vertiefungshinweise:
BGHZ 162, 137 = NJW 2005, 1430; BGHZ 78, 28 = NJW 1981, 109 = JuS 1981, 292 (*Emmerich*); BGHZ 161, 170 = NJW 2005, 415 = JuS 2005, 457 (*Emmerich*); *Röthel/Krackhardt* JURA 2006, 161. *Vieweg/Werner* SachenR § 4 Rn. 13; § 13 Rn. 19 ff.

Problemkreise:
- Erfüllungseintritt als rechtlicher Nachteil (G)
- Ausschluss der Vertretungsmacht gem. §§ 181, 1795 II BGB (G)
- Gesamtbetrachtungslehre des BGH (G)

Besondere Schwierigkeiten:
- Bezüge zum Allgemeinen Teil: Minderjährigenschutz

Lösungsvorschlag

Interessenlage

T und N sind daran interessiert, dass T Alleineigentümerin geworden ist und somit über das Grundstück verfügen kann. S ist hingegen daran gelegen, dass V bis zu seinem Tod Eigentümer geblieben ist, das Grundstück also im Gesamthandseigentum der Erben T und S steht. T wäre in diesem Fall daran gehindert, allein über das Grundstück zu verfügen.

Lösung Ausgangsfall

Möglichkeit einer Eigentumsübertragung von T auf N gem. §§ 873 I, 925 I BGB

I. Auflassung und Eintragung; §§ 873 I, 925 I BGB

Unproblematisch könnten T und N die dingliche Einigung herbeiführen. Diese müsste dem Formerfordernis der Auflassung gem. § 925 I BGB genügen. Zur Vollendung der Eigentumsübertragung müsste zudem eine Grundbucheintragung erfolgen.

II. Verfügungsbefugnis der T

Schließlich müsste T auch verfügungsbefugt sein. Dies wäre zu bejahen, wenn ihr V, bevor er verstarb, das Hausgrundstück übereignet hätte. Anderenfalls wäre er zum Zeitpunkt seines Todes Eigentümer gewesen, das Eigentum also mit dem Erbfall gem. § 1922 BGB auf T und S als gesetzliche Erben (§ 1924 I BGB) übergegangen. In diesem Fall könnten T und S als Miterben gem. § 2040 I BGB über das Grundstück nur gemeinschaftlich verfügen. T würde also entweder die Einwilligung oder die nachträgliche Genehmigung des S benötigen, die er jedoch beide verweigert hat.

1. Eigentumserwerb der T zu Lebzeiten des V gem. §§ 873 I, 925 I BGB

a) Wirksame Auflassung

Zunächst müsste eine wirksame Auflassung gem. §§ 873 I, 925 I BGB vorliegen. Hier hatte T keine eigene Willenserklärung abgegeben. Sie könnte aber von V gem. §§ 164, 1626 I, 1629 I 1 und 3, 1680 I BGB vertreten worden sein. V hätte dann im Wege eines Insichgeschäfts eine Auflassungserklärung für sich und eine Auflassungserklärung als Vertreter für T abgegeben und empfangen. Die dafür erforderliche Erkennbarkeit nach außen (s. Fall 4 Ergänzende Bemerkungen) ist bei Einhaltung der Form gem. § 925 I BGB gegeben. Die Auflassung wäre jedoch gem. § 177 I BGB schwebend unwirksam, wenn V von der Vertretung ausgeschlossen und daher ohne gesetzliche Vertretungsmacht war.

aa) Ausschluss von der Vertretung gem. §§ 1795 II, 181 BGB

Gemäß § 1629 II 1 BGB kann V die T in den Fällen nicht vertreten, in denen ein Vormund nach § 1795 BGB von der Vertretung ausgeschlossen ist. Dies ist insbesondere der Fall bei Insichgeschäften (§§ 1795 II, 181 BGB). Ein solches war hier gegeben, da V als Vertreter der T auf der einen und für sich selbst auf der anderen Seite auftrat.

bb) Ausnahmen vom Ausschluss der Vertretungsmacht

(1) Teleologische Reduktion des § 181 BGB

Allerdings wird § 181 BGB dann nicht für anwendbar gehalten, wenn ein Interessenkonflikt des Vertreters ausgeschlossen ist, weil das Insichgeschäft für den Vertretenen rechtlich lediglich vorteilhaft ist. Für sich genommen stellt der Erwerb des Eigentums an einem Grundstück einen rechtlichen Vorteil dar. Allerdings könnten die sich hieraus ergebenden Rechtsfolgen rechtlich nachteilig sein.

(a) Rechtlicher Nachteil wegen Pflicht zur Tragung öffentlicher Lasten

Für T könnten sich die auf dem Grundstück ruhenden, laufenden gewöhnlichen öffentlichen Lasten (wie zB die Grundsteuer) einen erheblichen rechtlichen Nachteil bedeuten.

Auch solche lediglich mittelbaren Folgen eines Rechtsgeschäfts können einer Beurteilung als rechtlich lediglich vorteilhaft entgegenstehen. Es ist nach Ansicht des BGH (entgegen der bisher hM) unerheblich, ob der Nachteil unmittelbar aus der Parteivereinbarung folgt oder auf gesetzlicher Anordnung beruht. Darüber hinaus wird für die Grundsteuer persönlich gehaftet. Ein rechtlicher Nachteil ist somit grds. gegeben. Allerdings soll das Erfordernis des rechtlichen Vorteils eine Vermögensgefährdung des vertretenen Minderjährigen ausschließen. Hieraus folgert der BGH, dass einzelne, klar abgegrenzte Fallgruppen, in denen der rechtliche Nachteil typischerweise nur ganz unerhebliche Vermögensgefährdungspotentiale in sich birgt, der Beurteilung als rechtlich lediglich vorteilhaft nicht entgegenstehen. Eine solche Fallgruppe stellen die laufenden öffentlichen Grundstückslasten dar: Diese sind ihrem Umfang nach begrenzt und können idR aus den laufenden Erträgen beglichen werden. Ihretwegen würde ein gem. §§ 1629 II 1, 1795 II, 181, 1909 I 1 BGB zu bestellender Ergänzungspfleger die Genehmigung nicht verweigern. Der Ausschluss von der Vertretung erschiene hiernach formalistisch.

Schließt man sich dieser Auffassung an, bedeuten die gewöhnlichen öffentlichen Lasten keinen berücksichtigungsfähigen rechtlichen Nachteil für T.

(b) Rechtlicher Nachteil wegen Erlöschens des schuldrechtlichen Anspruchs gem. § 362 BGB

Teilweise wird vertreten, dass ein dingliches Rechtsgeschäft schon deshalb rechtlich nachteilig sei, weil hierdurch der schuldrechtliche Übereignungsanspruch der T aus § 518 I BGB durch Erfüllung gem. § 362 I BGB erlösche.

Eine Gegenansicht nimmt ebenfalls eine Gesamtschau von schuldrechtlichem und dinglichem Rechtsgeschäft vor, kommt aber zu dem Schluss, dass die Eigentumserlangung durch den Minderjährigen gegenüber dem Anspruchsverlust als wertvoller einzustufen und somit die Erfüllung rechtlich vorteilhaft sei.

Die hM wählt hingegen einen anderen Weg. Hiernach erwirbt der Minderjährige das Eigentum. Der schuldrechtliche Übereignungsanspruch erlösche jedoch nicht, da dem Minderjährigen die Empfangszuständigkeit fehle. Mangels Eintritts der Wirkung des § 362 BGB sei somit kein Nachteil gegeben.

(c) Rechtlicher Nachteil wegen Vermietung des Grundstücks

Ein rechtlicher Nachteil für T könnte sich hier jedoch aus der Vermietung des Hausgrundstücks an M ergeben. Denn gem. § 566 I BGB tritt der Erwerber mit dem Eigentumsübergang in sämtliche Rechte und Pflichten aus dem bestehenden Mietvertrag ein. Bspw. treffen ihn dem Umfang nach unbegrenzte Rechtspflichten, wie die Erhaltungspflicht gem. § 535 I 2 BGB. Der Erwerb eines vermieteten Grundstücks ist für einen Minderjährigen somit rechtlich nicht lediglich vorteilhaft.

Hier könnte sich etwas anderes daraus ergeben, dass sich V den Nießbrauch an dem Hausgrundstück vorbehalten hat. Dies hat zur Folge, dass V die gewöhnlichen Erhaltungskosten gem. § 1041 BGB treffen. Darüber hinaus hat sich V auch zur Übernahme der außergewöhnlichen Erhaltungskosten verpflichtet. In Betracht kommt deshalb eine teleologische Reduktion des § 566 I BGB dahingehend, dass die Veräußerung in diesem Fall die mietvertraglichen Beziehungen zunächst unberührt lässt und V aufgrund des Nießbrauchs als Vermieter in dem unverändert fortbestehenden Mietverhältnis anzusehen wäre.

Gegen eine solche teleologische Reduktion spricht jedoch, dass die T jedenfalls mit dem Tod des V entsprechend § 1056 I BGB in die Pflichten aus dem dann noch bestehenden Mietvertrag eintritt. Dass es sich hierbei um eine lediglich mittelbare Folge des dinglichen Erwerbsgeschäfts handelt, die aus der Eigentümerstellung selbst resultiert, ist unerheblich (s. oben Ausgangsfall II. 1. a) bb) (1) (a)). Auch die Tatsache, dass im Zeitpunkt der Auflassung noch nicht feststeht, ob und wann der minderjährige Erwerber in den Mietvertrag eintreten wird, ändert nichts an der Bewertung: Zwar genügt die bloß theoretische Möglichkeit einer zukünftigen Belastung nicht. Ist das Grundstück aber bereits im Zeitpunkt der Auflassung vermietet, so besteht die hinreichend konkrete Möglichkeit, dass der Minderjährige bei Beendigung des Nießbrauchs mit Pflichten aus dem Mietvertrag belastet werden kann. Im Interesse des Minderjährigen genügt dies, um einen rechtlichen Nachteil anzunehmen.

(d) Zwischenergebnis

Das dingliche Rechtsgeschäft war somit für T rechtlich nicht lediglich vorteilhaft.

(2) Erfüllung einer Verbindlichkeit aus dem Schenkungsvertrag; §§ 181 Hs. 2, 518 I BGB

Mit der Übereignung zielte V auf die Erfüllung einer Verbindlichkeit aus dem Schenkungsvertrag ab. V könnte also gem. § 181 Hs. 2 BGB nicht von der Vertretung ausgeschlossen gewesen sein. Dazu müsste ein wirksamer Schenkungsvertrag gem. § 518 I BGB vorgelegen haben.

Abermals ist zu überlegen, ob der Schenkungsvertrag wirksam durch Insichgeschäft geschlossen werden konnte (§§ 164, 1626 I, 1629 I 1 und 3, II 1, 1680 I, 1795 II, 181 BGB). Aus dem schuldrechtlichen Schenkungsversprechen resultieren keine rechtlichen Nachteile für T. In teleologischer Reduktion steht § 181 BGB einem Insichgeschäft in Bezug auf das schuldrechtliche Geschäft daher nicht entgegen. Die Auflassung diente der Erfüllung einer wirksam begründeten Verbindlichkeit. Somit konnte V die T grds. gem. § 181 Hs. 2 BGB wirksam vertreten.

(a) Ergebnisänderung wegen nachteiligen Erfüllungsgeschäfts

Dies hat zur Folge, dass V ohne Hinzuziehung eines Ergänzungspflegers nach § 1909 BGB mit sich selbst als Vertreter der T wirksam das Verpflichtungsgeschäft, aber auch das mit rechtlichen Nachteilen verbundene Erfüllungsgeschäft abschließen könnte.

(aa) Gesamtbetrachtungslehre des BGH

Der BGH hat dieses Ergebnis zunächst durch eine sog. Gesamtbetrachtung von schuldrechtlichem und dinglichem Rechtsgeschäft korrigiert. Auch wenn nur das dingliche Geschäft rechtlich nachteilig war, sollte dies auf die Bewertung des schuldrechtlichen Geschäfts »durchschlagen«.

Demzufolge bestünde hier (entgegen dem unter Ausgangsfall II. 1. a) bb) (2) gefundenen Ergebnis) kein wirksamer Schenkungsvertrag: Dieser wäre infolge des »Durchschlagens« der Nachteiligkeit des dinglichen Rechtsgeschäfts seinerseits als rechtlich nachteilig anzusehen. Somit wäre eine teleologische Reduktion des § 181 BGB hinsichtlich des Schenkungsvertrags nicht möglich. Dieses Fehlen einer bestehenden Verbindlichkeit hätte bzgl. der Auflassung zur Folge, dass die Ausnahme des § 181 Hs. 2 BGB vom Verbot des Insichgeschäfts nicht einschlägig und die Auflassung infolgedessen (schwebend) unwirksam wäre.

(bb) Teleologische Reduktion des § 181 Hs. 2 BGB

Viele sehen in der sog. Gesamtbetrachtungslehre einen Verstoß gegen das Abstraktionsprinzip und plädieren stattdessen für eine teleologische Reduktion von § 181 Hs. 2 BGB. So sei ein Insichgeschäft in Erfüllung einer Verbindlichkeit nur dann zuzulassen, wenn das Erfüllungsgeschäft für den Minderjährigen im Ergebnis rechtlich lediglich vorteilhaft ist. Das wird damit begründet, dass § 181 Hs. 2 BGB auf der Annahme des Gesetzgebers fuße, bei der Erfüllung einer Verbindlichkeit träten keine Interessenkonflikte auf, die eines Verbotes bedürften. Stelle sich das Erfüllungsgeschäft jedoch als nachteilig dar, passt dieser Gedanke nicht.

Nach dieser Ansicht kann hier wegen der Nachteiligkeit des dinglichen Rechtsgeschäfts die Ausnahme des § 181 Hs. 2 BGB, trotz wirksamen Schenkungsvertrags, nicht eingreifen und V wäre auch hiernach von der Vertretung ausgeschlossen.

(b) Zwischenergebnis

Nach beiden Ansichten liegt hier ein nach § 181 BGB unwirksames Insichgeschäft vor.

cc) Zwischenergebnis

Gemäß §§ 1629 II 1, 1795 II, 181 BGB war V von der Vertretung ausgeschlossen und handelte daher als falsus procurator. Die Auflassung war somit zunächst schwebend unwirksam gem. § 177 I BGB.

dd) Ex tunc Wirksamkeit aufgrund einer Genehmigung durch T

Allerdings könnte T durch Genehmigung gem. § 184 I BGB nach Erreichen der Volljährigkeit (analog § 108 III BGB) die schwebende Unwirksamkeit beendet haben, mit der Folge, dass die Auflassung ex tunc wirksam wäre. Zwar hat T nicht ausdrücklich die Genehmigung erklärt. Allerdings hat T das Grundstück nach Erreichen der Volljährigkeit als ihr gehörig angesehen, was man insbesondere an ihrem Veräußerungswillen unmittelbar nach Vs Tod sehen kann. Darin könnte eine konkludente Genehmigung gesehen werden, die wegen § 182 II BGB nicht der Form des Hauptgeschäfts (§ 925 BGB) bedarf.

Sollte man eine konkludente Genehmigung zu Lebzeiten des V verneinen, so wäre eine solche aber in ihrer Suche nach einem Grundstückskäufer und der Aufnahme von Vertragsverhandlungen zu sehen. Auch wurde durch den Tod die Schwebelage nicht beendet, weshalb die Genehmigung grds. noch möglich war. Problematisch könnte allein der richtige Adressat dieser einseitigen empfangsbedürftigen Willenserklärung sein. Grds. müsste sie gegenüber V erfolgen, nach dessen Tod konsequenterweise gegenüber dem Miterben S. Eine solche konkludente Genehmigung ist hier gegeben.

Die Auflassung war somit ex tunc wirksam.

b) Weitere Voraussetzungen der §§ 873 I, 925 I BGB

Die weiteren Voraussetzungen der §§ 873 I, 925 I BGB, Eintragung und Verfügungsbefugnis des V waren gegeben.

2. Zwischenergebnis

T ist folglich Eigentümerin des Grundstücks geworden.

III. Ergebnis

T kann das Eigentum am Grundstück auf N übertragen.

Lösung Abwandlung

Auch hier könnte die Verfügungsbefugnis der T aus ihrer Eigentümerstellung resultieren. Hinsichtlich des Eigentumserwerbs der T ist erneut einzig die dingliche Einigung zwischen T und V problematisch.

I. Wirksame Auflassung von V an T gem. §§ 873 I, 925 I BGB

Hier könnte sich die Wirksamkeit des Insichgeschäfts daraus ergeben, dass das dingliche Rechtsgeschäft lediglich einen rechtlichen Vorteil für T darstellte und daher vom Verbot des § 181 BGB in teleologischer Reduktion ausgenommen wäre.

1. Grundschuldbelastung als rechtlicher Nachteil

Eine Grundschuld verpflichtet den Eigentümer gem. §§ 1192 I, 1147 BGB lediglich dazu, die Zwangsvollstreckung des Gläubigers in das Grundstück zu dulden. Die Haftung der T ist damit auf die ihr zugewendete Sache – das Grundstück – beschränkt und betrifft nicht ihr persönliches Vermögen. Durch die Haftung wird zwar der im Eigentumserwerb liegende Vorteil gemindert, er wird aber nicht beseitigt.

Eine die T persönlich treffende Zahlungspflicht könnte sich aber daraus ergeben, dass sie die Kosten des zur Zwangsvollstreckung in das Grundstück erforderlichen Titels tragen muss. Ob dies einen rechtlichen Nachteil darstellt, kann hier jedoch dahinstehen, da sich V bei der Bestellung der Grundschuld der sofortigen Zwangsvollstreckung mit Wirkung gegen den jeweiligen Eigentümer des Grundstücks unterworfen hat (§§ 800 I, 794 I Nr. 5 ZPO). Damit liegt ein Vollstreckungstitel bereits vor, sodass T nicht mit weiteren Kosten belastet werden kann.

Folglich ist in der Belastung des Grundstücks mit der Grundschuld kein rechtlicher Nachteil zu sehen. Im Ergebnis konnte V die Auflassung aufgrund einer teleologischen Reduktion des § 181 BGB wirksam als Insichgeschäft auch in Vertretung der T erklären.

2. Ergebniskorrektur wegen rechtlich nachteiligen Schenkungsvertrags

Etwas anderes könnte sich aber ergeben, weil sich V den Rücktritt vorbehalten hat. Darin liegt ein rechtlicher Nachteil, weil die T im Rücktrittsfall eine Rückgewährverpflichtung (vgl. § 346 I BGB) und uU sogar eine Wert- oder Schadensersatzpflicht, insbesondere wegen einer zwischenzeitlichen Verschlechterung des Grundstücks trifft (vgl. § 346 II–IV BGB). Der Schenkungsvertrag ist hier folglich rechtlich nicht lediglich vorteilhaft.

a) Auswirkungen auf die Auflassung nach der Literatur und der Gesamtbetrachtungslehre

Fraglich ist, ob sich das nachteilige schuldrechtliche Rechtsgeschäft auf die rechtliche Vorteilhaftigkeit des dinglichen Geschäfts auswirkt.

Nach Ansicht der Literatur kann das schuldrechtliche Kausalgeschäft schon wegen des Abstraktionsprinzips keinen Einfluss auf die Wirksamkeit der Auflassung haben. Aber auch nach der Gesamtbetrachtungslehre ist die Auflassung wirksam: Die Gesamtbetrachtungslehre diene allein dazu, ein rechtlich nachteiliges Erfüllungsgeschäft auf ein rechtlich vorteilhaftes Grundgeschäft im Rahmen des § 181 Hs. 2 BGB ausstrahlen zu lassen. Hier geht es hingegen um die vorgelagerte Frage, ob das dingliche Rechtsgeschäft für sich genommen rechtlich vorteilhaft ist. Wird dies bejaht, könne die Wirksamkeit des Grundgeschäfts dahinstehen. Vereinfacht ausgedrückt hat der BGH in seiner Entscheidung klargestellt, dass die Gesamtbetrachtungslehre nicht umgekehrt angewendet werden kann.

Somit hat nach beiden Ansichten die schwebende Unwirksamkeit des Schenkungsvertrags keinen Einfluss auf die Wirksamkeit der Auflassung.

b) Unwirksamkeit der Auflassung nach § 139 BGB

Die Auflassung könnte aber wegen § 139 BGB unwirksam sein, weil das Grundgeschäft unwirksam ist. Grundgeschäft und Erfüllungsgeschäft können zwar durch den Parteiwillen ausnahmsweise zu einer Einheit iSd § 139 BGB zusammengefasst werden. Für das Verhältnis zwischen Grundgeschäft und Auflassung ist dies aber wegen § 925 II BGB ausgeschlossen.

II. Ergebnis

Die Auflassung war von vornherein wirksam. Ansonsten unterscheidet sich das Ergebnis nicht vom Ausgangsfall.

Ergänzende Bemerkungen

Zu Ausgangsfall II. 1. a) bb) (2) (a) (aa):
In einer neueren Entscheidung nahm der BGH (BGHZ 162, 137 [142 f.] = NJW 2005, 1430) keine Gesamtbetrachtung mehr vor, sondern stellte vielmehr darauf ab, ob das zur Erfüllung einer Verbindlichkeit vorgenommene Rechtsgeschäft über den Erfüllungserfolg hinaus zu rechtlichen Nachteilen für den Vertretenen führt oder nicht.

Der BGH hat in dieser Entscheidung seine Gesamtbetrachtungslehre zwar nicht ausdrücklich aufgegeben, doch wird deutlich, dass er hiervon Abstand nimmt und sich dem Lösungsweg der Literatur annähert. Auch nach diesem neueren Lösungsweg des BGH wäre die Auflassung zunächst schwebend unwirksam gewesen.

Zu Ausgangsfall II. 1. a) dd):
Auch wenn die zunächst schwebend unwirksame Auflassung jedenfalls durch konkludente Genehmigung wirksam geworden ist, empfiehlt es sich im Klausurgutachten nicht, die Frage des Insichgeschäfts offen zu lassen. Die Entscheidung dieser Frage ist offensichtlich im Sachverhalt angelegt und wird daher »erwartet«.

Zu Abwandlung I. 1.:
Vollstreckungsrechtliche Unterwerfungserklärung:
Die Unterwerfung unter die sofortige Zwangsvollstreckung stellt bei Grundpfandrechten den Regelfall dar. Grundschuldgläubiger werden in der Praxis darauf bestehen. Die Zwangsvollstreckung setzt einen Titel voraus, wobei als gesetzlicher Regelfall ein vollstreckbares, rechtskräftiges Urteil (§ 704 ZPO) vorgesehen ist. Folglich müsste der Grundschuldgläubiger zunächst den Eigentümer auf Duldung der Zwangsvollstreckung verklagen und könnte anschließend aus dem stattgebenden Urteil gegen ihn vorgehen. Dieses Verfahren ist jedoch uU sehr kostspielig und zeitaufwendig. Eine Erleichterung sieht deshalb § 794 I Nr. 5 ZPO vor, demzufolge auch eine Urkunde, in der sich der Eigentümer der sofortigen Zwangsvollstreckung unterwirft, einen tauglichen Vollstreckungstitel darstellt. Die Folge ist, dass der Gläubiger aus dieser Urkunde vollstrecken kann und der Eigentümer – falls er sich hiergegen verteidigen möchte – durch Erhebung einer Vollstreckungsabwehrklage gem. § 767 ZPO tätig werden muss. Es findet also eine sog. Abwälzung der prozessualen Initiativlast vom Gläubiger auf den Eigentümer statt.

Die Zwangsvollstreckung in das Grundstück selbst erfolgt durch Zwangsversteigerung oder Zwangsverwaltung (§ 866 I Var. 2 und 3 ZPO) nach Maßgabe der Vorschriften des ZVG. Im Fall der Zwangsversteigerung erlischt das Grundpfandrecht mit Erteilung des Zuschlags (§§ 52, 91 ZVG) und die Rechte des Grundpfandrechtsgläubigers setzen sich am Erlös fort (sog. Surrogationsprinzip). Die Befriedigung des Gläubigers erfolgt anschließend im Verteilungsverfahren (§§ 105 ff., 156 ff. ZVG) unter Beachtung der Rangfolge der §§ 10 f. ZVG. Die Zwangsverwaltung ändert hingegen nichts an der Eigentumslage. Der Gläubiger erlangt lediglich Befriedigung aus den Nutzungen des Grundstücks (§§ 152, 155 ZVG).

Fall 28 »Der geisteskranke Grundstücksverkäufer (1)«

Sachverhalt

A verkauft B ein Grundstück zum Preis von 150.000 EUR. Beide Parteien erklären die Auflassung. Noch bevor B im Grundbuch als neuer Eigentümer eingetragen wird, verkauft er das Grundstück für 180.000 EUR an C. B erklärt die Auflassung des Grundstücks an C, der sogleich den Antrag auf Eintragung stellt. Ohne dass zuvor B als Eigentümer im Grundbuch eingetragen wurde, erfolgt schließlich die Eintragung von C als Eigentümer im Grundbuch. Kurz danach stellt sich heraus, dass A von Anfang an unerkannt geisteskrank gewesen ist. Der zum Betreuer des A bestellte V verlangt als dessen gesetzlicher Vertreter (§ 1902 BGB) von C die Herausgabe des Grundstücks.

Frage 1: Kann V für A die Herausgabe des Grundstücks verlangen?

Frage 2: Was kann V zur Sicherung der Rechte des A tun?

Abwandlung 1:
B ist bereits als Eigentümer im Grundbuch eingetragen, als er das Grundstück an C weiterverkauft und beide die Auflassung erklären. Sie stellen den Antrag auf Eintragung, und C wird als Eigentümer im Grundbuch eingetragen. Erst anschließend erfährt C, dass A geisteskrank war.

Abwandlung 2:
B wird erst eingetragen, nachdem er das Grundstück an C weiterverkauft hat, beide die Auflassung erklärt haben und C den Antrag auf Eintragung gestellt hat. Nach Stellung des Eintragungsantrags durch C, aber noch vor Eintragung des B, erfährt C, dass A geisteskrank war. Später erfolgt die Eintragung des C.

Fundstellen/Vertiefungshinweise:
BGH NJW 1980, 2413 = JuS 1981, 225 (*K. Schmidt*); *Medicus/Petersen* BürgerlR Rn. 469; *Müller/Gruber* SachenR Rn. 2808 ff.
Vieweg/Werner SachenR § 13 Rn. 40 ff., 48, 57 ff.

Problemkreise:
- Grundstückserwerb vom Nichtberechtigten gem. § 185 BGB (E)
- Gutgläubiger Erwerb gem. § 892 BGB (G)
- Zeitpunkt der Gutgläubigkeit bei § 892 BGB (G)
- Grundbuchberichtigungsanspruch und Widerspruch (G)

Lösungsvorschlag

Interessenlage

V ist daran gelegen, die (mögliche) Eigentümerstellung des geschäftsunfähigen A zu sichern und das Grundstück für ihn heraus zu verlangen. C hingegen möchte Eigentum am Grundstück erworben haben, zumal er dafür möglicherweise bereits den Kaufpreis gezahlt hat. Sollte der Eigentumserwerb scheitern, so wäre C hinsichtlich des Kaufpreises auf Rückgewähransprüche gegen B verwiesen und müsste also auch das Insolvenzrisiko des B tragen.

Lösung Ausgangsfall

Frage 1: Herausgabeverlangen des V

V könnte dann gem. §§ 1896 I 1, 1902 BGB die Herausgabe des Grundstücks für A verlangen, wenn dem A ein hierauf gerichteter Anspruch zustünde.

I. Anspruch des A gegen C auf Herausgabe des Grundstücks aus § 985 BGB

In Betracht kommt zunächst ein Herausgabeanspruch gegen C gem. § 985 BGB. Dafür müsste eine Vindikationslage iSv §§ 985, 986 BGB vorliegen.

1. Anwendbarkeit des § 985 BGB auf Grundstücke

§ 985 BGB ist nicht auf bewegliche Sachen beschränkt. Auch Grundstücke sind Sachen iSd § 985 BGB (§ 90 BGB) und können gem. § 985 BGB vindiziert werden.

2. Eigentum des A

Ursprünglich war A Eigentümer des Grundstücks. Er könnte das Eigentum aber an B oder an C verloren haben.

a) Eigentumsverlust an B gem. §§ 873 I, 925 I BGB

A könnte das Eigentum durch Übereignung gem. §§ 873 I, 925 I BGB an B verloren haben.

A war aber zu diesem Zeitpunkt bereits unerkannt geisteskrank. Folglich konnte er im Rahmen der Auflassung gem. §§ 104 Nr. 2, 105 I BGB weder wirksam eine Willenserklärung abgeben, noch konnte ihm die Erklärung des B zugehen gem. § 131 I BGB. Überdies fand auch die für den Eigentumserwerb des B erforderliche Eintragung als Eigentümer in das Grundbuch nicht statt.

A hat das Eigentum daher nicht an B verloren.

b) Eigentumsverlust an C

A könnte das Eigentum am Grundstück aber an C verloren haben.

aa) Erwerb des C durch Verfügung des B gem. §§ 873 I, 925 I BGB

Eine wirksame dingliche Einigung in Form der Auflassung ist ebenso wie die Grundbucheintragung des C erfolgt.

Allerdings war B nicht Eigentümer des Grundstücks (vgl. Ausgangsfall Frage 1 I. 2. a)). Folglich scheidet ein Erwerb vom Berechtigten gem. §§ 873 I, 925 I BGB aus.

bb) Erwerb durch Verfügung eines Nichtberechtigten mit Weiterveräußerungsermächtigung gem. §§ 873 I, 925 I, 185 I BGB

Denkbar wäre ein Erwerb durch Verfügung eines Nichtberechtigten mit Verfügungsermächtigung. Eine konkludente Ermächtigung des B zur Weiterveräußerung durch A gem. § 185 I BGB – eine solche wird aus der Auflassungserklärung hergeleitet – wäre hier jedoch ebenfalls gem. §§ 104 Nr. 2, 105 I BGB nichtig.

cc) Gutgläubiger Erwerb gem. §§ 892 I 1, 873 I, 925 I BGB

In Betracht kommt somit allein ein gutgläubiger Erwerb des Grundstücks durch C gem. §§ 892 I 1, 873 I, 925 I BGB.

Hierfür müsste zunächst das Grundbuch im Zeitpunkt der Vollendung der letzten Erwerbsvoraussetzung unrichtig sein. Im Zeitpunkt der Eintragung des C war aber nach wie vor der tatsächliche Eigentümer A im Grundbuch eingetragen. Dadurch wäre auch die erforderliche Legitimation des B durch das Grundbuch nicht gegeben. Deshalb muss ein gutgläubiger Erwerb bereits aus diesem Grund ausscheiden.

Der etwaige gute Glaube des C an eine wirksame Einwilligung des A in die Weiterveräußerung durch B ist nicht durch § 892 I 1 BGB geschützt, weil eine solche Zustimmung nicht eintragungsfähig ist.

c) Zwischenergebnis

A ist Eigentümer des Grundstücks geblieben.

3. Besitz des C

C ist Besitzer des Grundstücks.

4. Kein Recht zum Besitz gem. § 986 BGB

Ein eigenes obligatorisches Recht zum Besitz gegenüber A gem. § 986 I 1 Alt. 1 BGB steht dem C nicht zu: Der Grundstückskaufvertrag gem. §§ 433, 311b I BGB zwischen B und C begründet kein Recht zum Besitz gegenüber Eigentümer A, sog. Relativität der Schuldverhältnisse (vgl. hierzu Fall 5 I. 3. b) bb)).

In Betracht kommt insofern allein ein abgeleitetes Recht zum Besitz gem. § 986 I 1 Alt. 2, S. 2 BGB. Nachdem jedoch der schuldrechtliche Kaufvertrag zwischen A und B gem. §§ 104 Nr. 1, 105 I, 131 I BGB ebenfalls nichtig ist und es somit an der erforderlichen »Besitzrechtsbrücke« mangelt, scheidet auch ein abgeleitetes Besitzrecht des C aus.

5. Durchsetzbarkeit

Ein Zurückbehaltungsrecht des C wegen des an B gezahlten Kaufpreises gem. §§ 1000, 994 BGB scheitert daran, dass die Kaufpreiszahlung keine Verwendung iSd § 994 BGB darstellt. Somit ist der Anspruch des A durchsetzbar.

6. Ergebnis

A hat gegen C einen Anspruch auf Herausgabe des Grundstücks gem. § 985 BGB. V kann daher für A Herausgabe verlangen.

II. Anspruch aus § 861 I BGB

Ein Anspruch auf Wiedereinräumung des Besitzes gem. § 861 I BGB scheitert bereits daran, dass C dem A gegenüber nicht fehlerhaft iSv §§ 861 I, 858 II 1 BGB besitzt.

Die hM begründet dies damit, dass zu keinem Zeitpunkt verbotene Eigenmacht gem. § 858 I BGB vorlag: A hat den Besitz nicht ohne seinen Willen verloren, sondern freiwillig an B weggegeben. Hieran ändert auch seine Geschäftsunfähigkeit nichts, da für die Freiwilligkeit der Besitzaufgabe bereits ein natürlicher Besitzaufgabewille ausreiche.

Selbst nach der Gegenansicht, die annimmt, dass bei fehlender Geschäftsfähigkeit die Besitzaufgabe immer ohne den Willen erfolgt und B somit verbotene Eigenmacht verübt hätte, scheidet ein Anspruch gem. § 861 I BGB aus: Zwar wäre hiernach der Besitz des B gegenüber A fehlerhaft gem. §§ 861 I, 858 I, II 1 BGB. Allerdings kannte C bei Besitzerwerb die Fehlerhaftigkeit des Besitzes des B nicht und muss diese somit gem. § 858 II 2 Alt. 2 BGB nicht gegen sich gelten lassen.

III. Anspruch aus § 812 I 1 Alt. 2 BGB

A könnte zudem einen Anspruch auf Herausgabe aus Eingriffskondiktion gem. § 812 I 1 Alt. 2 BGB haben. Allerdings hat C den Besitz durch Leistung des B erlangt. Deshalb scheidet eine Nichtleistungskondiktion aus Gründen der Subsidiarität aus.

IV. Ergebnis zu Frage 1

V kann von C die Herausgabe des Grundstücks gem. §§ 985, 1902 BGB verlangen.

Frage 2: Sicherung der Rechte des A

Da C trotz des gescheiterten Erwerbs als Eigentümer in das Grundbuch eingetragen wurde, könnten gutgläubige Dritte im Vertrauen auf die Richtigkeit des Grundbuchs von C gem. §§ 892 I 1, 873 I, 925 I BGB Eigentum erwerben. Zur Sicherung der Rechte des A muss daher das Grundbuch berichtigt werden. Hierzu kann V für A von C gem. § 894 BGB die nach § 19 GBO erforderliche Zustimmung zur Grundbuchberichtigung verlangen (zu den einzelnen Voraussetzungen des § 894 BGB vgl. Fall 26 Frage 2 I. und Fall 29 I.).

Schnellerer Schutz wird A zuteil, wenn V für ihn im Wege einer einstweiligen Verfügung (§§ 935 ff. ZPO) einen Widerspruch gem. § 899 I BGB eintragen lässt. Der Widerspruch hindert gem. § 892 I 1 Hs. 2 BGB den gutgläubigen Erwerb und dient daher ebenfalls der Sicherung der Rechte des A.

Lösung Abwandlung 1

Frage 1: Herausgabeverlangen des V

I. Anspruch des A gegen C auf Herausgabe des Grundstücks gem. § 985 BGB

Da B nicht Eigentümer geworden ist (vgl. Ausgangsfall Frage 1 I. 2. a)), könnte dem Anspruch des A gegen C aus § 985 BGB einzig ein Eigentumserwerb des C entgegenstehen. Ein solcher wäre allein infolge eines gutgläubigen Erwerbs gem. §§ 892 I 1, 873 I, 925 I BGB denkbar (vgl. hierzu Ausgangsfall Frage 1 I. 2. b)).

1. Eigentumsverlust an C gem. §§ 892 I 1, 873 I, 925 I BGB

a) Einigung und Eintragung gem. §§ 873 I, 925 I BGB

Hinsichtlich der Einigung und der Eintragung ergeben sich keine Abweichungen gegenüber dem Ausgangsfall. Diese Voraussetzungen liegen somit vor (vgl. Ausgangsfall Frage 1 I. 2. b) aa)).

b) Besondere Voraussetzungen des § 892 I 1 BGB

aa) Verkehrsgeschäft

Ein Rechtsgeschäft in Form des Verkehrsgeschäfts ist gegeben.

bb) Legitimation des B aus dem unrichtigen Grundbuch

Im Zeitpunkt von Auflassung und Stellung des Eintragungsantrags war das Grundbuch bereits insofern unrichtig, als es B als Eigentümer auswies, der somit auch legitimiert war.

cc) Keine positive Kenntnis des C

C dürfte bis zur Vollendung des Rechtserwerbs, also (idR) im Zeitpunkt der Grundbucheintragung, keine positive Kenntnis von der Grundbuchunrichtigkeit gehabt haben; § 892 I 1 BGB. Hier hatte C bei Eintragung keine Kenntnis davon, dass B tatsächlich nicht Eigentümer war. Seine nachträglich erlangte Kenntnis ist unschädlich.

dd) Kein Widerspruch

Es war auch kein Widerspruch eingetragen, als mit der Eintragung des C der Rechtserwerb vollständig abgeschlossen wurde.

c) Zwischenergebnis

Da alle Voraussetzungen des gutgläubigen Erwerbs gem. §§ 892 I 1, 873 I, 925 I BGB erfüllt sind, hat A sein Eigentum an C verloren.

2. Ergebnis

A hat mangels Eigentums keinen Anspruch gegen C auf Herausgabe des Grundstücks gem. § 985 BGB.

II. Weitere Ansprüche

Einem Anspruch auf Rückübereignung und Herausgabe aus Eingriffskondition gem. § 812 I 1 Alt. 2 BGB steht der Vorrang der Leistungsbeziehung entgegen (vgl. hierzu Fall 10 III.).

Auch ein Anspruch aus § 861 I BGB besteht nicht (s. Ausgangsfall Frage 1 II.).

III. Ergebnis zu Frage 1

A steht kein Herausgabeanspruch gegen C zu, den V geltend machen könnte.

Frage 2: Sicherung der Rechte des A

Wegen der Eigentümerstellung des C ist das Grundbuch richtig. Deshalb scheiden sowohl ein Anspruch des A auf Zustimmung zur Grundbuchberichtigung (§ 894 BGB) als auch auf Bewilligung eines Widerspruchs (§ 899 BGB) aus.

Lösung Abwandlung 2

Frage 1: Herausgabeverlangen des V

I. Anspruch des A gegen C auf Herausgabe des Grundstücks gem. § 985 BGB

Ein Anspruch des A gegen C gem. § 985 BGB würde ausscheiden, falls A sein Eigentum an dem Grundstück verloren hätte.

1. Eigentumsverlust an C gem. §§ 892, 873 I, 925 I BGB

Veränderungen gegenüber der Abwandlung 1 ergeben sich hier nur in Hinblick auf die speziellen Voraussetzungen des § 892 BGB.

a) Legitimation des B aus dem unrichtigen Grundbuch

B war im Zeitpunkt der Eintragung des C (also bei Vollendung der letzten Erwerbsvoraussetzung) im Grundbuch als Eigentümer eingetragen, nicht hingegen im Zeitpunkt der Auflassung zwischen B und C und bei Stellung des Eintragungsantrags durch C. Das Grundbuch ist also erst nachträglich unrichtig geworden. Nach heute überwiegender Auffassung genügt es, wenn der Verfügende jedenfalls bei Vollendung des Rechtserwerbs aus dem Grundbuch legitimiert ist.

b) Keine positive Kenntnis des C

Allerdings erfuhr C noch vor der Eintragung des B (und somit auch vor seiner eigenen), dass A geschäftsunfähig war. Damit hatte er nach allg. Lebenserfahrung im Zeitpunkt seiner Eintragung positive Kenntnis von der fehlenden Eigentümerstellung des mittlerweile eingetragenen B. Folglich wusste er um die Grundbuchunrichtigkeit.

Ist indes – wie hier – zum Rechtserwerb eine Eintragung erforderlich, genügt es, wenn der Erwerber bei Stellung des Antrags keine Kenntnis hatte (§ 892 II BGB). Zu diesem Zeitpunkt wusste C noch nicht von der Geisteskrankheit des A. Insofern könnte er als gutgläubig iSd § 892 I 1, II Hs. 1 BGB anzusehen sein.

Allerdings ist hier erst nach der Antragstellung das Grundbuch unrichtig geworden. Entgegen dem Wortlaut des Abs. 2 Hs. 1 ist nach heute ganz hM in einem solchen Fall nicht der Zeitpunkt der Antragstellung maßgeblich: Abs. 2 enthalte über seinen Wortlaut hinaus einen verallgemeinerungsfähigen Gedanken, dass der Eintritt der letzten Erwerbsvoraussetzung, die der Grundbucheintragung vorangeht, für den Zeitpunkt der Gutgläubigkeit maßgeblich ist. Als Argument wird § 892 II Hs. 2 BGB, der bei einem Nachfolgen der Einigung deren Zeitpunkt für entscheidend erklärt, ins Feld geführt. Dieses Verständnis des Abs. 2 entspricht der Intention des Gesetzgebers, den Erwerber zu schützen, der nur noch der Eintragung (auf deren Zeitpunkt er keinen Einfluss hat) bedarf.

Aus diesem Grund bildet die Eintragung des B den für die Beurteilung der Gutgläubigkeit maßgeblichen Zeitpunkt. Zu diesem Zeitpunkt hatte C aber bereits positive Kenntnis von der nun eingetretenen Grundbuchunrichtigkeit und war also im relevanten Zeitpunkt nicht gutgläubig.

C konnte des Eigentum an dem Grundstück somit nicht gem. §§ 892, 873 I, 925 I BGB gutgläubig erwerben.

2. Ergebnis

A hat das Eigentum nicht an C verloren.

II. Ergebnis zu Frage 1

Da auch die übrigen Voraussetzungen nach §§ 985 f. BGB gegeben sind (vgl. Ausgangsfall Frage 1 I. 3., 4. und 5.) kann V für A das Grundstück gem. §§ 985, 1902 BGB von C herausverlangen.

Ein possessorischer Herausgabeanspruch aus § 861 I BGB sowie eine Besitzkondiktion gem. § 812 I 1 Alt. 2 BGB bestehen hingegen nicht (vgl. Ausgangsfall Frage 1 II. und III.).

Frage 2: Sicherung der Rechte des A

Zur Sicherung seiner Rechte hat A Anspruch auf Grundbuchberichtigung und kann die Bewilligung eines Widerspruchs verlangen (s. Ausgangsfall Frage 2).

Ergänzende Bemerkungen

Zu Ausgangsfall Frage 1 I. 4.:
Voraussetzungen des abgeleiteten Besitzrechts gem. § 986 I 1 Alt. 2, S. 2 BGB: Der Besitzer muss gegenüber einem Dritten (»mittelbarer Besitzer«) und der Dritte seinerseits gegenüber dem Eigentümer zum Besitz berechtigt sein. Dies wird als »Be-

sitzrechtsbrücke« bezeichnet. Darüber hinaus ist im Umkehrschluss aus Abs. 1, S. 2 die Befugnis des Dritten (des »mittelbaren Besitzers«) gegenüber dem Eigentümer zur Besitzüberlassung an den Besitzer erforderlich. Nach dem Wortlaut des § 986 I BGB muss zwischen den Beteiligten ein Besitzmittlungsverhältnis bestehen (arg: »mittelbarer Besitzer«). Dennoch bejaht die ganz hM auch in Konstellationen, in denen die Besitzübertragung auf Dauer erfolgen soll wie bspw. bei Kaufverträgen ein abgeleitetes Besitzrecht des Zweitkäufers gegenüber dem Eigentümer.

Im Rahmen des Rechts zum Besitz wäre es möglich gewesen, das Problem aufzuwerfen, ob ein mögliches Zurückbehaltungsrecht aus § 1000 BGB wegen getätigter Verwendungen (die Kaufpreiszahlung stellt aber gerade keine Verwendung iSd § 994 BGB dar, vgl. Ausgangsfall Frage 1 I. 5.) ein Recht zum Besitz verleiht. Dies müsste jedoch mit der in Fall 17 II. 3. c) dargestellten Argumentation abgelehnt werden.

Zu Ausgangsfall Frage 1 II.:
Diese Anspruchsgrundlage muss nicht zwingend geprüft werden. Eine knappe Prüfung wirkt sich aber insbesondere wegen der Problematik des Besitzaufgabewillens eines Geschäftsunfähigen positiv aus.

Zu Ausgangsfall Frage 1 nach II.:
Ansprüche gem. § 1007 BGB bestehen nicht, weil § 1007 BGB nur auf bewegliche Sachen anwendbar ist.

Zu Ausgangsfall Frage 2:
Zu beachten ist hinsichtlich des Grundbuchberichtigungsanspruchs, dass anders als in den Fällen 26 (Frage 2 II.) und 29 (II.) eine Kondiktion der Buchposition ausscheidet: Als Anspruchsgrundlage des A käme nur die Nichtleistungskondiktion nach § 812 I 1 Alt. 2 BGB in Betracht. Da C die Buchposition aber durch Leistung des B (in Form der Bewilligung) erlangt hat, scheitert eine Nichtleistungskondiktion aus Subsidiaritätsgründen.

Zu Abwandlung 2 Frage 1 I. 1. b):
Entgegen der heute hM die bei nachträglicher Unrichtigkeit des Grundbuchs auf die Redlichkeit im Zeitpunkt der Unrichtigkeit abstellt, vertrat das RG die Auffassung, dass § 892 II Hs. 1 BGB in dieser Konstellation überhaupt nicht zur Anwendung komme. Vielmehr sei auf den allg. Grundsatz des Abs. 1, S. 1 abzustellen, der Erwerber müsse also noch im Zeitpunkt der Erwerbsvollendung gutgläubig sein.

Diese Ansicht steht jedoch in Widerspruch zu Abs. 2, demzufolge der Eintritt der letzten Erwerbsvoraussetzung vor der Eintragung für die Gutgläubigkeit entscheidend sein soll. Zudem benachteiligt sie den Erwerber, der in Vertrauen auf die später tatsächlich erfolgte Eintragung des Veräußerers den Eintragungsantrag stellt (dieser müsste bis zu seiner eigenen Eintragung gutgläubig sein), gegenüber dem Erwerber, der bis zur Eintragung des Veräußerers wartet und erst anschließend den Eintragungsantrag stellt (diesem käme Abs. 2 Hs. 1 zugute), obwohl beide gleichermaßen schutzwürdig sind.

Fall 29 »Der geisteskranke Grundstücksverkäufer (2)«

Sachverhalt

A verkauft und überträgt ein Grundstück an V. Dieser veräußert es nach zwei Jahren an K weiter, der im Grundbuch als Eigentümer eingetragen wird. Wenig später stellt sich heraus, dass V während der Abwicklung beider Geschäfte unerkannt geisteskrank war.

Kann der Betreuer des V von K die Zustimmung zur Wiedereintragung im Grundbuch verlangen?

Fundstellen/Vertiefungshinweise:
BGH NJW 1973, 613; *Müller/Gruber* SachenR Rn. 2552 ff.; *Petersen* JURA 2016, 872. *Vieweg/Werner* SachenR § 13 Rn. 57 ff.

Problemkreise:

- Grundbuchberichtigungsanspruch gem. § 894 BGB (G)
- Buchberechtigung als vermögenswertes Etwas iSd § 812 BGB (V)

Besondere Schwierigkeiten:

- Bezüge zum Bereicherungsrecht

Lösungsvorschlag

Interessenlage

Der Betreuer des V möchte für V die verlorene Buchposition zurückerhalten, insbesondere weil sich V einem Herausgabeanspruch des A ausgesetzt sieht. K hingegen ist daran interessiert, die vorteilhafte Buchposition zu behalten.

Lösung des Falls

Der Betreuer kann für V von K die Zustimmung zur Wiedereintragung des V verlangen, wenn dem V ein darauf gerichteter Anspruch zusteht; §§ 1896 I 1, 1902 BGB.

I. Anspruch des V gegen K auf Erteilung seiner Zustimmung zur Wiedereintragung des V gem. § 894 BGB

Ein Anspruch des V gegen K auf Grundbuchberichtigung könnte sich aus § 894 BGB ergeben.

1. Unrichtigkeit des Grundbuchs

Zunächst müsste das Grundbuch den K zu Unrecht als Eigentümer ausweisen. Daran würde es fehlen, wenn V das Grundstück wirksam an K übereignet hätte gem. §§ 873 I, 925 I BGB. Allerdings fehlt es bereits an einer wirksamen dinglichen Einigung zwischen K und V: Der geschäftsunfähige V konnte weder eine wirksame Erklärung abgeben noch konnte ihm eine solche des K zugehen gem. §§ 104 Nr. 2, 105 I, 131 I BGB.

Somit ist K nicht Eigentümer geworden und das Grundbuch diesbezüglich unrichtig.

2. Materielle Betroffenheit des Anspruchstellers V

Anspruchsteller kann im Rahmen des § 894 BGB nur der materiell Berechtigte, also derjenige sein, dem die Buchposition eigentlich zusteht. Somit müsste V Eigentümer des Grundstücks geworden sein. Ein Eigentumserwerb durch V scheitert jedoch daran, dass aufgrund seiner Geschäftsunfähigkeit (s. oben I. 1.) auch keine wirksame Auflassung zwischen A und V zustande kam. Auch die Tatsache, dass der Eigentumserwerb am Grundstück für V ausschließlich rechtlich vorteilhaft war, verhilft der Auflassung nicht zur Wirksamkeit, da § 107 BGB nur auf beschränkt Geschäftsfähige Anwendung findet.

V konnte das Eigentum am Grundstück daher ebenfalls nicht erwerben.

3. Ergebnis

Mangels materieller Berechtigung hat V keinen Anspruch gegen K auf Zustimmung zur Grundbuchberichtigung aus § 894 BGB.

II. Anspruch des V gegen K auf Erteilung seiner Zustimmung zur Wiedereintragung des V gem. § 812 I 1 Alt. 1 BGB

Möglicherweise kann V die Buchposition aber von K kondizieren gem. § 812 I 1 Alt. 1 BGB.

1. Etwas erlangt

K hat die unrichtige Grundbucheintragung, die sog. Buchberechtigung (vgl. § 891 BGB), erlangt iSd § 812 I BGB. Die Buchberechtigung stellt einen kondizierbaren Vermögensvorteil dar, da sie wegen des mit ihr verbundenen Rechtsscheins eine vorteilhafte Rechtsstellung verkörpert, insbesondere im Hinblick auf § 892 BGB.

2. Durch Leistung des V

V hat dem K die Buchposition an dem Grundstück bewusst und zweckgerichtet zur Erfüllung einer vermeintlichen Verbindlichkeit eingeräumt. Dass V zu diesem Zeitpunkt bereits geschäftsunfähig war, steht nach überwiegender Auffassung nicht entgegen. Entweder sieht man in der Zweckbestimmung weder eine Willenserklärung noch eine rechtsgeschäftsähnliche Handlung, sodass §§ 104 ff. BGB gar nicht anwendbar sind. Oder aber man bejaht das Vorliegen einer wirksamen Zweckbestimmung aus Wertungsgründen, um dem Geschäftsunfähigen die vorteilhafte Leistungskondiktion zu eröffnen.

3. Ohne Rechtsgrund

Da auch der Kaufvertrag zwischen V und K gem. §§ 104 Nr. 2, 105 I, 131 I BGB unwirksam war, erwarb K die Buchposition ohne Rechtsgrund.

4. Gegenstand des Bereicherungsanspruchs

Gemäß § 812 I 1 Alt. 1 BGB kann V von demjenigen, der durch seine Leistung ohne Rechtsgrund die unrichtige Eintragung erlangt hat, die Herausgabe der Buchposition verlangen. Gemäß §§ 19, 39 GBO bedeutet dies, dass V von K die Bewilligung seiner Wiedereintragung verlangen kann.

5. Änderung der Ergebnisses wegen unzulässiger Rechtsausübung, § 242 BGB

K könnte aber die Einrede unzulässiger Rechtsausübung (§ 242 BGB) zustehen, da V anderenfalls etwas erhielte, das ihm nicht zusteht und von ihm sofort wieder an einen Dritten herausgegeben werden müsste. Hiergegen spricht aber, dass die Rückabwicklung gescheiterter Rechtsgeschäfte grds. innerhalb der Leistungsbeziehungen stattzufinden hat. Die Leistungsbeziehungen bestanden hier zwischen V und K einerseits und zwischen A und V andererseits; jedes dieser Geschäfte ist getrennt rückabzuwickeln.

6. Ergebnis

Es ergibt sich somit ein Kondiktionsanspruch des V gegen K gem. § 812 I 1 Alt. 1 BGB gerichtet auf Bewilligung der Wiedereintragung. Diesen kann der Betreuer gem. § 1902 BGB geltend machen.

Ergänzende Bemerkungen

Zum Verhältnis von § 894 BGB und § 812 BGB: Der schuldrechtliche Bereicherungsanspruch besteht neben dem dinglichen Grundbuchberichtigungsanspruch aus § 894 BGB in freier Anspruchskonkurrenz.

Besonderheiten gelten hinsichtlich der Vollstreckung eines Anspruchs auf Zustimmung zur Grundbuchberichtigung: Nach § 894 ZPO gilt mit rechtskräftiger Verurteilung diese Erklärung als abgegeben, sie wird also fingiert.

Fall 30 »Die Miteigentümer«

Sachverhalt

Die unerkannt geisteskranke G schließt am 9.3. mit den Eheleuten F und M einen notariell beurkundeten Kaufvertrag über ihr Hausgrundstück. Gleichzeitig erklärt sie die Auflassung von je ½ Miteigentumsanteil an F und M. Diese werden am 19.6. als Miteigentümer in das Grundbuch eingetragen.

Als sich F und M in der Folgezeit immer schlechter verstehen, beschließen sie, ihr gemeinsames Vermögen im Hinblick auf eine etwaige Scheidung gütlich aufzuteilen. Im Rahmen dieser Aufteilung werden sie sich darüber einig, dass F das gesamte Eigentum an dem Hausgrundstück erhalten soll.

Am 7.12. erklärt M in einem notariellen Vertrag die Auflassung seines Miteigentumsanteils an F. F wird im Folgenden als Alleineigentümerin in das Grundbuch eingetragen.

Wie ist die Eigentumslage an dem Grundstück?

Fundstellen/Vertiefungshinweise:
BGHZ 173, 71 = JuS 2008, 276 (*K. Schmidt*); *Müller/Gruber* SachenR Rn. 2837 ff., 2842. *Vieweg/Werner* SachenR § 13 Rn. 41.

Problemkreise:
- Gutgläubiger Erwerb von Miteigentumsanteilen (G)
- Verkehrsgeschäft (G)
- Eigentumsverhältnisse an den in der Ehe erworbenen Gegenständen (teilweise sachenrechtsexternes Problem)

Besondere Schwierigkeiten:
- Bezüge zum Familienrecht

Lösungsvorschlag

Interessenlage

F ist daran interessiert, Alleineigentümerin des Grundstücks geworden zu sein; G ist daran gelegen, ihr Eigentum an dem Grundstück nicht verloren zu haben.

Lösung des Falls

I. Eigentumslage nach Veräußerung der G an F und M als Miteigentümer

Ursprünglich war G Alleineigentümerin des Grundstücks. Durch Veräußerung des Grundstücks an F und M als Miteigentümer könnte Miteigentum gem. §§ 1008 ff. BGB begründet worden sein. Dies richtet sich nach den allg. Vorschriften über die Übertragung von Rechten an einem Grundstück, also gem. §§ 873 ff. BGB.

1. Miteigentumserwerb der F von G gem. §§ 873 I, 925 I BGB

F könnte gem. §§ 873 I, 925 I BGB Miteigentum zur Hälfte an dem Grundstück erworben haben.

Hierfür müsste zunächst eine dingliche Einigung in Form der Auflassung gem. §§ 873 I, 925 I BGB vorgelegen haben. Die hierauf gerichtete Willenserklärung der geisteskranken und folglich geschäftsunfähigen G war jedoch gem. §§ 104 Nr. 2, 105 I BGB unwirksam. Überdies konnte ihr die Erklärung der F gem. §§ 104 Nr. 2, 131 I BGB nicht zugehen.

Mangels dinglicher Einigung ist F daher nicht Miteigentümerin zur Hälfte geworden.

2. Miteigentumserwerb des M von G gem. §§ 873 I, 925 I BGB

Auch in Bezug auf M steht einem Erwerb eines Miteigentumsanteils von G gem. §§ 873 I, 925 I BGB die Geschäftsunfähigkeit der G entgegen.

II. Eigentumslage nach Veräußerung des M an F

1. Miteigentumserwerb der F von M gem. §§ 873 I, 925 I BGB

Allerdings könnte F gem. §§ 873 I, 925 I BGB durch Verfügung des M den zu seinen Gunsten eingetragenen Miteigentumsanteil (Bruchteilseigentum zu ½) erworben haben. M und F haben wirksam die Auflassung erklärt. Auch wurde F als Miteigentümerin in das Grundbuch eingetragen.

Problematisch ist jedoch die Verfügungsbefugnis des M: Er war weder Miteigentümer noch wurde er von G konkludent gem. § 185 I BGB (durch die Erklärung der Auflassung) zur Verfügung ermächtigt, da auch einer hierauf gerichteten Willenserklärung die Geschäftsunfähigkeit der G entgegensteht.

F konnte somit nicht gem. §§ 873 I, 925 I BGB Miteigentum durch Verfügung des M erwerben.

2. Miteigentumserwerb der F durch Verfügung des M gem. §§ 892 I 1, 873 I, 925 I BGB

F könnte jedoch gutgläubig Miteigentum durch Verfügung des M erworben haben. Hier sind einzig die besonderen Voraussetzungen des § 892 BGB problematisch.

a) Legitimation des M aus dem unrichtigen Grundbuch, Gutgläubigkeit, kein Widerspruch

Das Grundbuch wies den M als Miteigentümer aus, folglich war es unrichtig und M hierdurch legitimiert.

F wusste zudem nichts von der Geisteskrankheit der G. Mangels positiver Kenntnis der Grundbuchunrichtigkeit war sie somit gutgläubig iSd § 892 I 1 BGB.

Überdies war auch kein Widerspruch gegen die Grundbuchunrichtigkeit eingetragen.

b) Rechtsgeschäft im Sinne eines Verkehrsgeschäfts

Schließlich müsste es sich bei der Verfügung des M zudem um ein Rechtsgeschäft im Sinne eines Verkehrsgeschäfts gehandelt haben. Diese ungeschriebene Voraussetzung wird aus dem Sinn und Zweck des gutgläubigen Erwerbs hergeleitet. Es soll das Vertrauen des Verkehrs auf die Richtigkeit des Grundbuchs geschützt werden. Nicht jedoch sollen Quasi-in-sich-Verfügungen ermöglicht werden.

Ein Verkehrsgeschäft liegt dann vor, wenn auf Erwerberseite mindestens eine Person beteiligt ist, die nicht auch auf Veräußererseite steht. Dabei beurteilt sich die Identität der Beteiligten nach wirtschaftlichen und rechtlichen Gesichtspunkten.

aa) Verkehrsgeschäft bei Verfügungen unter Miteigentümern über Miteigentumsanteile

Zweifelhaft ist, ob ein Verkehrsgeschäft vorliegt, wenn ein Miteigentümer einem anderen Miteigentümer seinen Miteigentumsanteil überträgt.

(1) Ablehnende Ansicht

Eine Ansicht lehnt das Vorliegen eines Verkehrsgeschäfts in dieser Konstellation generell ab. Begründet wird dies mit der Erwägung, dass die Miteigentümer übereinstimmend von der Richtigkeit des Grundbuchs ausgehen und diese Richtigkeit zur Geschäftsgrundlage ihrer Verfügungen machen. Die Unrichtigkeit des Grundbuchs hafte der Verfügung als gemeinschaftliches Risiko an.

Dieser Ansicht zufolge wäre hier der gutgläubige Erwerb durch F mangels Verkehrsgeschäfts abzulehnen.

(2) Differenzierende Ansicht

Eine andere Ansicht bejaht grds. das Vorliegen eines Verkehrsgeschäfts. Eine Ausnahme soll jedoch dann gelten, wenn das Miteigentum des Veräußerers und das des Erwerbers in gleicher Weise von der Unrichtigkeit des Grundbuchs betroffen sind: In diesem Fall stehe der Erwerber dem Gegenstand des Veräußerungsgeschäfts nicht wie ein Dritter fern und sei nicht auf den Informationsgehalt des Grundbuchs angewiesen.

Hier hat F wegen der Geschäftsunfähigkeit der G kein Miteigentum erwerben können. Hierauf beruht auch das Scheitern des Miteigentumserwerbs durch M, sodass nach dieser Ansicht das Vorliegen eines Verkehrsgeschäfts zu verneinen und ein gutgläubiger Erwerb durch F somit ausgeschlossen wäre.

(3) Bejahende Ansicht

Der BGH hat sich der überwiegenden Auffassung der Literatur angeschlossen und in dieser Konstellation das Vorliegen eines Verkehrsgeschäfts bejaht. Dies wird damit begründet, dass der Miteigentümer beim Erwerb denselben Gefahren ausgesetzt sei wie ein außenstehender Dritter. Er sei somit genauso schutzbedürftig. Dieser Ansicht zufolge wäre ein gutgläubiger Erwerb der F möglich.

Für diese Auffassung spricht, dass es sich bei Miteigentumsanteilen – wie § 747 S. 1 BGB zeigt – um selbstständige Rechte handelt. Ein Miteigentümer ist in keiner Weise an dem Miteigentumsanteil des anderen beteiligt, sodass weder aus rechtlichen noch aus wirtschaftlichen Gründen von einer Identität der Miteigentümer ausgegangen werden kann. Es ist daher der letztgenannten Ansicht zu folgen und das Vorliegen eines Verkehrsgeschäfts in dieser Konstellation zu bejahen (aA vertretbar).

bb) Verkehrsgeschäft bei »Auseinandersetzung« zwischen Ehegatten

Zweifel am Vorliegen eines Verkehrsgeschäfts könnten sich allerdings auch deshalb ergeben, weil F und M ihr Vermögen im Hinblick auf eine spätere Scheidung aufgeteilt haben und der Miteigentumsanteil in diesem Zusammenhang an F veräußert wurde.

(1) Ablehnende Ansicht

Einer Ansicht nach ist ein Verkehrsgeschäft stets zu verneinen, wenn es um die Auseinandersetzung von Sachen geht, die während der Ehe erworben wurden. Dies folge daraus, dass diese Sachen mit der Intention der gemeinsamen Vermögensbildung erworben worden sind. Daher seien die Ehegatten bei der Aufteilung dieses Vermögens als wirtschaftlich identische Subjekte anzusehen.

Hiernach wäre der gutgläubige Erwerb durch F abzulehnen.

(2) Bejahende Ansicht

Die überwiegende Ansicht geht jedoch auch bei der Aufteilung von während der Ehe Erworbenem vom Vorliegen eines Verkehrsgeschäfts aus, wenn die Ehegatten im gesetzlichen Güterstand der Zugewinngemeinschaft iSv § 1363 I BGB leben. Dies wird damit begründet, dass gem. § 1363 II BGB jeder Ehegatte sein Vermögen selbstständig verwaltet, er weder Treuhänder noch Strohmann des jeweils anderen ist.

Hier leben F und M mangels anderweitiger Angaben im gesetzlichen Güterstand. Dieser Ansicht nach wäre das Vorliegen eines Verkehrsgeschäfts somit zu bejahen.

(3) Stellungnahme

Die überwiegende Ansicht hat den Vorzug, dass sie mehr im Einklang mit der Wertung des § 1363 I BGB steht.

Auch die Tatsache, dass es sich bei dem Miteigentumsanteil um während der Ehe erworbenes Vermögen handelt, steht der Bejahung eines Verkehrsgeschäfts somit nicht entgegen.

c) Zwischenergebnis

Da auch ein Verkehrsgeschäft zu bejahen ist, sind die Voraussetzungen der §§ 892 I 1, 873 I, 925 I BGB erfüllt.

3. Ergebnis

F hat Miteigentum zur Hälfte an dem Grundstück erworben.

III. Ergebnis

Mit der Eintragung von M und F als Miteigentümer zu je ½ am 19.6. haben sie mangels wirksamer Auflassung kein Miteigentum erworben und G ist zunächst Alleineigentümerin des Grundstücks geblieben. Erst durch die Verfügung des M hat F Miteigentum erworben, sodass das Grundstück nun in hälftigem Miteigentum von G und F steht.

Ergänzende Bemerkungen

Zu II. 2. a) und b):
An dieser Stelle wäre auch eine andere Prüfungsreihenfolge zulässig: Verbreitet wird das Vorliegen eines Verkehrsgeschäfts als erstes geprüft. Da hier die weiteren Voraussetzungen eines gutgläubigen Erwerbs jedoch unproblematisch gegeben sind, wurden sie vorgezogen und der Problemschwerpunkt »Verkehrsgeschäft« im Interesse der Übersichtlichkeit angehängt.

Zu II. 2. b) aa):
Gegen die Mindermeinungen kann zudem Folgendes vorgebracht werden: Die ablehnende Ansicht lässt außer Acht, dass jeder Erwerber eines Grundstücksrechts – nicht nur der Miteigentümer – von der Richtigkeit des Grundbuchs ausgeht. Diese Ansicht würde folglich zu einer »Aushöhlung« des Instituts des gutgläubigen Erwerbs führen. Auch die differenzierenden Ansicht überzeugt nicht: Eine Differenzierung nach dem Mangel im Recht ist dem § 892 I BGB fremd.

Fall 31 »Wechselnde Gesellschafter«

Sachverhalt

A, B und C sind im Grundbuch als Gesellschafter der »A, B & C Übersetzungs- und Dolmetscherdienst GbR« eingetragen, die Eigentümerin des dort registrierten Grundstücks ist. Am 5.5. veräußert C seinen Geschäftsanteil an D, ohne dass dies im Grundbuch geändert würde. Im Juli beschließen A und B wegen eines finanziellen Engpasses, das Grundstück zu veräußern und die Geschäfte in den Privaträumen des A weiterzuführen. D hingegen sträubt sich wegen der schlechten Lage auf dem Immobilienmarkt gegen eine Veräußerung. Aus Verbundenheit zu A und B schlägt C daraufhin vor, das Grundstück dennoch zu veräußern und bietet seine Mitwirkung an. Am 6.9. verkaufen A, B und C als »Vertreter der GbR« das Grundstück formgerecht an E und lassen es formgerecht auf. Die Eintragung des E erfolgt im Dezember.

Als D von diesem Vorgang erfährt, erklärt er A und B außer sich vor Wut, dass er so etwas nicht mit sich machen lasse. Anschließend wendet er sich an Rechtsanwalt R und bittet ihn um die Erstellung eines Gutachtens bzgl. der Eigentumsverhältnisse am Grundstück.

Der Gesellschaftsvertrag enthält keine die Vertretungsmacht und Geschäftsführungsbefugnis betreffenden Reglungen.

Das Gutachten des Anwalts ist zu erstellen.

Abwandlung 1:
Die GbR war lediglich Bucheigentümerin. Wahrer Eigentümer war X, was sowohl den Gesellschaftern als auch E unbekannt war und dem R erst im Rahmen seiner Recherchen auffällt.

Abwandlung 2:
Anders als im Ausgangsfall wollen sich A und B dem Willen des D beugen und von einer Grundstücksveräußerung absehen. Als C jedoch von der Weigerung des D erfährt, beschließt er, die Sache selbst in die Hand zu nehmen. Er verkauft das Grundstück formgerecht an E und beide erklären ebenfalls formgerecht die Auflassung, wobei er sich als alleinvertretungsberechtigter Gesellschafter der GbR ausgibt.

Abwandlung 3:
Im Unterschied zum Ausgangsfall plagt A und B später das schlechte Gewissen. Sie fragen sich nun, ob es eine Möglichkeit gibt, das Eigentum an dem Grundstück für die GbR zurückzuerlangen.

Fundstellen/Vertiefungshinweise:
Müller/Gruber SachenR Rn. 2753 ff.; *Kohler* JURA 2012, 83; *Lieder* JURA 2012, 355.
Vieweg/Werner SachenR § 13 Rn. 27, 43.

Problemkreise:
- Erweiterung des Gutglaubensschutzes durch § 899a BGB (G)
- Auswirkung des § 899a BGB auf das schuldrechtliche Kausalverhältnis (G)

Besondere Schwierigkeiten:
- Bezüge zum Gesellschaftsrecht

Lösungsvorschlag

Interessenlage

E ist daran interessiert, Eigentum an dem Grundstück erworben zu haben. Die Interessen der Gesellschafter A und B sind im Ausgangsfall und in der Abwandlung 1 darauf gerichtet, E Eigentum verschafft zu haben. In Abwandlung 2 und 3 ist ihnen daran gelegen, dass die GbR Eigentümerin bleibt bzw. wieder wird. C möchte in allen Fallgestaltungen, dass E Eigentum erworben hat. D ist im Ausgangsfall und in Abwandlung 2 und 3 daran gelegen, dass die GbR Eigentümerin bleibt bzw. wieder wird. In der Abwandlung 1 entspricht es dem Willen des X, sein Eigentum nicht verloren zu haben.

Lösung Ausgangsfall

I. Ursprüngliche Eigentumslage

Die »A, B & C Übersetzungs- und Dolmetscherdienst GbR« war ursprünglich Eigentümerin des Grundstücks. Als Außengesellschaft ist sie als teilrechtsfähig anzusehen und kann insbesondere Trägerin von dinglichen Rechten sein.

II. Verlust des Eigentums an E gem. §§ 873 I, 925 I BGB

Die GbR könnte aber infolge wirksamer Veräußerung gem. §§ 873 I, 925 I BGB das Eigentum an E verloren haben.

1. Wirksame Auflassung gem. §§ 873 I, 925 I iVm §§ 899a S. 2, 892 I 1 BGB

Die Auflassungserklärungen wurden vor einer, nach § 925 I BGB, zuständigen Stelle abgegeben. Fraglich ist jedoch, ob der GbR die Erklärung von A, B und C über die Grundsätze der organschaftlichen Vertretung zugerechnet werden kann. Deren Voraussetzungen richten sich nach §§ 709, 714 BGB und ergänzend nach §§ 164 ff. BGB. Hier handelten A, B und C offenkundig namens der Gesellschaft (§ 164 I BGB). Allerdings war C zu diesem Zeitpunkt bereits aus der Gesellschaft ausgeschieden, und D war eingetreten.

a) Wirksame Vertretung der GbR gem. §§ 714, 709 BGB

Gemäß der Auslegungsregel des § 714 BGB richtet sich die Vertretungsmacht bei Fehlen abweichender Regelungen im Gesellschaftsvertrag nach der Geschäftsführungsbefugnis. Die Geschäftsführungsbefugnis ihrerseits kann gem. § 710 BGB im Gesellschaftsvertrag geregelt werden, anderenfalls folgt aus § 709 I BGB die Gesamtgeschäftsführung.

Hier enthielt der Gesellschaftsvertrag keine die Vertretung oder die Geschäftsführung betreffenden Regelungen. Es ist daher von Gesamtgeschäftsführung auszugehen, sodass die GbR gem. §§ 714, 709 I BGB grds. nur einstimmig von den Gesellschaftern A, B und D vertreten werden konnte (gesetzlicher Regelfall der Gesamtvertretungsmacht). Mangels Zustimmung durch D handelten A, B und C somit ohne Vertretungsmacht, mithin als falsi procuratores, weshalb ihre Auflassungserklärung grds. gem. § 177 I BGB schwebend unwirksam gewesen wäre. Die anschließende Verweigerung der Genehmigung durch den nicht beteiligten, gesamtvertretungsberechtigten Gesellschafter D, die analog §§ 177 I, 184 I BGB gegenüber A und B abzugeben war und in seiner wutgeladenen Äußerung zu sehen ist, hätte dann eine endgültige Unwirksamkeit zur Folge gehabt.

Der Eigentumserwerb des E wäre folglich grds. an der fehlenden Auflassungserklärung der GbR gescheitert.

b) Auswirkungen des § 899a BGB

Etwas anderes könnte sich jedoch aus § 899a BGB ergeben. § 899a S. 1 BGB enthält neben der positiven Vermutung, dass die im Grundbuch eingetragenen auch die tatsächlichen Gesellschafter sind, die negative Vermutung, dass darüber hinaus keine weiteren Gesellschafter existieren. Hierdurch wird die Rechtsscheinwirkung des Grundbuchs auf den Gesellschafterbestand erweitert. Satz 2 erklärt hinsichtlich der Gesellschaftereintragung die §§ 892 bis 899 BGB für anwendbar.

Aus §§ 899a S. 2, 892 BGB folgt somit, dass die eingetragenen Gesellschafter auch im Hinblick auf die dingliche Einigung als tatsächliche Gesellschafter anzusehen sind, wenn die besonderen Voraussetzungen gem. § 892 BGB in Bezug auf die Gesellschafterstellung erfüllt sind.

Hier war das Grundbuch hinsichtlich des Gesellschafterbestands unrichtig und die handelnden Gesellschafter A, B und C aus dem unrichtigen Grundbuch legitimiert. Außerdem hatte E keine positive Kenntnis von dem Ausscheiden des C und dem Eintritt des D, er war also nicht bösgläubig iSv §§ 899a S. 2, 892 I 1 BGB. Zudem wurde kein Widerspruch eingetragen und es handelte sich um ein Rechtsgeschäft im Sinne eines Verkehrsgeschäfts.

Folglich waren A, B und C gem. §§ 899a S. 2, 892 I 1 BGB als gesamtvertretungsberechtigte Gesellschafter anzusehen, sodass das Grundstück wirksam an E aufgelassen worden ist.

2. Weitere Voraussetzungen von §§ 873 I, 925 I BGB

Da auch die übrigen Voraussetzungen der §§ 873 I, 925 I BGB erfüllt sind (Eintragung in das Grundbuch und Verfügungsbefugnis der GbR als Eigentümerin), konnte E Eigentum an dem Grundstück erwerben.

III. Ergebnis

E ist Eigentümer des Grundstücks.

Lösung Abwandlung 1

Der ursprüngliche Eigentümer X könnte das Eigentum an den E verloren haben.

I. Verlust des Eigentums an E gem. §§ 873 I, 925 I iVm §§ 899a S. 2, 892 I 1 BGB

1. Wirksame Auflassung, Grundbucheintragung

Eine wirksame Auflassung und die Grundbucheintragung sind gegeben (vgl. Ausgangsfall II. 1. b), 2.).

2. Verfügungsbefugnis

Allerdings scheitert ein Erwerb nach §§ 873 I, 925 I iVm §§ 899a S. 2, 892 I 1 BGB an der mangelnden Verfügungsbefugnis der GbR. §§ 899a S. 2, 892 BGB helfen über diesen Mangel nicht hinweg, da sie lediglich den Gesellschafterbestand betreffen, jedoch keine Aussage darüber enthalten, ob die jeweilige Rechtsposition auch der eingetragenen Gesellschaft zusteht.

II. Verlust des Eigentums an E infolge eines gutgläubigen Erwerbs gem. §§ 892 I 1, 873 I, 925 I iVm §§ 899a S. 2, 892 I 1 BGB

X könnte jedoch sein Eigentum infolge gutgläubigen Erwerbs durch E gem. §§ 892 I 1, 873 I, 925 I iVm §§ 899a S. 2, 892 I 1 BGB verloren haben.

Auflassung und Eintragung sind unproblematisch gegebenen (s. Abwandlung 1 I. 1.). Fraglich ist allein, ob die fehlende Verfügungsbefugnis der GbR mittels gutgläubigen Erwerbs überwunden werden konnte, also die besonderen Voraussetzungen des § 892 BGB in Bezug auf die Eigentümerstellung der GbR vorlagen.

Das Grundbuch war hinsichtlich der Eigentümerstellung unrichtig und die als Eigentümerin eingetragene GbR hierdurch legitimiert. Zudem hatte E keine positive Kenntnis von der Tatsache, dass nicht die GbR, sondern X Eigentümer war. Überdies war kein Widerspruch eingetragen. Die Voraussetzungen des § 892 BGB waren somit erfüllt.

E ist somit infolge gutgläubigen Erwerbs gem. §§ 892, 873 I, 925 I iVm §§ 899a S. 2, 892 BGB Eigentümer des Grundstücks geworden.

III. Ergebnis

X hat sein Eigentum an E verloren.

Lösung Abwandlung 2

Die GbR als ursprüngliche Eigentümerin könnte ihr Eigentum an E verloren haben.

I. Eigentumsverlust an E gem. §§ 873 I, 925 I iVm §§ 899a S. 2, 892 I 1 BGB

1. Wirksame Auflassung

Eine wirksame Auflassung könnte an der fehlenden Vertretungsmacht von C scheitern. Tatsächlich waren A, B und D gesamtvertretungsberechtigte Gesellschafter. Indem C allein für die GbR die Auflassung erklärte, handelte er als Vertreter ohne Vertretungsmacht (vgl. Ausgangsfall II. 1. a)).

Abermals könnte sich aus §§ 899a S. 2, 892 BGB ergeben, dass die Erklärung des C Wirkung für die GbR entfaltet. Dem steht aber schon der Wortlaut von § 899a BGB entgegen: Satz 1 stellt klar, dass sich die Vermutung allein auf die Gesellschafterstellung der Eingetragenen erstreckt. Da zudem Tatsachen betreffend die Vertretungsmacht (wie bspw. die Erteilung von Einzelvertretungsmacht) nicht eintragungsfähig sind, beschränkt sich die Rechtsscheinwirkung darauf, dass alle Eingetragenen als gesamtverfügungsbefugt gelten (s. bereits Ausgangsfall II. 1. b)).

Mangels Mitwirkung von A und B war die von C allein erklärte Auflassung zunächst schwebend unwirksam und wurde infolge der Verweigerung durch D ex tunc unwirksam (s. Ausgangsfall II. 1. a)).

2. Zwischenergebnis

Mangels wirksamer Auflassung wurde E nicht Eigentümer.

II. Ergebnis

Die GbR ist nach wie vor Eigentümerin.

Lösung Abwandlung 3

Denkbar wäre ein Kondiktionsanspruch der GbR, gerichtet auf Rückübereignung.

I. Anspruch der GbR aus § 812 I 1 Alt. 1 BGB

In Betracht kommt ein Rückübereignungsanspruch der GbR gem. § 812 I 1 Alt. 1 BGB.

1. Etwas erlangt

E hat das Eigentum an dem Grundstück erlangt.

2. Durch Leistung

Die GbR, vertreten durch A, B und C, hat das Vermögen des E bewusst und zweckgerichtet, zur Erfüllung einer vermeintlichen Verbindlichkeit gemehrt. Eine Leistung liegt somit vor (aA vertretbar).

3. Rechtsgrundlos

Der Eigentumserwerb müsste schließlich ohne rechtlichen Grund erfolgt sein. Der Rechtsgrund könnte hier ein Kaufvertrag zwischen E und der GbR sein. Abermals könnte sich aus §§ 899a, 892 BGB ergeben, dass die GbR durch A, B und C wirksam vertreten wurde. Ob §§ 899a S. 2, 892 BGB auch bzgl. des schuldrechtlichen Kausalgeschäfts mit der Folge Anwendung finden, dass der Kaufvertrag wirksam, eine Kondiktion also ausgeschlossen wäre, ist umstritten.

a) Ablehnende Ansicht

Nach einer Ansicht in der Literatur erstreckt sich § 899a BGB nicht auf das schuldrechtliche Kausalgeschäft. Dafür spreche die Stellung der Vorschrift im Bereich des Sachenrechts sowie die Verweisung auf § 892 BGB, der nach allgM Folgen allein für das dingliche Rechtsgeschäft enthält. Zudem wird auch der Wortlaut des § 899a BGB ins Feld geführt, demzufolge Satz 1 und 2 nur »in Ansehung des eingetragenen Rechts« gelten, also nur bei Rechtshandlungen mit unmittelbarem Bezug auf den Eintragungsgegenstand. Dies seien allein Verfügungen, nicht hingegen Verpflichtungsgeschäfte.

Eine Wirkung auf schuldrechtlicher Ebene könne allein über die Grundsätze der Duldungs- und Anscheinsvollmacht erzielt werden, deren Voraussetzungen hier nicht erfüllt sind.

Nach dieser Ansicht würden ein wirksamer Kaufvertrag und damit ein Rechtsgrund fehlen.

b) Bejahende Ansicht

Eine andere Ansicht hält § 899a BGB auf das schuldrechtliche Kausalgeschäft für anwendbar oder geht zumindest vom Ausschluss einer Kondiktion aus. Begründet wird dies mit dem Sinn und Zweck des § 899a BGB: Zweck sei der Schutz des Rechtsverkehrs durch Sicherstellung der Verkehrsfähigkeit von Grundstücken, die im Eigentum einer GbR stehen. Ließe man eine Kondiktion zu, so wäre der Erwerber nur unzureichend geschützt.

Diese Auffassung hat den Vorzug, dass sie dem erklärten Ziel der Regelung in § 899a BGB am nächsten kommt. Schließt man sich dieser Auffassung an, scheidet ein Bereicherungsanspruch gegen E aus.

II. Ergebnis

Es besteht kein Bereicherungsanspruch gegen E (aA vertretbar).

Ergänzende Bemerkungen

Zur Entstehungsgeschichte des § 899a BGB:
Diese Regelung stellt die Reaktion des Gesetzgebers auf die Anerkennung der Grundbuchfähigkeit der Außen-GbR durch den BGH im Jahr 2008 dar. Nach dieser Rechtsprechung musste allein der Name der GbR in das Grundbuch eingetragen werden. Einer Nennung der einzelnen Gesellschafter bedurfte es hingegen nicht. Hierdurch lief der Vertragspartner einer GbR immer Gefahr, dass die GbR bei der Auflassung nicht wirksam vertreten wurde, da kein Register existiert, in dem der Gesellschafterbestand und die Vertretungsregelungen vermerkt sind.

Aus diesem Grund reagierte der Gesetzgeber mit Einführung des § 47 II 1 GBO, der die Verpflichtung enthält, alle Gesellschafter in das Grundbuch einzutragen. Um den Erwerber vor Falscheintragungen zu schützen, wurde durch Einführung des § 899a BGB der Gutglaubensschutz auf die Gesellschafterstellung ausgeweitet.

Zur organschaftlichen Vertretung einer Außen-GbR:
Die Willenserklärungen des E wären der GbR auch ohne die Anwendbarkeit des § 899a BGB in allen Fällen (außer in Abwandlung 2) zugegangen iSd § 130 BGB, da sie gegenüber A und B erklärt wurden und auch im gesetzlichen Regelfall der Gesamtvertretung grds. jeder Gesellschafter allein zur Passivvertretung ermächtigt ist.

Zu Ausgangsfall II. 1. b):
Der für die Gutgläubigkeit des Erwerbers maßgebliche Zeitpunkt ist umstritten. § 899a S. 2 BGB verweist auf den gesamten § 892 BGB. Deshalb wird angenommen, der gute Glaube müsse bis zur Erwerbsvollendung, im Fall des Abs. 2 Hs. 1 zumindest bis zur Antragstellung vorliegen. Eine aA stellt auf den Zeitpunkt ab, in dem nach allg. Grundsätzen die Vertretungsmacht bestehen müsste. Dies wäre die Vornahme der Vertretungshandlung, also die dingliche Einigung in Form der Auflassung. Relevanz hat dieser Streit, wenn der Erwerber nach Auflassung, aber vor Stellung des Eintragungsantrags bösgläubig wird.

Zu Abwandlung 3 I. 2.:
Zum Teil wird angenommen, wegen der nicht ordnungsgemäßen Vertretung liege keine Leistung der GbR vor. Vielmehr habe E das Eigentum in sonstiger Weise erlangt. Die richtige Anspruchsgrundlage ist hiernach § 812 I 1 Alt. 2 BGB.

Fall 32 »Der geprellte Grundstückskäufer«

Sachverhalt

A verkauft sein Grundstück formgerecht an B. Zur Sicherung des Anspruchs auf Übereignung bewilligt A die Eintragung einer Vormerkung zugunsten des B, die anschließend eingetragen wird. Nach einiger Zeit interessiert sich auch C für das Grundstück. Da er den mit B vereinbarten Kaufpreis deutlich überbietet, entschließt sich A, das Grundstück an C zu verkaufen und lässt es sogleich an ihn auf. Schließlich wird C als Eigentümer eingetragen.

B ist empört und fragt nach seinen Rechten gegenüber A und C.

Fundstellen/Vertiefungshinweise:
Baur/Stürner SachenR § 20 Rn. 34 ff.; *Müller/Gruber* SachenR Rn. 2865 ff., 2936 ff.; *Petersen* JURA 2016, 495; *Stamm* JuS 2003, 48.
Vieweg/Werner SachenR § 14 Rn. 1 ff., 17 f.

Problemkreise:
- Voraussetzungen und Rechtsfolgen der Vormerkung (G)
- Anspruch gem. § 888 BGB gegen Dritterwerber (G)

Lösungsvorschlag

Interessenlage

B möchte Eigentümer des Grundstücks werden. Demgegenüber will C das Eigentum an dem Grundstück behalten, zumal er dafür an A bereits den Kaufpreis entrichtet hat. A ist ebenfalls daran interessiert, dass C Eigentümer des Grundstücks bleibt, damit er den von C erbrachten Kaufpreis behalten kann.

Lösung des Falls

I. Anspruch B gegen A auf Übergabe und Übereignung des Grundstücks gem. §§ 433 I, 311b I BGB

B könnte gegen A einen Anspruch auf Übergabe und Übereignung des Grundstücks gem. §§ 433 I, 311b I BGB haben.

1. Anspruch entstanden

Aus dem formgerecht geschlossenen Kaufvertrag gem. §§ 433 I, 311b I BGB ist A verpflichtet, das Grundstück an B zu übergeben. Zudem hat er ihm Eigentum an diesem zu verschaffen und hierzu insbesondere die Auflassung zu erklären (§§ 873 I, 925 I BGB).

2. Anspruch nicht untergegangen

Diese Ansprüche dürften auch nicht untergegangen sein.

a) Erlöschen wegen Unmöglichkeit gem. § 275 I BGB

A könnte gem. § 275 I BGB von seiner Leistungspflicht frei geworden sein, wenn es ihm unmöglich geworden wäre, B das Grundstück zu übereignen und zu übergeben. Hier kommt eine nachträgliche Unmöglichkeit infolge vorausgegangenen Eigentumsverlusts an C in Betracht: Denn A und C haben die Auflassung erklärt und C ist in das Grundbuch eingetragen worden. Zudem war A als nicht verfügungsbeschränkter Eigentümer noch verfügungsbefugt. Damit liegen die Voraussetzungen für einen Grundstückserwerb des C gem. §§ 873 I, 925 I BGB vor.

Grds. wäre folglich die Verfügungsbefugnis des A erloschen und ihm somit eine Übereignung an B unmöglich geworden. Die rein tatsächliche Übergabe wäre hierdurch jedoch nicht unmöglich geworden. Aus diesem Grund liegt lediglich eine sog. »Teilunmöglichkeit« vor. Da aber die reine Besitzverschaffung ohne einen Eigentumserwerb für B sinnlos erscheint, ist von einer vollständigen Unmöglichkeit auszugehen.

b) Anderes Ergebnis wegen vorherigen Erwerbs einer Vormerkung durch B

Etwas anderes könnte sich jedoch aus einem vorausgegangenen Erwerb einer Auflassungsvormerkung durch B ergeben.

B müsste also Inhaber einer Vormerkung geworden sein. Dies setzt gem. § 883 I BGB einen zu sichernden, schuldrechtlichen Anspruch voraus. Einen solchen stellt hier der Übereignungsanspruch aus dem Kaufvertrag dar. Darüber hinaus ist auch die erforderliche Eintragung der Auflassungsvormerkung in das Grundbuch erfolgt gem. §§ 883 I 1, 885 I 1 BGB. Die Eintragung ist zudem durch den – als Eigentümer verfügungsbefugten – A bewilligt worden (§ 885 I 1 BGB). Somit hat B eine Auflassungsvormerkung erworben.

Die Rechtsfolge ist, dass Verfügungen, die den gesicherten Anspruch vereiteln oder erschweren, dem Vormerkungsberechtigten gegenüber unwirksam sind (relative Unwirksamkeit) gem. § 883 II 1 BGB. Die Übereignung an C würde den Anspruch des B grds. zum Erlöschen bringen, ihn also vereiteln in diesem Sinne (s. I. 2. a)). Folglich ist sie relativ unwirksam und A somit gegenüber B noch verfügungsbefugt. Demnach ist der Anspruch auf Übereignung mangels Unmöglichkeit nicht gem. § 275 I BGB erloschen.

3. Ergebnis

B kann weiterhin von A gem. §§ 433 I, 311b I BGB verlangen, das Grundstück an ihn aufzulassen und ihm zu übergeben.

II. Zwischenüberlegung

Um Eigentümer des Grundstücks zu werden, müsste B aber darüber hinaus in das Grundbuch eingetragen werden. Hierzu wäre zunächst erforderlich, dass der inzwischen als Eigentümer eingetragene C die Löschung seiner Eintragung bewilligt gem. §§ 19, 39 GBO. Zur Durchsetzung seines Eigentumsverschaffungsanspruchs muss sich B daher auch an C wenden und von diesem die Bewilligung zu seiner, des C, Löschung verlangen.

III. Anspruch des B gegen C auf Zustimmung gem. § 888 I BGB

B könnte gegen C einen Anspruch auf Zustimmung zur Löschung des C aus dem Grundbuch sowie zu seiner Eintragung gem. § 888 I BGB haben.

Anspruchsteller B ist Inhaber einer wirksamen Vormerkung. Zudem ist die Verfügung, infolge derer C Eigentum erworben hat, ihm gegenüber unwirksam (s. oben I. 2. b)). Somit sind die Voraussetzungen des § 888 I BGB gegeben.

B kann folglich die Zustimmung des C zu dessen Löschung und zu seiner Eintragung als Eigentümer verlangen.

Ergänzende Bemerkungen

Zu III.:
Es könnte auch ein Anspruch auf Grundbuchberichtigung gem. § 894 BGB angedacht werden (vgl. hierzu Fall 26 Frage 2 I. und Fall 29 I.). Ein solcher scheidet jedoch mangels Grundbuchunrichtigkeit aus: Vormerkungswidrige Verfügungen sind gem. § 883 II 1 BGB lediglich relativ (zugunsten des Vormerkungsberechtigten) un-

wirksam, nicht hingegen absolut. Der vormerkungswidrig Erwerbende (hier C) ist somit Eigentümer, bis seine Rechtsposition infolge der Durchsetzung des vormerkungsgesicherten Anspruchs wieder entfällt. Das Grundbuch ist also dahingehend richtig. Folglich fehlt es bereits an der ersten Voraussetzung des § 894 BGB.

Fall 33 »Der großzügige Vorerbe«

Sachverhalt

R ist testamentarischer Alleinerbe der vermögenden F. Zum Nachlass gehört unter anderem ein Grundstück. Zur Nacherbin ist B bestimmt.

R ist als unbeschränkter Alleineigentümer des Grundstücks in das Grundbuch eingetragen. Am 30.6.2005 macht er der M ein unwiderrufliches notarielles Kaufangebot: Das Grundstück solle frei von Lasten Dritter verkauft werden. R bewilligt zugunsten der M eine entsprechende Auflassungsvormerkung, die am 11.8.2005 in das Grundbuch eingetragen wird.

Inzwischen hat B erfahren, dass R als unbeschränkter Alleineigentümer des Grundstücks eingetragen worden ist. Zur Erhaltung ihres Nacherbenrechts lässt sie einen Widerspruch gegen die unbeschränkte Eintragung des R eintragen. Am 23.1.2007 erfolgt auch die Eintragung des Nacherbenvermerks zugunsten der B.

Am 24.5.2007 nimmt M schließlich das Kaufangebot des R an. Als sie jedoch die vereinbarte Restkaufsumme auch nach Mahnung nicht bezahlt, erklärt R am 19.1.2008 den Rücktritt vom Kaufvertrag. Daraufhin kommt es zwischen R und M zum Rechtsstreit, der durch gerichtlichen Vergleich vom 3.1.2010 entschieden wird. Aufgrund des Vergleichs erklärt R an M gegen Zahlung eines Geldbetrags die Auflassung. Anschließend stellen sie Antrag auf Eintragung und M wird schließlich am 7.11.2010 als Eigentümerin in das Grundbuch eingetragen.

Mit notariellem Vertrag vom 29.12.2010 überträgt M das Grundstück auf ihre Tochter K, die am 1.2.2011 als Eigentümerin eingetragen wird. K vertritt die Auffassung, sie habe das Grundstück ohne Belastung mit dem Nacherbenvermerk erworben, und verlangt von B Zustimmung zur Berichtigung des Grundbuchs.

Zu Recht?

Fundstellen/Vertiefungshinweise:
BGH NJW 1981, 446 = JuS 1981, 296 (*K. Schmidt*); *Müller/Gruber* SachenR Rn. 2808 ff.; *Schreiber* JURA 2004, 676; *Petersen* JURA 2016, 872.
Vieweg/Werner SachenR § 14 Rn. 5, 8 ff., 12 f., 23.

Problemkreise:
- Verfügungsbeschränkung des § 2113 BGB (sachenrechtsexternes Problem)
- Gutgläubig lastenfreier Erwerb gem. §§ 2113 III, 892 BGB (G)
- Zeitpunkt der Gutgläubigkeit gem. § 892 II BGB (G)
- Ausdehnung des § 892 II BGB auf objektive Voraussetzungen des § 892 BGB (V)
- Auswirkung einer Auflassungsvormerkung auf den Zeitpunkt des Vorliegens der Voraussetzungen des § 892 BGB (V)
- Gutgläubiger Ersterwerb einer Auflassungsvormerkung (G)
- Akzessorietät der Vormerkung (G)

Besondere Schwierigkeiten:
- Exakte Berücksichtigung des historischen Verlaufs
- Bezüge zum Erbrecht

Lösungsvorschlag

Interessenlage

K möchte das Eigentum unbelastet von einem Nacherbenvermerk erworben haben. B hingegen würde ihr Nacherbenrecht an dem Grundstück verlieren, wenn K trotz des Widerspruchs und des Nacherbenvermerks unbeschränkte Eigentümerin geworden wäre.

Lösung des Falls

I. Anspruch der K gegen B auf Zustimmung zur Grundbuchberichtigung gem. § 894 BGB

K hat gegen B einen Anspruch auf Zustimmung zur Grundbuchberichtigung gem. § 894 BGB (Notwendigkeit der Bewilligung durch B: §§ 19, 39 GBO), wenn das Grundbuch unrichtig, K materiell und B formell betroffen wäre.

1. Unrichtigkeit des Grundbuchs

Der zugunsten von B eingetragene Nacherbenvermerk (vgl. § 51 GBO) würde zur Grundbuchunrichtigkeit führen, wenn K unbeschränktes Eigentum erworben hätte.

a) Erwerb unbeschränkten Eigentums der K von M; §§ 873 I, 925 I BGB

K und M haben sich in Form der Auflassung geeinigt, auch ist die Grundbucheintragung erfolgt. Problematisch erscheint allein die Berechtigung der M: Sie müsste ihrerseits unbeschränktes Eigentum von R übertragen bekommen haben.

aa) Erwerb unbeschränkten Eigentums der M von R; §§ 873 I, 925 I BGB

(1) Auflassung und Eintragung

R erklärte die Auflassung gem. §§ 873 I, 925 I 3 BGB im gerichtlichen Vergleich. Auch wurde M als Eigentümerin in das Grundbuch eingetragen.

(2) Berechtigung des R

Ursprünglich war F Eigentümerin des Grundstücks. Aufgrund ihrer testamentarischen Verfügung ist R im Wege der Universalsukzession gem. §§ 1922, 1937 BGB Eigentümer des Grundstücks geworden. Allerdings war er lediglich Vorerbe. Da F die B als Nacherbin eingesetzt hatte (§ 2100 BGB), unterlag er somit als nicht befreiter Vorerbe (vgl. § 2136 BGB) den Verfügungsbeschränkungen des § 2113 BGB. Gemäß § 2113 I BGB sind Verfügungen über zum Nachlass gehörende Grundstücke mit Eintritt der Nacherbfolge ex nunc unwirksam. Hieraus folgt, dass der Vorerbe zwar über das mit der Nacherbenstellung belastete Eigentum als Berechtigter verfügen kann, ihm aber für die Übertragung unbeschränkten Eigentums die Berechtigung fehlt.

bb) Gutgläubiger Erwerb unbeschränkten Eigentums der M von R; §§ 2113 III, 892, 873 I, 925 I BGB

Unbelastetes Eigentum könnte M somit nur gutgläubig gem. §§ 2113 III, 892, 873 I, 925 I BGB erworben haben. Fraglich ist allein das Vorliegen der besonderen Voraussetzungen des § 892 I BGB im Hinblick auf die Nacherbenstellung der B.

Die Übertragung erfolgte durch Rechtsgeschäft zwischen wirtschaftlich und rechtlich verschiedenen Personen. Ein Verkehrsgeschäft lag demnach vor.

(1) Grundbuchunrichtigkeit und daraus folgende Legitimation bei Rechtserwerbsvollendung

Im Zeitpunkt der Eigentumserwerbsvollendung, also bei Eintragung der M als neue Eigentümerin am 7.11.2010, war das Nacherbenrecht der B bereits im Grundbuch eingetragen. Folglich war es zu diesem Zeitpunkt richtig und R nicht (mehr) als unbeschränkt verfügungsberechtigter Eigentümer legitimiert. Somit fehlte es bereits an den objektiven Voraussetzungen der §§ 2113 III, 892 I BGB.

(2) Vorverlegung der obj. Voraussetzungen des § 892 I BGB analog § 892 II BGB

Ein anderes Ergebnis wäre dann denkbar, wenn man auch im Hinblick auf die Legitimation des Verfügenden aus dem Grundbuch auf den Zeitpunkt der Stellung des Eintragungsantrags analog § 892 II BGB abstellen würde. Hier würde jedoch auch eine solche (mit der hM abzulehnende) Vorverlagerung keinen gutgläubigen Erwerb ermöglichen, da zum Zeitpunkt der Stellung des Eintragungsantrags der Nacherbenvermerk bereits im Grundbuch eingetragen war.

(3) Vorverlegung aller Voraussetzungen des § 892 I BGB im Falle einer Auflassungsvormerkung

Etwas anderes könnte sich aber dann ergeben, wenn M gutgläubig eine unbeschränkte Auflassungsvormerkung erworben hätte und wenn der Erwerb einer Vormerkung zur Folge hätte, dass es auch für den weiteren Rechtserwerb auf den Zeitpunkt des Erwerbs der Vormerkung ankommt.

(a) Zeitpunkt des § 892 I BGB bei Erwerb einer Auflassungsvormerkung

Nach heute überwiegender Auffassung bedingt der gutgläubige Vormerkungserwerb auch einen gutgläubigen Eigentumserwerb in dem Sinn, dass die Voraussetzungen des gutgläubigen Eigentumserwerbs nur im Zeitpunkt des Vormerkungserwerbs vorliegen müssen. MaW genügt es, dass der Verfügende im Zeitpunkt des Erwerbs der Vormerkung aus dem Grundbuch legitimiert, kein Widerspruch eingetragen und der Erwerber gutgläubig ist.

Eine teilweise vertretene Ansicht lehnt hingegen eine derartige Vorverlagerung des maßgeblichen Zeitpunkts der Voraussetzungen des § 892 I BGB mit der Begründung ab, die Vormerkung gewähre allein Verfügungs-, nicht aber Erwerbsschutz.

Die überwiegende Auffassung hat den Vorzug, den gesteigerten Bedürfnissen nach Verkehrsschutz bei Grundstücksgeschäften Rechnung zu tragen. Überdies wäre die allg. anerkannte Möglichkeit des gutgläubigen Ersterwerbs einer Auflassungsvormerkung nutzlos, wenn sie nicht gerade davor schützen würde, dass vor dem gutgläubigen Eigentumserwerb die Voraussetzungen des redlichen Erwerbs entfallen (aA vertretbar).

Folgt man dieser Auffassung, führt der Erwerb einer Vormerkung also zu einer Vorverlagerung des Zeitpunkts, der für das Vorliegen der Voraussetzungen des gutgläubigen Erwerbs maßgeblich ist. Es ist also zu prüfen, ob M eine Vormerkung erworben hat.

(b) Gutgläubiger Erwerb einer unbeschränkten Auflassungsvormerkung durch M

Der gutgläubige Ersterwerb einer Auflassungsvormerkung ist allg. anerkannt. Streitig, aber im Ergebnis unerheblich, ist lediglich, ob er allein auf § 892 BGB oder aber mit der hM auf §§ 893 Alt. 2, 892 BGB zu stützen ist. Nach hM kommt hier ein gutgläubiger unbeschränkter Erwerb nach §§ 883, 885, 893 Alt. 2, 892, 2113 III BGB in Betracht.

(aa) Vormerkungsfähiger Anspruch, § 883 I BGB

Der wegen der Akzessorietät der Vormerkung erforderliche Anspruch auf Übereignung des Grundstücks iSd § 883 I 1 BGB entstand erst mit Abschluss des Kaufvertrags am 24.5.2007. Zu diesem Zeitpunkt waren der Widerspruch und der Nacherbenvermerk jedoch bereits eingetragen, folglich lagen die Voraussetzungen des gutgläubigen Erwerbs nicht mehr vor.

Allerdings war die aus dem notariell beurkundeten Kaufangebot des R vom 30.6.2005 folgende Rechtsstellung der M gem. § 883 I 2 Alt. 1 BGB als künftiger Anspruch vormerkungsfähig: Durch das verbindliche und unwiderrufliche Angebot des R hing die Anspruchsentstehung nur noch vom Willen der M ab. Der »Rechtsboden« für den Anspruch war also gelegt.

(bb) Eintragung; §§ 883 I 1, 885 I 1 BGB

Die Vormerkung ist auch eingetragen worden (§§ 883 I 1, 885 I 1 BGB).

(cc) Verkehrsgeschäft, Legitimation des R aus dem unrichtigen Grundbuch; §§ 893 Alt. 2, 892 BGB

Ein Verkehrsgeschäft lag vor. Zum Zeitpunkt der Eintragung der Vormerkung am 11.8.2005 war das Grundbuch zudem unrichtig und R hierdurch legitimiert. Dass bereits vier Monate vor Zustandekommen des Kaufvertrags der Nacherbenvermerk eingetragen war, ist unschädlich, da § 883 I 2 Alt. 1 BGB ausdrücklich auch Vormerkungen künftiger Ansprüche zulässt. Würde der Vormerkungsschutz (der auch Erwerbsschutz gewährt, vgl. I. 1. a) bb) (3) (a)) für künftige Ansprüche erst in dem Zeitpunkt beginnen, in dem diese entstehen, so würde § 883 I 2 Alt. 1 BGB jede Bedeutung verlieren.

(dd) Guter Glaube der M hinsichtlich der Berechtigung des R

Darüber hinaus müsste M im Zeitpunkt der Eintragung der Vormerkung oder zumindest der Stellung des Eintragungsantrags gutgläubig hinsichtlich der Berechtigung des gem. § 885 I 1 BGB bewilligenden R gewesen sein; §§ 893, 892 I, II BGB. Gemäß

§§ 893 Alt. 2, 892 I BGB dürfte sie also keine positive Kenntnis von der Verfügungsbeschränkung gehabt haben. Mangels entgegenstehender Anhaltspunkte lag im Zeitpunkt der Vormerkungseintragung keine positive Kenntnis vor, eine etwaige Kenntnis im Zeitpunkt des Kaufvertragsabschlusses ist entgegen einer teilweise vertretenen Auffassung mit der unter I. 1. a) bb) (3) (b) (cc) angeführten Argumentation unschädlich.

(ee) Kein Widerspruch

Die Eintragung des Widerspruchs nach Eintragung der Vormerkung, aber vor Zustandekommen des Kaufvertrages ist ebenfalls unschädlich (vgl. I. 1. a) bb) (3) (b) (cc)).

(ff) Kein Untergang

Die akzessorische Vormerkung könnte aber mit Erlöschen des gesicherten Anspruchs auf Übereignung infolge des von R erklärten Rücktritts untergegangen sein.

Hier stand R jedoch kein Rücktrittsrecht zu, da die Voraussetzungen des § 323 BGB nicht vorlagen. Zwar hatte er einen fälligen Zahlungsanspruch gegen M, den diese nicht erfüllt hatte. Doch unterblieb eine angemessene Fristsetzung (die laut Sachverhalt erfolgte Mahnung ist mit der Fristsetzung nicht deckungsgleich). Auch sind keine Anhaltspunkte für eine Entbehrlichkeit der Fristsetzung ersichtlich.

(4) Zwischenergebnis

M hat durch Verfügung des R gutgläubig eine Vormerkung, gerichtet auf Einräumung unbeschränkten Eigentums, erworben.

cc) Zwischenergebnis

Infolge dieses Vormerkungserwerbs kommt es nach hM auch für die weiteren Erwerbsvoraussetzungen der §§ 2113 III, 892, 873 I, 925 I BGB auf den Zeitpunkt des Erwerbs der Vormerkung an. M ist somit unbeschränkte Eigentümerin geworden.

b) Zwischenergebnis

Da M nicht verfügungsbeschränkt war, hat K unbeschränktes Eigentum erworben. Das Grundbuch ist also in Bezug auf den Nacherbenvermerk unrichtig.

2. Materielle Betroffenheit der K, formelle Betroffenheit der B

K ist als unbeschränkte Eigentümerin des Grundstücks aktivlegitimiert. Die im Grundbuch als Nacherbberechtigte eingetragene B ist gem. § 894 BGB iVm § 19 GBO passivlegitimiert.

3. Ergebnis

K kann von B die Zustimmung zur Löschung des unrichtig eingetragenen Nacherbenvermerks gem. § 894 BGB verlangen.

II. Anspruch nach § 812 I S. 1 Alt. 2 BGB

Der Grundbuchberichtigungsanspruch könnte sich auch aus § 812 I 1 Alt. 2 BGB (Nichtleistungskondiktion) ergeben. Eine Buchposition ist ein kondizierbarer vermögenswerter Vorteil iSd § 812 BGB. Allerdings hat B hier die Buchposition durch Bewilligung und damit durch Leistung des R erlangt. Die Nichtleistungskondiktion ist daher aus Gründen der Subsidiarität ausgeschlossen.

Ergänzende Bemerkungen

Zu I. 1. a) bb) (2):
Dies muss nicht unbedingt angesprochen werden, weil die obj. Voraussetzungen des § 892 I BGB nicht zwischen der Stellung des Eintragungsantrags und der Eintragung weggefallen sind. Die Ausführungen dienen aber dem Verständnis und sollen den Bearbeiter auf die dahinter stehende Frage hinweisen, ob durch § 892 II BGB nicht nur der Zeitpunkt des guten Glaubens, sondern auch der Zeitpunkt, in dem die obj. Voraussetzungen des Gutglaubenserwerbs vorliegen müssen, von der Vollendung des Rechtserwerbs auf die Stellung des Eintragungsantrags vorverlagert wird. Allg. abgelehnt wird eine Vorverlagerung hinsichtlich der aus der Grundbuchunrichtigkeit folgenden Legitimation. Diskutiert wird eine analoge Anwendung des § 892 II BGB hingegen im Fall einer Widerspruchseintragung nach Stellung des Eintragungsantrags. Auch in dieser Konstellation wird man eine Vorverlagerung jedoch ablehnen müssen; vgl. hierzu *Vieweg/Werner* SachenR § 13 Rn. 48, 51.

Zu I. 1. a) bb) (3) (b):
Hinsichtlich der Rechtsgrundlage des gutgläubigen Ersterwerbs werden verschiedene Auffassungen vertreten:

Geht man davon aus, dass die Vormerkung ein dingliches Recht ist, dann ist die Rechtsgrundlage allein § 892 BGB. Nach hM stellt die Vormerkung jedoch ein Sicherungsmittel sui generis und kein dingliches Recht dar. Allerdings sei die Bestellung einer Vormerkung eine Belastung des Grundstücks und somit eine Verfügung iSd § 893 Alt. 2 BGB. Insofern müssen §§ 893 Alt. 2, 892 BGB direkt oder zumindest analog angewendet werden.

Für die hM spricht, dass die Vormerkung einerseits lediglich einen schuldrechtlichen Anspruch sichert, von dessen Bestand sie abhängig ist, andererseits aber eine dingliche Rechtsänderung vorbereiten soll und insofern (über §§ 883 und 888 BGB) die dingliche Wirkung des gesicherten Anspruchs vorweg nimmt.

Fall 34 »Die aufgeladene Auflassungsvormerkung«

Sachverhalt

Mit notariellem Vertrag vom 19.2.2006 überträgt E sein Hausgrundstück im Wege der vorweggenommenen Erbfolge an seine Tochter T. Der Vertrag enthält die Klausel, dass das Grundstück zu Lebzeiten des E weder verkauft noch beliehen werden darf. Widrigenfalls sei es an ihn zurückzugeben. Zur Sicherung des Rückauflassungsanspruchs wird am selben Tag eine Vormerkung ins Grundbuch eingetragen.

T kommt allerdings im Laufe des Jahres 2007 in große Finanznot. Am 14.3.2008 überträgt sie das Grundstück mit notariellem Vertrag an D, der am 24.8.2008 in das Grundbuch eingetragen wird.

E setzt mit einer am 16.1.2009 beim zuständigen Gericht eingegangenen und am 21.1.2009 der T zugestellten Klage den Rückauflassungsanspruch gegen seine Tochter durch. Am 8.9.2011 wird E wieder als Eigentümer eingetragen. E verlangt am 2.12.2011 von D die Herausgabe von Nutzungen für die Zeit von Februar 2009 bis einschließlich August 2011.

D sieht das überhaupt nicht ein. Schließlich sei er Eigentümer und habe selbst in dem Haus gewohnt. Er habe daher gar keine Nutzungen gezogen. Jedenfalls habe er aber gegen E einen Gegenanspruch auf Zahlung von 5.000 EUR, die er für den Austausch der nicht mehr funktionsfähigen Heizungsanlage aufgewendet hat.

Kann E von D gleichwohl die Herausgabe von Nutzungen verlangen?

Abwandlung:
Nach der Übertragung des Hausgrundstücks, der Bewilligung der Rückauflassungsvormerkung und deren Eintragung am 19.2.2006 vereinbaren E und T am 7.1.2007 mit notariell beurkundetem Vertrag, dass der Rückübertragungsanspruch auch dann entsteht, wenn über das Vermögen der T ein Insolvenzverfahren eröffnet wird. Zugleich vereinbaren sie, dass sich die bereits bewilligte Vormerkung auch auf diesen Fall erstrecken soll.

Am 14.3.2008 wird über das Vermögen der T das Insolvenzverfahren eröffnet und I als Insolvenzverwalter bestellt sowie ein Insolvenzvermerk ins Grundbuch eingetragen.

E fragt sich nun, ob es für ihn eine Möglichkeit gibt, das Grundstück zurückzuerhalten.

Wie ist die Rechtslage?

Fundstellen/Vertiefungshinweise:
BGHZ 144, 323 = NJW 2000, 2899 = JuS 2000, 1119 (*K. Schmidt*); BGHZ 143, 175 = NJW 2000, 805 = JuS 2000, 605 (*K. Schmidt*); BGHZ 193, 152 = NJW 2012, 2032 = JuS 2012, 943 (*K. Schmidt*); *Müller/Gruber* SachenR Rn. 2868 ff., 2946 ff.
Vieweg/Werner SachenR § 8 Rn. 7; § 14 Rn. 3, 11.

Problemkreise:
- Stellung des Vormerkungsberechtigten (G)
- Anwendbarkeit der §§ 987, 990 I 1 BGB auf das Verhältnis zwischen Dritterwerber und Vormerkungsberechtigtem (V)
- Verwendungsersatzansprüche (G)
- »Aufladung« der Vormerkung (E)

Besondere Schwierigkeit:
- Exakte Berücksichtigung des historischen Verlaufs
- Bezüge zum Insolvenzrecht

Lösungsvorschlag

Interessenlage

Grundfall:
E möchte von D für die Zeit, in der D das Haus bewohnt hat, Ersatz hierfür haben, weil die Überlassung im Verhältnis zu T vertragswidrig war. D möchte hingegen keinen Ersatz für die Benutzung des Hauses zahlen, da er während dieser Zeit Eigentümer war. Jedenfalls möchte er, wenn er schon Nutzungen ersetzen muss, auch Ausgleich für den Einbau der Heizung haben, von der er nun nicht mehr profitieren kann.

Abwandlung:
E möchte das Grundstück zurückerhalten und nicht nur mit einer Quote aus der Insolvenzmasse befriedigt werden. I ist im Interesse der anderen Gläubiger daran gelegen, dass das Grundstück in der Insolvenzmasse und damit allen Gläubigern zur Befriedigung erhalten bleibt.

Lösung Ausgangsfall

I. Anspruch des E gegen D auf Herausgabe von Nutzungen gem. §§ 990 I 1, 987 I BGB

E könnte als Vormerkungsberechtigter gegen D als Dritterwerber einen Anspruch auf Herausgabe von Nutzungen aus §§ 990 I 1, 987 I BGB haben. Allerdings hat zu keinem Zeitpunkt eine Vindikationslage zwischen den Parteien bestanden, vielmehr war D im gesamten Zeitraum von Februar 2009 bis August 2011 Eigentümer des Grundstücks.

II. Anspruch des E gegen D auf Herausgabe von Nutzungen analog §§ 990 I 1, 987 I BGB

E könnte als Vormerkungsberechtigter gegen D als Dritterwerber einen Anspruch auf die Herausgabe von Nutzungen analog §§ 990 I 1, 987 I BGB haben.

1. Anspruch entstanden

Voraussetzung für die Entstehung des Anspruchs ist, dass §§ 987 ff. BGB analog anwendbar sind und D bösgläubig war.

a) Anwendbarkeit der §§ 987 ff. BGB

In den §§ 883 ff. BGB wird neben den Voraussetzungen für die Bestellung einer Vormerkung lediglich der schuldrechtliche Anspruch des Vormerkungsberechtigten gegen den Dritterwerber auf Zustimmung zur Eintragung geregelt (§ 888 BGB), es fehlen jedoch Folgeansprüche. Der Gesetzgeber hat auch nicht bewusst auf eine Regelung dieses Verhältnisses verzichtet. Eine planwidrige Regelungslücke liegt deshalb vor.

Daneben muss eine vergleichbare Interessenlage mit dem geregelten Fall bestehen. Zwar erwirbt der Dritte Eigentum vom Berechtigten. Dieser Erwerb ist gegenüber dem Inhaber der Vormerkung jedoch gem. § 883 II 1 BGB relativ unwirksam, sodass das Grundbuch den Dritterwerber dem Vormerkungsberechtigten gegenüber zu Unrecht als Eigentümer ausweist. Zwar kann insoweit von einer »besseren« Berechtigung des Vormerkungsberechtigten gesprochen werden. Das ändert jedoch nichts daran, dass er lediglich einen schuldrechtlichen Anspruch gegen den Dritterwerber auf Zustimmung zur Eintragung hat, sodass es nahe liegt, nach den Wertungen des § 446 BGB die Nutzungen noch dem Dritterwerber als Schuldner zuzuweisen. Von der Auflassungsschuldnerin T konnte E jedoch ab Rechtshängigkeit, also der Zustellung der Klage an T am 21.1.2009 (§§ 261 I, 253 I ZPO), nach § 292 BGB Nutzungsersatz verlangen. Somit sind E zum einen im Innenverhältnis zur Auflassungsschuldnerin T die Nutzungen zugewiesen, zum anderen hat er einen obligatorischen Anspruch auf Zustimmung zu seiner Eintragung als Eigentümer gegen D. Hat der Vormerkungsberechtigte zusätzlich gegenüber dem Auflassungsschuldner einen Anspruch auf Nutzungsersatz, so nähert sich seine Rechtsposition derjenigen eines Eigentümers an. In dieser Konstellation ist eine vergleichbare Interessenlage daher gegeben.

Demnach liegen die Voraussetzungen für eine analoge Anwendbarkeit der §§ 987 ff. BGB vor.

b) Bösgläubigkeit iSd § 990 I 1 BGB

D müsste bösgläubig gewesen sein, dh den Mangel seines Besitzrechts gekannt oder grob fahrlässig nicht gekannt haben (vgl. § 932 II BGB). Von der Bösgläubigkeit bei Besitzerwerb ist hier auszugehen, weil D ein Besitzrecht nur aufgrund Eigentumserwerbs annehmen konnte, ein Eigentumserwerb gegenüber E aber – wie aus dem Grundbuch wegen der eingetragenen Vormerkung ersichtlich – nicht möglich war. D kannte seine Zustimmungspflicht nach § 888 I BGB. Das Vertrauen, gegenüber jedermann Eigentümer zu werden und zu bleiben, ist dann ebenso wenig schutzwürdig wie die auf grober Fahrlässigkeit beruhende Überzeugung eines unrechtmäßigen Eigenbesitzers, er sei Eigentümer. D war daher bösgläubig iSd § 990 I 1 BGB.

c) Rechtsfolge: Herausgabe von Nutzungen

§ 987 I BGB verpflichtet zur Herausgabe von tatsächlich gezogenen Nutzungen. Das sind gem. § 100 BGB die Früchte einer Sache sowie die Vorteile, welche der Gebrauch der Sache gewährt.

D hat das Wohnhaus selbst genutzt. Die durch Eigengebrauch gezogenen Nutzungen sind mit ihrem objektiven Wert zu bewerten, also mit dem Betrag, der im Durchschnitt für eine vertragliche Gebrauchsüberlassung zu entrichten gewesen wäre. D schuldet daher für die Zeit von Februar 2009 bis einschließlich August 2011 Nutzungsersatz in Höhe der ortsüblichen Vergleichsmiete iSd § 558 BGB.

d) Zwischenergebnis

E hat gegen D einen Anspruch auf Herausgabe der gezogenen Nutzungen analog §§ 990 I 1, 987 I BGB.

2. Anspruch durchsetzbar

Der Anspruch müsste auch durchsetzbar sein. D könnte ein Zurückbehaltungsrecht entsprechend § 1000 S. 1 BGB zustehen. Danach kann der Besitzer die Herausgabe der Sache bis zu seiner Befriedigung wegen der von ihm getätigten Verwendungen verweigern. Dies setzt voraus, dass D einen Anspruch auf Verwendungsersatz hat.

a) Anspruch auf Verwendungsersatz analog §§ 994 II, 684 S. 1, 818 II BGB

Dieser Anspruch könnte sich aus § 994 II BGB für den Austausch der nicht mehr funktionsfähigen Heizungsanlage ergeben. § 994 II BGB ist unmittelbar nur dann anwendbar, wenn im Zeitpunkt der Vornahme der Verwendung eine Vindikationslage zwischen Verwender und Anspruchsgegner vorliegt. Daran fehlt es hier indes: Als D die Heizung einbaute, war er Eigentümer. Ein Anspruch könnte sich jedoch aus einer analogen Anwendung des § 994 II BGB ergeben. Die Voraussetzungen einer Analogie liegen vor (s. oben II. 1. a)).

aa) Voraussetzungen des § 994 II BGB

Zum Zeitpunkt der Vornahme des Austausches bestand zwischen E und D ein der Vindikationslage entsprechendes Verhältnis. D müsste notwendige Verwendungen gemacht haben. Verwendungen sind Vermögensaufwendungen, die der Sache unmittelbar als Erhaltung, Wiederherstellung oder Verbesserung zugutekommen. Notwendig sind Verwendungen, die zur Erhaltung oder ordnungsgemäßen Bewirtschaftung der Sache erforderlich sind. Vermögensaufwendungen zum Einbau einer neuen, funktionsfähigen Heizung dienen unmittelbar der Wiederherstellung des Hausgrundstücks. Eine Heizung ist nach der Verkehrsanschauung für eine sinnvolle wirtschaftliche Nutzung von Wohnhäusern erforderlich. Der Einbau einer funktionsfähigen Heizung stellt daher eine notwendige Verwendung dar.

Da D aber bösgläubig war, sind ihm seine Aufwendungen nur unter den Voraussetzungen des § 994 II BGB zu ersetzen. Die Norm enthält eine partielle Rechtsgrundverweisung ins Recht der GoA. Ein Fremdgeschäftsführungswille (der beim Eigenbesitzer regelmäßig fehlt) ist nicht erforderlich.

bb) Geschäftsführung ohne Auftrag

Entscheidende Voraussetzung ist, ob der Einbau der Heizung dem Willen und Interesse des E entsprochen hat, § 683 S. 1 BGB. Dabei muss die Übernahme der Geschäftsführung gerade durch den konkreten Geschäftsführer vom Willen des E umfasst sein. E wollte nicht, dass T das Grundstück zu Lebzeiten weiterveräußert. Daher wollte er auch nicht, dass ein Dritter die Heizung austauscht. Die Geschäftsführung des D stand daher nicht im Einklang mit dem Willen des E. Nach § 684 S. 1 BGB kann D von E daher Ersatz seiner Aufwendungen nur nach Bereicherungsrecht verlangen.

cc) Rechtsfolge: Bereicherungshaftung

E schuldet nur Herausgabe der tatsächlich verbleibenden Vermögensmehrung, also Wertersatz in Höhe des objektiven Wertes der Heizung (§ 818 II, III BGB).

b) Anspruch auf Verwendungsersatz aus §§ 951 I 1, 812 I 1 Alt. 2 BGB

Ein Anspruch auf Verwendungsersatz des D könnte sich auch aus §§ 951 I 1, 812 I 1 Alt. 2 BGB ergeben. Zweifelhaft ist bereits, ob D wirklich einen Rechtsverlust infolge der §§ 946–950 BGB erlitten hat, weil er die Heizung in sein eigenes Haus einbaute und der Rechtsverlust daher erst aus der Herausgabe des Grundstücks folgte. Daneben ist aber auch die Anwendbarkeit des § 951 I 1 BGB neben den §§ 994 ff.

BGB umstritten. Für eine Idealkonkurrenz zwischen § 951 I 1 BGB und §§ 994 ff. BGB wird angeführt, dass der besitzende Verwender sonst schlechter als der besitzlose Verwender stünde. Der BGH sieht in den §§ 994 ff. BGB hingegen vorrangige Spezialregelungen. Hierfür spricht die systematische Stellung der §§ 994 ff. BGB; eine abweichende Stellung des besitzlosen Verwenders ist darin von Gesetzes wegen angelegt. Demnach kann D seinen Anspruch auf Verwendungsersatz hier nicht auf §§ 951 I 1, 812 I 1 Alt. 2 BGB stützen.

c) Zwischenergebnis

D hat einen Anspruch auf Verwendungsersatz analog §§ 994 II, 684 S. 1, 818 II BGB. Diesen Gegenanspruch kann er dem E einredeweise analog § 1000 S. 1 BGB entgegenhalten.

3. Ergebnis

E hat gegen D Anspruch auf Herausgabe der Nutzungen analog §§ 990 I 1, 987 I BGB. Dieser Anspruch ist analog § 1000 S. 1 iVm § 274 I BGB aber nur Zug um Zug gegen die Erstattung der Kosten für den Einbau der Heizung analog §§ 994 II, 684 S. 1, 818 II BGB durchsetzbar.

Abwandlung:

I. Anspruch des E gegen I auf Übertragung des Grundstücks gem. § 106 I 1 InsO

E könnte gegen I (richtiger Anspruchsgegner gem. § 80 InsO) einen Anspruch auf Übertragung des Grundstücks aus der Insolvenzmasse gem. § 106 I 1 InsO haben. Grds. gehörte das Grundstück nach Eröffnung des Insolvenzverfahrens (§ 27 InsO) zur Insolvenzmasse (§ 35 InsO). Die Forderung des E würde normalerweise in Geld umgerechnet (§ 45 InsO) und mit der Insolvenzquote bedient (§§ 187 ff. InsO). Nach § 106 InsO bewirkt eine Vormerkung im Falle der Insolvenz jedoch, dass der Vormerkungsberechtigte Erfüllung verlangen kann und nicht nur auf eine quotenmäßige Befriedigung aus der Masse verwiesen ist. Dafür müsste zugunsten des E eine wirksame Vormerkung bestellt worden sein.

1. Bestehen einer wirksamen Vormerkung zugunsten des E

Zugunsten des E müsste eine wirksame Vormerkung bestellt worden sein.

a) Vormerkungsfähiger Anspruch, § 883 I BGB

Bei dem schuldrechtlichen Anspruch des E auf Rückübertragung des Eigentums an dem Hausgrundstück aus dem Vertrag vom 7.1.2007 handelt es sich um einen vormerkungsfähigen Anspruch iSd § 883 I BGB. Gemäß § 883 I 2 BGB ist auch ein bedingter Anspruch vormerkungsfähig.

b) Bewilligung, § 885 I 1 Alt. 2 BGB

Eine »Ergänzung« der Vormerkung um eine neue Forderung geschieht nicht automatisch. Vielmehr ist abermals eine »Bewilligung« erforderlich. Die Zusatzvereinbarung vom 7.1.2007 lässt sich so auslegen, dass die Erstreckung der bereits eingetragenen Vormerkung auf den Fall der Insolvenz der T bewilligt wird.

c) Eintragung, §§ 883 I 1, 885 I 1 BGB

Allerdings ist die am 7.1.2007 von T zugunsten des E bewilligte Rückauflassungsvormerkung nicht gesondert eingetragen worden. Eine erneute Eintragung könnte jedoch entbehrlich sein, wenn die bereits eingetragene inhaltsgleiche Vormerkung den aus der zusätzlichen Abrede erwachsenden Anspruch auf Rückübertragung des Eigentums an dem Hausgrundstück sichern kann. Für den Anwendungsbereich des § 873 BGB wird die Möglichkeit einer der Eintragung zeitlich nachfolgenden Einigung durch die Bestimmungen der §§ 879 II, 892 II BGB vorausgesetzt. Die Vormerkung ist in vielerlei Hinsicht einem dinglichen Recht iSd § 873 BGB angenähert, sodass für § 885 I BGB als materiell-rechtliche Sondervorschrift zu § 873 BGB entsprechendes gelten dürfte. Für den Fall der Grundstücksübereignung wird eine Neueintragung für entbehrlich gehalten, wenn eine spätere Einigung zwar möglicherweise aufgrund einer neuen schuldrechtlichen Grundlage (zB Novation) erfolgt, aber sich auf eine inhaltsgleiche Rechtsänderung bezieht. Ist bereits eine entsprechende Eintragung vorhanden, wären Löschung und Neueintragung unnötiger Formalismus. Diese Gesichtspunkte sprechen auch dagegen, dass eine Vormerkung erneut eingetragen werden muss, wenn der zu sichernde Anspruch erst später begründet wird, solange der Anspruch, die bereits bestehende Eintragung und die erneute Bewilligung kongruent sind und sich insbesondere auf dieselbe Rechtsänderung beziehen. Aufgrund des Erfordernisses der Kongruenz steht auch die Akzessorietät der Vormerkung nicht entgegen. Zudem werden die rechtlichen Interessen Dritter dadurch ausreichend gewahrt, dass sich der Rang der Vormerkung und die Vormerkungswirkungen nicht nach dem (früheren) Eintragungszeitpunkt, sondern nach dem (späteren) Zeitpunkt der erneuten Bewilligung richten. Eine bestehende Eintragung kann somit bei der Vormerkung zur Sicherung eines neu begründeten Anspruchs nutzbar gemacht werden, sofern der Anspruch, die Eintragung und die Bewilligung kongruent sind. Dies muss erst recht gelten, wenn weitere Entstehungsgründe für den gesicherten Anspruch geschaffen werden.

Aus diesen Gründen war eine erneute Eintragung der zugunsten des E am 7.1.2007 bewilligten Rückauflassungsvormerkung entbehrlich; vielmehr ist die am 19.2.2006 erfolgte Eintragung ausreichend. Der Rang der durch die Vormerkung weiter gesicherten Ansprüche bestimmt sich nach dem Zeitpunkt der neuen Bewilligung. Nach der Vormerkung, aber vor deren »Aufladung« in das Grundbuch eingetragene Rechte werden von der Änderung des durch die bestehende Vormerkung gesicherten Anspruchs daher nicht berührt. Die Eintragung des Insolvenzvermerks ins Grundbuch (vgl. § 32 I Nr. 1 InsO) erfolgte jedoch nach der Bewilligung am 14.3.2008 und berührt damit die Wirksamkeit der Vormerkung nicht (vgl. § 879 I BGB).

d) Berechtigung

T war als Eigentümerin des Grundstücks zur Bewilligung der Vormerkung berechtigt.

2. Zwischenergebnis

E hat somit wirksam eine Vormerkung mit Rang vom 7.1.2007 erworben.

II. Ergebnis

E hat gegen I wegen § 106 I 1 InsO trotz der Eröffnung des Insolvenzverfahrens einen Anspruch auf Übertragung des Grundstücks aus der Insolvenzmasse sowie auf Eintragung als Eigentümer.

Ergänzende Bemerkungen

Zu Abwandlung I. 1. c):
Der BGH geht davon aus, dass bei der Vormerkung eine bereits bestehende Eintragung zur Sicherung eines später neubegründeten oder um Entstehungsgründe erweiterten Anspruchs genutzt werden kann, wenn der Anspruch, die vorhandene Eintragung und die neue Bewilligung kongruent sind. Der BGH hat dazu klargestellt (BGHZ 193, 152 = NJW 2012, 2032), dass es nicht allein genügt, dass sich der neue Anspruch und die neue Bewilligung auf die inhaltlich gleiche Rechtsänderung beziehen wie die schon bestehende Eintragung. Vielmehr muss das weitergehende Erfordernis der Kongruenz erfüllt sein. Daher soll die Eintragung einer Vormerkung zur Sicherung eines höchstpersönlichen, nicht vererblichen und nicht übertragbaren Anspruchs, mangels Kongruenz nicht für die Sicherung eines vererblichen Anspruchs nutzbar gemacht werden können.

Fall 35 »Die aufgespaltene Hypothek«

Sachverhalt

B gewährt dem A ein Darlehen iHv 10.000 EUR. Im Gegenzug verlangt B eine Buchhypothek. A ist einverstanden. Der Ausschluss der Brieferteilung wird jedoch nicht in das Grundbuch eingetragen. Stattdessen wird B der Hypothekenbrief ausgehändigt. Nach zehn Jahren wird B unerkennbar geisteskrank.

Er tritt die hypothekarisch gesicherte Forderung in öffentlich beglaubigter Form gegen Zahlung von 7.000 EUR an C ab. Da C jedoch sein gesamtes Vermögen in lang laufenden Anleihen fest angelegt hat, zahlt seine Ehefrau F diesen Betrag an B. C erhält den Hypothekenbrief. Zwei Jahre später lassen sich C und F scheiden. F, die der Meinung ist, ihr stünden Hypothek und Forderung aufgrund der getätigten Zahlung zu und die ihrem Exmann eins auswischen will, lässt hinsichtlich der Inhaberschaft von Hypothek und Forderung einen Widerspruch in das Grundbuch eintragen.

Kurze Zeit später veräußert C die gesicherte Forderung schriftlich, unter Übergabe des Briefes an D weiter. Dem D, der wusste, dass C die Hypothek von B erworben hatte, waren vor der Veräußerung Gerüchte über dessen bereits seit Jahren vorliegende geistige Verwirrtheit zugetragen worden, denen er allerdings keinen Glauben geschenkt hat.

Welche Ansprüche haben B und D gegenüber A?

Fundstellen/Vertiefungshinweise:
Baur/Stürner SachenR §§ 37 f.; *Müller/Gruber* SachenR Rn. 3450 ff.; *Westermann/Gursky/Eickmann* SachenR §§ 93 f., 102, § 104 III., IV.; *Schreiber* JURA 2013, 1013.
Vieweg/Werner SachenR § 13 Rn. 52; § 15 Rn. 6, 12, 24, 32 ff., 41 ff.

Problemkreise:
- Wesen der Hypothek (G)
- Erst- und Zweiterwerb der Hypothek (G)
- Auseinanderfallen von Einigung und Eintragung (G)
- Gutgläubiger Zweiterwerb der Hypothek bei Doppelmangel (G, V)
- Auseinanderfallen von Hypothek und gesicherter Forderung (E)
- Widerspruch eines Nichtberechtigten (G)
- Maß des guten Glaubens bei § 892 I BGB (G)

Lösungsvorschlag

Interessenlage

B möchte weiterhin Inhaber sowohl der Forderung als auch des Verwertungsrechts sein; D ist umgekehrt daran interessiert, möglichst beides erworben zu haben, um hieraus gegen A vorgehen zu können. Für A ist ein Auseinanderfallen beider Positionen nachteilig, da er Gefahr läuft, von zwei Gläubigern in Anspruch genommen zu werden.

Lösung des Falls

I. Ansprüche des B gegen A

Der Betreuer des B kann dessen Ansprüche geltend machen (§§ 1896 I 1, 1902 BGB). Zu prüfen ist, welche Ansprüche B gegen A zustehen.

1. Anspruch B gegen A auf Darlehensrückzahlung gem. § 488 I 2 BGB

a) Anspruchsentstehung

A und der damals noch geschäftsfähige B haben sich wirksam iSd § 488 BGB geeinigt. Zudem wurde das Darlehen ausbezahlt, der Rückzahlungsanspruch ist somit entstanden.

b) Verlust des Anspruchs infolge Abtretung an C gem. §§ 398 S. 1, 1154 BGB

B könnte diesen Anspruch infolge der Abtretung an C gem. §§ 398 S. 1, 1154 BGB verloren haben. Eine wirksame Abtretung der hypothekarisch gesicherten Forderung durch den Zedenten B an den Zessionar C setzt eine Einigung gem. § 398 S. 1 BGB voraus, wobei hinsichtlich der Abtretungserklärung die Form des § 1154 BGB gewahrt werden müsste.

Hier fehlt es bereits an einer wirksamen Einigung aufgrund der zwischenzeitlich, infolge von Geisteskrankheit eingetretenen Geschäftsunfähigkeit des B: Er konnte gem. §§ 104 Nr. 2, 105 I BGB weder ein wirksames Abtretungsangebot abgeben noch konnte ihm die Annahmeerklärung des C zugehen, § 131 I BGB.

Ein Anspruchsverlust infolge Abtretung an C scheidet somit aus.

c) Verlust des Anspruchs infolge Abtretung des C an D gem. §§ 398 S. 1, 1154 BGB

Ein wirksamer Forderungserwerb durch D würde an sich bereits daran scheitern, dass C nicht Forderungsinhaber war und ein gutgläubiger Forderungserwerb grds. ausgeschlossen ist. Auch § 1138 Alt. 1 BGB ändert grds. nichts an diesem Ergebnis, da diese Regelung den Bestand der Forderung beim Zedenten nur fingiert, um den Hypothekenübergang zu ermöglichen, nicht jedoch einen tatsächlichen Forderungserwerb zur Folge hat.

d) Vorläufiges Ergebnis

B wäre demnach Forderungsinhaber geblieben und könnte von A Darlehensrückzahlung gem. § 488 I 2 BGB verlangen.

2. Anspruch B gegen A auf Duldung der Zwangsvollstreckung gem. § 1147 BGB

B könnte überdies gem. § 1147 BGB einen Anspruch auf Duldung der Zwangsvollstreckung gegen A haben. Dies setzt voraus, dass er Inhaber der Hypothek geworden ist und die Hypothek auch nicht infolge sich anschließender Übertragungen verloren hat.

a) Hypothekenerwerb des B gem. §§ 873 I, 1113 I, 1115 I, 1116 I und II, 1117 I BGB

aa) Einigung (§§ 873 I, 1113 I BGB)

Der Ersterwerb einer Hypothek setzt zunächst eine dingliche Einigung bzgl. der Hypothekenbestellung voraus. Hier waren sich A und der zu diesem Zeitpunkt noch geschäftsfähige B darüber einig, das Grundstück des A zugunsten des B dahingehend zu belasten, dass B aus jenem eine bestimmte Geldsumme zur Befriedigung seiner Darlehensforderung gezahlt werden sollte. Eine dingliche Einigung mit Inhalt des § 1113 I BGB lag somit vor.

bb) Eintragung (§§ 873 I, 1115 I BGB)

Des Weiteren müsste die Hypothek mitsamt der nach § 1115 I BGB erforderlichen Angaben in das Grundbuch eingetragen worden sein. Dies ist hier geschehen.

cc) Einigsein im Zeitpunkt der Eintragung (§ 873 I BGB)

Auch waren sich A und B im Zeitpunkt der Eintragung noch einig: Für einen Widerruf der Einigungserklärung durch einen der Beteiligten ist nichts ersichtlich.

dd) Briefübergabe oder Briefausschluss (§§ 1116 I und II, 1117 I BGB)

Die Briefhypothek stellt gem. §§ 1116 I, 1117 I BGB den gesetzlichen Regelfall dar. Soll hingegen eine Buchhypothek bestellt werden, so ist eine Einigung hinsichtlich des Briefausschlusses und die Eintragung dieser Tatsache in das Grundbuch erforderlich, § 1116 II BGB. Hier haben sich A und B zwar dahingehend objektiv geeinigt, doch unterblieb die Eintragung der Hypothek als eine Buchhypothek.

Fraglich ist daher, welche Art von Recht entstanden ist: Mangels Eintragung als Buchhypothek könnte allenfalls eine Briefhypothek entstanden sein. Entscheidend ist hierfür der durch Auslegung zu ermittelnde Parteiwille (§§ 133, 157 BGB): A und B haben die jederzeit nachholbare Eintragung des Briefausschlusses auch nach über zehn Jahren nicht vorgenommen und das Recht dennoch als bestehend angesehen. Zudem wurde ein Brief ausgestellt und übergeben. Die Auslegung der Einigungserklärungen ergibt daher, dass die Beteiligten eher die Entstehung einer Briefhypothek als gar kein dingliches Recht wollten.

Die gem. §§ 1116 I, 1117 I BGB erforderliche Ausstellung und Übergabe des Hypothekenbriefs ist, wie soeben angeführt, ebenfalls erfolgt.

ee) Berechtigung des A

A ist Eigentümer des Grundstücks und als solcher zur Verfügung, also auch zu dessen Belastung mit einem Grundpfandrecht, berechtigt.

ff) Zu sichernde Forderung (§ 488 I 2 BGB)

Die wegen der Akzessorietät der Hypothek erforderliche zu sichernde Forderung bestand ebenfalls (s. I. 1. a)).

gg) Zwischenergebnis

B ist Inhaber einer Briefhypothek am Grundstück des A geworden.

b) Verlust der Hypothek infolge Übertragung auf C gem. §§ 398 S. 1, 1154 I, 401 I, 1153 I BGB

B könnte die Hypothek jedoch auf C gem. §§ 398 S. 1, 1154 I, 401 I, 1153 I BGB übertragen haben. Dies wäre der Fall, wenn B die hypothekarisch gesicherte Forderung an C abgetreten hätte gem. §§ 398 S. 1, 1154 I BGB.

Wie unter I. 1. b) dargestellt, scheitert eine Forderungszession aber an der Geschäftsunfähigkeit des B. Auch ein gutgläubiger Erwerb der Hypothek über §§ 892 I, 1138 BGB scheidet aus: Diese Normen können die sich aus der Geschäftsunfähigkeit des B ergebende Unwirksamkeit der Einigung über die Forderungsabtretung nicht überwinden. Vielmehr vermögen sie allein über die Nichtexistenz bzw. die fehlende Inhaberschaft der zu sichernden Forderung hinweg zu helfen.

B hat somit die Hypothek nicht an C verloren.

c) Verlust der Hypothek infolge Übertragung von C an D gem. §§ 398 S. 1, 1154 I, 401 I, 1153 I BGB

Allerdings könnte D mit »Abtretung der Darlehensforderung« gem. §§ 398 S. 1, 1154 I, 401 I, 1153 I BGB auch die Hypothek erworben haben.

aa) Abtretung der Forderung, §§ 398 S. 1, 1154 I BGB

C und D waren sich hinsichtlich des Forderungsübergangs einig. Zudem erfolgte die Abtretungserklärung des C in der Schriftform (§ 126 BGB) und der Brief wurde übergeben; § 1154 I BGB. Weil C aber nicht Inhaber der Forderung geworden ist (vgl. I. 1. b)) und ein gutgläubiger Erwerb einer Forderung grds. nicht möglich ist (vgl. I. 1. c)), scheidet nach den allg. Regeln ein Hypothekenerwerb durch D aus. Etwas anderes könnte sich aber aus § 1138 Alt. 1 BGB ergeben. Danach ist § 892 I 1 BGB auch in Ansehung der Forderung anwendbar. Das bedeutet, dass für den Hypothekenerwerb der Zedent, der als Gläubiger im Grundbuch eingetragen ist, als Forderungsinhaber gilt, soweit alle weiteren Voraussetzungen des § 892 I BGB im Hinblick auf die Forderung vorliegen.

(1) Rechtsgeschäft im Sinne eines Verkehrsgeschäfts

Die Abtretung der Darlehensforderung von C an D stellt ein Rechtsgeschäft im Sinne eines Verkehrsgeschäfts dar.

(2) Legitimation des C aus dem unrichtigen Grundbuch

Des Weiteren müsste das Grundbuch im Hinblick auf die Forderungsinhaberschaft unrichtig gewesen sein. Die nach § 1115 I BGB erforderliche Grundbucheintragung des Forderungsgläubigers wies jedoch richtigerweise (s. I. 1. d)) B und nicht C als Gläubiger aus. C war also eigentlich nicht aus dem Grundbuch legitimiert.

Allerdings ist nach § 1155 S. 1 BGB der § 892 I 1 BGB auch auf den Besitzer des Hypothekenbriefes mit der Maßgabe anwendbar, dass jener als im Grundbuch eingetragen anzusehen ist, wenn sich seine vermeintliche Gläubigerstellung aus einer zusammenhängenden Reihe öffentlich beglaubigter Abtretungserklärungen ergibt. Diese Reihe muss sich auf den im Grundbuch Eingetragenen zurückführen lassen. C war dem Brief zufolge Forderungsgläubiger. Zudem wurde die Verbindung zu dem im Grundbuch als Gläubiger eingetragenen B durch die in öffentlich beglaubigter Form vorliegende Abtretungserklärung von B an C hergestellt. Zedent C war daher gem. § 1155 S. 1 BGB durch den Brief und die beglaubigte Abtretungserklärung wie ein im Grundbuch eingetragener Gläubiger als Forderungsinhaber legitimiert.

(3) Gutgläubigkeit des D

Weiterhin müsste D bei Eintritt der letzten Erwerbsvoraussetzung – hier also der Briefübergabe – hinsichtlich der Forderungsinhaberschaft des C gutgläubig gewesen sein. Gemäß § 892 I 1 BGB schadet nur positive Kenntnis. Diese hatte D hinsichtlich Cs Nichtinhaberschaft der Forderung nicht, da er den Gerüchten, die geistige Verwirrtheit des B betreffend, nicht glaubte. Eine denkbare (grob) fahrlässige Unkenntnis, resultierend aus der unterbliebenen Nachforschung schadet nicht. Dass D das Grundbuch nicht eingesehen hat, ist unbeachtlich: § 892 BGB gewährt abstrakten Gutglaubensschutz, eine Kausalität zwischen dem Inhalt des Grundbuchs und dem guten Glauben ist also nicht erforderlich.

(4) Kein Widerspruch gem. § 899 BGB

Es dürfte kein Widerspruch gem. § 899 BGB gegen die Forderungsinhaberschaft des C in das Grundbuch eingetragen oder auf dem Brief (vgl. § 1140 S. 2 BGB) vermerkt sein. F hat jedoch eine solche Eintragung veranlasst. Zu überlegen ist, ob auch der Widerspruch eines Nichtberechtigten dem Rechtserwerb entgegensteht. Zweck des Widerspruchs ist der Schutz des wahren Berechtigten vor Rechtsverlust durch gutgläubigen Erwerb. Nichtberechtigte bedürfen dieses Schutzes hingegen nicht. Somit entfaltet der Widerspruch seine hindernde Wirkung nur bei Eintragung zugunsten des wahren Berechtigten.

Der auf Betreiben der F eingetragene Widerspruch, der sie als Forderungsinhaberin ausweist, ist somit mangels Gläubigerstellung der F wirkungslos: Der geschäftsunfähige B konnte die Forderung nicht wirksam an sie abtreten. Überdies würde es selbst bei Geschäftsfähigkeit an einer Einigung iSd §§ 398 S. 1, 1154 I BGB zwischen B und F fehlen. Auch hat die Zahlung auf eine fremde Schuld grds. keine Forderungszession zur Folge, vgl. § 267 I 1 BGB, weshalb auch ein gesetzlicher Forderungserwerb ausscheidet.

Mangels Gläubigerstellung der F war der Widerspruch somit wirkungslos.

(5) Zwischenergebnis

Da die Voraussetzungen der §§ 1138 Alt. 1, 1155 S. 1, 892 I 1 BGB hinsichtlich der Forderung vorlagen, wurde die Forderungsinhaberschaft des C zugunsten des D für den Hypothekenübergang fingiert.

bb) Zwischenergebnis

Da auch die fehlende Hypothekeninhaberschaft des C gem. §§ 892 I 1, 1155 S. 1 BGB überwunden werden konnte, ist D gem. §§ 398 S. 1, 1154 I, 401, 1153 I, 892 I 1, 1138 Alt. 1, 1155 S. 1, 892 I 1 BGB Inhaber der Hypothek am Grundstück des A geworden. B steht folglich mangels Hypothekeninhaberschaft kein Anspruch gegen A auf Duldung der Zwangsvollstreckung gem. § 1147 BGB zu.

3. Vorläufiges Ergebnis

Grds. stünde B gegen A ein Darlehensrückzahlungsanspruch gem. § 488 I 2 BGB zu, den sein Betreuer gem. § 1902 BGB geltend machen könnte, nicht hingegen ein Anspruch auf Duldung der Zwangsvollstreckung gem. § 1147 BGB.

II. Ansprüche des D gegen A

1. Anspruch des D gegen A gem. § 1147 BGB

Als Hypothekengläubiger hat D gegen A Anspruch auf Duldung der Zwangsvollstreckung gem. § 1147 BGB (s. schon I. 2. c)).

2. Anspruch des D gegen A gem. §§ 398 S. 2, 488 I 2 BGB

Ein Darlehensrückzahlungsanspruch des D gegen A aus §§ 398 S. 2, 488 I 2 BGB kommt hingegen mangels gutgläubigen Forderungserwerbs grds. nicht in Betracht (s. schon I. 1. c)).

a) Wertungsmäßige Korrektur – Gutgläubiger Forderungserwerb durch D

A ist demnach sowohl gegenüber D zur Duldung der Zwangsvollstreckung in sein Grundstück gem. § 1147 BGB verpflichtet als auch nach wie vor dem Rückzahlungsanspruch seines persönlichen Gläubigers B aus § 488 I 2 BGB ausgesetzt.

aa) Korrektur nicht erforderlich – Trennungstheorie

Zum Teil wird eine Korrektur für nicht erforderlich gehalten (»Trennungstheorie«), da der Schuldner gegen eine doppelte Inanspruchnahme ausreichend gesichert sei: Er könne der Geltendmachung der persönlichen Forderung widersprechen, wenn der Gläubiger den Hypothekenbrief nicht vorlegt (§§ 1160 I, 1161 BGB). Darüber hinaus wird angenommen, dass der Eigentümer-Schuldner auch bei einer Inanspruchnahme durch den Nur-Forderungsgläubiger die Aushändigung des Hypothekenbriefs verlangen kann (§ 1144 BGB). Ist der Nur-Forderungsgläubiger dazu nicht in der Lage, weil er selbst nicht mehr im Besitz des Hypothekenbriefes ist, stehe dem Schuldner gegen die Forderung ein dauerhaftes Zurückbehaltungsrecht zu (§ 273 BGB), das er der Geltendmachung der Forderung entgegenhalten könne. Auch solle über § 1138 Alt. 1 BGB der gutgläubige Forderungserwerb gerade nicht herbeigeführt, sondern nur fingiert werden. Überdies würde das »Mitreißen« der Forderung die Regel des Nachlaufens der Hypothek gem. § 1153 I BGB ins Gegenteil verkehren.

Folgt man dieser Ansicht, so bestünde hier zwar grds. ein Darlehensrückzahlungsanspruch des B gegen A. Allerdings könnte A diesem einredeweise entgegenhalten, dass er nur gegen die dem B unmögliche Übergabe des Hypothekenbriefes zur Zahlung verpflichtet ist.

bb) Korrektur erforderlich – Mitreißtheorie/Einheitstheorie

Nach den Vertretern der sog. »Mitreiß-« bzw. »Einheitstheorie« soll die Forderung von der gutgläubig erworbenen Hypothek mitgerissen werden. Sie steht somit ebenfalls dem neuen Hypothekengläubiger zu. Dies wird mit dem Bedürfnis nach Vermeidung einer unbilligen doppelten Inanspruchnahme des Schuldners begründet.

Unter Zugrundelegung dieser Auffassung wäre das Ergebnis hier dahingehend zu korrigieren, dass D – entgegen dem unter I. 1. c) und d), 3. gefundenen Ergebnis – auch die Forderung erworben hat. B stünde somit kein Darlehensrückzahlungsanspruch gegen A zu.

cc) Stellungnahme

Die letztgenannte Ansicht erscheint hier vorzugswürdig. Für diese Ansicht spricht der Schutz des Eigentümers, der das Auseinanderfallen von Forderung und Hypothek nicht veranlasst hat. Insbesondere entfällt dessen Schutzbedürftigkeit auch nicht, wenn man ihm gegen die Inanspruchnahme aus der Forderung eine Einrede zubilligt (vgl. hierzu II. 2. a) aa)): Ein juristischer Laie wird diese Möglichkeit in der Regel nicht kennen und somit idR widerstandslos an den ersten der beiden Gläubiger, der ihn unter Darlegung seiner Berechtigung in Anspruch nimmt, leisten.

Gegen die erstgenannte Lösung spricht überdies der in § 1153 II BGB angeordnete Gleichlauf von Hypothek und Forderung (Akzessorietätsprinzip).

b) Zwischenergebnis

D hat somit gutgläubig auch die Forderung erworben (aA vertretbar).

III. Endergebnis

D kann gegen A sowohl gem. § 488 I 2 BGB als auch gem. § 1147 BGB vorgehen. B hat hingegen keine Ansprüche gegen A.

Ergänzende Bemerkungen

Zu I. 1. c):
Die Beschränkung »grds.« erfolgte, weil zumindest in zwei (folgt man der »Mitreiß-« bzw. »Einheitstheorie«, dann in drei) Konstellationen ein gutgläubiger Forderungserwerb möglich ist: § 405 BGB (gutgläubiger Forderungserwerb bei Urkundenvorlegung) und § 2366 BGB (gutgläubiger Forderungserwerb vom durch Erbschein legitimierten Scheinerben).

Zu I. 2. a) dd):
Die Briefhypothek ist als Regelfall vorgesehen, weil sie gegenüber der Buchhypothek eine höhere Verkehrsfähigkeit aufweist: Die Briefhypothek wird durch Forderungs-

abtretung und Briefübergabe übertragen, §§ 398 S. 1, 1154 I, 401 I, 1153 I BGB. Für die Form der Abtretung gilt § 1154 BGB. Anstelle der schriftlichen Erteilung der Abtretungserklärung kann die Abtretung auch in das Grundbuch eingetragen werden (§ 1154 II BGB). Die Buchhypothek wird hingegen stets gem. §§ 398 S. 1, 1154 III, 873 I, 1153 I BGB durch Einigung und Eintragung der Forderungsabtretung in das Grundbuch übertragen. Dies ist nicht nur zeitaufwändiger, sondern auch mit höheren Kosten verbunden.

Zu I. 2. c) aa):
Zu beachten ist, dass § 892 BGB hier »doppelt« geprüft werden muss: Einmal im Rahmen der Forderungsübertragung iVm § 1138 Alt. 1 BGB in Bezug auf das Bestehen einer Forderung. Zum anderen im Rahmen der Verfügungsberechtigung hinsichtlich der Hypothek selbst (hier findet § 892 BGB direkte Anwendung – es müssen also dessen Voraussetzungen in Bezug auf das dingliche Recht vorliegen).

Zu II. 2. a):
Der von der »Trennungstheorie« vorausgesetzte Schutz des Eigentümers gegen eine Inanspruchnahme durch den Nur-Forderungsgläubiger, der nicht im Besitz des Hypothekenbriefs ist, durch dauernde Einreden (§ 273 BGB) wird zT nur auf §§ 1161, 1160 BGB (Widerspruchsrecht), zT auch auf § 1144 BGB (Anspruch auf Aushändigung der Urkunden) gestützt. § 1144 BGB zielt allerdings auf eine Inanspruchnahme durch den Hypothekengläubiger, während es hier um die Inanspruchnahme durch den persönlichen Gläubiger geht. Zum Schutz des Eigentümers soll § 1144 BGB aber auch darauf anwendbar sein (str.).

Die hier vertretene »Mitreiß-« bzw. »Einheitstheorie« setzt voraus, dass die mitzureißende Forderung tatsächlich besteht.

Entgegen der hier vertretenen Ansicht lässt sich ein »Mitreißen« auch mit dem Argument ablehnen, dass ein juristischer Laie, der an den Forderungsgläubiger zahlt, das Geleistete über § 813 BGB kondizieren kann. Einziger Nachteil wäre insoweit, dass er das Insolvenzrisiko des Forderungsgläubigers tragen müsste. Dies erscheint aber im Hinblick auf sein Versäumnis, sich den Hypothekenbrief übergeben zu lassen, nicht als unbillige Härte. Schließlich kann dem Akzessorietätsargument entgegengehalten werden, dass §§ 1138 Alt. 1, 892 BGB eine Trennung von Forderung und Hypothek vorsehen, also die Akzessorietät nach § 1153 II BGB nicht zwingend ist, sondern lediglich der Parteidisposition entzogen sein soll.

Fall 36 »Die isoliert abgetretene Grundschuld«

Sachverhalt

G gewährt dem S ein Darlehen. Zur Sicherung dieses Darlehens bestellt E dem G wirksam eine Briefgrundschuld, wobei im Sicherungsvertrag zwischen E und G die Fälligkeit der Grundschuld an die Fälligkeit des Darlehensrückzahlungsanspruchs geknüpft wird. Später tritt G die Darlehensforderung an D ab und überträgt anschließend die Grundschuld mittels schriftlicher Abtretungserklärung und Briefübergabe an Z, der den Sicherungscharakter der Grundschuld kennt. D verlangt nach Fälligkeit der Darlehensschuld von S Rückzahlung des Darlehens. Z will gegen E aus der Grundschuld vorgehen.

Wie ist die Rechtslage?

Fundstellen/Vertiefungshinweise:
Baur/Stürner SachenR § 45 Rn. 56 ff.; *Medicus/Petersen* BürgerlR Rn. 506 ff.; *Müller/Gruber* SachenR Rn. 3816 ff.; *Wilhelm* SachenR Rn. 1774 ff.; *Schreiber* JURA 2006, 22.
Vieweg/Werner SachenR § 15 Rn. 89 f., 92 f., 98.

Problemkreise:
- Rechtsnatur der Grundschuld (G)
- Zweiterwerb der Grundschuld (G)
- Einreden des Eigentümers/des Schuldners bei Aufspaltung von Forderung und Grundschuld (V)

Lösungsvorschlag

Interessenlage

E will den Vollstreckungszugriff des Z verhindern. S ist daran interessiert, nicht an D zahlen zu müssen.

Lösung des Falls

I. Anspruch des D gegen S auf Darlehensrückzahlung gem. §§ 488 I 2, 398 S. 2 BGB

D könnte gegen S einen Anspruch auf Rückzahlung der Darlehensvaluta haben. Dazu müsste er Inhaber der durchsetzbaren Darlehensforderung gegen S geworden sein.

1. Erwerb der Forderung gegen S durch D gem. § 398 S. 1 BGB

a) Bestehen der Forderung, Einigung

Mangels eigenen Vertragsschlusses mit S könnte D einen Anspruch auf Darlehensrückzahlung gegen S nur infolge einer Abtretung durch G erworben haben.

Der Anspruch auf Darlehensrückzahlung aus § 488 I 2 BGB bestand, da ein Darlehensvertrag geschlossen und das Darlehen bereits ausgezahlt wurde. Auch erfolgte die nach § 398 S. 1 BGB erforderliche Einigung zwischen G und D. Der Abtretung steht auch nicht § 1153 II BGB entgegen, weil die Vorschrift auf grundschuldbesicherte Forderungen ohnehin nicht anwendbar ist (§ 1192 I BGB). Gleiches gilt für das Formerfordernis des § 1154 I BGB in Bezug auf die Forderungsabtretung: § 1154 BGB ist Ausdruck der Akzessorietät und dient allein dem Zweck, eine anderenfalls mögliche formlose Hypothekenübertragung infolge der formlosen Forderungsabtretung (vgl. §§ 1153 I, 398 S. 1 BGB) zu verhindern. Im Rahmen der nichtakzessorischen Grundschuld besteht ein solches Bedürfnis nicht, da die Grundschuldübertragung unabhängig von der Forderung möglich und für sich bereits analog § 1154 BGB formbedürftig ist (s. unten II. 1. a)). Somit konnte die Forderung formlos übertragen werden.

b) Berechtigung

Als Forderungsinhaber ist G grds. berechtigt, die Forderung abzutreten.

c) Kein entgegenstehendes Abtretungsverbot

Hier könnte einer wirksamen Abtretung jedoch ein Abtretungsverbot aus § 399 Alt. 2 BGB entgegenstehen: Bei einer Sicherungsgrundschuld wird oftmals in der Sicherungsabrede das Verbot der isolierten Abtretung von Grundschuld und Forderung für die Zeit vor Eintritt des Sicherungsfalls vereinbart, um Probleme bei der Rückabwicklung zu vermeiden. Streitig ist, ob einer solchen Vereinbarung in Bezug auf die gesicherte Forderung dingliche Wirkung gem. § 399 Alt. 2 BGB zukommen kann, mit der Folge, dass die verbotswidrige Abtretung unwirksam wäre.

Zum Teil wird dies mit dem Argument abgelehnt, dass anderenfalls die Unabhängigkeit von Grundschuld und gesicherter Forderung umgangen würde.

Andere Stimmen in der Literatur bejahen eine dingliche Wirkung bei ausdrücklicher Vereinbarung im Sicherungsvertrag. Fehlt – wie hier – eine ausdrückliche Vereinbarung, leiten Vertreter dieser Ansicht ein konkludentes Abtretungsverbot im Wege der Auslegung des Sicherungsvertrags her, dem allerdings keine dingliche, sondern allein schuldrechtliche Wirkung zukommen soll.

Mangels ausdrücklicher Vereinbarung ist ein dinglich wirkendes Abtretungsverbot iSv § 399 Alt. 2 BGB somit nach keiner Ansicht gegeben. Die Abtretung war daher wirksam.

2. Einreden des S

Der Durchsetzbarkeit dieser Forderung könnte aber ein Anspruch des S aus dem schuldrechtlichen Sicherungsvertrag (§§ 311 I, 241 I BGB), der auf Rückgewähr der Grundschuld im Falle der Forderungstilgung gerichtet ist, entgegenstehen. Diesen könnte er im Wege der Zurückbehaltung gem. §§ 404, 273 I BGB auch dem Zessionar D gegenüber geltend machen. Demgemäß wäre er zu dessen Befriedigung nur Zug um Zug gegen Rückgewähr der Grundschuld verpflichtet (vgl. § 274 I BGB).

Allerdings stehen dem Schuldner gem. § 404 BGB lediglich solche Einreden zu, die gegenüber dem Zedenten begründet waren. S müsste also ein Rückgewähranspruch gegen G zustehen. Zwar ergibt sich aus dem schuldrechtlichen Sicherungsvertrag regelmäßig ein derartiger Anspruch. Allerdings waren hier nur der E als Sicherungsgeber sowie G Vertragsparteien des Sicherungsvertrags. Daher konnte der Sicherungsvertrag allein E, nicht hingegen S als Anspruchsinhaber berechtigen. Auch für eine antizipierte Abtretung dieses Anspruchs durch E an S oder die Erteilung einer Ausübungsermächtigung liegen keine Anhaltspunkte vor. Somit könnte S dem G gegenüber kein Zurückbehaltungsrecht geltend machen. Folglich steht ihm auch gegenüber D kein solches zu.

Mangels Einreden ist der inzwischen fällige Darlehensrückzahlungsanspruch auch durchsetzbar.

3. Ergebnis

D kann von S die Rückzahlung des Darlehens gem. §§ 488 I 2, 398 S. 2 BGB verlangen.

II. Anspruch des Z gegen E auf Duldung der Zwangsvollstreckung gem. §§ 1147, 1192 I, 1191 I BGB

Z könnte gegen E ein Anspruch auf Duldung der Zwangsvollstreckung gem. §§ 1147, 1192 I, 1191 I BGB zustehen. Dazu müsste er die Grundschuld von G erworben haben, und der Anspruch müsste durchsetzbar sein.

1. Erwerb der Grundschuld durch Z von G gem. §§ 1192 I, 1154 I 1, 398 S. 1, 413 BGB

a) Einigung in der Form des §§ 1192 I, 1154 I 1, 398 S. 1, 413 BGB

G und Z haben sich gem. §§ 398 S. 1, 413 BGB darüber geeinigt, dass die am Grundstück des E für G wirksam bestellte Grundschuld auf Z übergehen sollte. Obwohl das Formerfordernis der §§ 1192 I, 1154 BGB dem Wortlaut nach nicht direkt auf die Abtretung der (Sicherungs-)Grundschuld passt, wird diese Vorschrift mangels spezieller Regelungen im Grundschuldrecht auf die Übertragung des dinglichen Rechts analog angewendet, da anderenfalls dem Publizitätsgrundsatz nicht genügt wäre (§ 1154 I 1 BGB ist also wie folgt zu lesen: »Zur Abtretung der Grundschuld« anstatt »Zur Abtretung der Forderung«). Hier wurden die Voraussetzungen des § 1154 I 1 BGB – Schriftform der Abtretungserklärung sowie Übergabe des Grundschuldbriefs – bei der Grundschuldabtretung erfüllt.

b) Berechtigung

G ist durch wirksame Einigung mit dem Grundstückseigentümer E, Eintragung der Grundschuld und Aushändigung des Grundschuldbriefs gem. §§ 873 I, 1191, 1192, 1116 I, 1117 I BGB Inhaber der Grundschuld geworden und war daher verfügungsbefugt.

c) Abtretungsverbot

Die Vereinbarung eines dinglich wirkenden Verbots der isolierten Grundschuldabtretung ist nach überwiegender Ansicht nicht möglich, da dies der Nichtakzessorietät der Grundschuld widerspreche.

Auch die Gegenansicht käme hier zu einer Ablehnung der dinglichen Wirkung, da es an einer ausdrücklichen Vereinbarung mangelt (vgl. zu diesem Meinungsstand bereits I. 1. c) – dort in Bezug auf die Forderungszession). Hinzu kommt, dass das Verbot der isolierten Abtretung jedenfalls als Inhaltsänderung der Grundschuld gem. §§ 873 I, 877 BGB in das Grundbuch hätte eingetragen werden müssen.

d) Zwischenergebnis

Z hat die Grundschuld gem. §§ 1192 I, 1154 I 1, 398 S. 1, 413 BGB wirksam von G erworben.

2. Einreden des E gegen eine Inanspruchnahme aus der Grundschuld

Der Anspruch des Z gegen E auf Duldung der Zwangsvollstreckung müsste auch durchsetzbar sein. Entgegenstehen könnten hier allein Einreden des E gegen Z aus dem Sicherungsvertrag. Die Tatsache, dass Z (nach allg. Auffassung) auch nach Abtretung der Grundschuld nicht Partei dieses Vertrags geworden ist, hindert eine Geltendmachung von Einreden aus dem Sicherungsvertrag nicht: E kann gem. § 1192 Ia S. 1 BGB auch dem Erwerber Z die Einreden, die ihm aufgrund des Sicherungsvertrags zustehen oder sich aus diesem ergeben, entgegenhalten.

a) Denkbare Einreden aus dem Sicherungsvertrag

Die Einrede der fehlenden Verwertungsreife aus dem Sicherungsvertrag ist nicht gegeben, da die Forderung fällig ist.

Allerdings wäre ein Anspruch des E auf Abtretung der Darlehensforderung aus dem Sicherungsvertrag denkbar, den er im Rahmen eines Zurückbehaltungsrechts gem. § 273 I BGB geltend machen könnte: Nach hM erwirbt der mit dem persönlichen Schuldner nicht identische Eigentümer bei Zahlung auf die Grundschuld nicht automatisch gem. § 1143 BGB die Forderung gegen den persönlichen Schuldner, da diese

Regelung Ausdruck der Akzessorietät der Hypothek und daher auf Grundschulden nicht anwendbar ist (§ 1192 I BGB). Vielmehr steht ihm ein schuldrechtlicher Übertragungsanspruch aus dem Sicherungsvertrag zu, den er im Wege eines Zurückbehaltungsrechts gem. § 273 I iVm §§ 311 I, 241 I BGB bereits dem ursprünglichen Grundschuldgläubiger G entgegenhalten konnte. Nach eA handelt es sich hierbei um eine bereits vor der Grundschuldübertragung bestehende Einrede iSd §§ 1192 I, 1157 S. 1 BGB, die E somit auch dem Z entgegenhalten kann. Lehnt man demgegenüber mit der bisher wohl hM ein Bestehen im Zeitpunkt der Abtretung ab (vgl. Ergänzende Bemerkungen), sind die §§ 1192 I, 1157 S. 1 BGB nicht einschlägig. Dennoch kann E diese Einrede – nach heutiger Rechtslage – über § 1192 Ia S. 1 Hs. 1 BGB geltend machen, da hiernach auch die sich aus dem Sicherungsvertrag ergebenden, also im Zeitpunkt der Abtretung lediglich angelegten Einreden dem Erwerber gegenüber erhoben werden können. Weil Z die Forderung mangels Inhaberschaft nicht auf E übertragen kann, steht E also eine dauerhafte Einrede zu.

b) Gutgläubig einredefreier Erwerb

Z könnte die Grundschuld aber gutgläubig einredefrei erworben haben gem. §§ 1192 I, 1157 S. 2, 892 BGB. Diese früher sehr umstrittene Frage (vgl. Ergänzende Bemerkungen) ist mit § 1192 Ia S. 1 Hs. 2 BGB entschieden: Einreden die dem Eigentümer aufgrund des Sicherungsvertrags gegen die Grundschuld zustehen können nicht mehr gem. §§ 1157 S. 2, 892 BGB gutgläubig wegerworben werden. Bei der hier gegebenen dauerhaften Einrede handelt es sich um eine, die dem Eigentümer aus dem Sicherungsvertrag zusteht. Z konnte die Grundschuld also nicht gutgläubig einredefrei erwerben.

3. Ergebnis

Z kann – bei Erhebung der Einrede – von E nicht Duldung der Zwangsvollstreckung aus §§ 1147, 1192 I, 1191 I BGB verlangen.

Ergänzende Bemerkungen

Zur Sachverhaltskonstellation:
Die isolierte Abtretung bei Personenverschiedenheit von persönlichem Schuldner und Eigentümer ist seltener Gegenstand juristischer Beiträge/Klausuren als die Personenidentität auf der »Schuldnerseite« (Eigentümer = persönlicher Schuldner). Deshalb schließt sich auch für den Fall der Personenidentität eine kurze Lösungsskizze an, wobei davon ausgegangen wird, dass der Sachverhalt ansonsten identisch ist:

Hinsichtlich des Anspruchs des Zessionars (D) gegen den Eigentümerschuldner (S) ist auch hier wiederum die Durchsetzbarkeit fraglich. Da S Sicherungsvertragspartei ist, hat er gegen G aus dem Sicherungsvertrag einen Anspruch auf Rückübertragung der Grundschuld, den er gem. §§ 404, 273 I iVm §§ 311 I, 241 I BGB auch dem D entgegenhalten kann. Die Folge ist eine dauerhafte Einrede, da D die Rückübertragung unmöglich ist. S kann somit die Zahlung auf die Forderung des D dauerhaft verweigern.

Dem Anspruch des Z auf Duldung der Zwangsvollstreckung könnte ebenfalls eine dauerhafte Einrede entgegenstehen, die auch nicht gutgläubig wegerwerbbar ist: S könnte dem Z entgegenhalten, dass die Forderung des D dauerhaft nicht durchsetzbar ist (sog. Einrede des mangelnden Sicherungsfalls). Zu beachten ist jedoch, dass Einreden aus dem Sicherungsvertrag den Schuldner lediglich vor einer doppelten Inanspruchnahme durch den (bzw. die) Gläubiger schützen sollen. Nicht beabsichtigt ist hingegen, dass der Schuldner nach Eintritt des Sicherungsfalls (Verwertungsreife) gar nicht mehr zahlen muss. Insofern ist dem S gegen Z diese Einrede aus dem Sicherungsvertrag zu verwehren. S bleibt also zur Duldung der Zwangsvollstreckung verpflichtet, kann sie aber durch Zahlung gem. §§ 1192 I, 1142 I BGB abwenden.

Zu II. 2. a):
Die hM stützt sich darauf, dass § 1157 S. 1 BGB – im Gegensatz zu § 404 BGB – nur Einreden erfasst, deren einredebegründender Tatbestand im Zeitpunkt der Übertragung bereits vollständig erfüllt ist. Der Anspruch auf Abtretung der Forderung werde indes erst mit der Zahlung auf die Grundschuld fällig.

Zu II. 2. b):
Auch nach der Einführung des § 1192 Ia BGB bleiben Fälle denkbar, in denen eine Sicherungsgrundschuld im Raum steht, die vor oder spätestens am 19.8.2008 erworben wurde. In diesem Fall ist § 1192 Ia BGB, der erst mit Inkrafttreten des Risikobegrenzungsgesetzes vom 19.8.2008 eingefügt wurde, nicht anwendbar gem. Art. 229 § 18 II EGBGB. Dann ist ein gutgläubig einredefreier Erwerb zu prüfen. Im vorliegenden Fall setzt dies jedoch voraus, dass die Einrede wegen Anspruchs auf Forderungsabtretung – entgegen der bisher wohl hM – als von §§ 1192 I, 1157 S. 1 BGB erfasst eingestuft wird. Anderenfalls könnte E dem Z diese Einrede nicht entgegenhalten und ein »Wegerwerb« käme folglich nicht in Betracht.

Nach alter Rechtslage war insbesondere umstritten, ob bereits die Kenntnis vom Sicherungscharakter einer Grundschuld – wie im Fall gegeben – zur Bösgläubigkeit im Hinblick auf die der Grundschuld aus dem Sicherungsvertrag entgegenstehenden Einreden führen konnte, also einem gutgläubig einredefreien Erwerb gem. §§ 1192 I, 1157 S. 2, 892 BGB entgegenstand.

Nach eA war der Erwerber in einem solchen Fall bzgl. aller sich aus der treuhänderischen Bindung (und somit aus dem Sicherungsvertrag) regelmäßig ergebenden Einreden als bösgläubig anzusehen. Die Kenntnis weiterer konkreter Tatsachen aus denen sich das Vorliegen der Einrede ergab, war hiernach nicht erforderlich.

Nach überwiegender Auffassung sollte Bösgläubigkeit nur angenommen werden, wenn der Erwerber bösgläubig hinsichtlich der konkreten einredebegründenden Tatsachen war. Auf diese Weise sollte eine Schlechterstellung des Grundschuldgläubigers gegenüber dem Hypothekar vermieden werden. Denn Letzterer kann die nichteingetragenen Einreden gegen die Forderung gem. § 1138 BGB wegerwerben, es sei denn er hat positive Kenntnis von deren Bestehen. Diese Schlechterstellung des Grundschuldinhabers widerspräche der gesetzlichen Konzeption, die dem Grundschuldinhaber ein weitgehend von Einreden unabhängiges Recht an die Hand gegeben hat

Die Tatsache, dass bei einer Sicherungsgrundschuld im Fall der Zahlung auf die Grundschuld ein Anspruch des Eigentümers auf Abtretung der Darlehensforderung besteht (schuldrechtlicher Übertragungsanspruch), ergibt sich bereits aus ihrem Charakter als Sicherungsgrundschuld, ist ihr also immanent. Für die Begründung dieses Einredetatbestands bedarf es daher keiner weiteren Tatsachen, weshalb nach beiden Ansichten ein gutgläubiger einredefreier Erwerb ausgeschlossen war.

Zur Anwendbarkeit der Vorschriften des Hypothekenrechts (§ 1192 I BGB):
Nicht anwendbar sind die Vorschriften, die auf der Abhängigkeit der Hypothek von der Forderung beruhen: §§ 1115 I Hs. 2, 1137–1139, 1153, 1161, 1163 I, 1164–1166, 1173 I 2, 1174, 1177, 1184, 1187 und 1190 BGB.

Alle anderen Vorschriften sind entsprechend anwendbar, und zwar auch dann, wenn sie die Forderung betreffen. Das für die Forderung Vorgeschriebene gilt dann unmittelbar für die Grundschuld: zB §§ 1115 I Hs. 1, 1118, 1142, 1154 BGB.

Fall 37 »Der Oldtimer«

Sachverhalt

Im August 2010 entdeckt Autoliebhaber S auf dem Hof des Oldtimerhändlers G einen gut gepflegten Ferrari. Er ist sich nach näherer Betrachtung sicher, in diesem ein – heute höchst seltenes – Fahrzeug des Baujahres 1963 zu erkennen. Tatsächlich stammt der Ferrari aber aus der 1970er Baureihe, die aufgrund ihrer höheren Stückzahl in Sammlerkreisen weit weniger geschätzt wird, also einen geringeren Wert hat.

In den Verkaufsverhandlungen wird das Baujahr weder von G noch von S angesprochen, zumal G wegen des fachkundigen Auftretens des S berechtigterweise von dessen Kenntnis ausgeht. G und S schließen sodann den Kaufvertrag, wobei ein Preis von 200.000 EUR vereinbart wird. Die Kaufpreisforderung soll durch eine Hypothek am Hausgrundstück der E, der Mutter des S, gesichert und zum 1.4.2011 fällig werden.

In der Folgezeit nimmt E mit G Kontakt auf und erklärt, dass sie ihm die Hypothek bestellen werde. Am 20.8.2010 wird die Hypothek mitsamt allen erforderlichen Angaben zugunsten des G in das Grundbuch eingetragen und ihm der Hypothekenbrief übergeben. Die Stundungsabrede bzgl. der Forderung wird weder in das Grundbuch eingetragen noch auf dem Hypothekenbrief vermerkt. S erhält den Oldtimer.

Als S im September 2010 gegenüber E schwere Bedenken äußert, ob er die 200.000 EUR bis April besorgen kann, wendet sich E an G und vereinbart mit diesem in schriftlicher Form, dass aus der Hypothek nicht vor Juli 2011 vorgegangen werden dürfe.

Als die Geschäfte des G gegen Ende des Jahres schlecht laufen, beschließt er seinen finanziellen Engpass durch Veräußerung der Hypothek zu überbrücken. Er tritt »die Hypothek« am 10.12.2010 in schriftlicher Form an D ab und übergibt ihm den Hypothekenbrief. Er versäumt es jedoch, S und E von diesem Geschehen zu unterrichten. Auch weist er D nicht auf die Fälligkeitsvereinbarungen hin.

Als S im Januar 2011 unverhofft zu etwas Geld kommt, beschließt er, einen Teil seiner Schuld bei G zu tilgen. Er überweist daher am 15.1.2011 50.000 EUR mit dem Verwendungszweck »Tilgung der Kaufpreisschuld« auf das Konto des G. Dieser nimmt das Geld unkommentiert entgegen, um damit sein immer schlechter laufendes Geschäft über Wasser zu halten.

Am 10.2.2011 wendet sich D an S und E und verlangt von ihnen Zahlung von 200.000 EUR. In seiner Not fährt S sofort zur Kanzlei eines befreundeten Rechtsanwalts, der als Oldtimersammler sofort erkennt, dass es sich um einen Ferrari der 1970er Reihe handelt. S unterrichtet daraufhin seine Mutter, beschließt aber zunächst »noch eine Nacht über die Sache zu schlafen«.

Welche Ansprüche stehen D gegen S und E zu?

Abwandlung:
E bestellt statt der Hypothek zur Sicherung der Forderung eine Sicherungsgrundschuld. G tritt die Forderung an D ab und überträgt auch die Sicherungsgrundschuld formgerecht auf diesen.

Fundstellen/Vertiefungshinweise:
Müller/Gruber SachenR Rn. 3511 ff., 3935 ff.; *Wilhelm* SachenR Rn. 1668 ff., 1733 ff., 1745 ff.; *Klose* JA 2013, 568.
Vieweg/Werner SachenR § 15 Rn. 50 ff., 64, 89, 92, 95 f., 100 ff., 106 ff., 110 f.

Problemkreise:
- Auswirkung der Forderungstilgung nach Übertragung der Hypothek (G, V)
- Einreden gegen Hypothek und gesicherte Forderung nach Zweiterwerb (V)
- Auswirkung der Forderungstilgung nach Übertragung der Sicherungsgrundschuld (V)
- Einreden gegen Sicherungsgrundschuld und gesicherte Forderung nach Zweiterwerb (V)
- § 1192 Ia BGB (G)

Lösungsvorschlag

Interessenlage

E möchte die Zwangsvollstreckung in ihr Grundstück verhindern. S ist daran interessiert, vor Fälligkeit nicht in Anspruch genommen zu werden. Auch ist ihm daran gelegen, dass er die bereits an G überwiesenen 50.000 EUR nicht ein zweites Mal an D zahlen muss, zumal Regressansprüche gegen den finanziell angeschlagenen G wenig erfolgsversprechend erscheinen. Aus eben diesem Grund ist D daran interessiert, die gesamten 200.000 EUR von S oder E verlangen zu können.

Lösung Ausgangsfall

I. Anspruch D gegen S auf Zahlung von 200.000 EUR; §§ 433 II, 398 S. 2 BGB

D könnte einen Anspruch gegen S auf Zahlung des Kaufpreises gem. §§ 433 II, 398 S. 2 BGB haben.

1. Anspruch entstanden

Da D mit S keinen Vertrag geschlossen hat, kommt ein Anspruch des D gegen S gem. § 433 II BGB nur dann in Betracht, wenn S und G einen Kaufvertrag geschlossen haben und anschließend eine Abtretung des Kaufpreisanspruchs von G an D erfolgt ist.

a) Wirksamer Kaufvertrag zwischen S und G gem. § 433 BGB

Ein wirksamer Kaufvertrag zwischen S und G liegt vor. Der Kaufvertrag ist auch nicht nichtig gem. § 142 I BGB, weil es jedenfalls an einer Anfechtungserklärung des S fehlt.

b) Wirksame Abtretung; § 398 S. 1 BGB

Zwar erklärten G und D ausdrücklich nur den Übergang der »Hypothek«. Da eine Hypothek nicht ohne Forderung übertragen werden kann (§§ 401, 1153 BGB; vgl. hierzu bereits Fall 35 I. 2. b)), sind die Erklärungen so auszulegen, dass zugleich die Abtretung der Forderung gewollt ist. Eine auf Forderungsabtretung zielende Einigung ist somit gegeben (zum falsa-demonstratio-Grundsatz, insbesondere bei formbedürftigen Willenserklärungen s. bereits Fall 26 I.).

Die gem. § 1154 I 1 BGB für die Abtretungserklärung des Zedenten bei hypothekarisch gesicherten Forderungen verlangte Schriftform ist eingehalten. Auch wurde der Hypothekenbrief übergeben.

D hat somit gem. § 398 S. 1 BGB den Kaufpreisanspruch aus § 433 II BGB erworben.

2. Anspruch erloschen

Der Anspruch könnte jedoch iHv 50.000 EUR durch Erfüllung gem. § 362 I BGB erloschen sein. S hat nach Abtretung 50.000 EUR an G gezahlt. Ausweislich der Tilgungsbestimmung im Verwendungszweck der Überweisung erfolgte diese Zahlung auf die Kaufpreisforderung und nicht auf die Hypothek. Die Stundung steht der Erfüllbarkeit nicht entgegen. Da G infolge der Forderungsabtretung jedoch nicht mehr Gläubiger iSv § 362 I BGB war, ist fraglich, ob S die Zahlung dem neuen Forderungsinhaber D entgegenhalten kann.

S hatte mangels Unterrichtung keine Kenntnis von der Abtretung, sodass gegenüber D gem. §§ 407 I, 398 S. 2, 362 I BGB Erfüllung eingetreten, die Forderung also in dieser Höhe erloschen ist.

3. Anspruch durchsetzbar

Die verbleibende Forderung iHv 150.000 EUR müsste auch durchsetzbar sein.

a) Einrede der Anfechtbarkeit

S könnte wegen eines Irrtums über das Baujahr ein Anfechtungsrecht und aufgrund dessen eine Einrede gegen die Kaufpreisforderung zustehen.

Allerdings kann der Schuldner, der sich durch Anfechtung von einem Vertrag lösen kann, nach hM diese Anfechtbarkeit der Forderung nicht einredehalber entgegenhalten. Vielmehr steht es ihm frei, sich entweder durch Gestaltung vom Vertrag zu lösen oder aber diesen in vollem Umfang (also auch gegen sich) gelten zu lassen.

Da S somit dem G gegenüber keine Einrede der Anfechtbarkeit geltend machen konnte, kann er eine etwaige Anfechtbarkeit auch nicht dem D gem. § 404 BGB einredehalber entgegenhalten.

b) Stundungsabrede

Allerdings haben S und G vereinbart, dass die Kaufpreisforderung erst am 1.4.2011 fällig werden soll. Diese Einrede muss auch D gem. § 404 BGB gegen sich gelten lassen.

4. Zwischenergebnis

D kann von S keine Zahlung von 200.000 EUR verlangen. Allerdings steht ihm gegen S ein im April 2011 fälliger Anspruch iHv 150.000 EUR zu.

II. Anspruch D gegen E auf Duldung der Zwangsvollstreckung; §§ 1113, 1147 BGB

§ 1113 I BGB gewährt dem Hypothekengläubiger einen Anspruch auf Zahlung aus dem Grundstück. Ein Anspruch gegen E kann somit gem. § 1147 BGB allein auf die Duldung der Zwangsvollstreckung gerichtet sein. Eine solche Duldungspflicht könnte E aber gem. § 1142 I BGB mittels Befriedigung des D (durch Zahlung) abwenden.

1. Anspruch entstanden

Dazu müsste D Inhaber einer Hypothek iHv 200.000 EUR am Grundstück der E geworden sein. Hier kommt ein Zweiterwerb einer für G bestellten Hypothek in Betracht. Es müsste somit zunächst wirksam eine Hypothek für G bestellt und diese anschließend auf D übertragen worden sein.

a) Ersterwerb des G; §§ 873 I, 1113, 1115, 1116, 1117 BGB

E und G haben sich auf die Bestellung einer Hypothek geeinigt, §§ 873 I, 1113 I BGB. Die Hypothek wurde am 20.8.2010 mitsamt der erforderlichen Angaben in das Grundbuch eingetragen, §§ 873 I, 1115 I BGB, und der Hypothekenbrief an G übergeben, §§ 1116 I, 1117 I BGB. Auch bestand die zu sichernde Kaufpreisforderung des G gegen S zu diesem Zeitpunkt bereits. Schließlich war E als Eigentümerin des Grundstücks auch verfügungsberechtigt. Die Hypothek wurde somit wirksam zugunsten des G bestellt.

b) Zweiterwerb durch D; §§ 398 S. 1, 1154 I, 401, 1153 I BGB

Die Einigung zwischen G und D ist dahingehend auszulegen, dass die hypothekarisch gesicherte Forderung übertragen werden solle (s. oben I. 1. b)). Die Abtretungserklärung erfolgte in schriftlicher Form, und der Hypothekenbrief wurde an D übergeben, § 1154 I 1 BGB. Die Hypothek ist also mit der Forderung gem. §§ 401, 1153 I BGB auf D übergegangen.

c) Zwischenergebnis

Der Anspruch des D auf Duldung der Zwangsvollstreckung ist somit entstanden.

2. Einwendungen gegen den Anspruch

Durch die Teilzahlung von 50.000 EUR auf die Forderung könnte die Hypothek in dieser Höhe gem. § 1163 I 2 BGB an E zurückgefallen, also eine Eigentümergrundschuld gem. § 1177 I 1 BGB entstanden sein.

Allerdings ist zu beachten, dass hier die Zahlung nach der Hypothekenübertragung erfolgte: Gemäß § 1156 S. 1 BGB finden die §§ 406–408 BGB und somit auch § 407 I BGB in Ansehung der Hypothek keine Anwendung. Aus der nachträglichen Zahlung des S an G (und dem hierdurch erfolgten Erlöschen der Forderung – s. oben) kann E somit keine gegenüber D wirkende Rechtsfolge in Bezug auf die Hypothek herleiten. Hieraus folgt, dass §§ 1163 I 2, 1177 I 1 BGB unanwendbar sind, also iHv 50.000 EUR keine Eigentümergrundschuld, sondern eine forderungsentkleidete Hypothek zugunsten des D entstanden ist.

3. Anspruch durchsetzbar

Der Durchsetzbarkeit könnten jedoch Einreden der E gegenüber D entgegenstehen.

a) Hypothekenbezogene Einreden; § 1157 BGB

Hier kommt lediglich die im Sicherungsvertrag enthaltene Stundungsvereinbarung in Betracht. E und G hatten vereinbart, dass aus der Hypothek nicht vor Juli 2011 vorgegangen werden kann. Ob solche hypothekenbezogene Einreden auch dem Erwerber entgegengehalten werden können, beurteilt sich nach § 1157 BGB: Gemäß S. 1 ist dies grds. der Fall, soweit nicht ein gutgläubig einredefreier Erwerb stattgefunden hat (§§ 1157 S. 2, 892 I BGB).

Hier wurde die eintragungsfähige Stundungsabrede nur in schriftlicher Form vereinbart und nicht in das Grundbuch eingetragen. Zudem wurde der Rechtsschein aus dem Grundbuch nicht durch einen Vermerk auf dem Hypothekenbrief zerstört gem. § 1140 BGB. Auch hatte D mangels Mitteilung durch G keine positive Kenntnis von der Stundung. D konnte also die Hypothek gem. §§ 1157 S. 2, 892 I BGB einredefrei erwerben.

E kann dem Anspruch des D folglich nicht die Stundungsvereinbarung mit G einredehalber entgegenhalten.

b) Einreden gegen die Forderung; § 1137 BGB

Der Eigentümer kann jedoch Einreden, die gegen die hypothekarisch gesicherte Forderung bestehen, gem. § 1137 I 1 BGB der Inanspruchnahme aus der Hypothek entgegenhalten.

aa) Einrede der Anfechtbarkeit

Zunächst käme erneut die Einrede der Anfechtbarkeit in Betracht: Anders als der persönliche Schuldner gegen die Inanspruchnahme aus der Forderung (s. oben, I. 3. a)), kann der Eigentümer gem. §§ 1137 I 1, 770 I BGB der Inanspruchnahme aus der Hypothek grds. einredehalber entgegenhalten, dass dem persönlichen Schuldner ein Anfechtungsrecht zusteht.

(1) Anfechtungsrecht des S gem. § 119 II BGB

Somit müsste die auf den Kaufvertragsschluss gerichtete Willenserklärung des S überhaupt anfechtbar sein. In Betracht kommt ein Anfechtungsrecht aus § 119 II BGB. Hierfür wäre als Anfechtungsgrund ein kausaler Irrtum des S über eine verkehrswesentliche Eigenschaft des Oldtimers erforderlich. Verkehrswesentlich ist jede Eigenschaft einer Sache, die für deren Wertschätzung im Geschäftsverkehr von Bedeutung ist. Hier irrte S über das Baujahr, das auf den Wert des Oldtimers maßgeblichen Einfluss hat. Dieser Irrtum war zudem für die Abgabe seiner Willenserklärung kausal, weshalb ein Anfechtungsgrund gem. § 119 II BGB gegeben ist. Darüber hinaus ist die Anfechtungsfrist des § 121 I 1 BGB noch nicht verstrichen, da nach hM eine kurze Bedenkzeit der »Unverzüglichkeit« in diesem Sinne nicht entgegensteht.

Allerdings ist von der ganz hM anerkannt, dass das Anfechtungsrecht aus § 119 II BGB ausgeschlossen ist, wenn der Irrtum einen Mangel betrifft und das Gewährleistungsrecht eingreift. Hier liegt zwar kein Sachmangel iSd § 434 BGB vor, da weder eine ausdrückliche Vereinbarung hinsichtlich des Baujahrs erfolgte (§ 434 I 1 BGB) noch ein Fall des § 434 I 2 BGB einschlägig ist. Allerdings genügt nach verbreiteter Ansicht bereits die Möglichkeit, dass die betreffende Eigenschaft als Beschaffenheit iSd § 434 I 1 BGB vereinbart werden könnte. Diese Möglichkeit ist hinsichtlich des Baujahrs eines Oldtimers gegeben. Diese Ansicht überzeugt: Anderenfalls könnte sich derjenige, der es – wie S – versäumt, die gewünschte Eigenschaft als geschuldete Beschaffenheit zu vereinbaren, mittels Anfechtung vom Vertrag lösen. Der umsichtige Käufer hingegen, der eine solche Vereinbarung vornimmt, könnte sich nur unter den erschwerten Bedingungen des kaufvertraglichen Gewährleistungsrechts vom Vertrag lösen. Diese Besserstellung des nachlässigen Käufers ist nicht gerechtfertigt (aA vertretbar).

(2) Hilfsweise: Gutgläubiger Wegerwerb

Folgt man der Gegenansicht, so könnte E zwar grds. die Einrede der Anfechtbarkeit erheben. Allerdings ist auch bzgl. der Einreden aus §§ 1137 I 1, 770 I BGB ein gutgläubig einredefreier Erwerb gem. §§ 1138 Alt. 2, 892 I BGB möglich.

Hier kannte D weder die Anfechtbarkeit der Forderung noch war diese in das Grundbuch eingetragen oder auf dem Hypothekenbrief vermerkt. Er hätte also auch im Hinblick auf diese Einrede die Hypothek gutgläubig lastenfrei erworben.

bb) Stundungsabrede

Allerdings bestand hinsichtlich der Forderung eine Stundungsvereinbarung zwischen S und G: Die Forderung sollte nicht vor dem 1.4.2011 fällig werden. Diese forderungsbezogene Einrede hat D jedoch gutgläubig wegerworben, §§ 1138 Alt. 2, 892 I BGB, da sie weder im Grundbuch eingetragen noch auf dem Hypothekenbrief vermerkt war und D hinsichtlich dieser Einrede keine positive Kenntnis hatte.

c) Zwischenergebnis

Der Anspruch ist wegen gutgläubigen »Wegerwerbs« sowohl der hypotheken- als auch der forderungsbezogenen Einreden durchsetzbar.

4. Zwischenergebnis

D hat gegen E einen Anspruch auf Duldung der Zwangsvollstreckung gem. §§ 1113, 1147 BGB.

III. Ergebnis

D kann von S erst bei Fälligkeit am 1.4.2011 Zahlung von 150.000 EUR verlangen. E ist zur Duldung der Zwangsvollstreckung zur Befriedigung von D iHv 200.000 EUR verpflichtet, sofern sie den Gläubiger nicht befriedigt, was ihr jedoch nach § 1142 BGB möglich ist.

Lösung Abwandlung

I. Anspruch D gegen S auf Zahlung von 200.000 EUR; §§ 433 II, 398 S. 2 BGB

1. Anspruch entstanden

Ein wirksamer Kaufvertrag zwischen G und S liegt vor (s. Ausgangsfall I. 1. a)). Auch haben sich G und D darüber geeinigt, dass die gesicherte Forderung abgetreten werden soll, § 398 S. 1 BGB. Im Gegensatz zu einer hypothekarisch gesicherten Forderung kann eine mittels Grundschuld gesicherte Forderung formlos abgetreten werden. § 1154 BGB ist gem. § 1192 I BGB in Ansehung der Forderung nicht anwendbar (s. hierzu bereits Fall 36 I. 1. a)).

2. Anspruch erloschen

Infolge der Zahlung von 50.000 EUR durch S an G ist der Anspruch gem. §§ 398 S. 2, 407 I, 362 I BGB in dieser Höhe erloschen (s. Ausgangsfall I. 2.).

3. Anspruch durchsetzbar

Der Durchsetzung des verbleibenden Anspruchs iHv 150.000 EUR kann S keine Einrede der Anfechtbarkeit entgegenhalten (s. Ausgangsfall I. 3. a)). Allerdings ist die anfängliche Stundungsvereinbarung zwischen S und G gem. § 404 BGB auch dem D gegenüber wirksam.

4. Zwischenergebnis

D kann von S erst mit Eintritt der Fälligkeit am 1.4.2011 Zahlung von 150.000 EUR verlangen.

II. Anspruch D gegen E auf Duldung der Zwangsvollstreckung; §§ 1192 I, 1191 I, 1147 BGB

D könnte gegen E einen Anspruch auf Duldung der Zwangsvollstreckung haben gem. §§ 1192 I, 1191 I, 1147 BGB.

1. Anspruch entstanden

Zunächst müsste D Inhaber einer Grundschuld am Grundstück der E sein. Hier kommt ein Zweiterwerb einer für G bestellten Grundschuld in Betracht. Es müsste somit zunächst eine Grundschuld für G bestellt und diese anschließend auf D übertragen worden sein.

a) Ersterwerb des G; §§ 873, 1191, 1192, 1116, 1117 BGB

Ein Ersterwerb der Grundschuld durch G gem. §§ 873 I, 1191 I, 1192 I, 1116, 1117 BGB ist erfolgt (sowohl eine Einigung über die Grundschuldbestellung als auch die Grundbucheintragung, das Einigsein zu diesem Zeitpunkt, die Briefübergabe und die Berechtigung der E sind gegeben). Auch bei der Sicherungsgrundschuld ist eine zu sichernde Forderung keine Entstehungsvoraussetzung!

b) Zweiterwerb des D; §§ 1192, 1154 iVm §§ 398 S. 1, 413 BGB

Des Weiteren müsste die Grundschuld wirksam auf D übertragen worden sein. Die Übertragung der nicht akzessorischen Briefgrundschuld erfolgt analog §§ 1192 I, 1154 iVm §§ 398 S. 1, 413 BGB, wobei die einzelnen Voraussetzungen jeweils in Bezug auf die Grundschuld vorliegen müssen.

Hier erklärte G die Grundschuldabtretung in schriftlicher Form und übergab dem D den Grundschuldbrief. Schließlich war er Inhaber der Grundschuld und damit verfügungsbefugt.

D hat folglich die Grundschuld und damit den Anspruch aus §§ 1192 I, 1191 I, 1147 BGB wirksam erworben.

2. Einwendungen gegen die Grundschuld

Fraglich ist, ob die Grundschuld infolge der teilweisen Forderungstilgung erloschen oder als Eigentümergrundschuld an E zurückgefallen ist.

Die §§ 1163 I 2, 1177 I 1 BGB, die das Entstehen einer Eigentümergrundschuld bei Forderungstilgung regeln, sind Ausdruck der Akzessorietät der Hypothek und daher nicht über § 1192 I BGB auf die Grundschuld anwendbar: Da die Grundschuld weder in Entstehung noch Bestand von der Existenz einer zu sichernden Forderung abhängt, erlischt oder wandelt sie sich auch nicht wegen des Erlöschens der gesicherten Forderung. Die Grundschuld bleibt vielmehr als Fremdgrundschuld bestehen. E steht aus der Sicherungsabrede lediglich ein schuldrechtlicher Anspruch auf Rückübertragung oder Verzicht in der entsprechenden Höhe zu.

Die Grundschuld und damit der Anspruch aus §§ 1192 I, 1191 I, 1147 BGB bestehen somit unverändert fort.

3. Anspruch durchsetzbar

a) Einrede wegen Stundung der Grundschuld

Zunächst könnte die bzgl. der Grundschuld getroffene Stundungsabrede der Durchsetzbarkeit des Anspruchs entgegenstehen. E und G hatten vereinbart, dass vor Juli 2011 nicht aus der Grundschuld vollstreckt werden sollte.

Fraglich ist, ob diese Stundungsabrede auch dem D entgegengehalten werden kann. § 1157 BGB knüpft nicht an die Akzessorietät der Hypothek an und ist daher über § 1192 I BGB auch auf die Grundschuld anwendbar. Die Stundungsabrede – als Einrede gegen die Grundschuld selbst – bestand bereits G gegenüber, kann also gem. § 1157 S. 1 BGB grds. ebenso D entgegengehalten werden.

In Betracht kommt allerdings ein gutgläubig einredefreier Erwerb gem. §§ 1192 I, 1157 S. 2, 892 I BGB. Dem könnte jedoch § 1192 Ia 1 Hs. 2 BGB entgegenstehen, wonach § 1157 S. 2 BGB nicht anwendbar ist (vgl. hierzu eingehend Fall 36). Gegenstand dieser Regelung sind aber nur Einreden die sich aus dem schuldrechtlichen Sicherungsvertrag ergeben, nicht hingegen Einreden gegen das Grundpfandrecht (sog. grundpfandrechtsbezogene). Ein gutgläubiger einredefreier Erwerb bzgl. dieser Stundungsabrede ist somit nicht ausgeschlossen.

Hier war die Grundschuldstundung weder in das Grundbuch noch in den Grundschuldbrief eingetragen worden. Auch hatte D keine positive Kenntnis iSd § 892 I BGB. Folglich hat er die Stundungseinrede gutgläubig »wegerworben«.

b) Teilweise Tilgung der Forderung (Einrede aus dem Sicherungsvertrag)

Eine Einrede der E könnte aus der teilweisen Forderungstilgung folgen. Bei der Sicherungsgrundschuld wird über die zwischen E und G geschlossene Sicherungsabrede eine Verbindung zwischen Grundschuld und gesicherter Forderung auf schuldrechtlichem Wege hergestellt. Aus dieser Abrede folgt unter anderem, dass die Grundschuld ausschließlich der Sicherung der Kaufpreisforderung gegen S dienen soll. Mit Erlöschen der Forderung entsteht somit ein Verzichts-, Aufhebungs- bzw. Rückübertragungsanspruch hinsichtlich der Grundschuld. Diesen kann E einredeweise gegen die Inanspruchnahme aus der Grundschuld iHv 50.000 EUR auch dem D gegenüber geltend machen: Zwar entstand diese Einrede erst nach der Übertragung der Grundschuld, kann also der Inanspruchnahme aus der Grundschuld nicht über §§ 1192 I, 1157 S. 1 BGB entgegengehalten werden. Allerdings erfasst der § 1192 Ia 1 Hs. 1 BGB auch Einreden, die im Zeitpunkt der Grundschuldübertragung lediglich im Sicherungsvertrag angelegt waren. Hierunter fällt auch die Einrede wegen nachträglicher Forderungstilgung (zu den lediglich angelegten Einreden vgl. Fall 36 Ergänzende Bemerkungen zu II. 2. a)).

Da sie jedoch nur iHv 50.000 EUR besteht, führt sie nicht dazu, den Anspruch auf Duldung der Zwangsvollstreckung vollständig zu hindern.

c) Einrede der Anfechtbarkeit (Einrede aus dem Sicherungsvertrag)

Fraglich ist, ob E gegenüber D die Einrede der Anfechtbarkeit geltend machen kann. Zwar sind die auf Akzessorietät beruhenden §§ 1137 I, 770 II BGB hinsichtlich der Grundschuld nicht anwendbar. Doch ergibt sich aus der Sicherungsabrede auch die Einrede des mangelnden Sicherungsfalls: Es wird angenommen, dass bei der Grundschuld dem Eigentümer über die Sicherungsabrede typischerweise alle Einreden zustehen, die ihm gem. § 1137 I BGB gegen eine Hypothek zustehen würden, also auch die Einrede der Anfechtbarkeit (s. Ausgangsfall II. 3. b) aa)).

Diese Einrede hätte bereits bei Grundschuldübertragung bestanden. E könnte diese also gem. §§ 1192 I, 1157 S. 1 BGB grds. auch dem D entgegenhalten. Ein gutgläubiger einredefreier Wegerwerb dieser Einrede scheidet zudem wegen § 1192 Ia 1 Hs. 2 BGB aus.

Nach der überzeugenden hM steht dem S hier jedoch schon gar kein Anfechtungsrecht gem. § 119 II BGB zu (s. Ausgangsfall II. 3. b) aa) (1)). Würde man hingegen ein solches Anfechtungsrecht annehmen, das E dem D einredehalber entgegenhalten könnte, wäre der Anspruch auf Duldung der Zwangsvollstreckung bereits aufgrund der Einrede der Anfechtbarkeit nicht durchsetzbar.

d) Stundungsabrede bzgl. der Forderung

Schließlich könnte der Inanspruchnahme aus der Grundschuld die Stundung der Kaufpreisforderung bis zum 1.4.2011 entgegenstehen. Diese Einrede kann E dem D (als Einrede des mangelnden Sicherungsfalls) entgegen halten gem. §§ 1192 I, 1157 S. 1 BGB, da sie bereits im Zeitpunkt der Grundschuldübertragung bestand. Der gute Glaube an das Nichtbestehen einer Stundungsvereinbarung des D vermag wegen § 1192 Ia 1 Hs. 2 BGB hieran nichts zu ändern (vgl. Abwandlung II. 3. c)).

4. Zwischenergebnis

D kann von E derzeit nicht die Duldung der Zwangsvollstreckung verlangen. Darüber hinaus besteht ein Anspruch der E gegen D auf Rückübertragung, Verzicht bzw. Aufhebung hinsichtlich eines Teils der Grundschuld, soweit die zu sichernde Forderung bereits getilgt ist.

III. Ergebnis

D kann von S erst bei Fälligkeit am 1.4.2011 Zahlung von 150.000 EUR verlangen. Auch E ist derzeit nicht zur Duldung der Zwangsvollstreckung verpflichtet, sondern erst bei Fälligkeit der Forderung. Allerdings kann sie von D Rückübertragung, Verzicht bzw. Aufhebung der Grundschuld iHv 50.000 EUR verlangen.

Ergänzende Bemerkungen

Der Fall verdeutlicht, dass seit der Einführung des § 1192 Ia BGB die nichtakzessorische Sicherungsgrundschuld für den Eigentümer einen größeren Schutz bietet als die Hypothek.

Zwar konnte der Eigentümer bereits vor Einführung dieser Vorschrift die forderungsbezogenen Einreden, die der Hypothekenschuldner der Inanspruchnahme aus der Hypothek über § 1137 BGB entgegenhalten kann, geltend machen: Jene werden aus der Sicherungsabrede (als Einreden gegen die Grundschuld gem. § 1157 BGB) hergeleitet. Durch Einführung des Abs. 1a ist aber hinsichtlich dieser Einreden (im Gegensatz zur Hypothek) ein gutgläubiger Wegerwerb gem. § 1192 Ia 1 Hs. 2 BGB ausgeschlossen.

Darüber hinaus hat der Eigentümer aus der Sicherungsabrede bei nachträglichem Erlöschen der Forderung gem. § 407 BGB einen Rückübertragungsanspruch, den er im Wege der Einrede gegen die Inanspruchnahme aus der Grundschuld geltend machen kann. Auch insofern ist er gegenüber dem Hypothekenschuldner privilegiert (s. hierzu Abwandlung II. 3. b)).

Zu den Folgen der Zahlung bei Hypothek und Sicherungsgrundschuld (sehr wichtig!):

Hypothek:

1. Personenidentität von Eigentümer und persönlichem Schuldner:

   Zahlung idR (Tilgungsbestimmung kann anderes ergeben) auf Hypothek und Forderung:

   → Erlöschen der Forderung gem. § 362 I BGB

   → Entstehung einer Eigentümergrundschuld §§ 1163 I 2, 1177 I BGB

2. Personenverschiedenheit von Eigentümer und persönlichem Schuldner:

   a) Zahlung des persönlichen Schuldners: Im Zweifel auf Forderung:

   → Erlöschen der Forderung gem. § 362 I BGB

   → Entstehung einer Eigentümergrundschuld gem. §§ 1163 I 2, 1177 I BGB (anders dann, wenn der Eigentümer dem Schuldner im Innenverhältnis zum Ersatz verpflichtet ist [aus Vertrag oder Gesetz]; Übergang der Hypothek auf den Schuldner gem. § 1164 I 1 BGB – Ersatzanspruch stellt dann die gesicherte Forderung dar [Forderungsauswechslung])

   b) Zahlung durch Eigentümer: Im Zweifel auf die Hypothek (Berechtigung zur Ablösung ergibt sich aus § 1142 I BGB):

   → Forderungserlangung gem. § 1143 I 1 BGB (anders dann, wenn er dem Schuldner gegenüber zur Zahlung verpflichtet ist, dann Erlöschen der Forderung gem. § 362 I BGB)

   → Nachlaufen der Hypothek gem. §§ 412, 401 I, 1153 I BGB, die sich gem. § 1177 II BGB zur Eigentümergrundschuld wandelt (wenn nicht Forderung erloschen ist).

Sicherungsgrundschuld iSv § 1192 Ia BGB:

1. Personenidentität von Eigentümer und persönlichem Schuldner:

   Zahlung: Entweder auf Forderung und Grundschuld, nur auf Grundschuld oder nur Forderung – abhängig vom Sicherungsvertrag.

   a) Zahlung auf Grundschuld und Forderung:

   → Grundschuld: AllgM: Umwandlung in eine Eigentümergrundschuld. Lediglich Begründung hierfür ist umstritten (§ 1163 I 2 BGB analog, Verzicht analog §§ 1168, 1170 BGB oder – so hM – analog §§ 1142, 1143, 413, 401, 1153 I BGB)

→ Forderung erlischt gem. § 362 I BGB

b) Zahlung auf Grundschuld:

→ Entstehung einer Eigentümergrundschuld (s. oben)

→ Erlöschen der Forderung gem. § 362 I BGB. Begründung: Grundschuld lediglich Surrogat der Forderung. Tilgung des Surrogats tilgt somit auch Grundforderung

c) Zahlung auf Forderung:

→ Erlöschen der Forderung gem. § 362 I BGB

→ Grundschuld bleibt mangels Akzessorietät als Fremdgrundschuld bestehen. Allerdings schuldrechtlicher Rückgewähranspruch aus Sicherungsvertrag – wegen Wegfalls des Sicherungszwecks

2. Personenverschiedenheit von Eigentümer und persönlichem Schuldner:

a) Zahlung des Eigentümers im Zweifel auf Grundschuld:

→ Entstehung einer Eigentümergrundschuld (s. oben).

→ AllgM: Forderung erlischt nicht:

Eine Ansicht: automatischer Übergang nach § 1143 BGB

hM: kein automatischer Übergang (§§ 1142, 1143 BGB setzen Forderung voraus, deshalb akzessorisch und gem. § 1192 I BGB nicht auf die Grundschuld anwendbar), sondern nur Anspruch auf Übertragung gegen den Gläubiger

b) Zahlung des persönlichen Schuldners immer auf Forderung:

→ Erlöschen der Forderung gem. § 362 I BGB

→ Grundschuld bleibt als Fremdgrundschuld bestehen. Eigentümer steht jedoch ein schuldrechtlicher Rückgewähranspruch zu (s. oben)

Fall 38 »Die Tücken des Vorkaufsrechts«

Sachverhalt

E ist Alleineigentümer eines Grundstücks. Eigentümer des Nachbargrundstücks ist N, der das Grundstück im Jahr 1989 von seinem Vater V geerbt hat. Am 1.10.1975 hatte E formgerecht zugunsten des jeweiligen Inhabers des Nachbargrundstücks für sein Grundstück ein dingliches Vorkaufsrecht eingeräumt. Im Dezember 2002 verstirbt E und wird von seiner Tochter T und seinem Sohn S beerbt. Da S kein Interesse an dem Grundstück hat, vereinbaren T und S formgemäß die Übernahme des Grundstücks durch T gegen Zahlung von 110.000 EUR an S. T wird am 7.1.2003 als Eigentümerin ins Grundbuch eingetragen.

Bereits am 15.1.2003 verkauft sie das Grundstück formgerecht für 290.000 EUR an D. Am 20.2.2003 erzählt D dem N am Gartenzaun ausführlich vom bisherigen Geschehen.

Frage 1: N möchte Eigentum an dem Grundstück erlangen. Was muss er tun?

Frage 2: Konnten E und V im Jahr 1975 wirksam eine Frist zur Ausübung des Vorkaufsrechts von zwei Wochen vereinbaren?

Fundstellen/Vertiefungshinweise:
Vgl. *Baur/Stürner* SachenR § 21 Rn. 23 ff.; *Müller/Gruber* SachenR Rn. 2989 ff., 3005 ff.; *Westermann/Gursky/Eickmann* SachenR § 124; *Schreiber* JURA 2012, 114.
Vieweg/Werner SachenR § 16 Rn. 84 ff.

Problemkreise:
- Dingliches Vorkaufsrecht (G)
- Vorkaufsfall iSd §§ 1098 I, 463 BGB (V)
- Ausübungsfrist iSd §§ 1098 I, 469 BGB (V)

Lösungsvorschlag

Interessenlage

N möchte das Grundstück erwerben, wie es durch das Vorkaufsrecht vorgesehen war. Dazu bedarf er der Mitwirkung von T, uU auch von S.

Lösung des Falls

Frage 1: Möglichkeit des Eigentumserwerbs durch N

N könnte einen Anspruch auf Übereignung des Grundstücks aus dem Vorkaufsrecht haben.

I. Anspruch des N gegen S und T auf Übereignung aus §§ 1094 II, 1098 I 1 iVm §§ 463, 464 II, 433 I 1 BGB anlässlich des Erbfalls

N könnte einen Anspruch auf Übereignung des Grundstücks gegen S und T aus dem von E zugunsten seines Grundstücksnachbarn eingeräumten Vorkaufsrecht haben. Dazu müsste der Eigentumserwerb von S und T einen Vorkaufsfall iSd §§ 1098 I 1, 463 BGB darstellen.

S und T sind im Wege der Universalsukzession (§§ 1922 I, 1924 I und IV, 2032 I BGB) Gesamthandseigentümer des Grundstücks geworden. Gemäß § 463 BGB tritt der Vorkaufsfall aber nur ein, wenn ein Kaufvertrag über den belasteten Gegenstand geschlossen wird. Der Erwerb von Gesamthandseigentum im Wege der Erbfolge stellt also keinen Vorkaufsfall dar.

II. Anspruch des N gegen S und T auf Übereignung aus §§ 1094 II, 1098 I 1 iVm §§ 463, 464 II, 433 I 1, 311b I 1 BGB anlässlich des Anteilsverkaufs an T

Ein Vorkaufsfall könnte aber in der Vereinbarung der »Übernahme des Grundstücks« durch T liegen. Dann wäre N in der Lage – das Bestehen eines dinglichen Vorkaufsrechts vorausgesetzt – durch fristgerechte Ausübung des Vorkaufsrechts, den Kaufvertrag mit den Miterben S und T zustande zu bringen.

1. Vorkaufsfall iSd §§ 1094 II, 1098 I 1 iVm § 463 BGB

T und S haben einen gegenseitigen Vertrag geschlossen, demzufolge T gegen Zahlung von 110.000 EUR das Grundstück übernehmen sollte. Diese schuldrechtliche Vereinbarung stellt einen gegenständlichen (Teil-)Auseinandersetzungsvertrag zwischen Miterben dar. Der Einordnung als Kaufvertrag iSv §§ 463, 433 BGB steht nach herrschender Ansicht in der Literatur auch nicht entgegen, dass sich S wegen der §§ 2032, 2040 I BGB letztlich zu einer Handlung (Übereignung des Grundstücks) verpflichtet, die er ohne Mitwirkung der T mangels Eigentümerstellung nicht vornehmen kann.

Fraglich ist aber, inwieweit T Dritte iSd §§ 1098 I 1, 463 BGB ist. Eine Identität zwischen den einzelnen Miterben und der Miterbengemeinschaft wird allgemein abgelehnt. Zudem ist auch die Personenverschiedenheit von T und dem möglicherweise – hierzu unten – vorkaufsberechtigten N gegeben.

Nach hM liegt aber dann kein Vorkaufsfall vor, wenn lediglich eine Miterbenauseinandersetzung erfolgt. Dies wird unter anderem aus dem Gedanken des § 1097 BGB hergeleitet.

2. Zwischenergebnis

N hat infolge der Übernahme des Grundstücks durch T keinen Anspruch gegen S und T auf Übereignung des Grundstücks, da die (Teil-)Miterbenauseinandersetzung keinen Vorkaufsfall iSd §§ 1098 I, 463 BGB darstellt.

III. Anspruch des N gegen T auf Übereignung aus §§ 1094 II, 1098 I 1 iVm §§ 463, 464 II, 433 I 1, 311b I 1 BGB anlässlich des Verkaufs an D

Ein Vorkaufsfall könnte aber in dem Verkauf des Grundstücks von T an D liegen.

1. Vorkaufsfall iSd §§ 1094 II, 1098 I 1 iVm § 463 BGB

Zwischen T und D wurde ein formgerechter Kaufvertrag iSd §§ 463, 433, 311b I 1 BGB geschlossen. D ist auch Dritter im Verhältnis zu T und N. Damit ist ein Vorkaufsfall iSd §§ 1098 I 1, 463 BGB gegeben.

2. Entstehung des Vorkaufsrechts und Vorkaufsberechtigung des N

N müsste zudem Vorkaufsberechtigter sein, also das dingliche Vorkaufsrecht wirksam erworben haben, ohne dass es zwischenzeitlich erloschen ist.

Ein dingliches Vorkaufsrecht iSd §§ 1094 ff. BGB entsteht gem. § 873 I BGB durch Einigung und Eintragung ins Grundbuch. Hier wurden diese Voraussetzungen eingehalten. Somit ist ein dingliches Vorkaufsrecht am 1.10.1975 auf Veranlassung des ursprünglichen Eigentümers E entstanden.

E bestellte das Vorkaufsrecht nicht zugunsten einer bestimmten Person (sog. subjektiv-persönliches Vorkaufsrecht, § 1094 I BGB), sondern zugunsten des jeweiligen Inhabers des benachbarten Grundstücks (sog. subjektiv-dingliches Vorkaufsrecht, § 1094 II BGB). N, der als Erbe des V gem. § 1922 BGB derzeitiger Eigentümer des Nachbargrundstücks ist, wurde daher Vorkaufsberechtigter.

Das Vorkaufsrecht dürfte auch nicht erloschen sein. Soweit ein Vorkaufsrecht nicht für mehrere oder alle Vorkaufsfälle bestellt worden ist, beschränkt es sich gem. § 1097 BGB grds. auf den erstmaligen Verkauf durch den Besteller oder dessen Erben. Das Vorkaufsrecht des N könnte also durch den Anteilsverkauf von S an T ausgeschlossen sein. Da die (Teil-)Miterbenauseinandersetzung aber nicht als Vorkaufsfall qualifiziert wird (s. oben II. 1.), ist die Vorkaufsberechtigung des N dadurch auch nicht erloschen.

3. Ausübung des Vorkaufsrechts

N müsste das Vorkaufsrecht auch fristgerecht ausüben.

a) Erklärung

Das Vorkaufsrecht wird durch Erklärung gegenüber dem Verpflichteten ausgeübt (§§ 1098 I 1, 464 I BGB). Diese Erklärung ist eine einseitige, empfangsbedürftige Willenserklärung, die anders als die Bestellung des Vorkaufsrechts keiner besonderen Form bedarf (§ 464 I 2 BGB).

b) Ausübungsfrist

Die Ausübung des Vorkaufsrechts muss bei Grundstücken innerhalb von zwei Monaten nach Mitteilung über den mit einem Dritten geschlossenen Vertrag erfolgen (§§ 1098 I 1, 469 I und II BGB).

Mitteilungsverpflichtet war als damalige Eigentümerin T. Hier erfuhr N erst durch D am 20.2.2003 von dem Verkauf des Grundstücks an D. Gemäß §§ 1098 I, 469 I 2 BGB ersetzt die Mitteilung durch einen Dritten die Mitteilung des Verpflichteten. Die Ausübungsfrist begann also mit Ablauf des 20.2.2003, sodass N gem. §§ 187 I, 188 II Alt. 1 BGB bis spätestens zum 20.4.2003 gegenüber der T seine Vorkaufserklärung abgeben muss.

4. Wirkung des ausgeübten Vorkaufsrechts

Mit Ausübung des Vorkaufsrechts käme zwischen N und T ein Kaufvertrag zu den Bedingungen zustande, die T mit D vereinbart hat (§ 1098 I 1 iVm § 464 II BGB). T wäre demnach verpflichtet, dem N Eigentum und Besitz an dem Grundstück gegen Zahlung der zwischen T und D vereinbarten Kaufpreissumme von 290.000 EUR zu verschaffen.

IV. Ergebnis

N hat gegen T einen Anspruch auf Verschaffung des Eigentums an dem Grundstück, wenn er ihr gegenüber bis spätestens 20.4.2003 sein Vorkaufsrecht ausübt. Im Gegenzug ist er verpflichtet, 290.000 EUR an T zu bezahlen.

Frage 2: Wirksame Verkürzung der Ausübungsfrist durch E und V?

Grds. beträgt die Ausübungsfrist bei Grundstücken gem. § 1098 I iVm § 469 II BGB zwei Monate nach Mitteilung durch den Verpflichteten oder einen Dritten. Die Vorschriften, auf die § 1098 I BGB verweist, sind zudem für das dingliche Vorkaufsrecht unabdingbar, soweit sie selbst keine Ausnahme enthalten. Da § 469 II 2 BGB aber abweichende Fristenvereinbarungen ermöglicht, ist dies auch bei einem dinglichen Vorkaufsrecht möglich. Als Inhaltsänderung ist dies aber in das Grundbuch einzutragen. Die hier zwischen E und V getroffene Vereinbarung wirkt auch zulasten des N als Rechtsnachfolger des V.

Ergänzende Bemerkungen

Zu II. 1.:
Der BGH hat (zumindest früher) bei der Auseinandersetzung unter Miterben bereits einen Verkauf des Grundstücks verneint. In späteren Entscheidungen hat er seine Sichtweise diesbezüglich nicht revidiert, stellt aber darauf ab, dass es sich jedenfalls nicht um einen »Dritten« handelt.

Zu III. 4.:
Sollte D bereits Besitzer des Grundstücks geworden sein (dies geht aus den Sachverhalt nicht eindeutig hervor – »am Gartenzaun«), steht N gegenüber D der in § 1100 BGB vorausgesetzte Herausgabeanspruch zu. Entgegen dem Wortlaut der Vorschrift besteht dieser Anspruch nach verbreiteter Ansicht auch gegen den Dritten, der noch nicht Eigentümer geworden ist.

Änderungen hinsichtlich der Wirkung einer Ausübung ergäben sich dann, wenn D bereits Eigentum erworben hätte:

Auf der schuldrechtlichen Ebene könnte dem Anspruch des N gegen T auf Übereignung aus §§ 311b I, 433 I BGB die Unmöglichkeit gem. § 275 I BGB entgegenstehen, da T mangels Eigentümerstellung nicht verfügungsberechtigt wäre. Allerdings hat der vormerkungsgleiche Schutz des dinglichen Vorkaufsrechts gem. § 1098 II BGB zur Folge, dass der Eigentumserwerb des D nicht gegenüber N Wirkung entfaltet (relative Unwirksamkeit) und T somit gegenüber N nach wie vor als verfügungsberechtigt behandelt wird; §§ 1098 II, 883 II BGB (vgl. allg. zur Wirkung der Vormerkung Fall 32 I. 2. b)).

Auf dinglicher Ebene müsste vor Eintragung des N in das Grundbuch (also vor Vollendung des Eigentumserwerbs des N) D aus dem Grundbuch gelöscht werden. Auch hinsichtlich der hierfür gem. §§ 19, 39 GBO erforderlichen Bewilligung durch D kommt dem N die vormerkungsgleiche Wirkung zugute, indem ihm über §§ 1098 II, 888 BGB ein Anspruch auf Zustimmung gewährt wird (vgl. auch Fall 32 II. und III.).

Allerdings hat D als Eigentümer gegen N einen Anspruch auf Erstattung des Kaufpreises, wenn er jenen bereits an T gezahlt hat gem. § 1100 S. 1 BGB. Diesen Anspruch kann D in Form eines Zurückbehaltungsrechts dem Zustimmungsanspruch des N entgegenhalten (zahlt N daraufhin zur Durchsetzung seines Zustimmungsanspruchs an D, wird er gegenüber T von seiner Zahlungspflicht frei; § 1101 BGB analog). Selbstständig einklagen kann D seinen Erstattungsanspruch gegen N hingegen gem. § 1100 S. 2 BGB nur dann, wenn N bereits Eigentümer geworden ist, also nur in dem Fall, dass D die Grundbuchlöschung bewilligt, ohne von seinem Zurückbehaltungsrecht Gebrauch zu machen. In dieser Konstellation ist N von der Zahlungspflicht an T gem. §§ 1100 S. 2, 1101 BGB befreit – unabhängig davon, ob er den Kaufpreis bereits an D entrichtet hat oder nicht.

Sachverzeichnis

Die Zahlenangaben beziehen sich auf die Seitenzahlen.